再审抗诉
前沿 与 实务

Zaishen Kangsu Qianyan Yu Shiwu

李君临 著

人民出版社

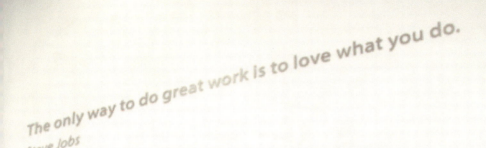

L李君临
IJUNLIN

汉族，1973 年出生，四川省社会科学院法学研究所助理研究员，四川省法治与社会治理研究会研究员，四川光沐东轩律师事务所管委会主任、首席律师，中国广州仲裁委员会仲裁员，内蒙古科技大学客座教授、硕士生导师。

目　录

刑事篇

法治水源，何以净化

一

习近平总书记曾多次引用培根的话说，"一次不公正的裁判，其恶果甚至超过十次犯罪。因为犯罪虽是无视法律——好比污染了水流，而不公正的审判则毁坏法律——好比污染了水源"，以此强调公正司法的重要意义。2014 年 1 月 7 日，习近平总书记在中央政法工作会议上指出："一个错案的负面影响足以摧毁九十九个公正裁判积累起来的良好形象。执法司法中万分之一的失误，对当事人就是百分之百的伤害。"①因此，习近平总书记谆谆告诫司法官，一定要"努力让人民群众在每一个司法案件中感受到公平正义"②。

我自 2003 年开始，一直在四川省社会科学院法学研究所从事法学研究与教学工作③。法律的生命不在逻辑，而在经验。因此，法学研究

---

① 中共中央文献研究室编：《习近平关于全面依法治国论述摘编》，中央文献出版社 2015 年版，第 96 页。

② 中共中央文献研究室编：《习近平关于全面依法治国论述摘编》，中央文献出版社 2015 年版，第 67—68 页。

③ 教学工作大概始于 2008 年，主要从事物权法教学，间或作一些商法分论、司法制度、律师事务等专题讲座。

之余，我也参与了大量的法律实务工作，以免困于书斋、浮于纸面。

持续经年的法律实务工作，强化了我对司法公正的孜孜渴求。我从办理普通民商事案件逐步过渡到专注疑难复杂案件，从民商事案件扩展到刑事案件，从一审、二审扩展到再审、抗诉，自以为对中国司法的实际运作已有所了解，对增进中国司法的公平正义也有所见解，一直想有机会能以某种形式表达出来。这种表达欲望，自然不敢自比古圣先贤所谓三不朽之"立言"，但"苔花如米小，也学牡丹开"，我想，来自司法实践最前线的点滴思考，只要言之有据、言之成理，未必不能增进公平正义，助力国家法治。因此，便有了本书的写作。

本书是对25个再审抗诉案件全流程实务运行的观察与思考。这25个再审抗诉案件，除前三个案件外，全部都是我在法律实务中躬身入局亲自办理的案件。前三个案件，虽然不是我亲自办理，但因为都是最高人民法院办理的案件，且其中有两个案件都是最高人民法院公报案件，具有较高的分析研判价值。

之所以将写出本书，一则希望对律师同行有所裨益，业界同仁可从该等案例中，总结胜诉一方经验，吸取败诉一方教训，以便向当事人提供更好的法律服务；二则希望对法律职业共同体有所裨益，司法官们可从该等案件中提炼裁判要旨，体悟司法精神，以便更为多快好省地生产公平正义的裁判；三则希望对法学研究有所裨益，研究司法制度尤其再审抗诉司法制度的学人或许可以把该等案例作为庖丁解牛的素材，以超近距离细致入微地观察再审抗诉案件的运作过程与机理。

实话说，过往的案例研究者对案例的研究往往停留于法院检察院等司法机关公布的法律文书层面。但是，我国司法实践的潜规则之一便是：司法机关写在法律文书里的内容只是他们想写进去的内容；如果他们不想写进法律文书的内容，非案件当事人或代理人往往不可能看得到。虽然，最高人民法院和一些地方高院（新近如湖北高院）多次要求裁判文书应全面回应当事人及其代理人的意见，但现实情况却相当不容乐观。在这种情况下，案件当事人及其代理人之外的第三方，从司法机关公布的法律文书上得到的信息往往是不全面的，其所了解的所谓事实往往已被阉割或编辑。故而，基于不全面"事实"得出的结论要么有失偏颇，要么华而不实，要么无关痛痒。从这个角度上说，本书的绝大部分案例因全面展现了诉辩双方各自讲述的"事实"和理由，更容易让案例研究者得出公允、有价值的结论。

二

我想，作为一个以法学研究者身份切入法律实务的执业律师，不能仅仅满足于做一个中国司法实践的参与者，还应当做一个思考者。那么，根据我的认知，中国司法应该如何运行，才能无限接近习近平总书记的期望——让人民群众在每一个司法案件中感受到公平正义呢？

我认为，概括起来，做到良法善司四字即可。所谓良法善司，即良于立法，善于司法；一方面须有良好的规则，一方面规则须得到有效的执行。其中良法是基础和前提，善司是根本和关键。如果良法善司得以实现，则司法领域的中国梦——努力让人民群众在每一个司法案件中感受到公平正义，就一定能够实现。

如何才能做到立法皆良？我想主要应做到专业立法、民主立法、开放立法。

所谓专业立法，顾名思义，即专业的人做专业的事；所谓民主立法，即立法者应当尽可能倾听人民群众的意见和建议；所谓开放立法，即可考虑由法学院校、实务部门、社会机构竞争性起草法律草案，并择优视情给付报酬。

（一）2020 年全国人大通过的《民法典》，在专业立法、民主立法等方面都堪为表率，因此总体上可谓良法。不过，所谓金无足赤人无完人，《民法典》部分条款在逻辑规则、条文序号、标点符号用法等问题上尚有改进空间。如《民法典》第 153 条第 1 款规定："违反法律、行政法规的强制性规定的民事法律行为无效。但是，该强制性规定不导致该民事法律行为无效的除外。"有学者质疑，这样的规定逻辑上显然自相矛盾。① 有人认为，主流司法观点认为违反效力性强制规定的民事法律行为无效，违反管理性强制规定的民事法律行为有效；但因效力性强制规定和管理性强制规定不好区分，所以《民法典》第 153 条第 1 款这样规定并无不妥。我认为，虽然效力性强制规定和管理性强制规定不好区分，但司法实务需要区分，故不得不分；不好区分不能成为违反逻辑规则的理由；更为关键的是，该款内容完全可以有更好的呈现方式。比如，若将该款内容修改为："违反法律、行政法规强制性规定的民事法律行为无效；但是，该强制性规定属管理性强制规定时除外。"则既合乎价值，亦合乎逻辑。

（二）又如，《民法典》第 1103 条规定："继父或者继母经继子女的生父母同意，可以收养继子女，并可以不受本法第一千零九十三条第三项、第一千零九十四条第三项、第一千零九十八条和第一千一百条第一款规定的限制。"该条中提及其他法条时均采用中文序号，阅读、思考均显不便。若能将其修改为："继父或者继母经继子女的生父母同意，可以收养继子女，并可以不受本法第 1093 条第 3 项、第 1094 条第 3 项、第 1098 条和第 1100 条第 1 款规定的限制。"明显感觉更加醒目、易得，阅读、搜索、写作速度均更快，犯错几率更小。

不知何故，我国法律文本不仅条文序号概用中文数字，法条内文提

① 张继成：《逻辑规则何以能够作为立法质量的评价标准——法律与逻辑的内在关系》，载《社会科学论坛》2020 年第 6 期。

及其他法条时也概用中文数字，故而法院裁判文书等司法文书提及法条序号时亦均采用中文数字。固然，中文数字显得更为庄严大气，但也有诸多弊端，且弊大于利，故有学者建议"法条序号的表述应由中文数字改为阿拉伯数字"。① 我认为，中国纪年制度都可以采用并非我国自创的公元纪年模式，法律词汇也使用了很多来自日本的汉语词汇，法条序号用阿拉伯数字自无不可。

如果法律文本能用阿拉伯数字作法条序号，《刑法》第一百二十条之一就可以写为第120—1条，第一百二十条之二就可以写为第120—2条，其阅读、写作之便捷性均大为提升。

（三）再如，《民法典》第1259条和第1260条在连续书名号和连续引号之间使用顿号，因与《标点符号用法 GB/T 15834-2011》第4.5.3.5条规定冲突，曾引发社会舆论热议。

有人认为，煌煌民法大典，实在不该出现如此低级错误；但亦有人认为，该标点符号用法国家标准属推荐标准，并非强制标准，故《民法典》无须遵循。我认为，即使该标准属推荐标准，亦体现了国家标准化主管部门的倾向性意见，全国人大作为国家最高立法机关，宜采纳该推荐标准。

事实上，多数人认为，去掉连续书名号或连续引号之间的顿号后，感觉文本更加凝练厚重，更合法典气质。当年《民法总则》草案公布时，第205条"以上""以下""以内""届满"等之间都有顿号，因不少全国人大代表提出修改建议，最终公布的法律文本均去掉了其间顿号。2017年全国人大通过的《民法总则》第205条已按国家推荐标准使用标点符号，2020年全国人大通过的《民法典》反而在标点符号使用上有所倒退，未免让人遗憾。

有人认为，根据《全国人民代表大会常务委员会法制工作委员会关

---

① 刘风景：《法条序号的功能定位与设置技术》，载《环球法律评论》2014年第3期。

于印送〈立法技术规范（试行）（一）〉的函》（法工委发［2009］62号，简称《立法技术规范》），《民法典》第1259条和第1260条在连续书名号和连续引号之间使用顿号并无不妥。因为，《立法技术规范》第4点"法律适用关系条款"载明："新法颁布后，涉及相关法律有关规定的适用问题时，一般采用具体列举的方式；难以全部列举的，在具体列举之后，再作概括表述。示例1：《中华人民共和国××法》、《中华人民共和国××法》、《中华人民共和国××法》与本法的规定不一致的，适用本法。示例2：《中华人民共和国××法》、《中华人民共和国××法》和其他在本法施行前公布的法律与本法的规定不一致的，适用本法。"按照《立法技术规范》，《民法典》第1259条和第1260条对顿号的使用没有问题。

我认为，《立法技术规范》只是全国人大常委会法工委印发的内部工作文件，而标点符号用法国家标准属国家标准化主管部门根据《标准化法》制定的标点符号统一使用规则，文件效力上后者应更胜一筹；而且，《立法技术规范》系2009年文件，但《标点符号用法GB/T 15834-2011》系2011年文件，时间效力上后者亦更胜一筹。[1] 因此，以《立法技术规范》为据主张不采用标点符号用法国家推荐标准，缺乏说服力。

（四）当然，除《民法典》外，其他法律也还有进一步趋良空间。如《刑法》第133—1条第1款关于危险驾驶罪规定，因漏写"在高速路逆向行驶"情形，致实践中大量在高速路逆向行驶行为仅被轻描淡写地治安处罚，基本未受到刑事处罚。虽然现代刑法有谦抑一说，但与普通醉驾相比，高速路逆向行驶之社会危害性恐只大不小。如果醉酒驾驶基本追究刑事责任，高速逆行基本不追究刑事责任，难免有厚此薄彼、不

---

[1]　如果先有标点符号用法国家标准，后有《立法技术规范》，完全可能《立法技术规范》已吸收了标点符号用法国家标准相关内容。

利社会治理之嫌。

（五）另如，《企业破产法》第 21 条规定："人民法院受理破产申请后，有关债务人的民事诉讼，只能向受理破产申请的人民法院提起。"但是，若债务人在破产法院受理破产申请前在其他法院形成有生效法律文书，倘第三人对该生效法律文书提起撤销之诉，按《民事诉讼法》规定只能由原生效法律文书作出法院管辖，于此便会形成破产专属管辖和三撤专属管辖的冲突；尤其当破产法院为基层法院，而生效法律文书由中级或以上法院制作时，冲突会显得更加激烈。因此，如果该条能修改为："人民法院受理破产申请后，有关债务人的民事诉讼，只能向受理破产申请的人民法院提起，但其他法律规定专属管辖的案件，仍由其他法律规定的专属人民法院管辖；经共同上级法院批准，亦可由与其他法律规定的专属人民法院同级的破产法院的上级法院管辖。"应更具合理性。

（六）在中国法治实践中，良法之法，除了全国人大及其常委会通过的法律外，还不得不提到大量的司法解释。有人统计，自 1949 年至 2011 年，最高人民法院单独以及与有关部门联合制定的司法解释和司法指导性文件共计 3351 件，其中确定具有司法解释和司法解释性质的文件 1600 件；自 2012 年至 2020 年，最高人民法院又发布司法解释 198 件。[①] 毫无疑问，司法解释为解决法律冲突、弥补法律漏洞、完善法律规范、科学法律适用，作出了不可磨灭的贡献。但是，有些司法解释的个别条款，反而给司法实务带来大量困扰。其中，《婚姻法司法解释（二）》第 24 条堪为典型。

此外，《最高人民法院关于人民法院办理执行异议和复议案件若干问题的规定》第 27 条与第 28 条内容交叉致适用混乱，亦让人深感困惑。

---

① 杨敬之：《论司法解释的合法性控制》，载《政法论坛》2021 年第 2 期。

当然，我有理由相信，随着习近平法治思想在中国落地生根、开花结果，中国法律规则必定百尺竿头、日益精良。

三

习近平总书记在中央全面依法治国工作会议上高屋建瓴地指出，要坚持建设德才兼备的高素质法治工作队伍。法官检察官毫无疑问是我国法治建设的主力军，正是需要着力打造、锤炼的法治工作队伍。欲净化法治水源，让人民群众在每一个司法案件中感受到公平正义，建设一支政治忠诚、专业过硬、作风优良的法官检察官队伍，可谓重中之重。有了优质的司法官队伍，才能在良法基础上做到善司。

我认为，法官检察官队伍建设，既要给待遇、给保障，更要有监督、有惩戒，以便司法官队伍不敢不公、不能不公、不想不公。

当前，法官、检察官员额制改革后，法官、检察官司法权力大大增强，但相应监督制约机制没有跟上，致使个别法官、检察官武断司法、任性司法、违法司法，大大损伤人民群众对司法改革、依法治国的获得感及信任度。

有责便有权，有权必有责，这是现代法治社会的基本原理。但现在无论法院系统，抑或检察院系统，司法责任制尚未得到全面有效贯彻执行。

虽然，法院系统有《人民法院工作人员处分条例》①（简称《条例》），但因为《条例》仅在系统内封闭运行，未向当事人及社会公众开放，导致《条例》基本成为具文。

---

① 法发〔2009〕61号，最高人民法院2009年12月31日印发施行。

最高人民检察院 2016 年印发施行的《检察人员纪律处分条例》①，除存在与最高人民法院《条例》类似的结构性缺陷之外，还缺乏对检察人员在办理法律监督案件过程中故意违背事实和法律之惩戒性规范，从而也很难对检察官之任性司法构成有效制约。

最高人民法院、最高人民检察院院 2016 年 10 月 12 日联合印发施行的《关于建立法官、检察官惩戒制度的意见（试行）》②也存在类似或更多问题。

也许，有识之士发现了问题，意图改变，遂有近年各地纷纷成立法官检察官惩戒委员会之举，但这些惩戒委员会往往只是"看起来很美"。事实上，法官检察官惩戒委员会成立后，惩戒程序如何启动、如何运转、惩戒与纪检监察如何衔接、是否接受当事人或律师投诉等，均尚需深入研究后予以制度化回应。空有一个惩戒委员会，实不足以对法官检察官形成权责相应之监督制约机制。③

有鉴于此，浙江高院于 2020 年 7 月 30 日印发《浙江省法官惩戒办法》，明确规定由浙江高院司法监督室受理反映法官违反审判职责的问题线索，并规定了相应的惩戒工作程序，初步让法官惩戒制度有了一定操作性。

《浙江省法官惩戒办法》虽不乏先进内容及自我疗毒精神，但毕竟位阶不高、力度有限，且仅能规范法官序列，无法适用于检察官序列。因此，我认为，宜在全国人大层面制定科学、可操作的《中华人民共和国法官检察官惩戒条例》，以遏制司法官恣意滥权行为。

---

① 高检发〔2016〕20 号。

② 法发〔2016〕24 号

③ 如，2019 年 03 月 22 日《山东省法官检察官遴选和惩戒委员会惩戒工作办法(试行)》第 6 条第 2 款明确规定："委员会不直接受理对法官、检察官的举报、投诉"，致惩戒工作陷于封闭运行。

在我看来，司法官可以不够专业，但绝不可不够公道。法律知识浩如烟海，法律规则纷繁复杂，指望任何一个司法官全知全能，殊不现实。但只要司法官秉持公心，他／她就能听得进当事人或其代理人提出的各种法律意见；若司法官没有公心，无论当事人或其代理人说得多么有理有据，都无法叫醒一个装睡的人。

四

"昨夜江边春水生，艨艟巨舰一毛轻，向来枉费推移力，此日中流自在行。"我相信，中国法治一旦解决了良法与善司问题，必会潮平两岸阔，轻舟万重山。卢梭曾说，"一切法律中最重要的法律，既不是刻在大理石上，也不是刻在铜表上，而是铭刻在公民的内心里。"我想，良法善司应是将法律刻进人民内心的不二法门，也是净化法治水源的不二法门。

李君临

2021 年 8 月 6 日星期五

民 商 篇

第1章
买方不交土地款 国家倒赔五千万？

——南充鑫达公司与南充市国土局建设用地使用权出让合同纠纷案 ①

南充鑫达公司竞拍土地成功后，本来应当缴付土地出让金1.3亿余元。但其认为已有生效判决判令南充市国土局应在约2700万元额度内向其出让土地约57亩，遂持生效判决向南充市国土局主张抵销。南充市国土局不同意抵销，双方遂发生连环诉讼。②

南充市西河综合整治开发工程

事情还得从头说起。1998年10月21日，四川省南充市人民政府向所属顺庆区人民政府、市政府有关部门发出南府发（1998）229号《关于建设西河综合整治开发工程有关政策的通知》（简称《229通知》），

---

① 案件详情可参见最高人民法院（2016）最高法民终187号民事判决书、（2019）最高法民申5118号民事裁定书、（2017）最高法民终584号民事判决书。

② 我在四川省社会科学院担任法律硕士和法学硕士研究生教学任务，时常需要案例用于教学。在备课搜寻案例过程中，偶然发现了该案。经对该案仔细、反复研究，发现该案无论在当事人应对方略、律师代理思路、法官裁判逻辑等方面均大可商榷，故将其作为本书第一个案例。

主要内容为：西河综合整治开发工程系南充市重点工程之一，为加速启动和实施西河综合整治开发工程，在财政无力投入的情况下，凡自愿投资西河综合整治工程修建防洪堤或其他市政基础设施的境内外投资者，可以优先取得西河小区开发权或土地使用受让权。凡投资 500 万元以上进行防洪堤或市政基础设施建设的，土地使用权出让金按 95% 计收；投资 1000 万元以上的，土地使用权出让金按 90% 计收。

四川省南充市鑫达房地产开发有限公司（简称鑫达公司）根据《229 通知》精神，投资参与了西河防洪堤工程。工程完工后，鑫达公司因认为南充市国土资源局①（简称南充市国土局）未履行《229 通知》中有关优惠出让土地的承诺，且自己多年维权未果，遂于 2010 年向四川省南充市中级人民法院（简称南充中院）提起诉讼。

2010 年 8 月 26 日，南充中院受理鑫达公司诉南充市国土局国有建设用地使用权出让合同纠纷一案。该案中，鑫达公司主张其投入西河整治开发工程的总投资额度为 3205 万元，故请求南充市国土局按单价 40.5 万元 / 亩向其出让并交付约 80 亩土地的国有建设用地使用权。

2010 年 11 月 17 日，南充中院作出（2010）南中法民初字第 56 号民事判决（简称 56 号判决），判决南充市国土局按总金额 26937486.60 元并以每亩 47 万元价格，在西河区域范围或相邻区域向鑫达公司出让国有建设用地 57.31 亩，土地出让金按每亩 47 万元下浮 10% 计收。②

56 号判决送达后，南充市国土局没有上诉，该判决发生法律效力。其后，鑫达公司向南充中院申请执行，南充中院以（2011）南中法执字第 1—1 号立案执行。再其后，南充市国土局不服 56 号判决，向四川省

---

① 现名南充市自然资源和规划局。
② 判决结果存在计算错误，但原文如此，本书未予改动。

高级人民法院（简称四川高院）申请再审。四川高院于 2012 年 11 月 1 日作出（2012）川民申字第 1233 号民事裁定，提审该案。2014 年 2 月 19 日，四川高院作出（2013）川民提字第 141 号民事裁定，以事实不清撤销原判，发回南充中院重审。①

望天坝 1 号地块首次拍卖

2011 年，南充市土地交易中心拟通过拍卖方式出让南充市顺庆区望天坝 1 号地块。为此，其就相关拍卖出让事宜制发《国有建设用地使用权拍卖出让须知》（简称《拍卖出让须知》），主要内容为：

1. 竞得人在签署成交确认书后 30 日内须向南充市财政局指定账户交纳全部拍卖成交总价款的 50%；在签署成交确认书后 90 日内须向南充市财政局指定账户再交纳全部拍卖成交总价款的 30%；在签署成交确认书后 180 日内须交清全部拍卖成交总价款。

2. 竞买履约保证金可抵充拍卖价款，也可在竞得人交清全部拍卖成交总价款后退回。出让方负责在竞得人交清全部拍卖成交总价款后向竞得人交地。竞得人应按相关规定和出让人签订《国有土地使用权出让合同》。

3. 成交确认书对出让人和竞得人具有法律效力。竞得人不履行拍卖文件条款之规定，不按《出让国有建设用地使用权拍卖成交确认书》和《国有建设用地使用权出让合同》约定期限和额度交纳成交总价款的，除按国家、省、市有关规定由相关部门予以处罚外，竞得人（受让人）

---

① 重审后，南充中院作出（2014）南中法民初字第 68 号民事判决，驳回鑫达公司全部诉讼请求。宣判后，鑫达公司、南充市国土局均不服，均向四川高院提起上诉。2016 年 8 月 31 日，四川高院作出（2016）川民终 194 号民事判决，驳回双方上诉，维持原判。

必须按《国有建设用地使用权出让合同》第 30 条①、第 32 条之规定全部承担违约责任，竞买履约保证金不予退回，一定期限内取消竞得人在南充市参加国有建设用地使用权招标拍卖竞买资格。

2011 年 8 月 26 日，鑫达公司通过公开竞拍以 482 万元／亩、总价款 13386.345 万元竞得望天坝 1 号地块（净用地 27.7725 亩）使用权。同日，鑫达公司与南充市国土局签订《国有建设用地使用权拍卖成交确认书》（简称《成交确认书》），主要内容为：

1. 竞得人必须按本宗土地拍卖须知约定的时间、地点签订《拍卖国有建设用地使用权成交确认书》和《国有土地使用权出让合同》②一式三份。若不按时签订，竞得人应承担全部法律责任。

2. 竞得人在签署拍卖成交确认书后 30 日内向南充市财政局指定账户交纳全部拍卖成交总价款的 50%；自签署拍卖成交确认书 90 日内向南充市财政局指定账户再交纳全部拍卖成交总价款的 30%；自签署拍卖成交确认书 180 日内交清全部拍卖成交总价款。

3. 竞得人若违反上述条款之一，保证金不予退还，同时取消竞得人竞得资格，竞得人按《国有建设用地使用权出让合同》第 30 条、第 32 条之规定承担全部违约责任，一定期限内取消竞得人在南充市参加国有

---

① 《国有建设用地使用权出让合同》第 30 条内容为：受让人必须按本合同约定按时支付土地使用权出让金。如受让人不能按时支付土地使用权出让金的，自滞纳之日起，每日按迟延支付款项的 10%向出让人缴纳滞纳金；延期付款超过 6 个月的，出让人有权解除合同，收回土地，受让人无权要求返还定金，出让人并可请求受让人赔偿因违约造成的其他损失。

② 细心读者可能会发现，该案交替出现《出让国有建设用地使用权拍卖成交确认书》《国有建设用地使用权拍卖成交确认书》《拍卖国有建设用地使用权成交确认书》《国有建设用地使用权出让合同》《国有土地使用权出让合同》，令人颇为迷惑。但本书系自中国裁判文书网公布的该案判决书中摘引部分内容，原文如此，本书不便改动。本书以为，该多处文字龃龉既可能是南充市土地交易中心拍卖时疏忽所致，亦可能是法院写作判决书时之笔误。但无论哪种情况，应不影响基本案情。

建设用地使用权招标拍卖竞买资格。拍卖人向竞得人交付本宗拍卖标的物的时间按本宗土地拍卖须知相应条款执行。

4. 成交确认书载明竞得人已交保证金 1300 万元。

此后，双方因故一直未就该宗土地签订国有建设用地使用权出让合同，鑫达公司亦未按《拍卖出让须知》《成交确认书》规定交付土地出让金。

确认抵销无效之诉

2011 年 9 月 28 日，鑫达公司向南充市国土局送达《关于法院生效判决履行有关问题的函》（南鑫房函 [2011] 15 号），要求南充市国土局以 2010 年已生效的 56 号民事判决确定的 47 万元 / 亩的价格按 90% 比例计算并抵销其竞买的"望天坝 1 号地块"27.7725 亩土地的出让金。

2011 年 12 月 13 日，南充市国土局向四川省南充市顺庆区人民法院（简称顺庆法院）提起诉讼，请求确认鑫达公司《关于法院生效判决履行有关问题的函》中行使抵销权的行为无效。顺庆法院以（2012）顺庆民初字第 221 号立案后，鑫达公司提出管辖权异议，顺庆法院作出（2012）顺庆民管字第 6 号民事裁定（简称 6 号裁定），驳回鑫达公司管辖异议。鑫达公司不服，上诉至南充中院。南充中院于 2014 年 4 月 28 日作出（2012）南中法民终字第 383 号民事裁定，裁定撤销 6 号裁定，并由南充中院管辖该案。

之后，南充中院以（2014）南中法民初字第 80 号立案。审理中，鑫达公司于 2013 年 6 月 15 日提出反诉，请求确认鑫达公司向南充市国土局送达的《关于法院生效判决履行有关问题的函》中行使债务抵销权的行为有效并要求南充市国土局办理土地使用权证。

2014 年 5 月 5 日，南充市国土局向南充中院申请撤诉；同月 21 日，南充中院以（2014）南中法民初字第80号裁定准许其撤诉。2014年6月20日，鑫达公司向南充中院申请撤回反诉；同月27日，南充中院以第80—1号裁定准许鑫达公司撤回反诉。

南充市国土局解除合同

2012年9月11日，前述顺庆法院（2012）顺庆民初字第221号案审理期间，南充市国土局向鑫达公司发出《关于收回四川省南充市鑫达房地产开发有限公司位于望天坝1号地块国有建设用地使用权的通知》（南土资函〔2012〕200号，简称《200号通知》），主要内容为：目前为止，你公司仅在竞拍时交纳了1300万元竞买保证金，其余的钱分文未交。虽经我局多次催告，你公司仍未履行相应义务。经研究，现通知如下：1.解除你司与我局于2011年8月26日成立的望天坝1号地块国有建设用地使用权出让合同，并注销你司与我局签订的《国有建设用地使用权拍卖成交确认书》；2.没收你司交纳的1300万元竞买保证金；3.我局保留追究你司因严重违约给我局造成损失的权利。

2012年9月15日，鑫达公司回函（南鑫房函〔2012〕08号）称：

1.《200号通知》在法律层面意思表示前后矛盾、难以理解。

首先，南充市国土局到底是要求继续履行还是要求解除双方的国有建设用地使用权出让合同。南充市国土局已于2011年12月13日向顺庆法院起诉请求判决鑫达公司履行国有建设用地使用权出让合同约定的支付相应土地出让金的合同义务，鑫达公司已积极应诉。① 鑫达公司从未表达过不履行该合同的意思，只是提出了履行合同的方式问题。鑫达

---

① 实际南充市国土局系诉请确认鑫达公司抵销行为无效，并未诉请鑫达公司交付土地出让金。

公司无从知道南充市国土局对国有建设用地使用权出让合同的真实意思表示。

其次，南充市国土局与鑫达公司之间的国有建设用地使用权出让合同属平等主体之间的民事合同而非主体不平等的行政合同。南充市国土局依法没有权利通过行政手段（行政处罚）没收鑫达公司交纳的 1300 万元竞买保证金，该行为明显违法。南充市国土局与鑫达公司之间的国有建设用地使用权出让合同纠纷正在审理中，《200 号通知》足以显示南充市国土局利用其强势行政地位藐视法庭。

2.《200 号通知》依法无效。

南充市国土局向顺庆法院起诉请求履行国有建设用地使用权出让合同的意思表示是真实的，应确认要求解除合同的行为无效。[①] 南充市国土局对鑫达公司进行行政处罚没收竞买保证金既没有法律依据也超越职权，违反《行政处罚法》[②] 第 3 条、第 15 条规定，依照《合同法》第 52 条规定，该行政处罚无效。

3. 依据《合同法》第 99 条规定，南充市国土局与鑫达公司互负债务具有可抵销性。

4. 南充市国土局有义务尽快开展抵销债务之结算工作，而不是无理、违法进行拖延等。

望天坝 1 号地块二次拍卖

2013 年 4 月 19 日，鑫达公司向南充市国土局送达《关于望天坝 1 号地块重新拍卖的函》，载明：该宗地已拍卖给鑫达公司，若重新拍卖

---

① 此处文意断裂、冲突，但原文如此，本书未予改动。
② 为行文简洁，如无特别说明，本书提及之《××法》，均指《中华人民共和国××法》。

必然出现"一女二嫁",引发民事赔偿。土地使用权出现异议依法不得拍卖。贵局作为该宗土地的民事平等主体,不能自居土地管理者的强势地位,应当以债务人身份面对当事人、面对法律,等待已经起诉还在审理案件的判决结果出来后,再予以处置较为妥当。

2013 年 5 月 29 日,南充市土地交易中心就出让顺庆区望天坝 1 号地块等国有建设用地使用权在南充日报刊登《南充市国有建设用地使用权出让公告》(南市土公〔2013〕14 号),载明拍卖地块公告时间、领取资料时间、报名时间及拍卖时间。

2013 年 6 月 20 日,该次国有土地使用权拍卖在南充市国土局二楼会议室如期举行。拍卖结果为四川世纪安泰实业有限公司①(林缨)② 以每亩 562 万元竞得该出让标的。同日,南充市国土局与安泰公司及林缨签订《国有土地使用权拍卖成交确认书》,确认成交土地面积(净用地)35.2995 亩③、成交金额合计 19838.319 万元。

2013 年 6 月 26 日,南充市国土局与安泰公司及林缨签订编号 511300-2013-025、电子监管号 5113002013B01154 的《国有建设用地使用权出让合同》,约定受让人于 2013 年 7 月 20 日之前向出让人一次性付清国有建设用地使用权出让价款 19838.319 万元,出让人在 2013 年 10 月 20 日前将出让宗地交付受让人。

2013 年 7 月 26 日,南充市国土局向受让方交付了标的土地。

2013 年 8 月 5 日,南充泰达置业有限公司(简称泰达公司)经南充市工商行政管理局核准登记注册成立。同月 22 日,安泰公司、泰达公司、林缨分别向南充市国土局提出变更出让合同主体申请,以土地竞拍报名申请时明确表示联合成立新公司开发为由,申请将编号

---

① 简称安泰公司。

② 安泰公司与林缨联合竞拍。

③ 其中北侧 7.527 亩、南侧 27.7725 亩;南侧即 2011 年 8 月 26 日鑫达公司竞得部分。

5113002013B01154 的合同主体由安泰公司及林缨变更为泰达公司，相应债权债务由泰达公司承担。

2013 年 8 月 27 日，南充市国土局与泰达公司签订《国有建设用地使用权出让合同（合同补充条款）》，将编号 511300-2013-025① 的土地出让合同受让人由安泰公司及林缨变更为泰达公司。

基于此前已收取了受让方土地出让金等款项，南充市国土局于 2013 年 10 月 22 日向泰达公司颁发了证号为南充市国用（2013）第 025456 号（座落顺庆区望天坝 1—1 号地块，使用权面积 18515 ㎡）、南充市国用（2013）第 025157 号（座落顺庆区望天坝 1—2 号地块，使用权面积 5018 ㎡）的国有土地使用权证。其后，泰达公司先后取得《建设用地规划许可证》《企业投资项目备案通知书》《土石方临时施工许可证》，并着手开发建设。

鑫达公司诉请二次拍卖无效

2014 年，鑫达公司就南充市国土局二次拍卖望天坝 1 号地块向四川高院起诉，请求确认南充市国土局与泰达公司所签土地出让合同无效，并请求判令南充市国土局立即将望天坝 1 号地块交付鑫达公司。四川高院于 2014 年 4 月 16 日立案受理后，于 2015 年 6 月 12 日作出 (2014) 川民初字第 23 号民事判决，驳回鑫达公司全部诉讼请求。

四川高院裁判理由认为，首先，鑫达公司与南充市国土局之《成交确认书》系双方真实意思表示，合法有效。虽然双方未能签署土地使用权出让合同，但《成交确认书》及相应拍卖出让公告、须知等附件明确约定了出让标的、价款、履行期限、违约责任等内容，已具备土地使用

---

①　此处合同编号与前文不尽一致，但判决书原文如此。

权出让合同主要条款。因此，该院确认双方土地使用权出让合同已经成立。

其次，南充市国土局在请求确认鑫达公司债务抵销无效的情况下又作出新的民事行为，要求解除双方出让合同，违反诚实信用原则，解除无效。

再次，鑫达公司诉请确认泰达公司与南充市国土局所签土地使用权出让合同无效，缺乏充分事实依据，该院不予支持。

最后，泰达公司受让案涉土地合法，并依法办理了不动产登记及开发建设。南充市国土局与鑫达公司出让合同虽合法有效，但已事实上履行不能，对此南充市国土局构成根本违约。因鑫达公司仅提出继续履行请求，未提出违约赔偿请求，故依法驳回其诉讼请求。

鑫达公司不服一审判决，向最高人民法院上诉；南充市国土局认可一审判决结果，但不服裁判理由中对其构成根本违约之认定，亦向最高人民法院上诉。最高人民法院于 2016 年 3 月 14 日立案，于 2016 年 9 月 29 日判决驳回双方上诉，维持原判。

最高人民法院裁判理由认为，一方面，鑫达公司可否行使抵销权以抵销其债务需要人民法院裁决①确认，南充市国土局可否行使解除权亦取决于抵销权行使的有效与否。在鑫达公司要求以抵销方式履行债务的诉讼尚待司法确认之时，南充市国土局不能行使解除权。然而，南充市国土局却在双方抵销权争议尚在诉讼期间向鑫达公司送达解除通知，并另行将案涉土地出让给泰达公司，导致其与鑫达公司之间的出让合同在事实和法律上已不能履行，致使鑫达公司合同目的落空。据此，一审法院认定其构成根本违约并无不当，故南充市国土局上诉请求不能成立。

---

① 最高人民法院（2016）最高法民终 187 号判决书原文如此，本书认为此处宜用"裁判"而非"裁决"，以与仲裁活动相区别。

另一方面，鑫达公司虽主张南充市国土局与泰达公司存在恶意串通，但并无充分证据证明。因此，一审法院认定南充市国土局与泰达公司之间土地出让行为合法有效，并无不当。鑫达公司主张南充市国土局与泰达公司之间土地出让合同无效的上诉请求，亦不能成立。南充市国土局与鑫达公司出让合同事实上已不具备继续履行可能性，鑫达公司上诉请求继续履行与南充市国土局订立的土地出让合同，于法无据。

鑫达公司诉请违约赔偿

鑫达公司诉请确认望天坝 1 号地块二次拍卖无效之驳回判决生效后，鑫达公司以生效判决确认南充市国土局根本违约为由，于 2017 年向四川高院诉请南充市国土局违约赔偿 3 亿余元。四川高院于 2017 年 1 月 18 日受理后，于 2017 年 5 月 2 日作出一审判决。四川高院认为，生效判决已确认南充市国土局根本违约，故南充市国土局应依法赔偿鑫达公司损失，遂判令南充市国土局双倍返还鑫达公司定金计 2600 万元，另向鑫达公司支付违约金 2200 余万元，合计 4800 余万元。[①]

鑫达公司认为四川高院判赔金额太少；南充市国土局认为自己不应承担违约责任，即使承担，一审判赔金额亦属过高。故双方均向最高人民法院上诉。最高人民法院于 2017 年 7 月 24 日二审立案，于 2017 年 10 月 24 日作出终审判决，驳回上诉，维持原判。[②] 其中，最高人民法院驳回南充市国土局上诉之根本理由在于，最高人民法院（2016）最高法民终 187 号判决（简称 187 号判决）作为生效判决，已确认南充市国土局构成根本违约。南充市国土局虽主张其已就该案向最高人民法院申

---

① 参见四川高院（2017）川民初 5 号民事判决书。
② 参见最高人民法院（2017）最高法民终 584 号民事判决书。

请再审并向最高人民检察院提起抗诉，但并未提供证据证明 187 号判决已被撤销。

可见，对南充市国土局而言，在违约赔偿之诉中，187 号判决是一道绕不过去的坎。只要 187 号判决未被撤销或中止执行，南充市国土局就不可能打得赢违约赔偿之诉，无非是赔多赔少的问题。

南充市国土局尝试推翻 187 号判决

2016 年的 187 号判决作出后，南充市国土局向最高人民法院申请再审，最高人民法院于 2019 年 12 月 5 日作出（2019）最高法民申 5118 号民事裁定，驳回南充市国土局再审申请。

南充市国土局再审请求为维持原判决结果，但纠正判决理由中关于其根本违约的认定。最高人民法院认为，其一，187 号判决在法院认为部分对事实的评述不具有既判力，南充市国土局在 187 号案中属胜诉方[①]，其对再审请求没有独立的诉权利益，故对其再审申请本不应受理，受理后亦无需再进行实质审查。其二，187 号判决在说理部分指出南充市国土局根本违约行为的责任承担问题不属本案审理范围，指明双方可另行解决，符合客观实际，并无不当。综上，南充市国土局再审申请应予驳回。

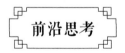

前沿思考

我认为，本案有以下几个问题值得思考：

---

① 最高人民法院认为南充市国土局系胜诉方，但南充市国土局自己认为是败诉方，或是虽胜犹败方，至少是败诉一半方。

一、谁在根本违约

四川高院和最高人民法院均认为，南充市国土局在其与鑫达公司抵销权争议尚在诉讼中即通知鑫达公司解除土地使用权出让合同，违背诚实信用原则，构成根本违约。

但是，对于该出让合同而言，鑫达公司的合同目的是取得土地使用权，而南充市国土局的合同目的是收取土地出让金；并且，《成交确认书》对竞得人支付土地出让金之期限及违约后果有清晰约定。

首先，2011 年 8 月 26 日，鑫达公司以总价约 1.34 亿竞得望天坝 1 号地块。按《成交确认书》，鑫达公司最迟应在 2011 年 9 月 25 日支付 50% 土地出让金，约 6700 万元；但其除在竞拍前缴纳竞买保证金 1300 万元外，竞得后分文未付。其于 2011 年 9 月 28 日持南充中院 2010 年 56 号判决要求行使抵销权，事实上已经构成迟延付款。①

其次，鑫达公司主张依据《合同法》第 99 条，其有权主张抵销；但《合同法》第 99 条规定的抵销须债务标的物种类、品质相同，并非不同种类亦可任意抵销。鑫达公司主张抵销的债权依据乃南充中院 56 号判决，而该判决是让南充市国土局向鑫达公司依法出让土地，并非南充市国土局向鑫达公司给付款项。可见，南充市国土局基于 56 号判决对鑫达公司所负债务系行为，而鑫达公司基于《成交确认书》对南充市国土局所负债务系金钱给付，两者并非同类债务，遑论品质异同。

再次，我们不妨以最大善意揣度鑫达公司，想象它本来是根据《合同法》第 100 条主张抵销，诉讼庭审时口误说成了第 99 条。虽然第 100 条规定标的物种类、品质不相同时，一方主张抵销须经对方同意，但鑫达公司可主张其发函行使抵销权之行为便是在与南充市国土局协

---

① 即便鑫达公司主张 2011 年 9 月 25 日系星期日，故其可顺延至次日付款，但其于 9 月 28 日主张抵销时仍已属延期。

商。饶是如此，南充市国土局向法院诉请确认抵销无效，表明其不同意鑫达公司之抵销主张。故，鑫达公司无权强行抵销。

最后，似乎也是最重要的一点，从法经济学角度考量，即使鑫达公司可以抵销，但56号判决确认的鑫达公司对南充市国土局的债权所对应金额至多约2700万元，而鑫达公司应交的土地出让金约1.34亿元。亦即，即使法院判决可全额抵销，鑫达公司仍应向南充市国土局补款约9400万元。① 从而，无论抵销权诉讼结果如何，鑫达公司均已构成迟延付款。②

综上，按照《成交确认书》载明之土地出让合同第30条之约定，受让人延期付款超过6个月，出让人有权解除合同。即，自2012年3月26日起，南充市国土局便有权解除土地出让合同。南充市国土局于2012年9月11日向鑫达公司发出解除合同通知，其时出让方解除条件已成就且未超过合理期间③。反而，鑫达公司迟至2014年4月左右才向法院诉请南充市国土局继续履行合同，试图以此否认南充市国土局2012年解除通知之效力，似有已超过合理期间之嫌。

二、南充市国土局谜之操作

我认为，本案中南充市国土局至少有两项操作令人费解。

其一，鑫达公司持56号判决向南充市国土局主张抵销，因标的物

---

① 总价款1.34亿元减去2700万元，再减去竞买保证金1300万元。

② 试想，张三欠李四200万元，李四欠张三1000万元，债务均已到期。如果李四以主张抵销为由，连差额800万元亦不向张三支付，法院却判张三根本违约，明显于理不通、于法不合。

③ 《民法典》之前，学理及部分司法实践认为，解除权人应在解除权成就后一年内行使解除权，逾期失权；《民法典》第564条明确规定：法律规定或者当事人约定解除权行使期限，期限届满当事人不行使的，该权利消灭。法律没有规定或者当事人没有约定解除权行使期限，自解除权人知道或者应当知道解除事由之日起一年内不行使，或者经对方催告后在合理期限内不行使的，该权利消灭。

种类不同，南充市国土局只需发出不同意之意思表示即可，为何非要提起一个请求确认抵销权无效的诉讼。

其二，既然提起了确认抵销权无效的诉讼，为何不等到诉讼结果尘埃落定之后再行出让土地，非要在案件拿到生效裁判之前二次拍卖。

三、裁判理由之既判力研究

南充市国土局就187号判决向最高人民法院申请，最高人民法院驳回再审申请之核心理由为，187号判决结果是南充市国土局胜诉，只是在判决理由中认为南充市国土局构成根本违约，而裁判理由无既判力，故南充市国土局申请再审无诉的利益，应予驳回。

但事实上，在2017年结案的违约赔偿之诉中，无论四川高院还是最高人民法院，均是根据2016年187号判决直接、充分认定南充市国土局应当承担违约责任。于此，法学理论与司法实践出现背离。法学理论一般认为，仅生效判决之判决主文具备既判力，裁判理由不具备既判力；但本案中，187号判决后续的违约赔偿之诉，两级法院均对南充市国土局是否构成根本违约不予审理，并径行采信187号判决之裁判理由作为后续判决之逻辑前提。此裁判逻辑是否妥当，值得进一步商榷。

此外，南充市国土局就187号判决申请再审，最高人民法院于2019年作出驳回裁定。其时，最高人民法院应当已经知道2017年的违约赔偿之诉直接采信了187号判决的裁判理由，这种情况下最高人民法院仍称南充市国土局申请再审无诉的利益，亦有进一步探讨空间。在我看来，在违约赔偿之诉中，最高人民法院以业已生效的187号判决认定南充市国土局构成根本违约，判决南充市国土局赔偿鑫达公司近5000万元，故南充市国土局就187号判决申请再审，显然有诉的利益。否则，就会导致目前这种鑫达公司作为买受人违约不交土地出让金，南充市国土局作为出卖人倒赔近5000万元的判决无法得到救济。南充市国土局作为国家行政机关，其赔偿款无疑来源于国家财政资金。现有生效判决恰如本章标题——买方不交土地款，国家倒赔5000万，其法理依据存疑。

因南充市国土局与鑫达公司之间诉讼繁多，颇显错综复杂，为便于读者理解，故此将双方间发生的与本章内容有关的主要诉讼图示如下：

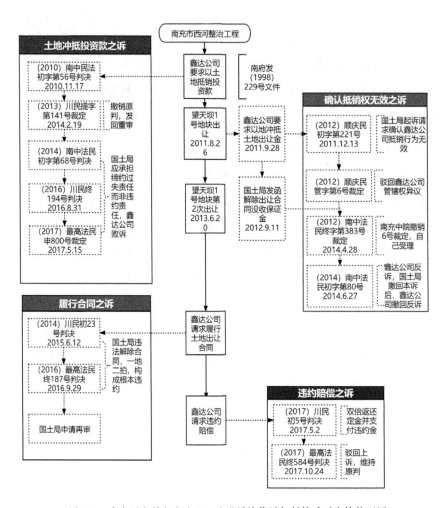

图1-1　南充国土局与鑫达公司建设用地使用权纠纷系列案情梳理图

第 2 章
买卖合同尚未签　天价税款卖方担？

——成都讯捷公司与四川蜀都公司房屋买卖合同纠纷案 ①

　　房屋出卖人与买受人签署房屋买卖框架协议后，在洽谈正式房屋买卖合同过程中，双方就房屋交易税费负担、支付尾款与转移登记孰先孰后等问题，在长达三年多时间里一直无法协商一致。这种情况下，出卖人能否解除框架协议？ ②

相谈甚欢，协议草签

　　2006 年 9 月 20 日，四川蜀都实业有限责任公司（简称蜀都公司）与成都讯捷通讯连锁有限公司（简称讯捷公司）签订《购房协议书》，约定：双方按照互惠、互利原则，经多次协商，就蜀都大厦北一楼及中庭售房事宜形成如下一致意见 ③：

---

① 详情参见最高人民法院（2013）民提字第 90 号民事判决书。
② 这是一个最高人民法院公报案例，载于《最高人民法院公报》2015 年第 1 期（总第 219 期）。我在教学备课过程中搜寻到此案例，觉得本案虽经最高人民法院再审，但其裁判逻辑尚有探讨空间，故述评如下，以求教方家。
③ 该协议多处文字未尽通顺，但为免曲解，本书未作改动。

1. 讯捷公司购买蜀都公司所拥有的蜀都大厦北一楼及中庭建筑面积2100平方米，总价格6750万元（最后按照房管部门办理的产权证为准进行结算）。

2. 本协议签订之日起，蜀都公司收到讯捷公司预计购房定金1000万元，待购房合同签订时，该定金自动转为购房款。

3. 蜀都公司、讯捷公司应就购房合同及付款方式等问题在本协议原则下进行具体磋商。

4. 蜀都公司、讯捷公司均应遵守本协议所确定的原则，违反则违约方向守约方支付违约金1000万元。

5. 蜀都公司、讯捷公司就该宗房屋买卖合同签订时，本协议自动失效。

收取定金，交付房屋

2006年9月14日至20日，讯捷公司向蜀都公司股东四川舒卡特种纤维股份有限公司（简称舒卡公司）① 分五笔合计转入1000万元，其中500万元注明款项用途为预付购房定金，另500万元未标明用途。舒卡公司② 于同年9月20日向讯捷公司开具两张金额均为500万元的定金收据。

2007年1月4日，蜀都公司将标的房屋交付讯捷公司使用。

时隔三年，合同在谈

双方2006年9月20日的《购房协议书》虽约定双方继续商谈以签

---

① 舒卡公司持有蜀都公司46%股权。

② 诉讼时已更名为四川友利投资控股股份有限公司，简称友利公司。

署正式房屋买卖合同，但事实上时隔三年仍一直未签署房屋买卖合同。期间，双方曾于 2008 年就将房屋买卖关系变更为租赁关系有过协商，但未达成一致。

2009 年 9 月 28 日，讯捷公司向蜀都公司发出《商函》，内容主要是："金融危机对行业的侵蚀，市场的变化致使我公司手机销售额及利润大幅下滑；另一方面房地产销售价格整体向下走的态势，能否请贵司在原协议的基础上对约定购买价格作出一定的让步！我们期望值在人民币 6000 万元左右。"

同日，蜀都公司向讯捷公司发函，主要内容为："贵我双方自 2006 年 9 月 20 日签订《购房协议书》以来，时间已经过去了三年，但贵我双方至今仍未能签订正式的《房屋买卖合同》。2009 年 6 月 2 日，贵公司致《商函》给我公司。该《商函》要求我公司作出减少 750 万元房价的让步……我公司现就相关事项函告贵公司：1. 我公司再次催促贵公司按照双方协议达成的意向原则，就买卖该房屋的相关重大事项，于 30 日内与我公司进行协商，并签订正式的房屋买卖合同。2. 贵公司使用我公司经营场地已接近三年，我公司希望贵我双方能本着实事求是的原则，通过协商，尽快确定、落实贵公司使用我公司经营场地的应付场地使用费事宜。"

2009 年 9 月 29 日，讯捷公司回函称："贵方函告我方已经收悉，我公司非常重视此事，但现在正值国庆将至，我们正紧张筹备国庆节工作，恳请贵公司将蜀都一楼的购买事宜推迟到十月九日左右商谈，恳请谅解为感！"

2009 年 10 月 10 日，蜀都公司向讯捷公司发函，要求对蜀都公司拟定的《房屋买卖合同》文本予以回复。讯捷公司于 2009 年 10 月 12 日回函确认收到蜀都公司提供的《房屋买卖合同》文本。

2009 年 10 月 20 日、2009 年 10 月 28 日、2009 年 12 月 9 日，蜀都

公司与讯捷公司组织相关人员及律师就房屋买卖中相关问题进行了三次协商，双方就讯捷公司是否应当支付场地使用费，买卖过户税费应由谁承担，产权证办理及购房尾款支付顺序，出售房屋所涉抵押的解除等问题，历经多轮协商仍未达成一致意见。

2009年11月4日，蜀都公司向讯捷公司发函，内容为："为了签订房屋买卖合同，贵我双方又分别于2009年10月20日、2009年10月28日就房屋买卖合同中的内容进行了磋商，虽经双方充分协商，贵我双方仍对合同内容存在较大分歧，未能协商一致。因此，我公司意见是：1.贵公司应支付占有使用房屋期间的场地使用费，具体标准双方可再行协商；2.房屋买卖的全部税费由贵公司承担；3.其他问题可再议。"

2009年11月5日，讯捷公司回函，主要内容为："我司于三年前就商定了购买蜀都大厦北一楼及中庭建筑面积2100平方米的商铺……然，贵司现在却突然提出增加场地使用费问题，且房屋买卖的全部税费由我公司来承担。我司认为这些要求过于苛刻，属于违背诚信的原则，再次明确回复如下：1.场地使用费属于买卖关系成立后增加的要求，我司不能接受。2.房屋买卖的税费问题，将根据国家法律、法规以及政府政策，由贵司和我司各自承担自行部分。3.对于剩余房款，我司已准备有专款资金，再次要求贵公司尽快将相应的产权手续、土地手续过户到我司名下后，我司当即付清全款。以上是我司就贵司所提及问题的书面回复，希望贵司能在实事求是的基础上，正确对待双方间已经成立的买卖关系。"

2009年11月12日，蜀都公司向讯捷公司发函，主要内容是：1.双方依据《购房协议书》就房屋买卖合同内容磋商长达三年时间，但至今仍在买卖合同的许多重大问题上存在着严重分歧，导致双方一直未签订《房屋买卖合同》，因此双方的房屋买卖关系未成立。2.讯捷公司无偿占用蜀都公司房屋三年，应当支付场地占有使用费。3.蜀都公司不同意讯捷公司提出的付款方式。4.由讯捷公司承担房屋买卖全部税费是蜀都公司出卖二手房的交易条件，从未发生改变。

2009 年 11 月 17 日，讯捷公司向蜀都公司回函，主要内容是：1.讯捷公司认为双方的房屋买卖已经实际履行。2.讯捷公司占有并使用房屋系合法的，不应向蜀都公司支付场地占用费。3.讯捷公司坚持在房屋过户登记后才向蜀都公司支付全部购房尾款。4.蜀都公司提出房屋买卖税费全部由讯捷公司承担缺乏依据和违反国家相关法律规定。

2010 年 3 月 3 日，蜀都公司通过四川省成都市蜀都公证处（简称蜀都公证处）向讯捷公司发函，内容为："2009 年 12 月 9 日贵我双方就相关善后事宜进行了协商，由于双方存在重大分歧，未能达成一致意见。此后，双方又就善后事宜进行了数次协商，但仍未取得任何结果。为此，我公司经慎重研究后，通知贵公司：1.解除贵我双方于 2006 年 9 月 20 日签订的《购房协议书》；2.请贵公司收在本函后三十日内腾退该房屋；3.请贵公司在收到本函后三十日内向我公司支付占用该房屋期间应付的场地使用费并办理相应的财务结算（定金、使用费等费用的退还和支付）。"

诉讼之路，一波三折

收到蜀都公司 2010 年 3 月 3 日的解除通知后，讯捷公司于当年 5 月 18 日向成都市中级人民法院（简称成都中院）提起诉讼。2011 年 1 月 20 日，成都中院作出（2010）成民初字第 433 号民事判决。① 蜀都公司不服该判决，向四川高院提起上诉。四川高院于 2011 年 7 月 25 日作出（2011）川民终字第 247 号民事裁定书，裁定撤销原判决，发回成都中院重审。

---

① 该次判决书未向社会公开，故具体判决内容不详。

2011 年 12 月 29 日，成都中院作出（2011）成民初字第 936 号民事判决，支持了讯捷公司主要诉讼请求。蜀都公司不服该判决，向四川高院提起上诉，四川高院于 2012 年 12 月 2 日作出（2012）川民终字第 331 号民事判决，改判支持了蜀都公司核心诉讼请求。

讯捷公司不服四川高院判决，向最高人民法院申请再审。最高人民法院于 2013 年 4 月 3 日作出（2013）民申字第 188 号民事裁定，提审该案。后经开庭审理，最高人民法院于 2013 年 11 月 14 日作出再审判决，改判撤销四川高院二审判决，维持成都中院一审判决。

讯捷公司诉讼请求

讯捷公司在一审时提出以下三项诉讼请求：

1. 确认讯捷公司与蜀都公司于 2006 年 9 月 20 日签订的《购房协议书》已成立并合法有效，确认蜀都公司于 2010 年 3 月 3 日作出的解除 2006 年 9 月 20 日签订的《购房协议书》解除函无效；

2. 判令蜀都公司在判决生效后 15 日内向讯捷公司履行办理房屋产权过户登记义务，在蜀都公司履行过户登记后 5 日内，讯捷公司向蜀都公司支付剩余购房款 5750 万元；

3. 产权过户税费按照法律规定由讯捷公司与蜀都公司各自承担。

蜀都公司反诉请求

蜀都公司一审时提出如下反诉请求：

1. 判令讯捷公司立即腾退案涉房屋给蜀都公司；

2. 判令讯捷公司向蜀都公司支付上述房屋自 2007 年 1 月 4 日至实际腾退房屋之日的占有使用费（暂计至 2010 年 6 月 30 日为 2650.90 万元）。

成都中院一审 ① 判决及其理由

成都中院认为，该案争议焦点主要有五，其一，蜀都公司是否有权解除案涉《购房协议书》；其二，若蜀都公司无权解除，案涉《购房协议书》是预约还是本约；其三，若《购房协议书》是应当履行的本约，付清房款与办理转移登记 ② 应孰先孰后；其四，转移登记产生的税费应如何承担；其五，蜀都公司能否向讯捷公司主张房屋占用费。就该五个争议焦点，成都中院评述如下：

一、蜀都公司解除函对讯捷公司不生效力

蜀都公司于 2010 年 3 月 3 日发出解除函，该函于 2010 年 3 月 8 日到达讯捷公司，讯捷公司于 2010 年 5 月 18 日向一审法院提起诉讼，对解除函效力提出异议。蜀都公司主张根据《合同法》第 94 条第 5 项"法律规定的其他情形"以及最高人民法院《关于适用〈中华人民共和国担保法〉若干问题的解释》（简称《担保法解释》）第 115 条规定，以双方磋商未达成一致意见为由行使法定解除权。经审查，本案不符合蜀都公司主张之法定解除合同情形，故蜀都公司发出的合同解除函无效，对讯捷公司不产生法律效力。

二、《购房协议书》系本约而非预约

讯捷公司诉讼请求建立在《购房协议书》系房屋买卖本约且合法有效前提下，蜀都公司反诉请求建立在《购房协议书》系买卖定金合同 ③ 前提下。合同有预约与本约之分，预约的目的在于有事实或法律上的障

---

① 指重审一审，案号（2011）成民初字第 936 号。
② 俗称过户登记。
③ 即预约合同。

碍，暂无法订立主合同时，约定将来订立一定合同；预约合同的权利人仅得请求对方履行订立本约义务，而不得径行依照预约合同请求履行。

《购房协议书》第 3 条约定讯捷公司与蜀都公司应就购房合同及付款方式等问题在该协议原则下进行具体磋商；第 5 条约定双方就该宗房屋签订买卖合同时，购房协议自动失效。该约定表明双方在签订《购房协议书》后还应当就房屋买卖事宜进行进一步协商并签订《房屋买卖合同》，但并不能据此认定《购房协议书》一定属于预约合同或定金合同，理由如下：

1.《购房协议书》中的当事人名称、标的、价款、违约责任等主要条款明确具体，根据最高人民法院《关于适用〈中华人民共和国合同法〉若干问题的解释（二）》（简称《合同法解释（二）》）第 1 条第 1 款"当事人对合同是否成立存在争议，人民法院能够确定当事人名称或者姓名、标的和数量的，一般应当认定合同成立。但法律另有规定或者当事人另有约定的除外"之规定，《购房协议书》已具备合同必备条款，应当认定合同成立。

2. 购房定金 1000 万元已在双方签订《购房协议书》前由讯捷公司支付给蜀都公司股东友利公司，蜀都公司已在《购房协议书》第 2 条确认其收到讯捷公司预付的购房定金 1000 万元，故讯捷公司已履行支付购房定金的合同义务，蜀都公司关于讯捷公司未支付 1000 万定金的主张不能成立。

3. 蜀都公司虽然在签订《购房协议书》时尚未取得房屋所有权，但蜀都公司与四川蜀都大厦有限责任公司（简称蜀都大厦公司）签订的房屋过户协议 ① 和蜀都大厦公司出具的场地使用证明，证明蜀都公司有权

---

① 蜀都大厦公司于 2005 年 7 月通过派生分立方式，分立为蜀都大厦公司和蜀都公司。根据双方所签分立协议，蜀都大厦公司与蜀都公司于 2006 年 2 月 25 日签署《关于办理蜀都大厦裙楼 1—4 层房屋权属转移过户协议书》，约定分期将案涉房屋在内的蜀都公司分得房屋过户到蜀都公司名下。

对涉案房屋进行处分；况且现在蜀都公司已实际取得涉案房屋所有权证，房屋权属明确，对《购房协议书》是否成立和效力认定不构成实质性影响。

4.《购房协议书》第 3 条和第 5 条的约定是在合同具备必备条款情况下，要求双方对合同欠缺的其他内容进行进一步协商并签订《房屋买卖合同》。根据《合同法解释（二）》第 1 条第 2 款关于"对合同欠缺的前款规定以外的其他内容，当事人达不成协议的，人民法院依照合同法第 61 条、第 62 条、第 125 条等有关规定予以确定"之规定，在本案当事人对《购房协议书》中未涉及的付款方式等其他条款不能达成协议且双方未能签订《房屋买卖合同》情况下，人民法院应当按照相关规定予以确定，而不能据此认定合同不成立或属于预约合同或定金合同。

5.在签订《购房协议书》后，蜀都公司将讼争房屋交付给讯捷公司占有使用，蜀都公司辩称与讯捷公司既谈买卖，又谈租赁，双方不是基于买卖关系而向讯捷公司交付房屋。蜀都公司该辩称意见因无事实依据所证实，依法不能成立。讯捷公司主张蜀都公司因买卖关系而向其交付房屋的理由成立。

综上，成都中院认为，《购房协议书》系当事人真实意思表示，内容不违反相关法律规定，合法有效。讯捷公司请求确认《购房协议书》为房屋买卖合同且合同已成立并合法有效的观点成立，应当予以支持。

三、讯捷公司应先行付清房款，然后蜀都公司办理转移登记

关于讯捷公司请求蜀都公司在判决生效后十五日内履行办理房屋产权过户登记义务的问题。一方面，双方当事人在《购房协议书》中未就房屋过户时间进行约定，成都中院通知双方当事人进行补充协议时仍未就此达成一致意见。另一方面，虽然登记是取得不动产物权的根据，但房屋买卖合同出卖人的主要义务是向买受人交付房屋，买受人的主要义务则是向出卖人支付价款；过户登记系登记机关职能，出卖人只负有协

助办理过户登记义务。与交付房屋和支付价款相较而言，出卖人履行协助过户义务属于附随义务。

由于蜀都公司已于 2007 年 1 月 4 日向讯捷公司交付了房屋，而讯捷公司除向蜀都公司支付 1000 万元定金外，其余购房款未支付。在双方当事人对过户登记没有约定，且讯捷公司未支付大部分购房款的情况下，讯捷公司请求蜀都公司先行履行协助过户的条件尚不成就。待讯捷公司向蜀都公司全部履行付款义务后合理期限内，蜀都公司有义务协助讯捷公司办理产权过户手续。

由于相关行政法规和规章均未对城市房地产过户登记时间作出规定，成都中院参照国务院颁布的《城市房产地开发经营管理条例》第 33 条之规定，确定蜀都公司应在收到全部购房款后 90 日内协助讯捷公司办理产权过户手续。

四、转移登记产生税费由蜀都公司与讯捷公司依法各自承担

关于讯捷公司请求按照法律规定各自承担房屋产权过户登记过程中产生的税费问题。由于双方当事人在《购房协议书》中未对过户时产生的税费负担方式进行约定，双方事后又不能达成补充协议，故成都中院认为应当按照国家有关房地产过户登记税费负担规定，由买卖双方各自承担应负责部分税费。

五、蜀都公司无权要求讯捷公司支付占用费

关于蜀都公司反诉请求讯捷公司腾退房屋和支付场地占用费的问题。因《购房协议书》系房屋买卖合同，且蜀都公司基于房屋买卖合同关系向讯捷公司交付房屋，在《购房协议书》合同有效 ① 的情况下，蜀

---

① 原文如此；本书认为"合同有效"似为"合法有效"之笔误。

都公司无权请求讯捷公司返还已经交付的房屋；双方不存在房屋租赁关系，蜀都公司无权要求讯捷公司支付场地占用费。故成都中院对蜀都公司反诉请求均不予支持。

综上，成都中院判决：

1. 讯捷公司与蜀都公司于 2006 年 9 月 20 日签订的《购房协议书》成立并有效；

2. 蜀都公司于 2010 年 3 月 3 日作出的解除其与讯捷公司 2006 年 9 月 20 日所签《购房协议书》的解除函无效；

3. 在讯捷公司向蜀都公司履行完毕支付购房款义务后 90 日内，蜀都公司协助将案涉房屋过户给讯捷公司，因此所产生的税和费按相关规定由讯捷公司和蜀都公司各自承担；

4. 驳回讯捷公司其他诉讼请求；

5. 驳回蜀都公司反诉请求。

二审改判

蜀都公司不服该判决，向四川高院提起上诉，请求撤销一审判决，支持蜀都公司反诉请求。上诉理由主要有：1. 一审判决错误认定定金合同系买卖合同本约。2. 因不可归责于双方的事由，导致三年多时间未订立买卖合同，讯捷公司应自收到解除函之日起腾退房屋并支付使用费。

二审审理中，在四川高院指定举证期限内，蜀都公司提交了以下证据材料：1. 宏价评（2011）53 号《价格评估报告书》。载明案涉房屋从 2007 年 1 月 1 日至 2011 年 6 月 30 日期间租金评估值为 34147200 元，拟证明使用费数额。2. 四川求实财税咨询有限公司于 2011 年 10 月 14 日出具的《税务咨询报告》。载明该房屋交易涉税 4000 余万元，其中按照法律规定应由出卖人承担的土地增值税为 32319835 元，拟证明双方在三年内没有签订房屋买卖合同是因为有重大分歧，系不能归责于双方的原因导致。3.2006年1月至2007年9月期间，蜀都公司与其他买受人签订的《房屋买卖合同》四份，拟证明《购房协议书》是预约性质的定金合同。

讯捷公司质证认为，证据1真实性无异议，但无关联性。证据2真实性无异议，反映了本案房屋买卖应各自交税，反证了双方存在房屋买卖关系。证据3真实性无异议，但无关联性。

四川高院经审理认为，案件争议焦点有三，其分别评述如下：

一、《购房协议书》的性质和效力

四川高院认为，案涉《购房协议书》明确写明了当事人名称、标的、价款，一审判决根据《合同法解释（二）》第1条规定认定双方间房屋买卖合同关系已经成立并无不当。二审审理中，蜀都公司提交了同期蜀都公司与其他买受人签订的《房屋买卖合同》四份，双方当事人对该证据的真实性无异议，二审法院对该证据的真实性予以确认，但该证据不能证明《购房协议书》的性质为定金合同。

诉讼中蜀都公司并未提供证据证明该《购房协议书》存在无效情形，故一审判决认定该协议有效正确。

综上，蜀都公司上诉称该《购房协议书》系定金合同，双方未签订正式购房合同，双方间未形成房屋买卖法律关系的理由不能成立，四川高院不予支持。

二、《购房协议书》是否应当解除

蜀都公司于2007年1月4日将房屋交付给讯捷公司占有使用后，讯捷公司于2009年6月向蜀都公司致函要求降价，随后双方就应否支付场地使用费、买卖过户时税费负担、产权证办理及尾款支付时间、出售房屋所涉抵押的解除等问题进行了一系列磋商。二审审理中，蜀都公司提交了《税务咨询报告》，双方当事人对该证据真实性无异议，二审法院对该证据真实性予以确认。该证据亦印证了以上事实。

双方磋商未达成协议，直至 2010 年 3 月 3 日蜀都公司发函要求解除双方所签《购房协议书》。在诉讼中，经人民法院主持调解和庭外和解，双方当事人仍不能达成协议。按照《购房协议书》约定，双方之间有磋商并签订正式房屋买卖合同的义务。蜀都公司作为讼争房屋所有权人，将涉案房屋交付讯捷公司使用 5 年多时间内，与讯捷公司既未达成正式房屋买卖合同，又未达成租赁协议，其既未收到房屋转让价款，亦未收到房屋租金，该情形阻碍蜀都公司物权实现。在双方达不成正式房屋买卖合同的前提下，蜀都公司有权根据《物权法》第 39 条"所有权人对自己的不动产或者动产，依法享有占有、使用、收益和处分的权利"之规定，选择对其财产的处分方式，解除与讯捷公司所签《购房协议书》。

蜀都公司于 2010 年 3 月 3 日发出解除函，讯捷公司于 2010 年 5 月 18 日向法院提起诉讼，故蜀都公司发出的该解除函不产生通知解除合同的法律效力，一审判决支持讯捷公司该项诉讼请求并无不当；但一审判决认为《购房协议书》不符合解除条件，故判令蜀都公司在讯捷公司支付全部购房款后 90 日内交付涉案房屋并由双方各自承担相关税费不当，四川高院予以纠正。

购房协议解除后，蜀都公司请求返还涉案房屋的诉讼请求符合《合同法》第 97 条"合同解除后，尚未履行的，终止履行；已经履行的，根据履行情况和合同性质，当事人可以要求恢复原状、采取其他补救措施，并有权要求赔偿损失"之规定。虽然蜀都公司起诉时主张立即腾退房屋，但应当给予讯捷公司必要准备时间，二审法院酌定为 30 日。

至于讯捷公司已经支付 1000 万元定金，其可另行主张权利。

三、讯捷公司是否应支付场地使用费

双方当事人签订《购房协议书》后，蜀都公司于 2007 年 1 月 4 日将讼争房屋交付给讯捷公司使用至今，但蜀都公司并没有证据证明交付行为系其于租赁关系或系《购房协议书》之外的其他有偿法律关系，故蜀都公司请求讯捷公司按照周边同类商场租金标准支付场地使用费缺乏事实和法律依据，四川高院对蜀都公司主张支付场地使用费的上诉请求不予支持。

虽然讯捷公司对蜀都公司提交的宏价评（2011）53 号《价格评估报告书》真实性无异议，但因该《价格评估报告书》与本案无关，四川高院不予采信。且，四川高院对蜀都公司二审提出的对讼争房屋自 2007 年 1 月 4 日至实际鉴定之日止的场地占有使用费进行鉴定的申请不予准许。

综上，经该院审判委员会讨论决定，四川高院判决如下：

1. 维持一审判决第一项，即"讯捷公司与蜀都公司于 2006 年 9 月 20 日签订的《购房协议书》成立并有效"；

2. 一审判决第二、三、四、五项内容均予撤销；

3. 讯捷公司于判决生效之日起 30 日内将案涉房屋腾退给蜀都公司；

4. 驳回讯捷公司其他本诉诉讼请求；

5. 驳回蜀都公司其他反诉诉讼请求。

再审再改

讯捷公司不服二审判决，向最高人民法院申请再审，请求撤销二审判决，维持一审判决。主要理由为：1. 蜀都公司与讯捷公司签订《购房协议书》，构成房屋买卖合同关系，成立并有效，且已部分履行，应当继续履行。二审判决在认定《购房协议书》有效、蜀都公司于 2010 年 3 月 3 日发出的解除函不产生通知解除合同的法律效力、蜀都公司并未反诉请求解除《购房协议书》情况下，无端撤销一审判决关于解除函无效的判项，判令讯捷公司腾退房屋，判项与法院认定之间逻辑混乱，明显缺乏事实和法律依据。2. 蜀都公司不享有解除权。二审判决在合同纠纷案件中错误适用《物权法》第 37 条 [①] 规定，认为蜀都公司有权解除合同，显属适用法律错误。

蜀都公司亦不服二审判决，亦向最高人民法院申请再审，请求撤销二审判决第一、五项，维持第二、三、四项；并增判讯捷公司向蜀都公司支付占有使用案涉房屋的场地使用费 2650.90 万元（截至起诉时 2010 年 6 月 30 日）。

蜀都公司申请再审的主要理由有：1. 案涉合同作为认购预订协议，法律性质属立约定金合同，目的是担保主合同的订立；双方的主合同始终处于磋商之中，并因不可归责于双方的原因而未能订立。2. 由于房屋买卖主合同未能订立，预约合同目的不能实现，蜀都公司发出解除函，案涉合同被解除。3. 讯捷公司要求继续履行于法无据，且该合同没有履行的具体内容，无法实际履行。4. 在双方买卖关系尚未确定之情况下，蜀都公司将房屋交付给讯捷公司是依双方谈妥的租赁关系，讯捷公司基于租赁关系占有使用该房屋，在案涉合同解除后理应清退场地并支付相应场地使用费。

最高人民法院审理后认为，该案争议焦点有三：1. 蜀都公司与讯捷公司就案涉房屋所形成法律关系的性质和效力为何；2. 蜀都公司发出的解除函是否产生解除双方合同关系的效力；3. 讯捷公司要求继续履行的

---

① 原文如此，应为"39 条"之笔误。

诉讼请求应否得到支持，蜀都公司主张腾退房屋并支付房屋使用费请求应否得到支持。

就争议焦点，最高人民法院评述如下：

一、《购房协议书》属预约合同，但蜀都公司与讯捷公司已以事实行为成立房屋买卖合同之本约

首先，仅就案涉《购房协议书》而言，其性质应为预约。预约是指将来订立一定契约的契约。预约的形态多种多样，有的预约条款非常简略，仅表达了当事人之间有将来订立本约的意思，至于本约规定什么内容留待以后磋商决定；有的预约条款则非常详尽，将未来本约应该规定的内容几乎都在预约中作了明确约定。而若仅从内容上看，后者在合同内容的确定性上几乎与本约无异，即使欠缺某些条款，往往也可以通过合同解释的方式加以补全。因此，仅根据当事人合意内容上是否全面，并不足以界分预约和本约。

判断当事人之间订立的合同系本约还是预约的根本标准应当是当事人的意思表示；也就是说，当事人是否有意在将来订立一个新的合同，以最终明确在双方之间形成某种法律关系的具体内容。如果当事人存在明确的将来订立本约的意思，那么，即使预约的内容与本约已经十分接近，即便通过合同解释，从预约中可以推导出本约的全部内容，也应当尊重当事人的意思表示，排除这种客观解释的可能性。

本案中，蜀都公司与讯捷公司在 2006 年 9 月 20 日签订的《购房协议书》中明确约定了双方拟买卖房屋的位置、面积和价款，应当说具备了一份正式房屋买卖合同的主要内容，可直接据此履行而无须另订本约。但是，双方当事人同时在该协议中约定双方应就购房合同及付款方式等问题在该协议原则下进行具体磋商；双方就该宗房屋买卖合同签订时，该协议自动失效。可见，双方当事人虽然约定了房屋位

置、面积及总价款，但仍一致认为在付款方式等问题上需要日后进一步磋商，双方的这一意思表示是明确的；而且，当事人在该协议第 5 条进一步明确要在将来订立一个新的合同，以最终明确双方之间房屋买卖法律关系的具体内容。因此，案涉《购房协议书》的性质为预约合同，一审、二审判决认定该《购房协议书》为本约是错误的，应予纠正。

其次，结合双方当事人在订立《购房协议书》之后的履行事实，可以认定蜀都公司与讯捷公司之间已经成立了房屋买卖法律关系。对于当事人之间存在预约还是本约关系，不能仅凭一份孤立的协议就简单地加以认定，而是应当综合审查相关协议内容以及当事人嗣后为达成交易进行的磋商甚至具体的履行行为等事实，从中探寻当事人真实意思，并据此对当事人之间法律关系的性质作出准确界定。

本案中，双方当事人在签订《购房协议书》时，作为买受人的讯捷公司已经实际交付了定金并约定在一定条件下自动转为购房款，作为出卖人的蜀都公司也接受了讯捷公司的交付。在签订《购房协议书》三个多月后，蜀都公司将合同项下房屋交付给了讯捷公司，讯捷公司接受了该交付。而根据《购房协议书》的预约性质，蜀都公司交付房屋的行为不应视为对该预约的履行；在当事人之间不存在租赁等其他有偿使用房屋法律关系的情形下，蜀都公司的该行为应认定为系基于与讯捷公司之间的房屋买卖本约而为的交付。据此，由于蜀都公司在该房屋买卖法律关系中的主要义务就是交付案涉房屋，根据《合同法》第 36 条、第 37 条之规定，可以认定当事人之间达成了买卖房屋合意，成立了房屋买卖法律关系。

综上，蜀都公司与讯捷公司之间的房屋买卖法律关系成立，且系当事人真实意思表示，内容不违反法律、行政法规强制性规定，合法有效。一审、二审判决认定《购房协议书》构成本约的理由不当，但其关于蜀都公司和讯捷公司之间成立房屋买卖法律关系的结论正确。

二、蜀都公司解除函不能产生解除双方合同关系的效力

首先，根据《合同法》第93条、第94条之规定，合同的解除包括法定解除和约定解除两种情形。本案中，双方在《购房协议书》及其他相关书面文件中均未对单方解除合同的事项作出约定，故蜀都公司不享有约定解除权。而根据《购房协议书》，双方的主要合同义务是就达成房屋买卖合意进行诚信磋商，讯捷公司支付1000万元定金。讯捷公司已经支付了1000万元定金，并且就案涉房屋买卖一事一直在与蜀都公司进行协商，其在本案诉讼过程中亦明确表示有意愿、有能力履行支付全部购房款义务，本案也不存在不可抗力致使不能实现合同目的情形。因此，本案亦不具备单方解除合同之法定情形。故，蜀都公司关于其有权单方解除合同的主张不能成立。

其次，根据《合同法》第96条，当事人单方解除合同的，应当通知对方，合同自通知到达对方时解除。对方有异议的，可以请求人民法院或者仲裁机构确认解除合同的效力。根据《合同法解释（二）》第24条，对于解除合同的异议期间，当事人之间有约定的从约定，未约定的为解除合同通知到达之日起三个月。本案中，当事人没有就包括合同解除异议期间在内的合同解除事项进行任何约定，而蜀都公司于2010年3月3日向讯捷公司发出解除《购房协议书》的通知函，该函件于2010年3月8日到达讯捷公司，讯捷公司向一审法院提起诉讼的时间为2010年5月12日。[①] 因此，无论蜀都公司是否有权单方解除《购房协议书》，因讯捷公司于收到解除函的三个月内通过起诉方式提出了异议，故蜀都公司的解除函也不产生解除双方合同关系的效力。

---

① 判决书原文如此，时而称讯捷公司于2010年5月18日起诉，时而称于该年5月12日起诉。

三、讯捷公司要求继续履行的诉请应获支持，蜀都公司主张腾退房屋并支付房屋使用费诉请不应得到支持

首先，本案中，当事人已就合同项下房屋位置、面积和价款进行了明确具体的约定，蜀都公司已向讯捷公司交付了案涉房屋，讯捷公司支付了 1000 万元定金。虽然当事人之间在讯捷公司是否应向蜀都公司支付使用案涉房屋的场地占用费并承担房屋买卖的全部税费问题上未达成一致意见，但在双方房屋买卖法律关系的主要权利义务均已确定情形下，上述争议可以通过《合同法》第 61 条、第 62 条规定的合同解释原则进行补救，故并不构成法律上或者事实上的履行障碍。而且，如前所述，在蜀都公司与讯捷公司之间，房屋买卖法律关系已经成立并生效，也不存在《合同法》第 93 条、第 94 条规定的合同解除情形，故讯捷公司主张继续履行的诉讼请求应予支持。

其次，根据《物权法》第 15 条规定之精神，处分行为有别于负担行为，解除合同并非对物进行处分的方式；合同的解除与否不涉及物之所有权的变动，而只与当事人是否继续承担合同所约定义务有关。本案中，蜀都公司确实仍然对该房屋享有所有权，但这并不意味着其可在不符合当事人约定或者法律规定情形下随意解除双方之间的合同关系。在双方房屋买卖法律关系成立并生效后，蜀都公司虽系该房屋所有权人，但其应当依约全面、实际履行其在房屋买卖法律关系项下义务。四川高院判决认为在买卖标的物转移之前，所有权人对自己的标的物享有占有、使用、收益、处分权利，进而认定蜀都公司有权选择处分财产的方式从而有权解除合同，并判决讯捷公司将房屋腾退给蜀都公司，违背了《合同法》保障交易安全的基本原则，系对《物权法》的错误理解与适用，应予纠正。

再次，蜀都公司主张讯捷公司支付场地使用费应有相应的法律依据。如前所述，双方在本案中的法律关系为房屋买卖法律关系，而非租赁等

有偿使用法律关系，蜀都公司将案涉房屋交付给讯捷公司是基于房屋买卖法律关系；因此，蜀都公司要求讯捷公司支付场地使用费的主张没有任何事实和法律依据，一审、二审判决对该问题的认定和处理正确。

最后，蜀都公司与讯捷公司之间存在房屋买卖法律关系，当事人均应本着诚实信用原则履行各自义务；在履行过程中，若当事人之间就对方的履行行为是否构成违约以及应否承担违约责任等问题发生争议，可自行协商或者另寻法律途径解决。

综上，四川高院判决认定蜀都公司有权依据《物权法》第39条之规定，选择处分财产的方式解除合同，并据此判决讯捷公司将案涉房屋腾退给蜀都公司，系适用法律错误。成都中院判决虽然认定《购房协议书》直接构成本约的理由不能成立，但其判项系基于蜀都公司和讯捷公司之间房屋买卖法律关系已成立并生效这一事实作出，有法律及事实依据，较为妥当合理，可予维持。最终，最高人民法院判决撤销四川高院二审判决，维持成都中院一审判决。

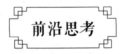

前沿思考

一、房屋买卖本约是否已经成立

最高人民法院认为《购房协议书》系预约而非本约，该认定既符合《最高人民法院关于审理买卖合同纠纷案件适用法律问题的解释》（简称《买卖合同司法解释》）第2条之规定，[①] 亦契合《民法典》第495条之

---

① 《最高人民法院关于审理买卖合同纠纷案件适用法律问题的解释》（法释〔2012〕8号）第2条规定："当事人签订认购书、订购书、预订书、意向书、备忘录等预约合同，约定在将来一定期限内订立买卖合同，一方不履行订立买卖合同的义务，对方请求其承担预约合同违约责任或者要求解除预约合同并主张损害赔偿的，人民法院应予支持。"

规定。① 因此，本书赞同最高人民法院该认定。

最高人民法院认为，虽然双方并未按约签署书面《房屋买卖合同》，但蜀都公司已交付案涉房屋，根据《合同法》第 36 条、第 37 条，可以认定当事人之间达成了买卖房屋合意，成立了房屋买卖法律关系。

但是，《合同法》第 37 条规定的是，"采用合同书形式订立合同，在签字或者盖章之前，当事人一方已经履行主要义务，对方接受的，该合同成立。"文义理解，该条指的是双方已就合同所有权利义务内容达成一致且备妥书面合同文本，仅尚未签署，此时一方履行主要义务且对方接受的，合同成立。② 亦即，适用该条须满足一定前置条件，并非只要一方履行义务对方接受，则合同成立。就本案而言，双方尚存若干重大分歧，虽曾有合同文本，但离签字盖章尚有相当距离，适用该条应为不妥。

《合同法》第 36 条规定："法律、行政法规规定或者当事人约定采用书面形式订立合同，当事人未采用书面形式但一方已经履行主要义务，对方接受的，该合同成立。"依文义解释及目的解释，该条亦应指双方已就全部合同内容达成一致，本来约定将已协商一致的权利义务内容用合同书等书面形式呈现，尚未采用书面形式但一方履行主要义务且对方接受的，合同成立。就本案而言，双方分歧宛如楚河汉界，适用第 36 条亦相当勉强。

综上，以《合同法》第 36 条、第 37 条为据认定双方以交房之事实

① 《民法典》第 495 条规定："当事人约定在将来一定期限内订立合同的认购书、订购书、预订书等，构成预约合同。当事人一方不履行预约合同约定的订立合同义务的，对方可以请求其承担预约合同的违约责任。"

② 根据《合同法》第 32 条，当事人采用合同书形式订立合同的，原则上自双方当事人签字或者盖章时合同成立。

行为成立了房屋买卖本约，颇为牵强。

二、蜀都公司是否有权解除《购房协议书》

如果认定双方已以事实行为成立房屋买卖合同，则蜀都公司似确无法定解除理由；因预约合同并未约定解除条件，则蜀都公司亦无约定解除理由。

如果认定双方并未以事实行为成立房屋买卖合同，则双方有预约而无本约，且因双方协商无法达成一致故无法签署本约，则蜀都公司应有权解除预约合同。

参照《最高人民法院关于审理商品房买卖合同纠纷案件适用法律若干问题的解释》（法释〔2003〕7号）第4条"出卖人通过认购、订购、预订等方式向买受人收受定金作为订立商品房买卖合同担保的，如果因当事人一方原因未能订立商品房买卖合同，应当按照法律关于定金的规定处理；因不可归责于当事人双方的事由，导致商品房买卖合同未能订立的，出卖人应当将定金返还买受人"之规定，蜀都公司有权解除《购房协议书》。

虽然本案并非商品房买卖合同纠纷，但《买卖合同司法解释》第2条亦规定，当事人签订认购书、订购书、预订书、意向书、备忘录等预约合同，约定在将来一定期限内订立买卖合同，一方不履行订立买卖合同的义务，对方要求解除预约合同并主张损害赔偿的，人民法院应予支持。据此，蜀都公司仍有权解除《购房协议书》。当然，也许有人会说，本案《购房协议书》并未约定订立买卖合同的期限，且并非其中一方不履行订立本约的义务，而是双方就合同内容无法达成一致，故并不完全满足该条文义。但是，一方面双方在订立预约合同三年后仍不能签署本约，另一方面客观上双方均未履行订立本约义务，故即使严格按司法解释文义，双方均有解除预约合同的权利。作为双方中的一方，蜀都公司自应有权解除。

三、预约合同的解除

《买卖合同司法解释》在 2020 年底修正时，原第 2 条内容被悉数删除，且《民法典》第 495 条仅规定"当事人一方不履行预约合同约定的订立合同义务的，对方可以请求其承担预约合同的违约责任"，未规定可以解除合同。有人据此认为，预约合同不能解除，守约方仅能要求违约方承担预约合同约定的违约责任。

但另有观点认为，《合同法》第 94 条第 2 项、《民法典》第 563 条第 2 项均规定在履行期限届满前，当事人一方明确表示或者以自己行为表明不履行主要债务的，解除权人有权解除合同；第 3 项均规定当事人一方迟延履行主要债务，经催告后在合理期限内仍未履行的，解除权人有权解除合同；第 4 项均规定当事人一方迟延履行债务或者有其他违约行为致使不能实现合同目的，解除权人有权解除合同。预约合同亦属合同，故无论根据《合同法》第 94 条抑或《民法典》第 563 条，若预约合同当事人非因可归责于一方原因导致无法订立本约时，任何一方均有权解除预约合同。

我认为，虽然经由特定解释方法，《民法典》第 563 条可推导出特定解释结论，但《民法典》没必要非把一些重要问题的解决委诸司法解释抑或立法解释，以免徒增法律实务困扰。作为深具中国性、实践性、时代性、前沿性之世纪法典，《民法典》可以做得更好。因此，我建议，《民法典》第 563 条可增加一款作为第 3 款，增加内容如下：预约合同订立后，非因一方当事人原因导致无法订立本约的，任何一方当事人有权解除预约合同。

四、一审判决应否维持

最高人民法院认为，蜀都公司无权解除《购房协议书》，且双方已通过事实行为订立本约。虽然当事人之间在讯捷公司是否应向蜀都公司支付案涉房屋占用费并承担房屋买卖全部税费问题上未达成一致意见，但在双方房屋买卖法律关系主要权利义务均已确定的情形下，尚存争议可以通过《合同法》第61条、第62条规定的合同解释原则进行补救，故撤销四川高院二审判决，维持成都中院一审判决。

但是，《合同法》第61条规定，合同生效后，当事人就价款等内容没有约定或者约定不明确的，可以协议补充；不能达成补充协议的，按照合同有关条款或者交易习惯确定。据此，因双方无法达成一致，且合同有关条款亦不足参照，便只能根据交易习惯确定。而成都二手房市场的交易习惯是，出卖人报价一般均指出卖人净收款，税费由买受人承担。但成都中院一审判决却判令双方各自承担税费。

并且，《合同法》第62条规定，当事人就有关合同内容约定不明确，依照本法第61条规定仍不能确定的，价款或者报酬不明确的，按照订立合同时履行地市场价格履行。如前所述，市场价一般均由买受人承担税费，但成都中院却判决各自承担税费。

蜀都公司在二审中提交《税务咨询报告》作为新证据，拟证明该房屋交易涉税4000余万元，其中依法应由出卖人承担的土地增值税为3200余万元。讯捷公司对该证据真实性无异议。双方约定的房屋价款6750万元，如果该3200余万元税款均由蜀都公司承担，无异于房款被腰斩。在这种情况下，最高人民法院一方面认可双方对税款如何承担尚未达成一致，另一方面却维持成都中院要求双方各自依法承担税款之一审判决（该判决实系要求蜀都公司承担该3200余万元增值税），其判决逻辑令人困惑。

此时再回望，一个6750万元的购房协议，其中3200余万元税款承担问题，双方历时数年无法达成一致，诉讼多年仍不能达成一致，最高人民法院却说双方以房屋交付行为成立了事实上的房屋买卖本约，其推理路径殊难让人信服。

此外，一审判决第三项内容为，在讯捷公司向蜀都公司履行完毕支付购房款义务后 90 日内，蜀都公司协助将案涉房屋过户给讯捷公司。但是，一审判决对讯捷公司应于何时支付完毕尾款却未置一词。如此一来，双方既未就讯捷公司何时支付尾款达成一致，法院也未予判决，则讯捷公司几乎可以永不支付尾款，但却可对房屋永久占有、使用、收益。这样的判决，实难言合理。最高人民法院对这样判决予以维持，令人费解。

至于蜀都公司主张讯捷公司应支付房屋占用费，我认为，虽然讯捷公司无偿使用房屋多年，似有不当得利之嫌，但双方磋商数年未能订立房屋买卖本约，确可能让讯捷公司错过适宜的购房机会；且就本案而言，未订立房屋买卖本约亦不可归责于讯捷公司。故蜀都公司该主张缺乏事实基础与法律依据，不宜支持。

第 3 章
依法取得探矿权　青山绿水化作田？

——四川金核公司与新疆临钢公司合作勘查合同纠纷案 ①

　　根据矿产资源相关法律制度取得的矿业权，在被自然资源行政主管部门依法撤销或注销前，人民法院能否以该矿业权设立在自然保护区内为由，依据有关行政法规，径行判决基于该矿业权的合作勘查协议无效，从而实质性否定该矿业权法律效力？

"人生初见"

　　2011 年 10 月 10 日，新疆临钢资源投资股份有限公司（简称临钢公司）与四川金核矿业有限公司（简称金核公司）签订《新疆塔什库尔干县乌如克铅多金属矿 ② 普查探矿权合作勘查开发协议》（简称《合作勘查协议》），双方约定：

　　1. 临钢公司补偿金核公司 3500 万元后，金核公司以本协议规定之

---

① 详细案情参见新疆高院（2014）新民二初字第 13 号民事判决书、最高人民法院（2015）民二终字第 167 号民事判决书、最高人民法院（2016）最高法民申 139 号民事裁定书。

② 新疆塔什库尔干县乌如克铅多金属矿简称乌如克矿。

对价及本协议所规定的其他条款和条件将其持有的乌如克矿矿权注入双方设立的项目公司。项目公司由双方共同设立，临钢公司以现金出资，金核公司以矿权出资。项目公司注册资本暂定 1000 万元，其中临钢公司占 80%，金核公司占 20%。

2. 由临钢公司出资对乌如克矿进行普查、详查、勘探工作，相关成果由项目公司享有，相关风险由项目公司承担。在标的矿权①未办理过户手续之前，临钢公司委托金核公司代为持有该矿矿权②；在该标的矿权达到办理过户条件后，金核公司直接将该标的矿权过户给项目公司。未办理过户手续之前，金核公司负责标的矿权的维护工作，包括但不限于矿证有效期限的延续、年检、向有关部门报送相关资料等。

3. 本协议生效后，标的矿权的后续普查、详查、勘探工作均由临钢公司出资进行，在勘探阶段工作结束之前，金核公司不再投入资金；由临钢公司出资进行的勘查工作成果由项目公司享有。

4. 临钢公司支付金核公司标的矿权合作补偿款并向项目公司注入后续勘查资金与金核公司将标的矿权转到项目公司并合作开发是不可分割的部分，两者互为条件。协议签订后 15 日内，临钢公司一次性支付定金 3500 万元到金核公司指定账户；在标的矿权过户到项目公司的登记手续完成之日，该定金即直接转为临钢公司支付给金核公司的矿权合作补偿价款。双方按法律法规的规定各自负担因订立和履行本协议而发生的税赋。因准备、订立及履行本协议而发生的费用及本协议所述矿权发生的税务以外的费用和支出由双方均摊。

5. 金核公司向临钢公司保证和承诺：金核公司于 2008 年 12 月 30 日首次取得由新疆国土厅颁发的乌如克矿预查探矿权，2011 年 1 月 26

---

① 指乌如克矿矿权。

② 协议原文如此。

日正常延续并升级为普查，现名称为乌如克矿普查探矿权，《探矿权许可证》证号为：T65120081202022682，矿区面积为31.28平方公里，探矿证有效期自2011年1月26日至2013年1月26日止。金核公司保证取得的上述探矿证权属清晰、完整，不存在其他权利争议，亦不存在任何抵押等情况，该探矿证符合法律法规的取得条件，也拥有国家法律和地方法规所应具备的权利和许可，不存在可能被国土资源管理部门吊销《探矿许可证》等不确定事项，不在冰川保护区、自然保护区、风景区等可能影响矿山开发的区域范围内。

临钢公司向金核公司保证和承诺：临钢公司保证在本协议签订后即加快标的矿权的勘查工作，临钢公司保证标的矿权的后续普查、详查、勘探阶段的全部资金投入，在该矿完成勘探阶段之后的后续投入资金由全体股东按照股权比例承担。

6. 如发生以下任何一事件则构成该方违约：任何一方违反本协议的任何条款；任何一方违反其在本协议中作出的任何陈述、保证或承诺，或任何一方在本协议中作出的任何陈述、保证或承诺被认定为不真实、不正确或有误导成分；一方在未事先得到另一方同意的情况下，直接或间接出售所持有的标的矿权给第三方；如任何一方违约，另一方有权要求即时终止本协议及/或按照法律规定要求其承担违约责任，赔偿由此而造成的一切损失（包括但不限于诉讼费、律师费等）。

7. 本协议因下列原因而终止或解除：因不可抗力导致本协议无法履行，经双方书面确认后本协议终止；双方协商一致终止本协议；一方严重违反本协议，导致另一方不能实现协议目的，守约方有权解除本协议。

协议签署后，2011年10月25日，临钢公司通过银行转账方式向金核公司支付3500万元，金核公司向其出具了收据。

2012年4月28日，临钢公司与四川省核工业地质调查院（简称四川地调院）签订《地质勘查项目合同书》，约定：临钢公司委托四川地调院对乌如克矿进行地质勘查，并提交终审成果报告、原始资料、成果、相关图件及电子文档，所有资料的所属权归临钢公司，四川地调院不得向任何第三方泄露；合同工期：2011 年 12 月 20 日至 2012 年 12 月 30 日止；合同价格：预算合同价款 10960500 元（壹仟零玖拾陆万零伍佰圆整）。同时，双方还对结算与付款、技术标准和要求、违约责任、合同的变更和终止及争端解决等事项进行了约定。该合同已实际履行。

2013 年 7 月 1 日，临钢公司与四川地调院签订《地质勘查项目合同书》，约定：临钢公司委托四川地调院对乌如克矿进行地质勘查，并提交终审成果报告及完整的所有原始资料，勘查工作所形成的所有原始资料、成果、报告及电子文档归临钢公司所有，四川地调院不得向任何第三方泄露；合同工期：2013 年 1 月 1 日至 2013 年 12 月 30 日止；合同价格：预算合同价款 10484200 元（壹仟零肆拾捌万肆仟贰佰圆整）。同时，双方还对结算与付款、技术标准和要求、违约责任、合同的变更和终止及争端解决等事项进行了约定。

2013 年 7 月 23 日，塔什库尔干县金核昆仑资源投资有限责任公司 ① 成立。

"两年情变"

2013 年 11 月 22 日，临钢公司向金核公司出具《关于解除〈合作勘查开发协议〉的函》（简称《解除函》），主要内容为：近期，临钢公司从有关部门惊悉案涉合作开发的项目位于新疆塔什库尔干野生动物自然保护区 ② 中心区域，金核公司自合作至今未告知临钢公司。根据《合

---

① 即《合作勘查协议》所指项目公司。
② 简称保护区。

作勘查协议》第六条、第七条，金核公司行为已构成违约。为履行协议，临钢公司已向金核公司支付合作定金 3500 万元，并投入约 1700 万元用于矿山道路建设、矿山建设、地质勘查、道路通行费等项目，相关支出资金成本也近 1000 万元。经研究，临钢公司决定终止合作，解除双方之间签订的《合作勘查协议》，望金核公司依《合作勘查协议》相关规定，承担相应责任。

2013 年 12 月 30 日，金核公司向临钢公司出具《关于继续履行〈合作勘查开发协议〉的复函》（简称《复函》），主要内容为：

1. 临钢公司《解除函》已收悉。经向相关部门核实，早在金核公司 2008 年 12 月 26 日首次取得矿权前，保护区就已设立。自 2008 年 12 月 30 日至 2011 年 1 月 26 日止，矿权通过了自治区国土厅① 正常年检，并延续升级为普查。双方签订《合作勘查协议》并合作勘查后，矿权于 2013 年 4 月 9 日再次获得正常延续，前后将近五年时间（双方合作勘查也已两年多时间）。在此期间，无任何部门或机构就保护区事宜告知过金核公司，双方合作两年多的矿权勘查工作也未受到任何影响。故不存在金核公司明知矿权位于保护区而隐瞒不告知临钢公司。

2. 正因金核公司不明知前述情况，才会接受临钢公司提供的合作勘查协议文本第六条中关于保护区"陈述和保证"条款的约定。由于获知保护区相关信息渠道的不对称，加之矿权合法取得、正常年检延续，导致双方在订立和履行《合作勘查协议》时均未注意到前述情形。金核公司不存在明知矿权位于保护区而隐瞒不告知临钢公司，更不会在明知情形下还在协议中作出不利保证。矿权从取得到正常年检、延续获得批准，其真实合法性不存在任何问题；只要双方按照相关地方性法规的规

---

① 指新疆维吾尔自治区国土资源厅，现名新疆维吾尔自治区自然资源厅，简称新疆国土厅或新疆资源厅。

定履行相关审批手续，则矿权位于保护区非核心区域的状态，对双方后续合作勘查开发、继续履行协议不构成实质性障碍。

3. 自双方签订协议友好合作两年多以来，金核公司代为持有矿权期间，按约切实履行了对矿权的维护工作，矿权在 2013 年 4 月顺利延续。同时，金核公司按约履行了设立项目公司的 200 万元出资义务。现项目公司已设立，各项工作依次展开，双方订立合同的目的是为了矿产开发，到目前为止未有管理部门对该项目矿产开发明确禁止，故双方应继续友好合作，推进矿产开发工作。

2013 年 12 月 6 日，新疆塔什库尔干野生动物自然保护区管理局（简称保护区管理局）出具证明，主要内容为：保护区管理局根据金核公司提供的新疆维吾尔自治区基础地理信息中心乌如克矿预查转换坐标，对该坐标上图至保护区功能区划图，所属区域均在保护区范围内。

一判继续履行

金核公司因不同意解除《合作勘查协议》，率先向新疆高院 [①] 提起诉讼，请求：1. 确认临钢公司解除《合作勘查协议》的行为无效；2. 确认《合作勘查协议》有效，金核公司无需退还临钢公司已支付的矿权合作补偿价款 3500 万元。

临钢公司收到金核公司起诉状后，向新疆高院提起反诉，请求：1. 解除双方签订的《合作勘查协议》；2. 金核公司向临钢公司返还矿权合作补偿价款 3500 万元；3. 金核公司赔偿临钢公司支出的勘查费用损失 328 万余元，修路费用损失 553 万余元，矿山道路通行维护费损失 150 万元，工程费用、管理费用等损失 570 万元；4. 金核公司赔偿临钢

①　新疆维吾尔自治区高级人民法院简称新疆高院。

公司利息损失 946 万余元；5.金核公司赔偿临钢公司律师费用损失约 43 万元，以上共计约 6090 万元。

新疆高院一审审理后认为，政府相关部门在设立保护区时应对保护区相关信息资料予以公示，该信息资料系公开的公众信息，本案双方当事人均可自行获取。因此，案涉矿权在保护区范围内的事实双方当事人在签订合同前均应当明知。虽然案涉矿权位于保护区范围内，但案涉合同履行两年多期间内，临钢公司未向金核公司提出过异议，亦未提供证据证明其勘查工作受到了影响。

双方在案涉协议第六条约定的"可能影响"未明确约定可能影响的具体内容，属约定不明。案涉协议第十一条约定："因不可抗力导致合同无法履行的，经双方确认后协议终止；因一方严重违约而导致另一方不能实现合同目的，则另一方有权解除合同。"金核公司并不存在上述约定所称的严重违约行为，未导致合同目的无法实现。故，案涉合同并不存在双方约定的应当终止或解除情形。因此，金核公司确认临钢公司解除案涉协议行为无效的诉讼请求应予支持，金核公司已收取的 3500 万元合作补偿款无需退还。

关于临钢公司主张的勘查费用、修路费用等各项损失赔偿问题，因临钢公司反诉请求均是基于案涉合同解除而主张，现合同未解除，故临钢公司反诉请求均不成立。

综上，新疆高院一审判决临钢公司解除《合作勘查协议》行为无效，临钢公司与金核公司继续履行《合作勘查协议》；驳回临钢公司反诉请求。

二判合同无效

临钢公司不服一审判决，上诉至最高人民法院。上诉理由主要有：

1.金核公司违反《合作勘查协议》，且合同目的因金核公司违约行为而无法实现，临钢公司有权根据《合同法》及《合作勘查协议》约定解除合同；一审判决错误认定金核公司不存在违约行为，不足以导致合同目的无法实现，应当予以纠正。2.在临钢公司有权解除《合作勘查协议》情况下，金核公司应向临钢公司返还相应款项，并赔偿损失；一审法院未支持临钢公司反诉请求，存在错误，应予纠正。

金核公司答辩称：1.金核公司自身并无过错，不存在严重违约行为，不影响双方《合作勘查协议》合同目的实现，临钢公司无权解除协议。2.临钢公司理应依法按约继续履行协议，其要求金核公司退回矿权合作补偿价款并赔偿所谓损失，不能成立。

金核公司在二审中提供证号为 T65120081202022682 的乌如克矿详查探矿权证作为新证据，拟证实案涉矿权有效期已依法延续至 2017 年 5 月 19 日，案涉矿权合法有效，具备继续合作勘查开发条件。最高人民法院对该证据予以采信。

金核公司另提供新疆国土厅《关于下达 2015 年中央返还两权价款资金矿产调查评价（第一批）项目任务书的通知》，拟证明 2015 年中央及新疆地方仍然加大在保护区范围内的矿产勘查开发投资、作业。最高人民法院认为该证据与本案不具关联性，不予采信。

最高人民法院审理认为，案件二审争议焦点为：1.临钢公司与金核公司签订的《合作勘查协议》应否解除；2.临钢公司要求金核公司返还合作补偿价款并赔偿损失的请求能否成立。

针对两个争议焦点，最高人民法院分别评述如下：

1.案涉《合作勘查协议》依法应属无效，不存在解除问题

《合作勘查协议》项下探矿权位于保护区范围内，且保护区设立在先，金核公司探矿权取得在后。从协议关于金核公司"保证取得的上述探矿证……不在冰川保护区、自然保护区、风景区等可能影响矿山开发

的区域范围内"之约定来看，双方当事人均知道或者应当知道在自然保护区内不允许进行矿产资源勘探和开发。

《中华人民共和国自然保护区条例》（简称《自然保护区条例》）第26条规定，禁止在自然保护区内进行砍伐、放牧、狩猎、捕捞、采药、开垦、烧荒、开矿、采石、挖沙等活动。金核公司主张，案涉矿权虽在自然保护区范围内，但处于实验区和缓冲区，依法允许勘探。

《自然保护区条例》第18条规定："自然保护区可以分为核心区、缓冲区和实验区。……缓冲区外围划为实验区，可以进入从事科学试验、教学实习、参观考察、旅游以及驯化、繁殖珍稀、濒危野生动植物等活动。"金核公司主张探矿属于"等活动"范围。

但是，最高人民法院认为，开矿属于《自然保护区条例》第26条明令禁止行为，显然不包含在该条例第18条所允许活动范围内。故金核公司该项主张缺乏法律依据，不能成立。

因此，双方签订的《合作勘探协议》违反《自然保护区条例》禁止性规定，如果认定该协议有效并继续履行，将对自然环境和生态造成严重破坏，损害环境公共利益。根据《合同法》第52条第4项、第5项之规定，《合作勘查协议》应属无效。新疆高院认定该协议有效并判令双方继续履行，适用法律错误。

无效合同不存在解除问题，故对金核公司要求确认临钢公司解除《合作勘查协议》行为无效之本诉请求，以及临钢公司要求判决解除《合作勘查协议》之反诉请求，最高人民法院均不予支持。

2. 金核公司应返还3500万元补偿款并赔偿临钢公司修路费用损失

《合同法》第58条规定："合同无效或者被撤销后，因该合同取得的财产，应当予以返还；不能返还或者没有必要返还的，应当折价补偿。有过错的一方应当赔偿对方因此所受到的损失，双方都有过错的，应当各自承担相应的责任。"因《合作勘查协议》无效，临钢公司基于该协议向金核公司支付的 3500 万元矿权合作补偿价款，金核公司应当予以返还。

临钢公司在《合作勘查协议》履行期间，与喀什地区公路桥梁工程有限责任公司签订了《乌如克矿普查项目道路施工工程项目合同书》及《补充合同》，委托后者为案涉勘查项目修建道路，该道路已物化为矿区财产，应由金核公司予以补偿。临钢公司为此支付的工程款中的 250 万元有加盖银行印鉴的付款凭证，证据充分，最高人民法院予以支持。其余 303 万余元修路费用以及临钢公司主张的 328 万余元勘查费用、150 万元矿山道路通行维护费，相关付款凭证为临钢公司自行打印的电子回单，未经银行盖章确认。金核公司在一审质证中提出，电子回单可以自己打印，但应当去银行补盖印章，对其真实性并不认可。临钢公司在二审中仍未就此补强证据，其付款凭证的真实性不能确定，最高人民法院不予认定。

临钢公司主张的 570 余万元工程费用、管理费用损失是项目公司日常经营管理中的费用支出，付款人均为项目公司，而临钢公司及金核公司在项目公司成立时均有注资，不能仅认定为临钢公司的损失，该部分款项应在项目公司清算时另行解决。

临钢公司在合作前未对矿区位置进行必要调查了解便盲目投资，对《合作勘查协议》的无效具有过错，应当自行承担由此导致的资金利息损失，故对其上诉主张的约 665 万余元利息损失，最高人民法院不予支持。

临钢公司主张律师费用的依据为《合作勘查协议》第 7.2 条约定，现该协议已被认定无效，律师费用应由临钢公司自行承担。

金核公司探矿权仍在其名下，不存在返还问题，临钢公司应将该矿经营管理权交还金核公司；金核公司如因《合作勘查协议》无效而遭受损失的，可另案主张权利。

综上，最高人民法院判决如下：

1. 撤销新疆高院一审判决；

2. 临钢公司与金核公司《合作勘查协议》无效；

3. 金核公司于判决生效之日起十日内向临钢公司返还矿权合作补偿价款 3500 万元；

4. 金核公司于判决生效之日起十日内赔偿临钢公司修路费用损失 250 万元；

5. 驳回金核公司诉讼请求；

6. 驳回临钢公司其他诉讼请求。

申请再审终被驳回

金核公司不服最高人民法院二审判决，向最高人民法院申请再审。主要理由是：

1. 国土资源部门系矿权颁证主管部门，矿权证的颁发是其依法行政行为，人民法院作为审判机关非经法定行政诉讼程序，无权对该国土资源部门的行政确权行为认定为无效。原审判决无视国土资源部门的行政权力和行政行为的有效性，以审判职能超越行政职能，适用法律不当。

2. 原审判决认为《合作勘查协议》无效，适用法律明显错误。

自然保护区可以分为核心区、缓冲区和实验区，在实验区可以进行保护性勘探、采矿作业，并无所谓完全禁止性规定。何况，本案双方达成的是探矿权合作勘查开发协议，双方合作尚处于探矿阶段，并非采矿阶段。

本案所涉保护区存在上百家探矿权、采矿权的客观事实成立，该等矿权皆系合法取得、作业，并非违法、无效。原审判决无视此客观存在，未查清事实，仅凭矿权合作在保护区范围内便认为违法、无效，于理于法不符。

本案所涉保护区系 1984 年设立，本案所涉探矿权系 2008 年新疆国土厅根据实际情况依法颁发给本案探矿权人合法享有，探矿权人在探矿权区域范围内实施普查、勘查作业合法有效，并未违反法律、行政法规强制性规定，未对自然环境和生态造成严重破坏，未损害所谓环境公共利益。法律、行政法规并无强制性规定自然保护区绝对禁止从事探矿权勘查作业。

3. 本案二审期间即 2015 年 8 月 20 日，金核公司申请二审法院就本案所涉专业技术性问题委托合法的专业权威机构作为第三方，对金核公司提供的图例及书面说明予以查明、核实，并对保护区（包括新疆其他自然保护区）内矿权分布及勘查作业客观存在的事实予以调查、了解，以便查清本案事实、客观公正作出裁判，但二审法院未予准许。

最高人民法院审查认为，金核公司申请再审事由均不能成立，理由如下：

原审判决以案涉《合作勘查协议》违反《自然保护区条例》第 26 条规定为由，依照《合同法》第 52 条第 4 项、第 5 项规定，确认该协议无效，并非金核公司在再审申请中所称的确认其矿权证及探矿权无效，也非超越职权确认国土资源部门行政行为效力，亦不存在超出民事诉讼请求情形。故原审判决适用法律并无不当。

金核公司提交（2016）川律公证内民字第 8211 号和第 8212 号《公证书》，用以证明其主张的保护区功能区划及该区划内探矿权人分布情况，借以证明其在自然保护区内探矿活动合法，原审判决结果错误。但是，无论在自然保护区缓冲区或实验区，《自然保护区条例》第 18 条均没有允许从事勘查（包括预查和普查）矿产资源作业活动的明文规定。故金核公司该项主张缺乏法律依据，其提供的新证据不足以推翻原审判决，原审判决也不存在缺乏证据证明的情形。

金核公司申请二审法院就本案所涉专业技术性问题委托第三方对金

核公司提供的图例及书面说明予以查明、核实，不属于民事诉讼法第 200 条第 5 项规定的事由。金核公司申请人民法院调查收集保护区（包括新疆其他自然保护区）内矿权分布及勘查作业情况的证据，因该证据不属审理本案所需之主要证据，故该申请再审事由亦不成立。

综上，最高人民法院于 2016 年 12 月 22 日裁定驳回金核公司再审申请。

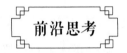

前沿思考

一、《自然保护区条例》第 26 条之但书条款不应被选择性忽视

《自然保护区条例》第 26 条规定："禁止在自然保护区内进行砍伐、放牧、狩猎、捕捞、采药、开垦、烧荒、开矿、采石、挖沙等活动；但是，法律、行政法规另有规定的除外。"可见，该条并未对开矿活动进行百分之百的绝对禁止，而是有但书条款。如果连开矿活动都未百分百禁止，则探矿活动更不可能百分百禁止。因为，正常情况下，探矿活动可能对生态环境的破坏只会比开矿活动更小，而不是更大。虽然案涉协议名为《合作勘查协议》，但考其内容，尽皆探矿活动，开矿活动几乎未着片言。

那么，金核公司能否援引但书条款，主张自己不在被禁止之列呢？

《物权法》第 123 条规定："依法取得的探矿权、采矿权、取水权和使用水域、滩涂从事养殖、捕捞的权利受法律保护。"[1]据此，若金核公司探矿权系依法取得，则其探矿权利应受保护。从本案查明事实来看，金核公司探矿权由新疆国土厅依法颁发，截至最高人民法院作出生效判决之日，无任何有权机关宣布金核公司探矿权系非法取得，也无任何有权机关宣布收回金核公司探矿权。甚至，最高人民法院在审查金核公司

---

① 《物权法》现虽废止，但《民法典》第 329 条亦有同样规定。

再审申请时，也称二审判决并未"确认其矿权证及探矿权无效"。

《矿产资源法》第 3 条第 3 款规定："国家保护探矿权和采矿权不受侵犯，保障矿区和勘查作业区的生产秩序、工作秩序不受影响和破坏。"

因此，即使《自然保护区条例》第 26 条没有但书条款，因其效力位阶低于《物权法》《矿产资源法》，当其和《物权法》《矿产资源法》发生冲突时，根据上位法优于下位法之法律适用原则，司法机关不应适用该条而实质上否认金核公司探矿权效力。在其有但书条款时，司法机关更不宜在判决书中不援引但书条款，仅引用该条两个分句之前一分句，置后一分句于不顾而径行认定《合作勘查协议》无效。

二、生态环境价值不应凌驾于法律信仰之上

也许有人会说，根据绿水青山就是金山银山理论，在自然保护区内开矿、探矿均不应允许，以保护自然环境和生态资源。因此，本案二审判决之裁判精神值得大力鼓励和提倡。

但，凡事适可而止、过犹不及。首先，从哲学层面上说，探矿、开矿活动的确可能对自然环境和生态资源造成一定程度的影响，但纵观人类进化史，一定意义上说，人类文明进步与其对自然环境的适应和影响相伴相生、同频共振。若欲人类活动丝毫不对自然环境和生态资源产生影响，除非停止生命活动。因为不可能停止生命活动，所以人类不可能停止对自然环境和生态资源产生影响。例如，火力发电可能带来空气污染，但现在人类并不能完全停止火力发电。

其次，从法治层面上说，权利不得滥用。权利人无论行使探矿权还是采矿权，均须遵守《环境保护法》《水污染防治法》《土壤污染防治法》《大气污染防治法》《固体废物污染环境防治法》《放射性污染防治法》等法律法规，依法开展环境影响评价。若权利人滥用权利，触犯相关法律法规，有权部门自可依法依规查处；若权利人未滥用权利，仅因为探

矿、采矿位于自然保护区内，就被国家机关宣告权利无效，恐有国家机关滥用权力之虞。

再次，从行为牵连上看，案涉自然保护区于 1984 年即已设立，而金核公司于 2008 年首次取得案涉探矿权。彼时，新疆国土厅应当知道保护区的存在，但仍向金核公司颁发了探矿权证。假若在保护区内的确不应该有采矿或探矿活动，也是作为国家机关的新疆国土厅有错在先，最终却由无辜企业金核公司买单，未免于理不合。

最后，依法治国是中国国家治理体系之基本手段，法治国家是国家治理之崇高目标。生态环境、生态价值固然重要，但均不可凌驾于法律信仰之上。如果今日允许生态价值凌驾于法律信仰，明日就会有社会稳定，后日就会有国际关系，都想要凌驾于法律信仰。法学家伯尔曼曾说：法律必须被信仰，否则将形同虚设。如果允许其他价值凌驾于法律之上，法律信仰必将形同虚设，沦为具文。

三、本案应然处置方案

也许，有人会说，二审判决并非是将生态价值凌驾于法律之上，而是在个案权衡之后，觉得对案涉保护区生态环境之保护，其价值优于金核公司探矿或采矿活动所能取得之经济利益。此说固然不无道理，但在金核公司探矿权依法取得且持续有效的情况下，司法机关径行以司法判决形式实质性否定金核公司探矿权效力，有违宪法精神和法治原则。

事实上，最高人民法院在二审审理过程中，如果发现国土部门对保护区内的探矿、采矿活动颁发探矿权证、采矿权证有违《自然保护区条例》之相关规定，不利于自然环境和生态保护，完全可依法中止审理，然后向新疆国土厅或国家国土部[①]等部门发出司法建议，敦请有权国家

---

① 中华人民共和国国土资源部，现名中华人民共和国自然资源部。

机关依法收回或撤销颁发探矿权证、采矿权证之行政许可。如果有权国家机关依法收回或撤销了对金核公司探矿之行政许可，则最高人民法院可恢复案件审理。恢复审理后，因作为《合作勘查协议》基础之探矿权已不复存在，合同目的已无法实现，则最高人民法院判决解除双方《合作勘查协议》，有理有据。

而且，作为中国最高司法机关，最高人民法院若欲向有权国家机关提出司法建议，不宜拘泥于金核公司之个案，而应建议国土部门彻查案涉保护区内所有探矿权、采矿权所涉行政许可是否违反《自然保护区条例》之禁止性规定。如果仅拘泥于个案提司法建议，易让金核公司感觉受到选择性对待。

最高人民法院在审查金核公司再审申请时提到，二审判决并未否定金核公司探矿证及探矿权之效力，只是否定《合作勘查协议》之合法性。本书认为，如果金核公司探矿证有效、探矿权有效，则其当然有权在保护区内继续从事探矿活动。既然金核公司有权在保护区内继续从事探矿活动，其与临钢公司合作探矿又有何不可呢？最高人民法院表面上仅否定《合作勘查协议》之法律效力，并未否定金核公司探矿证及探矿权之法律效力，但其通过否定《合作勘查协议》法律效力，实质上宣告了金核公司探矿证及探矿权的"死刑"，确有越俎代庖地染指行政权力之嫌。

第 4 章
违法买房受保护　合法抵押只能哭？

——东华银行成都分行与七里香大酒店等执行异议之诉系列案①

房屋所有权人未经规划报建，自行将房屋分割出售，然后由关联企业从买受人处租回用于酒店经营。期间，房屋所有权人为向银行贷款，遂以该等已出售但未办理转移登记之房屋为贷款银行设立抵押权。因房屋仍登记在原所有权人名下而未登记在买受人名下，故抵押登记得以成功办理。其后，银行因贷款未受清偿申请强制执行，要求法院拍卖抵押房屋；买受人则要求不得执行抵押房屋，双方遂发生激烈争议。②

银行放款 1000 万

2013 年 12 月 27 日，东华银行成都分行股份有限公司（简称东华银行成都分行）③与成都七里香大酒店有限公司（简称七里香酒店）签订《流动资金借款合同》（简称《借款合同》），约定七里香酒店向东

---

① 参见成都中院（2021）川 01 民终 8875 号等系列案判决书。
② 本系列案共 183 件，涉及案外人约 200 名。案件目前历经执行异议、执异之诉一审、执异之诉二审、执异之诉再审、指令一审、指后二审，可谓回环婉转、一波六折。
③ 化名。

华银行成都分行借款 1000 万元，借款期限一年，成都站东实业有限责任公司（简称站东公司）为七里香酒店所借款项提供抵押担保。同日，东华银行成都分行与站东公司签订《借款抵押合同》(简称《抵押合同》)，约定站东公司将其位于成都市成华区站北东街 1 号 1 层 3 号、2 层 2 号、3 层 2 号、4 层 2 号、5 层 2 号、6 层 2 号共计六套房屋抵押给东华银行成都分行，作为七里香酒店按期归还借款的担保。

《借款合同》《抵押合同》均由蜀都公证处办理公证并赋予强制执行效力。合同订立后，东华银行成都分行与站东公司于 2013 年 12 月 31 日就抵押房屋依法办理了他项权利登记，并于抵押登记办妥后按约向七里香酒店发放了 1000 万元贷款。

未受清偿推执行

后因七里香酒店等债务人未按约偿还贷款，东华银行成都分行向蜀都公证处申请出具执行证书，公证处依法出具了（2016）川成蜀证执字第 77 号《执行证书》。东华银行成都分行遂持《执行证书》等向成都市成华区人民法院（简称成华法院）申请执行。成华法院于 2016 年 6 月立案执行，执行程序中依法裁定对站东公司抵押房屋予以查封。

半路杀出二百人

2017 年 7 月，约 200 名案外人以其在成华法院查封之前已购买站东公司抵押房屋为由，依据《最高人民法院关于人民法院办理执行异议和复议案件若干问题的规定》(简称《执行异议和复议规定》)第 28 条提出执行异议，要求成华法院不得执行站东公司抵押房屋。

成华法院于 2017 年 9 月 28 日向东华银行成都分行送达裁定书，称根据《执行异议和复议规定》第 28 条，裁定中止对站东公司名下抵押房屋的执行。东华银行成都分行认为该裁定认定事实和适用法律均属错误，故向成华法院提起执行异议之诉。

一审二审走麦城

根据《最高人民法院关于适用〈中华人民共和国民事诉讼法〉的解释》（简称《〈民事诉讼法〉解释》）第 304 条，执行异议之诉由执行法院管辖。东华银行成都分行遂向成华法院起诉，请求准许执行抵押房屋。成华法院审理认为，诸案外人系对作为东华银行成都分行执行依据的赋强公证债权文书提出异议，应按照《民事诉讼法》相关规定主张权利，而不是通过执行异议程序寻求司法救济，故案件不符合申请执行人执行异议之诉受理条件，遂裁定驳回东华银行成都分行起诉。

东华银行成都分行不服一审裁定，上诉至成都中院。成都中院审理后以与成华法院相同理由驳回上诉，维持原裁定。

再审撤销原裁判

东华银行成都分行不服生效裁定，向四川高院申请再审。其申请再审主要理由如下：

一、成华法院在执行异议程序中裁定中止执行，东华银行成都分行提起执行异议之诉于法有据

《民事诉讼法》第 227 条规定，执行过程中，案外人对执行标的提

出书面异议的，人民法院应当自收到书面异议之日起 15 日内审查，理由成立的，裁定中止对该标的的执行；理由不成立的，裁定驳回。案外人、当事人对裁定不服，认为原判决、裁定错误的，依照审判监督程序办理；与原判决、裁定无关的，可以自裁定送达之日起 15 日内向人民法院提起诉讼。

同时，《〈民事诉讼法〉解释》第 306 条规定，申请执行人提起执行异议之诉，除符合《民事诉讼法》第 119 条规定外，还应当具备下列条件：1. 依案外人执行异议申请，人民法院裁定中止执行；2. 有明确的对执行标的继续执行的诉讼请求，且诉讼请求与原判决、裁定无关①；3. 自执行异议裁定送达之日起 15 日内提起。

据此，因案外人提出异议成华法院已裁定中止执行，东华银行成都分行作为申请执行人提起执行异议之诉的条件完全具备，成华法院依法应当受理。

二、成华法院既认为案外人无权通过执行异议程序寻求救济，依法其只能判决准许执行，但其却适用《民事诉论法》第 119 条驳回起诉实属适用法律严重错误

（一）案外人无权提执行异议

成华法院在裁判理由中写明，案外人认为《具有强制执行效力的债权文书公证书》《执行证书》侵害其合法权益，无权通过执行异议程序寻求救济，应根据《民事诉讼法》相关规定寻求司法救济。据此，成华

———————

① 司法解释原文如此。我认为，该项条件宜改为：有明确的对执行标的继续执行的诉讼请求，且诉讼请求未否定执行依据。修改理由，其一，申请执行人继续执行的诉讼请求不可能与原判决、裁定无关；其二，执行依据不仅有判决、裁定，还有公证债权文书、仲裁裁决书。同理，《〈民事诉讼法〉解释》第 305 条第 2 项条件亦宜改为：有明确的对执行标的排除执行的诉讼请求，且诉讼请求未否定执行依据。

法院在执行异议程序中依法应驳回案外人异议请求，其裁定中止执行确属错误。

（二）中止执行裁定应予废止

《〈民事诉讼法〉解释》第313条规定，对申请执行人提起的执行异议之诉，人民法院经审理，按照下列情形分别处理：1.案外人就执行标的不享有足以排除强制执行的民事权益的，判决准许执行该执行标的；2.案外人就执行标的享有足以排除强制执行的民事权益的，判决驳回诉讼请求。

同时，《〈民事诉讼法〉解释》第314条第2款规定，对申请执行人执行异议之诉，人民法院判决准许对该执行标的执行的，执行异议裁定失效，执行法院可以根据申请执行人的申请或者依职权恢复执行。

成华法院既然认为案外人不能通过执行异议程序主张权利，那就只能依据前述规定判决准许执行，否则将造成执行异议程序中产生的错误的中止执行裁定仍然生效，严重妨碍申请执行人之权利实现。

（三）即使按照《民事诉论法》第119条，本案亦断无驳回起诉之理

《民事诉讼法》第119条规定，起诉必须符合下列条件：1.原告是与本案有直接利害关系的公民、法人和其他组织；2.有明确的被告；3.有具体的诉讼请求和事实、理由；4.属于人民法院受理民事诉讼的范围和受诉人民法院管辖。

首先，本案因案外人异议，法院错裁中止执行抵押房屋，东华银行成都分行身为被中止执行抵押房屋之抵押权人，当然与案件存在直接利害关系，有权提起执行异议之诉寻求救济。

其次，根据《〈民事诉讼法〉解释》第308条规定，申请执行人提起执行异议之诉的，以案外人为被告，被执行人反对申请执行人主张的，列为共同被告。本案以案外人、被执行人为共同被告，诸被告身份

明确具体，符合法律规定。

再次，东华银行成都分行的核心诉讼请求为准许执行案涉房屋，核心理由为案外人不享有足以排除强制执行的民事权益，所提异议无法成立。

最后，根据《民事诉讼法》第 227 条、《〈民事诉讼法〉解释》第 304 条及第 306 条等规定，因案外人异议法院裁定中止执行的，申请执行人只能向执行法院即成华法院提起执行异议之诉。本案确属法院民事诉讼受理范围，且为成华法院专属管辖案件。

三、成华法院前已错裁中止执行，此次驳回起诉却不撤销中止执行裁定，实在令人费解

前已述及，成华法院未能在执行异议程序驳回案外人申请已属适用法律错误，现又在执行异议之诉程序不思纠错反而驳回东华银行成都分行起诉更属错上加错。其逻辑自相矛盾，结果十分恶劣，主要体现在两个方面：

其一，驳回起诉将造成案涉房屋之执行程序因错误的中止执行裁定被事实上冻结，东华银行成都分行作为申请执行人反而被司法机关无情抛弃；

其二，成华法院虽然认为案外人无权通过执行异议程序寻求救济，但其裁判结果却导致案涉房屋因中止执行裁定未被撤销或废止而无法继续执行，案外人之异议目的成功实现。由此将开创一个极其荒谬的判例：案外人通过不合法程序提出的不合法主张却可以中止原本合法的强制执行程序。

四川高院再审审理后认为，东华银行成都分行起诉符合法律和司法解释规定，成华法院应予受理。原审裁定适用法律不当，依法应予纠正。故，四川高院裁定撤销一审、二审裁定，指令成华法院对案件

进行审理。

指令一审再失败

成华法院审理认为，案涉房屋虽已由东华银行成都分行作为抵押权人设定抵押，但在抵押设定之前购房业主（案外人）已就案涉房屋与站东公司签订书面购房合同、支付房款并实际占有使用案涉房屋，且部分购房业主在设定抵押之前已向法院提起诉讼并已进入执行阶段，购房业主对房屋未办理过户登记不存在过错。案外人就案涉房屋享有的民事权益符合《执行异议和复议规定》第 28 条规定的全部条件，可以排除东华银行成都分行对案涉房屋的强制执行。故，成华法院驳回东华银行成都分行诉讼请求。

指后二审维原判

东华银行成都分行不服一审判决，向成都中院提出上诉。其上诉理由主要有：

一、案外人不是提起本案执行异议之适格主体

（一）案外人只能向公证债权文书作出相关提出异议

东华银行成都分行于 2020 年 8 月 19 日向蜀都公证处发函，询问本案执行证书之执行标的中为何未写明抵押财产及优先受偿内容。8 月 21 日，蜀都公证处向东华银行成都分行回函。

回函称，根据《最高人民法院关于公证债权文书执行若干问题的规定》，本案执行依据系公证债权文书，即已公证赋强的《流动资金借款合同》《借款抵押合同》《借款展期合同》《借款保证合同》等公证文书，

执行证书仅为履行情况证明。在本案债权债务关系中，《借款抵押合同》《借款展期合同》等合同明确写明了抵押事实、抵押财产及抵押人愿意依法接受强制执行。前述合同经公证赋强后，抵押权人依法可执行抵押财产并优先受偿。

由蜀都公证处回函可见，站东公司系抵押人，且仅系抵押人；其除提供抵押担保外，未提供保证担保。在这种情况下，《执行证书》把站东公司列为被执行人之一，那就必定要执行抵押财产（当然也只能执行抵押财产）；执行抵押财产，依法当然由抵押权人优先受偿。这已由《物权法》第 179 条，无需也不应由执行证书在执行标的部分明确抵押财产及优先受偿。

本案执行依据系公证债权文书而非执行证书，对抵押财产的执行及优先受偿在公证债权文书中均已明确。故，案外人在本案中提出执行异议，实质是对作为执行依据的公证债权文书有异议；而该等公证债权文书并非法院作出，依法案外人只能向公证债权文书作出机关提出异议，无权向执行法院提出执行异议。

因案外人缺乏异议权，当初案外人向成华法院提出执行异议时，成华法院就应驳回执行异议。但成华法院错误地支持了案外人异议请求，裁定中止执行。这种情况下，东华银行成都分行有权提出执异之诉。而且，因案外人缺乏执行异议权，无权要求中止执行，故本案应当、只能判决准许执行。

（二）一审法院前后裁判自相矛盾

成华法院在原一审驳回起诉的裁定书中，也认为案外人无权提起执行异议。成华法院在该裁定书裁判理由中清楚写明：案外人认为具有强制执行效力的《债权文书公证书》《执行证书》侵害其合法权益，无权通过执行异议程序寻求救济，应根据《民事诉讼法》相关规定寻求司法救济。

但是，成华法院本次一审却自食前言，称案外人有权提起执行异议，令人错愕。

(三) 一审法院逻辑断裂

成华法院认为东华银行成都分行抵押权已由作为执行依据的公证债权文书作出结论，且该执行依据不属本案审查范围，故案外人对抵押权无效之主张不能成立。但，成华法院却不支持东华银行成都分行准许执行之诉讼请求，实属思维断裂。试想，假若成华法院判决成为生效判决，则东华银行成都分行抵押权合法有效，且除非债权受偿，抵押权不得涂销。故，案外人看似拿到一个胜诉判决，实际却是镜花水月。因为，除非有人清偿东华银行成都分行债务涂销抵押登记，否则案外人无法取得完整、干净的所有权登记。

(四) 案外人从未申请不予执行公证债权文书

事实上，根据相关法律规定，案外人如果认为公证债权文书确有错误，他们可以对公证债权文书申请法院不予执行，由执行法院审查是否执行该公证债权文书。但迄今为止，案外人并未申请不予执行，却错误提出执行异议。

二、案外人无权排除执行

(一) 有法律规定时无司法解释适用空间

本案不应适用司法解释，而应适用《物权法》第 179 条等法律规定；从东华银行成都分行不知道也不应知道抵押房屋已在先出售之视角，本案亦可适用《物权法》第 106 条。

(二) 本案无《执行异议和复议规定》第 28 条之适用空间

1. 即使适用司法解释，因本案并非执行异议程序而是执异之诉程序，故不能适用《执行异议和复议规定》；即使参照适用《执行异议和复议规定》，亦不能参照规范一般金钱债权执行的第 28 条，而应参照专门规范担保物权执行的第 27 条。

2.《执行异议和复议规定》第 28 条的适用前提是"在金钱债权执行中"，而本案是担保物权执行，不属金钱债权执行。根据《最高人民法院关于人民法院执行工作若干问题的规定（试行）》（2020 年修正）第 55 条第 2 款"多个债权人的债权种类不同的，基于所有权和担保物权而享有的债权，优先于金钱债权受偿。有多个担保物权的，按照各担保物权成立的先后顺序清偿"之规定，基于担保物权的执行不属金钱债权执行。因此，即使参照《执行异议和复议规定》，本案亦无该司法解释第 28 条之适用空间。

司法实践中，四川高院（2020）川民终 274 号、成都中院（2017）川 01 民终 15616 号、15619 号、15621 号以及（2016）川 01 民终 1064 号等案均据此支持抵押权人，驳回案外人异议。

3.《全国法院民商事审判工作会议纪要》（简称九民纪要）第 126 条亦规定："根据《最高人民法院关于建设工程价款优先受偿权问题的批复》第 1 条、第 2 条的规定，交付全部或者大部分款项的商品房消费者的权利优先于抵押权人的抵押权，故抵押权人申请执行登记在房地产开发企业名下但已销售给消费者的商品房，消费者提出执行异议的，人民法院依法予以支持。但应当特别注意的是，此情况是针对实践中存在的商品房预售不规范现象为保护消费者生存权而作出的例外规定，必须严格把握条件，避免扩大范围，以免动摇抵押权具有优先性的基本原则。因此，这里的商品房消费者应当仅限于符合本纪要第 125 条规定的商品房消费者。买受人不是本纪要第 125 条规定的商品房消费者，而是一般的房屋买卖合同的买受人，不适用上述处理规则。"

最高人民法院主管、国家法官学院主办、最高人民法院副院长贺荣担任编委会主任的应用法学理论刊物《法律适用》2020 年第 7 期发表王毓莹[①] 的文章《案外人权利救济制度之相关疑难问题辨析——以全国法院第九次民商事审判工作会议纪要为视角》，该文指出：申请执行人对执行标的享有优先受偿权（如抵押权人）时，对于普通购房人而言，其物权期待权无法对抗法定优先受偿权，故《执行异议和复议规定》第28条无适用空间，此亦是九民纪要第126条所确立的基本原则。

最高人民法院在（2020）最高法民申3424号曹成云与中国农业银行云县支行执行异议之诉案裁定书中，亦严正指出："根据《最高人民法院关于建设工程价款优先受偿权问题的批复》第1条、第2条，执行异议复议规定第27条及相关规范性文件规定，在对抵押权所担保金钱债权的执行中，普通买受人不能排除对抵押不动产的执行，能够排除执行的只能是执行异议复议规定第29条规定的商品房消费者。这项规则的目的在于避免不当扩大能够对抗执行的买受人范围，动摇整个抵押权制度及其所保障的交易及金融安全。"

最高人民法院在该案中进一步指出："据此，只要案外买受人不属于上述特定消费者，就无法排除抵押权人申请的执行，至于买受人是否交付全款、是否占有不动产、买卖协议签订与抵押权成立的先后顺序等都不影响案件处理。"

此外，四川宜宾中院（2020）川15民终6号案、广西高院（2019）桂民申295号案、河北涉县法院（2020）冀0426民初1046、1066、1087、1089、1091号案等均支持抵押权人。

（三）案外人违法购买不具备权属证书的房屋，对本案发生有重大过错

《城市房地产管理法》第38条第6项规定，未依法登记领取权属证书的房地产不得转让。案外人为逃避不利后果，提交站东公司1999年

[①] 时任最高人民法院法官、审判长。

房屋产权证书，意图证明其没有违反《城市房地产管理法》第 38 条第 6 项。但该产权证书系站东公司对整栋楼的大产权，并非案外人所购房屋之产权证书。就本案这种存量房屋买卖合同而言，必须先由出卖人就每一套拟出售房屋办理产权登记领取权属证书，然后才能对外出售。然而，案外人所购买的房屋迄今未办理登记领取权属证书；而且，案外人所购房屋系站东公司在未取得规划变更许可也未将《面积测绘报告》提交主管部门备案情况下，擅自、违法将房屋自行改造后对外出售，依法不能办理产权登记。

众所周知，我国房屋买卖合同有两种类型，一种是商品房买卖合同，另一种是存量房买卖合同，俗称二手房买卖合同。其中，商品房买卖合同指具有房地产开发资质的开发商就其新建房屋与购房人签署的房屋买卖合同。我国法律允许商品房买卖在未取得产权证书情况下，开发商可先预售房屋，待条件成熟时再为已出售房屋办理产权证书；但存量房买卖必须先有产权证书才能出售。本案一众案外人违法购买不具产权证书之二手房，系自身原因造成不能办理过户登记，即使参照《执行异议和复议规定》第 28 条，案外人亦不满足该条规定的全部条件，尤其不满足第四个条件。

案外人购买不具产权证书之房屋，已然违反法律强制性规定；即使该法律规定被视为所谓管理性强制规定，但其仍属强制性规定，而非任意性规定。即便相关房屋买卖合同可被认定为有效，但违反法律强制性规定仍应受到相应的否定评价，否则法律的尊严将荡然无存。就本案而言，案外人应受之否定评价便是，其对未能办理房屋转移登记负有过错。

试想，在违反法律强制性规定情况下，若诉求仍能得到法院支持，无疑将极不利于中国社会法律信仰之养成与法治秩序之建构，极可能溺养出越来越多的社会巨婴，人民法院当慎之又慎。

（四）案外人明知所购房屋不仅未办理产权分割登记，甚至连房屋信息都是乱编的，却仍踊跃购买，存在极大过错

案外人在原一审开庭时明确反复承认"门牌号是乱编的""案外人与站东实业公司签订的买卖合同上面载明的案外人的房屋信息是乱编的"，且连所购买单元是否经过相关部门批准都不清楚，再次说明其有重大过错。该等案外人自认内容详见2018年5月31日原一审开庭笔录第35页。

（五）案外人怠于行权

1.本案案外人基本是在2008年左右买房，彼此离2013年年底站东公司抵押给东华银行成都分行有长达约6年时间。在这将近6年时间里，诸案外人不仅没有通过网签合同、合同备案、预告登记等方式彰显权利，而且要么迟迟不起诉，要么起诉不查封，可谓活脱脱地躺在权利上睡大觉。

法学家耶林说过，为权利而斗争是权利人对自己应尽的义务。这样看来，本案案外人显然没履行义务，当然其权利也就只能泡汤。法律人都知道，法律不保护躺在权利上睡觉的人，而本案案外人显然躺在权利上睡得很香，当然权利也就只能与他们渐行渐远。

也许，案外人会说，我没有躺在权利上睡觉，我在找社区、找街道办。但是，在方向错误情况下，越努力，反而越无益。

也许，案外人们还会说，我们不懂法，不知道要拿起法律武器。那东华银行成都分行还是只能说：对不起，法律一经公布，便视为家喻户晓、妇孺皆知、众所周知。否则，任何违法犯罪的人一旦被擒获，都可能会说我读书少，不懂法！如果不知法就可以不承担不利后果，那这个社会只能陷入无法无天的无政府状态。

案外人声称自己是所购房产之所有权人，但一则其购买未取得权属证书之房屋，已然违反《城市房地产管理法》第38条第6项之规定；

二则没有采取合同备案、预告登记、直接占有等任何宣示权利的措施，导致东华银行成都分行根本无法识别登记在站东公司名下的房产却有另外的可能权利人存在。这种情况下，案外人只能自行承担不利后果。

2.本案是系列案，其中案外人肖厄冲于 2018 年 9 月 21 日原审 6897 号案开庭时当庭自述购房时曾要求出卖人站东公司出示房屋相关备案手续及销售许可，结果因出卖人至今未出示备案手续及销售许可故其一直未支付首付款尾款。可见，只要诸案外人要求出卖人出示销售许可手续并办理房屋备案或预告登记，则其后出卖人不可能又抵押登记给东华银行成都分行，本案发生确属诸案外人自身重大过错造成。

（六）成华法院认为案外人无过错缺乏事实依据且逻辑悖谬

成华法院认为，部分案外人在设定抵押之前已诉讼，故案外人无过错，这种观点不能成立。因为，其一，部分案外人已诉讼不等于所有案外人已诉讼；其二，所谓的诉讼仅仅是确认房屋买卖合同有效，但合同有效不等于案外人无过错。这就好比，抵押人未经抵押权人同意将抵押房屋对外出售，买受人明知有抵押存在仍购买房屋，房屋买卖合同固然有效，但因抵押权未涂销则买受人无法将产权转移登记至自己名下。此时之合同有效，显然不能作为买受人对不能办理房屋转移登记无过错之论据。

（七）案外人亦未实际占有案涉房屋

最高人民法院刘绍斐、裴跃在《名义权利人如何阻却对未登记在被执行人名下不动产的强制执行》一文中指出，案外人若未实际、直接、自主占有房屋，不能排除执行。①

---

① 刘绍斐、裴跃:《名义权利人如何阻却对未登记在被执行人名下不动产的强制执行》，载《人民司法（案例）》2018 年第 3 期。

三、东华银行成都分行确已尽到必要审查义务

（一）东华银行成都分行已查询了抵押物登记信息

东华银行成都分行在房屋登记部门查询了抵押物登记信息，显示房屋所有权人为站东公司，无查封信息，产权完整。此外，七里香酒店和站东公司均承认，张斤春于1997年以站东公司名义购买抵押房屋所在土地，并向站东公司支付了全部土地款；而后，张斤春自己在该土地上修建了建筑物。抵押房屋名为站东公司所有，实际为张斤春所有，权属清晰。

2013年12月27日，站东公司为东华银行成都分行出具承诺书，承诺以案涉房产为七里香酒店提供抵押担保；站东公司承诺抵押房产的土地使用权及地上房屋产权实际归属张斤春。

东华银行成都分行工作人员曾去现场查看抵押房屋，其中2—6层为七里香酒店客房，与张斤春陈述该抵押房屋为七里香酒店自用相符。

（二）东华银行成都分行对抵押房屋价值及涉诉情况均进行了审查

站东公司委托评估公司出具评估报告，东华银行成都分行参考该报告载明的房屋价值提供贷款。针对涉诉情况，东华银行成都分行在成都市不动产登记中心、成都数字房产政务服务平台查询房屋状态，显示房屋产权人为站东公司，无查封信息，即公开平台显示抵押房屋并无涉诉情况。

《最高人民法院关于人民法院在互联网公布裁判文书的规定》（法释〔2013〕26号）① 第2条第1款规定："最高人民法院在互联网设立中国裁判文书网，统一公布各级人民法院的生效裁判文书。"但该规定于2014年1月1日起生效，即中国裁判文书网在2014年以后才正式设立并逐渐普及。案涉贷款于2013年12月办理，彼时中国裁判文书

---

① 该司法解释已被最高人民法院于2019年7月20日废止。

网并未正式设立，东华银行成都分行自然无法从中国裁判文书网上查询相应信息。

事实上，即使今时今日，在中国裁判文书网上都无法查到站东公司发生于 2013 年 12 月 31 日之前的案件。故，案外人称东华银行成都分行应当知悉抵押房屋已有案底仍发放贷款，实属强人所难。

（三）贷前审查过程中，东华银行成都分行不仅约见了七里香酒店相关负责人，亦约见了站东公司法定代表人李正泉等人

2013 年 12 月 27 日，张斤春、李正泉等人亲自到蜀都公证处为流动资金借款合同、借款抵押合同办理公证并出示相关材料，公证员、银行工作人员就贷款、抵押等事项与张斤春、李正泉等面谈核实。李正泉作为站东公司法定代表人告知公证员、银行工作人员，站东公司自愿以单独所有的成华区站北东街 1 号 1 层 3 号、2 层 2 号、3 层 2 号、4 层 2 号、5 层 2 号、6 层 2 号房屋提供全额抵押担保，抵押房屋无争议，无他权，无第三人主张权利。

综上，东华银行成都分行在本案贷款发放过程中完全符合法律规定和业务规范。

成都中院审理后认为，案外人有权排除东华银行成都分行的执行，遂判决驳回上诉、维持原判。

成都中院判决理由主要有二：

其一，不动产买受人物权期待权成立于前，抵押权成立于后，如抵押权人在设立抵押权时未尽到相应审查义务的，无过错买受人的物权期待权可优先于抵押权人的抵押权。在东华银行成都分行取得抵押权前，案涉 83 户业主中有 17 户，已经提起过诉讼，说明在办理抵押登记前，案涉抵押物已存在实质性纠纷，甚至是影响较大的纠纷。在此情况下，东华银行成都分行能够通过网络检索、实地调查等方式审查发现案涉抵押物已被公开进行销售且存在纠纷的事实，但东华银行成都分行未充分

履行其应尽的审查义务，导致未能审查发现在设立抵押登记时案外人已对抵押物存在的合法利益，应当认定东华银行成都分行存在未尽到审慎审查义务的过错。

其二，对于东华银行成都分行提出的案外人存在购买未办理产权、违法改建的房屋等过错的问题。成都中院认为，东华银行成都分行主张案涉房屋存在违法改建，但未提供证据证明该事实存在，且案涉房屋现状与2012年9月办理产权时一致，故东华银行成都分行主张案涉房屋存在违法改建，无事实依据。同时，在案外人购房时，站东公司已经取得案涉房屋所在建筑的大产权登记，东华银行成都分行主张案外人购买未办理产权登记的房屋，无事实依据，本院不予采纳。

且向川高又申再

东华银行成都分行不服，再次向四川高院申请再审。其申请再审的理由除二审上诉理由外，新增以下几点理由：

一、成都中院关于东华银行成都分行未尽到审慎审查义务的主张不能成立

成都中院认为，东华银行成都分行有能力通过网络检索、实地调查等方式审查发现案涉抵押物已被公开销售且存在纠纷，但东华银行成都分行未能发现，显然存在过错。但事实上，东华银行成都分行工作人员做贷前调查时，曾实地调查抵押房屋，彼时抵押房屋均正常用于酒店经营，无任何纠纷迹象；至于网络检索，彼时中国裁判文书网尚未上线，根本不存在网络检索一说。

更重要的是，东华银行成都分行在做贷前调查时曾查询案涉抵押房屋之登记信息，发现案涉抵押房屋自2000年至2012年，一直被站东公司以所有权人身份持续抵押登记给成都市成华区青龙农村信用合作社、成都市青羊区兴成小额贷款有限公司（简称兴成小贷）等金融机构。因此，东华银行成都分行不可能发现案涉房屋有其他权利人存在，其接受案涉房屋作为抵押资产不存在任何过错。事实上，2012 年 8 月 6 日，兴成小贷为抵押权人之抵押登记被注销；同年 12 月 26 日，东华银行成都分行为抵押权人之抵押登记完成。一年后因续贷需要，案涉抵押房屋于 2013 年 12 月 26 日注销了东华银行成都分行为抵押权人之抵押登记，并于同年 12 月 31 日重新办理了以东华银行成都分行为抵押权人之抵押登记。这种情况下，成都中院要求东华银行成都分行应该发现案涉房屋有其他权利人，无疑是以神的标准要求一个人；不独东华银行成都分行做不到，恐怕没有任何一个银行做得到。

二、成都中院关于案外人买房不存在过错之主张不能成立

成都中院主张，案外人购房不存在过错，因为案外人购房时已有大产权存在。但是，案外人与站东公司签署购房合同均发生于 2008 年、2009 年期间，而案涉房屋于 2010 年 5 月 19 日才转移登记至站东公司名下，故成都中院关于案外人购房时已有大产权之主张与查明事实不符。

成都中院主张案外人不存在过错还有一个理由，即案涉房屋现状与 2012 年 9 月办理产权时一致。但是，所谓 2012 年 9 月办理产权，实际是指站东公司将一栋楼一个产权证分割为每一层楼两个产权证（即每一层楼有 1 号房产权证和 2 号房产权证），而本案案外人所购房屋并非每一层楼之 1 号房或 2 号房，而是站东公司凭空将每一层楼分割成之无数小间房屋。该无数小间房屋，不仅在案外人购买时无产权登记，因其系站东公司擅自非法意念分割之产物，时至今日也不可能办理产权登记。

更重要的是，既然成都中院认为案涉抵押房屋之大产权早已存在，则案外人作为购房人，应当知道案涉房屋自2000年以来，一直负有抵押权。尤其在诸案外人购房的2008年、2009年，兴成小贷的抵押权一直赫然登记在簿。这种情况下，案外人仍要购房，根本无视抵押权的存在，应当承担不利后果。

三、成都中院违背四川高院类案指导意见

2020年8月12日，四川高院改判了恒丰银行股份有限公司南充分行（简称恒丰银行南充分行）与杨眉等执行异议之诉系列案。该等案件中，恒丰银行南充分行作为申请执行人暨抵押权人，与本案东华银行成都分行情况类似；杨眉等案外人在抵押登记之前向被执行人交款购房并实际占有房屋，与本案诸案外人情况亦完全类似。南充中院一审该系列案时，均依据《执行异议和复议规定》第28条支持案外人，驳回恒丰银行南充分行诉讼请求。但四川高院以一审法院适用法律错误为由，悉数撤销一审判决，改判准许执行抵押房屋。

并且，2021年4月28日，四川高院还通过其官方微信公号"民事司法评论"发布改发类案指导意见，明确指出："符合《执行异议和复议规定》第29条规定条件的商品房消费者，可以排除本规定第27条中抵押权人的执行，而第28条规定中的一般房屋买受人不能排除抵押权人的执行。"

成都中院作为四川高院之下级法院，在明知四川高院类案指导意见情况下①，无视上级法院类案指导意见，损害金融债权，保护社会巨婴，在司法系统上有藐视上级法院之嫌。

---

① 东华银行成都分行于2021年4月29日即向成都中院提交四川高院类案指导意见及类案案例。

四、成都中院应当开庭二审却未开庭径行下判，程序重大违法

《民事诉讼法》第 169 条规定："第二审人民法院对上诉案件，应当组成合议庭，开庭审理。经过阅卷、调查和询问当事人，对没有提出新的事实、证据或者理由，合议庭认为不需要开庭审理的，可以不开庭审理。"据此，对有新证据的案件，二审法院应当开庭审理。何况，本案人数众多、案情复杂，更须开庭审理。

2021 年 5 月 25 日，东华银行成都分行向成都中院提交新证据，证实案涉房屋所在土地系出让取得，而非一审法院认定的划拨取得。但成都中院收到该关键新证据后，未予二审开庭，却于 2021 年 7 月 1 日向东华银行成都分行悍然送达驳回上诉的判决书。其藐视法律，可谓"快意"。

综上，东华银行成都分行认为，成都中院二审判决适用法律错误，本案应予提审改判。

前沿思考

一、物权期待权之保护对象

最高人民法院在物权法规定不动产物权登记生效制度情况下，自德国引进物权期待权制度，根本动因在于保护居住权这一基本人权而非保护投资收益。而本案案外人所购房产属商业房产，诸案外人均声称购买案涉房产是为了出租营利，丝毫不涉及自用居住，所以不是物权期待权制度的适格保护对象。尤其在与登记在簿、公示公信的合法抵押权发生冲突时，其更不敢争锋，只能退避三舍。所谓投资有风险，风险当自担，本案作为一个商事案件，案外人并非购买住宅用于自住的生活消费者，而是商事投资人，不能按纯粹民事案件保护弱者理念进行裁判。

二、本案应然之司法理性

银行资产也大都来自人民大众的存款，如果基于小众却嚣嚣的群体而漠视甚至践踏沉默未语的苍苍大众，无疑是以少数人权利践踏不特定多数人权利。如果违法购买房屋反而得到法律保护，合法登记的抵押权却只能暗自啼哭，无疑既不利于金融安全与经济发展，也严重毁损法治原则。

第 5 章
房价上涨欲解约　入住两年须腾房？

——吴小戎与唐安骏房屋买卖纠纷案 ①

出卖人与买受人约定，出卖人注销抵押登记后，买受人支付 20 万元，买受人逾期付款达 30 日，出卖人可解除合同；双方还约定。出卖人于 2017 年 8 月 24 日通知买受人，其已注销抵押登记，要求买受人在 8 月 29 日之前支付 20 万元。2017 年 9 月 14 日，出卖人短信通知买受人，称买受人逾期付款达 30 日，出卖人决定解除合同，买受人应退还房屋并支付两年房屋占用费。双方遂发生争议。

预约合同

2014 年 10 月 24 日，唐安骏与出卖人（开发商）成都中水电海赋房地产有限公司签订《商品房买卖合同》，约定唐安骏购买出卖人开发的成都市武侯区 × 号房屋。合同约定，标的房屋建筑面积约 73 平方米，总价款 77 万余元；出卖人在 2015 年 12 月 30 日前向买受人交付标的房

---

① 详细案情可参见四川高院（2019）川民再 106 号民事判决书、成都中院（2018）川 01 民终 10487 号民事判决书。

屋，并在交付之日起720日内办妥房屋所有权证书；买受人采取贷款方式付款，买受人可以首期支付购房款的48.07%，其余价款可以向中国建设银行成都第二支行贷款支付，贷款期限7年。

2015年4月22日，唐安骏与建设银行签订了《个人住房（商业用房）借款合同》，为购买案涉房屋按揭贷款40万元。

2016年6月16日，唐安骏作为出卖方、吴小戎作为买受方、案外人成都安邦客房屋经纪有限公司（简称安邦客公司）作为居间方，三方共同签订《房产买卖合同》，主要约定：

1.唐安骏将前述自开发商处所购房屋售予吴小戎，吴小戎同意购买该房屋。

2.案涉房屋已设定抵押，唐安骏承诺在取得房产证后90天内备齐相关手续开始办理该房屋他项权注销手续。

3.房价款84万元，在签订本合同时吴小戎支付定金20万元，在房管局办理过户递件当天支付首付款14万元，余款50万元在取得房产证后90天内申请贷款支付，由贷款银行直接划付唐安骏；如果吴小戎不能申请到贷款或贷款额度不够，则吴小戎现金补足。

4.唐安骏指定其女儿的建设银行账户为本合同收款账户。

5.吴小戎未按本合同约定期限、方式支付各项款项的，唐安骏有权向其追索违约金，违约金自本合同约定付款期限到期后第二日至实际付款之日止，每逾期一日，支付逾期未付款千分之五的违约金，合同继续履行；逾期超过七日仍未付款的，唐安骏有权单方解除本合同并依据合同第8.3条追究吴小戎违约责任。①

唐安骏未按本合同约定期限将房屋交付或过户给吴小戎的，每逾期一日，唐安骏应向吴小戎支付成交价千分之三的违约金，合同继续履

---

① 该合同实际并无第8.3条。

行；逾期超过七日仍未交房的，吴小戎有权单方解除本合同并依据合同第 8.3 条追究唐安骏违约责任。

前述三方《房产买卖合同》签署后，唐安骏与吴小戎又于同日签订《预约合同》，并将该《预约合同》在四川省成都市律政公证处进行公证。律政公证处出具了（2016）川律公证内民字第 26645 号《公证书》，确定《预约合同》经双方协商一致订立，意思表示真实。

《预约合同》主要内容有：

1. 开发商已将唐安骏购买的案涉房屋交付于唐安骏，尚未办理房产证、土地证。

2. 案涉房屋转让给吴小戎的价款为 84 万元。签约当日吴小戎向唐安骏支付定金 20 万元，余款 64 万元在唐安骏取得房屋所有权证后，吴小戎向银行申请按揭贷款，获批后由按揭贷款银行全额向唐安骏支付；如银行拒贷，吴小戎于收到拒贷通知之日起九十日内现金支付。

3. 吴小戎应按期向唐安骏支付房款，如逾期付款则每日按总房款千分之一向唐安骏支付违约金；如果逾期超过 30 天，视为吴小戎违约，双方同意解除合同，由吴小戎承担违约责任。

4. 双方约定自 2016 年 6 月 17 日之日起，吴小戎即可装修入住案涉房屋，唐安骏不得以任何理由进行干预。

5. 双方应当在唐安骏取得案涉房屋房产证后 90 天内签订正式合同。

房屋交付

《预约合同》签署当日，吴小戎支付 20 万元给唐安骏，唐安骏出具房屋买卖定金收条一张，载明：今收到吴小戎交来房款定金人民币 20 万元……剩余房款办理过户手续时付清。

2016 年 6 月 16 日，唐安骏按照合同约定将房屋交付于吴小戎。吴小戎于 2016 年 7 月开始进行装修，后持续入住案涉房屋并向物管公司支付装修管理费、物管费、水费等。

补充协议

2017 年 5 月 9 日，唐安骏作为甲方、案外人唐安骏之女作为甲方担保人、吴小戎作为乙方、安邦客公司作为居间方，共同签订《补充协议》，对购房款付款方式及过户事宜进行了变更，约定如下内容：

1. 吴小戎购买唐安骏房产总房款为人民币 84 万元，吴小戎前期已付唐安骏定金 20 万元。现双方协商，吴小戎再次向唐安骏分两次支付房款 30 万元（于 2017 年 5 月 9 日支付 20 万元，2017 年 6 月 8 日前再付 10 万元）；待唐安骏解除房产银行抵押后，吴小戎再次向唐安骏支付 20 万元；剩尾款 14 万元，过户时结清。

2. 唐安骏在收到吴小戎第三个 20 万元房款前必须办理房产解除抵押。

3. 唐安骏解除银行抵押后，吴小戎再次向唐安骏支付第三个 20 万元房款。

4. 唐安骏收到吴小戎第三个 20 万元房款后，唐安骏必须前往房管局将房产抵押给吴小戎，抵押金额待双方协商。

5. 双方在 2019 年 3 月 31 日之前办理产权过户到吴小戎或吴小戎指定人员名下。

6. 如唐安骏无法履行义务，由唐安骏担保人承担一切法律责任。

《补充协议》签署当日，案外人唐安骏之女出具收条一张，载明：今收到吴小戎付房款 20 万元，用于购买案涉房屋。落款处载明"唐××代唐安骏收"。

卖方解约

2017 年 6 月 20 日，唐安骏女儿通过手机短信联系吴小戎，告知 6 月 8 日那笔 10 万元款项吴小戎已延期 12 天，并催促其支付。

2017 年 9 月 14 日，唐安骏通过女儿的手机向吴小戎发送短信，称"……现我根据《预约合同》第五条约定，特通知你：自你收到本通知之日起，解除双方于 2016 年 6 月 16 日签订的《预约合同》及相关补充协议等法律文件，请你自收到本通知之日起五日内腾退房屋。"

吴小戎认可收到了唐安骏 2017 年 9 月 14 日关于解除合同的短信，但主张当时已经告知房屋中介不同意解除合同。

一审完败

唐安骏向成都市武侯区人民法院（简称武侯法院）起诉，诉讼请求为：

1. 确认唐安骏、吴小戎于 2016 年 6 月 16 日签订的《预约合同》及其补充协议已于 2017 年 9 月 14 日解除；

2. 判令吴小戎将案涉房屋返还给唐安骏；

3. 判令吴小戎向唐安骏支付逾期付款违约金 36600 元；

4. 判令吴小戎向唐安骏支付房屋占用费（自 2017 年 9 月 14 日起，按照 4000 元 / 月标准计算至吴小戎腾退房屋之日止，截至起诉之日为 534 元）；

5. 本案一审诉讼费由吴小戎承担。

武侯法院一审认为，吴小戎没有按照补充协议约定，在 2017 年 6 月 8 日前支付 10 万元并在唐安骏解除银行抵押后支付 20 万元，逾期付款均超过了 30 天。按照《预约合同》约定，解除合同条件成就，依照《合同法》第 93 条第 2 款之规定，唐安骏有权解除合同。

2017 年 9 月 14 日，唐安骏向吴小戎发送了关于解除《预约合同》及补充协议的短信，吴小戎认可收到了该短信，依照《合同法》第 96 条第 1 款之规定，合同已经在吴小戎收到该通知时解除。吴小戎虽然主张向房屋中介表示了不同意解除合同，但是没有依照法律途径进行主张，因此，双方合同关系已经于 2017 年 9 月 14 日解除。

在合同解除前，吴小戎按照合同约定占有案涉房屋为依法占有；合同解除后，依照《合同法》第 97 条，吴小戎应当向唐安骏返还案涉房屋，并支付占用案涉房屋的费用。房屋占用费参照 4000 元／月标准，自合同解除次日（2017 年 9 月 15 日）起计至返还案涉房屋之日止。

关于唐安骏主张的逾期付款违约金，武侯法院认为，双方合同中仅就合同解除前买方吴小戎应当支付的逾期付款违约金进行了约定；合同解除后，吴小戎没有继续向唐安骏支付购房款的义务，唐安骏要求吴小戎支付逾期付款违约金没有依据。唐安骏只能向吴小戎主张其违约导致合同解除的违约金，但是在《预约合同》和《房产买卖合同》中均只写明逾期付款导致解除合同应当承担违约责任，并没有约定违约金。因此，武侯法院对唐安骏主张的逾期付款违约金不予支持。

综上，武侯法院判决如下：

1. 确认唐安骏与吴小戎签订的《预约合同》和《补充协议》已于 2017 年 9 月 14 日解除；

2. 吴小戎于判决生效之日起十日内，将案涉房屋返还给唐安骏；

3. 吴小戎于判决生效之日起十日内，向唐安骏支付房屋占用费（按照 4000 元／月标准，自 2017 年 9 月 15 日起计算至返还房屋之日止）；

4. 驳回唐安骏其他诉讼请求。

二审再败

吴小戒不服一审判决，向成都中院上诉，请求撤销一审判决，驳回唐安骏全部诉讼请求。

成都中院审理认为，本案二审争议焦点为，吴小戒未按照《补充协议》约定在 2017 年 6 月 8 日前支付 10 万元并在唐安骏解除银行抵押后再支付购房款 20 万元，是否属违约行为；唐安骏 2017 年 9 月 14 日发出短信通知是否产生解除合同的效力。

成都中院评述如下：

1.《补充协议》中付款时间和节点的约定，是吴小戒与唐安骏等人自愿达成，内容不违反法律法规的规定，合法有效，对各方当事人具有法律约束力。

2.《补充协议》约定吴小戒分别应于 2017 年 5 月 9 日支付购房款 20 万元，2017 年 6 月 8 日前支付 10 万元，在唐安骏解除银行抵押后再支付 20 万元，过户时支付尾款 14 万元。但从履行情况看，2017 年 5 月 9 日吴小戒支付 20 万元，但其并未在 2017 年 6 月 8 日前支付 10 万元，在唐安骏解除银行抵押后也没有向唐安骏支付约定的购房款 20 万元。

3. 吴小戒未在 2017 年 6 月 8 日前支付购房款 10 万元，虽然无证据证明吴小戒与唐安骏或者唐煜琳达成过关于变更支付时间的协议，但吴小戒与房屋中介工作人员微信聊天记录中"唐姐现在得宜宾，她说这 10 万等过户时一起付"等内容，可以证明吴小戒未及时支付该 10 万元存在房屋中介工作人员的因素。故虽然未支付的事实存在，但不宜认定吴小戒对该 10 万元未支付即存在恶意违约行为并构成合同解除因素。

4. 唐安骏在 2017 年 8 月 8 日结清贷款并通知了吴小戒，根据合同约定，吴小戒应当支付购房款 20 万元，但吴小戒一直未支付该款项。唐安骏于 2017 年 9 月 14 日发出关于解除合同的短信通知解除合同，符合双方合同约定和《合同法》第 93 条第 2 款规定，唐安骏有权解除合同。故吴小戎收到解除合同的短信通知时，双方合同关系已经解除。

5. 吴小戎认为未支付 20 万元系基于先履行抗辩权及不安抗辩权，但双方在房屋买卖过程中，唐安骏已于 2016 年 6 月 16 日向吴小戎交付房屋，吴小戎亦占有使用，故其先履行抗辩权及不安抗辩权均不成立。

6. 对于吴小戎二审中提出的已付 40 万元购房款的处理问题，因系二审中新提出内容，不属于二审直接审理范围，双方可另行处理。

综上，成都中院判决驳回上诉，维持原判。

申请再审

吴小戎不服二审判决，向四川高院申请再审。其申请的主要理由有：

一、原审判决认定吴小戎 20 万元付款义务起算时间为 2017 年 8 月 8 日这一基本事实缺乏证据证明，触发《民事诉讼法》第 200 条第 2 项规定之再审事由

（一）《预约合同》约定逾期付款 30 日方可解约

唐安骏声称根据《预约合同》第 2.2.1 条解除合同，但该条约定逾期付款 30 日方可解约，而本案即使按最有利于唐安骏的解释，至 2017 年 9 月 14 日唐安骏发出解约通知时，吴小戎"逾期"仅 15 天，远远达不到合同约定的解除条件。当然，下文将阐述，吴小戎付款义务尚未产生，根本不存在任何逾期和违约。

（二）唐安骏通知 8 月 29 日之前付款，但其 9 月 14 日即发出解除通知，根本不符合合同约定解除条件

《补充协议》约定待唐安骏解除房产抵押后，吴小戎支付 20 万元，

但并未约定解除抵押后几天内支付。唐安骏于 2017 年 8 月 24 日向吴小戎发短信，通知吴小戎于 2017 年 8 月 29 日付款。则，若吴小戎未在 8 月 29 日付款，自 8 月 30 日起可算逾期（唐安骏从未向吴小戎出示已解除抵押的书面材料，此处姑且假设 8 月 24 日唐安骏确已解除抵押有权要求吴小戎付款）。因此，至唐安骏通知解除合同的 2017 年 9 月 14 日，至多也就 15 天，离可解除合同的逾期 30 天还差得远。所以，无论如何唐安骏不具有合同解除权。

（三）唐安骏 8 月 24 日通知付款后，吴小戎当日即同意付款

唐安骏提交证据显示，2017 年 8 月 24 日吴小戎即已回复唐安骏同意付款，要求唐安骏办妥产权证以便办理抵押登记，但唐安骏置之不理。

吴小戎要求唐安骏按《补充协议》约定办妥产权证，以便付款后可立即将吴小戎登记为抵押权人，以利在房屋转移登记前保障吴小戎权益，完全是行使合理合法的抗辩权。

（四）唐安骏称 8 月 8 日即已解除抵押完全是不折不扣的谎言

唐安骏在一审起诉状和二审调查时称 2017 年 8 月 8 日即已解除抵押，但却没有提交任何证据证明。其只提交了结清贷款的材料，因此，就连一审法院也只认定唐安骏在 8 月 8 日结清了贷款，未敢认定其已于 8 月 8 日解除抵押。但结清贷款和解除抵押完全是两件事，绝不可混为一谈。有生活常识的人都知道，银行不可能结清一户贷款就跑不动产登记中心去解除抵押，都是在一批人结清贷款后才统一去解除抵押，结清贷款后等个十天半月解除抵押都算动作快的。

而且，解除抵押的主体是不动产登记机构，行为效果为消灭物权；而结清贷款的主体是银行，行为效果为清偿债权，二者不可等同。

结清贷款 ≠ 解除抵押

综上，本案并没有任何证据证明唐安骏于 2017 年 8 月 8 日解除抵押并于当日通知吴小戎，原判认定 2017 年 8 月 8 日产生付款义务缺乏证据证明，依法应予再审。

二、原审判决认定唐安骏享有约定解除权属适用法律错误，触发《民事诉讼法》第 200 条第 6 项规定之再审条件

吴小戎与唐安骏 2017 年 5 月 9 日签订之《补充协议》第 3 条明确约定：唐安骏解除银行抵押后，吴小戎再次向唐安骏支付 20 万元房款；同时第 4 条约定：唐安骏在收到吴小戎第三个 20 万元房款后，唐安骏必须前往房管局 ① 将房产抵押给吴小戎。意即吴小戎支付 20 万元购房款存在两个前提条件：1. 解除银行抵押；2. 将房屋抵押给吴小戎。

据此，当条件 1 未成就时，吴小戎享有先履行抗辩权；当条件 2 未成就时，吴小戎享有同时履行抗辩权（亦可视为不安抗辩权）。任一条件未成就，吴小戎均有权拒绝付款。

（一）关于先履行抗辩权

作为打工一族，20 万元对吴小戎并非小数目，付款之前当然应当谨慎判断，遂反复要求唐安骏出示书面材料证明已解除抵押，但直至一审开庭（2017 年 11 月 28 日）前唐安骏也从未出示任何解除抵押的书面材料。

而且，吴小戎于 2017 年 9 月 19 日前往成都市不动产登记中心查询案涉房屋信息时，商品房买卖合同摘要显示房屋仍有抵押和贷款信息

---

① 《补充协议》原文如此，实际应为不动产登记中心。

（七年期的中国建设银行贷款）。因此，吴小戎在无法判断房屋是否解除抵押情况下，有权依据《合同法》第 67 条行使先履行抗辩权拒绝付款。

唐安骏在一审辩论时称其"无需出示任何证据证明其已解除抵押"是一种说不通的逻辑。

（二）关于同时履行抗辩权

《补充协议》第 4 条明确约定，吴小戎支付该笔 20 万元之后，唐安骏必须为吴小戎办理抵押登记，但其直至一审开庭仍称自己未取得产权证。① 根据《房屋登记办法》② 第 43 条以及《不动产登记暂行条例》第 16 条等规定，没有产权证不能办理抵押登记。

如果支付该笔 20 万元而不能办理相应抵押，这意味着吴小戎已支付的购房款将没有任何保障；为保护自身权益，吴小戎当然有权依据《合同法》第 66 条行使同时履行抗辩权拒绝付款。

唐安骏在一审辩论时称，没有产权证虽然不能办理抵押登记，但可以办理预抵押登记。该说法实属故意混淆视听，其一，成都市不动产登记中心仅同意购房者在按揭贷款购买开发商预售之商品房时预抵押登记给贷款银行，根本不同意二手房买卖之预抵押登记；其二，从法律规定看，预抵押登记即抵押权预告登记，其和作为正式登记之抵押登记是完全不同的法律概念，具备不同的法律后果；其三，司法实践中，包括最高人民法院在内大多数法院认为只有抵押登记才享有物权优先权，预抵押登记不享有物权优先权。据此，唐安骏意图以预抵押登记鱼目混珠、混淆视听，人民法院应不予支持。

承前所述，唐安骏拒不出示书面证据证明已解除抵押，同时因无产

---

① 案涉房屋应于 2017 年 4 月 7 日即已取得不动产权登记，但因该房屋有银行抵押贷款，实践中，还清贷款前，一般由贷款银行持有不动产权证书，故唐安骏一审开庭时不知道案涉房屋已办理产权登记，吴小戎则更不知道房屋已办理产权登记。

② 该部门规章已于 2019 年被废止，但本案审理时尚属有效。

权证也无法为吴小戎办理抵押，此时吴小戎当然有权拒绝付款，根本谈不上逾期付款，所谓合同约定的解除条件当然不可能成就。

据此，原审判决认定因吴小戎逾期付款超过 30 日，唐安骏享有约定解除权确属适用法律错误，已经触发《民事诉讼法》第 200 条第 6 项规定之再审条件。

三、二审法院隐匿新证据且不审而判，非法剥夺当事人辩论权利，触发《民事诉讼法》第 200 条第 9 项规定之再审条件

吴小戎在二审法院指定举证期限内于 2018 年 7 月 12 日提交了二审新证据，且在 2018 年 7 月 19 日调查谈话时明确出示了该份新证据。但原审判决竟称：本院审理过程中，吴小戎、唐安骏均未提交新证据。[①]

根据《民事诉讼法》第 169 条规定，对有新证据的案件，一律公开开庭审理。但原审法院仅做了调查谈话，其后根本未开庭即径行下判，严重践踏法律及吴小戎权益。

《〈民事诉讼法〉解释》第 391 条规定，应当开庭审理而未开庭审理的，应当认定为剥夺当事人辩论权利。由此，原审判决隐匿新证据、不审而判已触发《民事诉讼法》第 200 条第 9 项规定之再审条件。

四、吴小戎已装修入住两年有余，没有任何违约动机，解除合同将导致吴小戎无家可归，原审判决对吴小戎太过残忍

吴小戎作为一名外地来蓉打工族，倾其所有购买房屋，已支付 40 万元房款并花费 20 余万元精心装修，只求能让家人在成都安心居住。其收房入住至今已超两年，原审法院错误认定其违约判令其限期迁出房屋，与情理不符。

---

① 详见成都中院（2018）川 01 民终 10487 号民事判决书第 10 页第 3 段。

而且，本案相关证据显示，无论诉前还是诉中，吴小戎既向唐安骏也向一、二审法官多次重申，一旦案涉房屋满足约定付款条件，吴小戎愿立即支付 30 万元房款。

五、唐安骏因房价上涨恶意解约

房子是用来住的，不是用来炒的。同理，合同是用来履行的，而不是用来肆意解除的。近年，成都市房价飞涨，相比合同签订时，案涉房屋已从 84 万元涨价至 200 余万元。唐安骏眼见房价猛涨，意欲解除合同后另卖高价以牟暴利。

六、农夫和蛇的悲剧不应重演

双方签订《预约合同》后，唐安骏多次以经济非常困难急需资金周转为由请求吴小戎提前支付一部分购房款，吴小戎想着买房付款乃天经地义之事，本着急人所急的想法于 2017 年 5 月 9 日签订了《补充协议》。

原本依据《预约合同》约定，吴小戎可等到房屋过户时才通过银行按揭方式一次性支付尾款 64 万元；但按照《补充协议》约定，吴小戎在房屋过户前就要提前支付 50 万元购房款。而且房屋没有过户，意味着吴小戎不可能获得银行按揭贷款，这 50 万元只能由吴小戎自己想办法筹措。可以说，这份《补充协议》完全是加重吴小戎自己资金压力，明显对吴小戎不利。

由此可以看出，吴小戎签署这份非常不利于自己的《补充协议》，目的就是为了帮助唐安骏渡过难关，是真心实意想要购买案涉房屋，没有任何违约动机和意图。法律应保护这种善良诚信的行为。

七、原审判决对吴小戎不公

唐安骏既未举证证明房屋占用费标准，又未申请司法鉴定，但原审径直判决吴小戎按照每月 4000 元标准支付房屋占用费，实属荒谬。据市场价，一个远在高攀西巷、建筑面积 72 平米的清水房，每月 4000 元占用费实属过高二审法官明知唐安骏没有证据证明房屋占用费标准，仍维持一审判决。

综上，原审判决认定案件基本事实缺乏证据证明，适用法律错误，且其隐匿新证不审而判，进而非法剥夺吴小戎唯一住房，致使其一家老小流落街头，该判决应得到纠正。

庭审激辩

四川高院审查认为，吴小戎的再审申请符合法律规定，遂裁定由该院提审本案。其后的再审庭审中，四川高院认为，此案核心争议焦点包括两个方面，一是吴小戎是否构成违约，二是唐安骏 2017 年 9 月 14 日发出的短信能否产生解除合同的效力。

争议焦点之一，吴小戎是否构成违约？

于此争议焦点，论证如下：

一、唐安骏是否应在先解除抵押

（一）案涉房屋有无抵押

唐安骏代理人庭审时辩称，案涉房屋在未取得不动产权证时无法办理抵押登记，因此未办理抵押登记，当然也就不存在解除抵押登记。

但，唐安骏一审时向法院提交证据之《个人住房（商业用房）借款合同》第 37 条抵押财产清单列明唐安骏将案涉房产抵押给中国建设银行。

此外,《城市房地产抵押管理办法 (2001 修正)》^①第 3 条"本办法所称预购商品房贷款抵押,是指购房人在支付首期规定的房价款后,由贷款银行代其支付其余的购房款,将所购商品房抵押给贷款银行作为偿还贷款履行担保的行为"之规定,正是唐安骏将所购房产抵押给建设银行之法律依据。

可见,唐安骏代理人称没有不动产权证无法办理抵押,案涉房屋抵押自始不存在,显然与法院查明事实不符;而且,吴小戎与唐安骏约定的解除抵押登记,显然既包括办理不动产权证之前的抵押权预告登记,也包括办理不动产权证之后的抵押权登记。

（二）唐安骏是否应先行解除抵押

吴小戎与唐安骏 2017 年 5 月 9 日签订的《补充协议》第 2 条约定:"甲方在收到乙方第三项 20 万房款前必须办理房产解除抵押。"第 3 条约定:"甲方解除银行抵押后,乙方再次向甲方支付第三项 20 万房款"。可见,通知吴小戎支付 20 万元之前,唐安骏应先行解除案涉房屋抵押登记。

二、唐安骏是否已解除抵押

一审判决书载明,唐安骏向法院提交的 2017 年 9 月 4 日打印的《成都市不动产登记信息摘要 3》显示案涉房屋上无抵押信息,因此,最多可认为 2017 年 9 月 4 日案涉房屋已解除抵押。

三、唐安骏是否应通知吴小戎抵押已解除

唐安骏认为其解除抵押后吴小戎就该付款,他无需通知吴小戎抵押已经解除。

我们认为,解除抵押登记是吴小戎付款之前提条件,唐安骏若已解

---

① 该部门规章已于 2021 年 3 月 30 日被住房和城乡建设部再度修改。

除抵押应当通知吴小戎，否则吴小戎无从知道自己付款义务已经产生。

四、唐安骏是否已通知吴小戎抵押已解除

在案证据显示，2017 年 8 月 24 日唐安骏确曾发短信通知吴小戎抵押登记已解除，但未向吴小戎出示抵押登记确已解除的证据。

没有证据显示 2017 年 8 月 8 日唐安骏曾通知吴小戎其已解除案涉房屋抵押登记。

唐安骏主张 8 月 8 日曾通过房屋中介通知吴小戎，但实际上在一审庭审中，房屋中介不仅从未说曾于 8 月 8 日通知过吴小戎，而且他明确称不清楚房东办理结按和解除抵押的时间。

吴小戎虽认可收到通知，但不仅未认可 8 月 8 日收到通知，而且其所举新证据显示，房屋中介系 8 月 23 日才向吴小戎发微信，并且仅告知吴小戎唐安骏已还清贷款，既未提及抵押是否解除，更未要求吴小戎付款。

可见，唐安骏通知吴小戎抵押登记已解除的最早时间为 8 月 24 日。

五、吴小戎付款义务何时产生

关于此问题，可能有两种观点：

（一）2017 年 8 月 24 日

当日，唐安骏短信通知吴小戎其已结清贷款并解除抵押，但其未向吴小戎提交任何材料证明其已解除抵押，吴小戎拒绝付款有正当理由。且唐安骏从未向法庭提交其已于 8 月 24 日或之前解除抵押的证据材料，故吴小戎付款义务并未自该日产生。

（二）2017 年 9 月 4 日

唐安骏向法院提交 2017 年 9 月 4 日打印的《成都市不动产登记信息摘要 3》显示案涉房屋上无抵押信息，但这份材料吴小戎直至一审庭

审时才看到，之前唐安骏从未向吴小戎出示，故 9 月 4 日吴小戎付款义务仍未产生。

综上，两种观点均不成立。

六、唐安骏再审庭审时主张吴小戎逾期支付 10 万元构成违约，再审法院应不予审查

原审判决已认定因房屋中介告知吴小戎该 10 万元可在过户时支付，故不宜认定吴小戎未支付该 10 万元构成违约。唐安骏并未就原审判决申请再审，说明他认可和服从原审判决对该 10 万元不构成违约之认定。

因此，无论根据诚实信用原则，还是根据相关司法解释之规定，唐安骏主张吴小戎逾期支付 10 万元构成违约，再审法院均应不予审查。

七、吴小戎是否构成违约

不构成。前文已述，唐安骏没有证据证明其在通知付款前已解除抵押登记；而且，吴小戎于 2017 年 9 月 19 日前往成都市不动产登记中心查询案涉房屋信息时，商品房买卖合同摘要显示房屋仍有抵押和贷款信息。

根据《合同法》第 67 条之规定，吴小戎在唐安骏解除抵押登记前，有权行使先履行抗辩权拒绝付款。根据《补充协议》约定，吴小戎支付 20 万元的付款义务并未产生，也就不存在违约。

争议焦点之二，唐安骏 2017 年 9 月 14 日的短信通知能否解除合同？

于此焦点，论证如下：

一、吴小戎未违约故唐安骏不得解除合同

前文已述，吴小戎不存在违约行为，唐安骏不得解除合同。

二、即使非要认定吴小戎违约，其违约天数也不符合解除条件

（一）"逾期"天数何时起算

可能有两种观点：

其一，自8月25日起算。这种观点认为，8月24日通知付款，次日开始计算逾期天数。

其二，自8月30日起算。这种观点认为，协议约定解除抵押后支付20万元，但并未约定解除抵押后几日内支付。因此，无论从《合同法》第62条第4项规定的必要准备时间角度考量，还是唐安骏自己要求角度考量，付款义务宜自8月30起算。

因此，吴小戎并未违约；即使认定违约，"逾期"天数也最多从8月30日起算。

（二）最多"逾期"16天

假设8月24日唐安骏确已解除抵押有权要求吴小戎付款，且吴小戎至8月29日仍未付款，则自8月30日起可算逾期。因此，至唐安骏通知解除合同的2017年9月14日，仅逾期16天，远不足30天。

（三）合同约定逾期30天方可解除合同

唐安骏根据《预约合同》第2.2.1条解除合同，但该条约定"如果逾期超过30天视为乙方违约，双方同意解除合同"。可见，约定解除条件未成就，合同不能解除。

综上，唐安骏8月24日通知吴小戎付款时未解除房屋抵押登记，吴小戎付款前提条件未成就；在案证据显示吴小戎不存在逾期和违约行为；即使确有轻微违约，也未满足合同约定的解除条件；2017年9月14日唐安骏向吴小戎所发短信不能产生解除合同的效力；原审判决认定事实不清，适用法律错误，依法应予改判。

再审改判

四川高院再审查明，2017 年 8 月 22 日，案涉房屋抵押权预告登记被注销。

四川高院认为，根据双方诉辩主张，本案再审争议焦点是唐安骏 2017 年 9 月 14 日发出的短信通知能否产生解除合同的效力。对此，四川高院评述如下：

首先，关于 10 万元购房款的支付。吴小戎未按照《补充协议》约定在 2017 年 6 月 8 日前支付，唐安骏女儿也确曾于 2017 年 6 月 20 日通过短信催促吴小戎支付。但是，双方在庭审中均认可，案涉房产交易中双方主要是通过房屋中介工作人员传递信息，而中介在一审出庭作证证明，唐安骏之女曾电话告知中介，称人在外地，无法出具收条，分批比较麻烦，表示可以和以后的一起支付。

除了上述证人证言之外，吴小戎在一审中提交且经公证的其与中介之间 2017 年 6 月 23 日的微信聊天记录也可以反映出，吴小戎提出转 10 万元并要求对方写收据后，中介转告了唐安骏之女表示延期支付的意思，并且该聊天记录显示的时间是在唐安骏之女发送催付短信之后。

此外，吴小戎先前已付的两笔购房款，事实上均由唐安骏或者其女出具了书面收条，也可再次印证唐安骏之女表示 10 万元延期支付的真实性。因此，上述证据足以证明唐安骏之女短信催促支付后，又通过中介向吴小戎表达了 10 万元延期支付的意思表示，二审判决由此认定该 10 万元不构成合同解除的因素，应属妥当。

其次，关于 20 万元购房款的支付。《补充协议》中约定的支付条件是"待甲方解除房产银行抵押后，乙方将 20 万元再次支付甲方"。

第一，解除抵押与还清银行贷款并非同等概念，即使在未实际取得案涉房屋产权证书的情况下提前结按，客观上仍需要办理解除抵押权预告登记手续。唐安骏 2017 年 8 月 24 日向吴小戎发送的短信载明，"我已经按照合同约定将房屋的按揭贷款全部结清且已解除抵押"；其在落款时间为 2017 年 9 月 14 日的《民事起诉状》中亦同样主张"……唐安骏于 2017 年 8 月 8 日将房屋按揭贷款结清并解除抵押……"，表明其认可解除抵押手续的存在。

因此，《补充协议》中关于解除抵押的约定，应当包含了解除抵押权预告登记的情形。唐安骏关于还清贷款即完成了解除抵押义务，吴小戎 20 万元付款期限即应起算的主张，缺乏事实和法律依据，不能成立。

第二，上述支付条件的约定侧重于解除抵押与 20 万元支付的先后履行顺序，并未明确唐安骏解除抵押后，吴小戎的具体支付期限。考虑到唐安骏完成解除抵押的在先义务后，吴小戎并无渠道可自动知晓，且 20 万元非属小额支付，根据《合同法》第 62 条 "……（四）履行期限不明确的，债务人可以随时履行，债权人也可以随时要求履行，但应当给对方必要的准备时间……"之规定，吴小戎 20 万元的支付期限应为唐安骏已经解除抵押并通知吴小戎后的合理期限内。

吴小戎在一审庭审中，虽认可中介曾电话告知其唐安骏已结按并解除抵押，但未确定该通知的具体时间。经核查一审庭审笔录和庭审录像，中介在出庭作证时亦未明确其通知吴小戎案涉房屋贷款已经还清以及抵押解除的具体时间。

因现有证据不足以证明唐安骏通知吴小戎解除抵押的具体时间，加之 2017 年 8 月 22 日抵押预告登记才完成注销的客观事实，再考虑到大额支付的合理准备期限，应当认定唐安骏于 2017 年 8 月 24 日向吴小戎发送短信后，才由此明确了该 20 万元的支付期限是 2017 年 8 月 29 日。一、二审判决将唐安骏结清银行贷款之日（2017 年 8 月 8 日）作为吴小戎应当支付 20 万元的履行期限起算点，既违反了双方合同约定，亦缺乏法律依据，确有不当。

因此，截至 2017 年 9 月 14 日唐安骏短信通知解除合同之时，尚未符合逾期支付已超过 30 天之约定解除条件。另，唐安骏发出解除合同的短信，已明确表达了拒绝接受吴小戎继续付款的意思表示，并随即提起了本案诉讼，双方就合同是否已经解除发生争议，故不能以吴小戎此后未再继续履行支付剩余房款的义务，作为认定唐安骏在先解除行为效力的依据。

综上，唐安骏 2017 年 9 月 14 日向吴小戎发出解除通知时，双方约定的合同解除条件尚未成就，本案亦不存在《合同法》第 94 条规定的法定解除情形。一、二审判决对吴小戎付款期限的起算点认定有误，导致适用法律不当，本院予以纠正。唐安骏要求吴小戎返还案涉房屋并支付房屋占用费的诉讼请求，相应亦不能成立。

至于唐安骏起诉主张的逾期付款违约金，一审法院以合同解除与逾期付款违约金不能并存为由，驳回了唐安骏该项诉请。唐安骏虽未对此提起上诉和申请再审，但鉴于本院未支持其关于案涉合同已解除的主张，双方在再审阶段亦未就逾期付款违约金展开辩论，故本案中暂不予处理，唐安骏可就此问题另行主张。

最终，四川高院撤销一审判决和二审判决，驳回唐安骏全部诉讼请求。

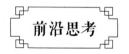

前沿思考

如何匠心打造再审申请书，逆转诉讼

不少律师都感觉再审很难，辛辛苦苦写的再审申请书，法院轻描淡写就驳回了。也偶听法官抱怨，称不少再审申请书重复啰嗦，不得要

领，缺乏逻辑，读起来头大，不读又不行。现以本案为例，和大家分享再审申请书撰写思路和实操要领，以期共同进步。

一、再审申请书撰写要点

当拿到这样一个再审案件，申请书该怎么写，才能做到有条有理，要点分明，打动法官？

（一）围绕原裁判最大错误展开，并确保找全找准所有错误情况

为了避免法官觉得再审申请书逻辑不清、点多杂乱。我们必须要找到对再审申请人最有利的原裁判错误，将其放置于申请书首位，并围绕这一错误展开论证。

以本案为例，二审法院的判决若欲成立，必须具备的先决条件是唐安骏已经解除案涉房屋抵押登记。因为只有解除抵押后吴小戎未付款，其才可能构成逾期和违约。那本案对申请人最有利的一点就是，唐安骏未提交业已解除抵押之有效证据。接下来再围绕这点补充其他观点。这样的逻辑会让法官立马抓住重点。

（二）全面梳理再审事由

《民事诉讼法》第200条明确列举的13项再审事由，大致可以分为三类：一类是事实认定错误；一类是法律适用错误；一类是程序严重违法。

所以，在可能情况下，针对每一类错误，都应遵循全面罗列原则进行充分阐释，以便有充足理由说服法官同意再审。

（三）法、理、情结合

如今的司法裁判中，法理情的有机结合也是关键，社情民意、前因后果、传统文化等也会作为考量项。所以在再审申请书中，也可对"情"挥洒笔墨。以本案为例，在最后就从情感和社会道德层面入手，以更好地打动法官。

二、再审申请书撰写实践

根据上述撰写要点和思路，以本案举例，看看如何落地。

首先，分析二审法院判决逻辑。二审法院认为，吴小戎20万元付款义务自2017年8月8日产生，至2017年9月14日，吴小戎逾期付款已超过30日，故唐安骏有权解除合同，吴小戎应当返还房屋并支付房屋占用费。

针对这样的逻辑，可以分析发现，该判决触发《民事诉讼法》第200条第2项规定之再审事由。具体论证过程如下：

本案欲查明合同是否可解除，则必须先查明吴小戎是否逾期付款；若有逾期付款，再讨论逾期时间是否超过30天。

若欲查明吴小戎是否逾期付款，则须先查明吴小戎付款义务是否已经产生。若付款义务尚未产生，逾期付款自然无从谈起。

而《补充协议》第2条约定："甲方（唐安骏）在收到乙方（吴小戎）第三项20万房款前必须办理房产解除抵押。"第3条约定："甲方解除银行抵押后，乙方再次向甲方支付第三项20万房款"。

可见，吴小戎支付20万元之前，唐安骏应先行解除案涉房屋抵押登记。若唐安骏未解除房屋抵押登记，则吴小戎付款义务尚未产生。

也就是说，想要判决无误，那么必须依次做到：

1.唐安骏已经解除抵押；

2.吴小戎产生了付款义务；

3.吴小戎确实逾期付款。

所以，针对上述的判决无误条件，思路可以依次展开：

先论证唐安骏未提交8月8日已解除抵押之证据；

再论证即使唐安骏证明了解除抵押时间，也没有随之产生付款义务；

最后论证即使产生付款义务，吴小戎也有理由逾期付款。

除此之外，补充关于程序严重错误和与情理结合的部分，即可完成撰写。下面，我们按部分划分，进行实践。

第一部分：核心论点之唐安骏未证明8月8日已解除抵押

唐安骏负有解除抵押登记的义务，却未举证证明抵押已解除，应当承担不利后果。

唐安骏在一审起诉状中和二审调查谈话时均称2017年8月8日即已解除抵押，但却没有提交任何证据，只提交了结清贷款的材料。因此，就连一审法院也只认定唐安骏在8月8日结清了贷款，未敢认定其已于8月8日解除抵押。但结清贷款和解除抵押完全是两件事，绝不可混为一谈。

众所周知，解除抵押的主体是当事人和不动产登记机构，行为效果为消灭物权（抵押权）；而结清贷款的主体是债务人和银行，行为效果为清偿债权，二者不可等同。

故本案没有任何证据证明唐安骏于8月8日解除抵押，二审法院认定8月8日产生付款义务缺乏证据证明。

事实上，本案能证明案涉房屋已解除抵押登记的证据仅有唐安骏向法院提交的2017年9月4日打印的《不动产登记信息摘要3》。因此，最多可认为2017年9月4日案涉房屋已解除抵押。

但，即使认为自2017年9月4日起，吴小戎付款义务已经产生，至9月14日吴小戎的违约天数也不符合合同解除条件。

第二部分：核心论点之付款义务未同步发生

为预防唐安骏在再审中提出证据其确已于8月8日解除抵押登记，我们在再审申请书第二部分论证了如下观点：即使8月8日解除抵押，付款义务亦未同步发生。

《补充协议》约定待唐安骏解除房产抵押后，吴小戎支付20万元，但并未约定解除抵押后几天内支付。

　　唐安骏于 2017 年 8 月 24 日向吴小戎发短信，通知吴小戎于 2017 年 8 月 29 日付款。那么，无论从《合同法》第 62 条第 4 项规定的必要准备时间角度考量，还是从唐安骏自己要求角度考量，若吴小戎未在 8 月 29 日付款，至多自 8 月 30 日起可算逾期。

　　因此，至唐安骏通知解除合同的 9 月 14 日，也就 15 天，离可解除合同的逾期 30 天还差得远。故，唐安骏通知 8 月 29 日之前付款，但其 9 月 14 日即发出解除通知，不符合合同约定的解除条件，不产生合同解除效力。如图 5-1 所示：

图 5-1　唐安骏案重要事件节点图示

　　第三部分：核心论点之吴小戎有理由逾期付款

　　为避免让再审法官觉得吴小戎收到付款通知后无端不付款，再审申请书第三部分阐明：唐安骏 8 月 24 日通知付款后，吴小戎当日即同意付款。

　　唐安骏提交证据显示，2017 年 8 月 24 日吴小戎即已回复唐安骏同意付款，要求唐安骏办妥产权证以便办理抵押登记，但唐安骏置之不理。直至一审开庭，唐安骏仍未取得产权证。根据《不动产登记暂行条例》第 16 条等，没有产权证不能办理抵押登记。

如果支付该笔 20 万元而不能办理相应抵押，这意味着吴小戎已支付的购房款将没有任何保障；为保护自身权益，吴小戎当然有权依据《合同法》第 68 条行使不安抗辩权拒绝付款。

可见，吴小戎要求唐安骏按《补充协议》约定办妥产权证，以便付款后可立即将吴小戎登记为抵押权人，以便在房屋转移登记前保障吴小戎权益，完全是行使正当抗辩权。

综上，再审申请书前三部分论证了二审判决之实体错误。如图 5-2 所示：

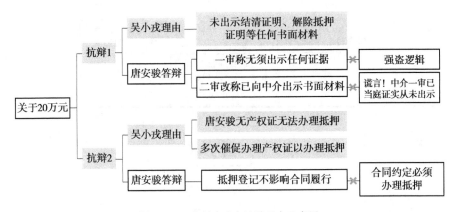

图 5-2　二审判决双方论辩理由示意图

第四部分：程序严重错误——被隐匿的新证据

再审申请书第四部分转至程序战场，指出了二审法院隐匿新证据且不审而判，剥夺当事人辩论权利，触发《民事诉讼法》第 200 条第 9 项规定之再审条件。

吴小戎在二审法院指定举证期限内于 2018 年 7 月 12 日提交了新证据，且在 2018 年 7 月 19 日调查谈话时明确出示了该份新证据。但二审判决书竟声称：本院审理过程中，吴小戎、唐安骏均未提交新证据。

根据《民事诉讼法》第 169 条规定，对有新证据的案件，一律公开开庭审理。但二审法院仅于 7 月 19 日做了调查谈话，其后未开庭即径行下判，属于程序严重违法。

《〈民事诉讼法〉解释》第 391 条规定，应当开庭审理而未开庭审理的，应当认定为剥夺当事人辩论权利。据此，二审判决隐匿新证据、不审而判已触发《民事诉讼法》第 200 条第 9 项规定之再审条件。

第五部分：动之以情

再审申请书前四部分可谓晓之以理，第五部分开始动之以情：吴小戎正常居住已满 3 年，且所有做法均诚实善良，二审裁判会令吴小戎无家可归。

双方签订合同后，唐安骏多次以经济困难急需资金周转为由请求吴小戎提前支付一部分购房款，吴小戎本着急人所急的想法签订了《补充协议》。

原本依据《预约合同》约定，吴小戎可等到房屋过户时才通过银行按揭方式一次性支付尾款 64 万元，但按照《补充协议》约定，吴小戎在房屋过户前就要合计支付 70 万元购房款。而且房屋没有过户，意味着吴小戎不可能获得银行按揭贷款，这 70 万元只能由吴小戎自己想办法筹措。可以说，这份《补充协议》完全是加重吴小戎资金压力，明显对吴小戎不利。

吴小戎签署这份非常不利于自己的《补充协议》，目的就是为了帮助唐安骏渡过难关，是真心实意想要购买案涉房屋，没有任何违约动机和意图。而且，无论诉前还是诉中，吴小戎既向唐安骏也向一、二审法官多次重申，一旦满足约定付款条件，吴小戎愿立即支付 30 万元房款。法律应保护这种善良诚信的行为。

第六部分：归纳观点

再审申请书前五部分已作了充分的法、理、情论证，为收一个豹尾，我们在最后一部分将再审申请逻辑归纳，并配合可视化图片：

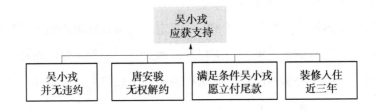

图 5-3　再审申请论证逻辑

综上，本案没有证据证明唐安骏 8 月 24 日通知吴小戎付款时案涉房屋已解除抵押登记，吴小戎付款前提条件未成就；在案证据显示吴小戎不存在逾期和违约行为；即使确有轻微违约，也未满足合同约定的解除条件；2017 年 9 月 14 日唐安骏向吴小戎所发短信不能产生解除合同的效力；二审法院认定案件基本事实缺乏证据证明，适用法律确有错误，且隐匿新证不审而判，本案应予再审改判。

再审申请书提交后，四川高院听证后裁定提审本案；提审后采纳了申请人一方观点，改判撤销一审、二审判决，驳回唐安骏全部诉讼请求。

结案后复盘，可见，再审申请书应摆事实，讲道理，既讲法，亦讲理，先实体，后程序，努力做到简练清晰、重点突出、层次分明、版式美观，富有逻辑力量。一份匠心撰写的再审申请书，更可能被再审法官温柔以待。

第 6 章
买方违约不过户　卖方反而无房住？

——王潮兵与陈玉元房屋买卖合同纠纷案 ①

房屋出卖人与买受人在合同中约定，买受人申请银行贷款向出卖人支付房款以赎楼②，然后将房屋转移登记至买受人名下。合同签署后，买受人因个人征信问题，迟迟无法申请到银行贷款，致案涉房屋长达一年多时间无法过户。出卖人遂以买受人违约为由通知买受人解除合同，双方发生争议。

《买卖合同》

2016 年 2 月 29 日，王潮兵作为卖方，陈玉元作为买方，东莞市彩源房地产经纪有限公司（简称彩源公司）作为经纪方，三方签订了《房地产买卖及居间合同》（简称《买卖合同》）及附件，约定：

1. 王潮兵将案涉房屋售予陈玉元，总楼价 150 万元；

2.2016 年 10 月 1 日前王潮兵向陈玉元交楼；

---

① 详细案情可参见广东东莞中院（2020）粤 19 民终 3673 号民事判决书、广东东莞一院（2019）粤 1971 民初 17047 号民事判决书。

② 清偿标的房屋之贷款并注销抵押登记，以便后续过户，民间俗称"赎楼"。

3. 定金 1 万元由陈玉元在 2016 年 2 月 29 日支付给王潮兵，定金余款 5 万元由陈玉元在 2016 年 4 月 1 日支付给王潮兵；

4. 案涉房屋已办理抵押登记，需涂销抵押后付款，赎契出资方为陈玉元。首期楼款（含定金）38 万元按以下方式支付：陈玉元申请银行按揭贷款担保的，将依据相应担保公司规定作冻结或监管处理。楼款余款 112 万元，按揭付款，采用快速担保贷款，由担保公司向银行提供担保，并由银行提前放款至王潮兵贷款账户。

《补充协议》

2017 年 1 月 12 日，王潮兵陈玉元签订《补充协议》，主要内容有：

1. 第 2 条约定交易流程为：（1）陈玉元按原合同约定支付定金给王潮兵（已付）；（2）王潮兵在 2016 年 10 月 1 日前交房给陈玉元使用；（3）王潮兵应于 2017 年 2 月 1 日前还清其欠开发商及物业公司的所有借款及银行贷款；（4）王潮兵在办出房产证后 2 个工作日内办理注销抵押登记手续并于同日将房屋过户至陈玉元名下；（5）过户至陈玉元后 3 日内，陈玉元以该房屋办理抵押贷款并将银行贷款支付给王潮兵用于支付剩余购房款。

2. 第 4 条约定鉴于王潮兵无力偿还银行贷款等，买卖双方同意自 2016 年 3 月起至王潮兵将案涉房产过户给陈玉元前，陈玉元可借钱给王潮兵偿还银行贷款及缴纳物业费。

3. 第 5 条约定鉴于王潮兵无力偿还开发商两笔到期欠款，陈玉元同意在王潮兵履行以下义务后，陈玉元向王潮兵出借 88118 元及滞纳金。

第 5.2 条约定王潮兵备好个人征信证明、房屋产权备案证明等材料并于 2017 年 1 月 15 日前到陈玉元指定的担保公司签订担保赎楼协议以通过担保公司出具保函或其他合法途径还清王潮兵的银行贷款，同时办理全权委托该担保公司或陈玉元指定人员处理该房屋的注销抵押、领取一手房产证、过户给陈玉元、陈玉元以该房按揭抵押等一系列事项的委托公证手续，该委托为不可撤销委托。以上事项均需获得陈玉元同意或由陈玉元执行。

4.第 7 条约定王潮兵按本协议第 5 条约定履行义务完毕并保证其不单方撤销全权委托公证手续的，如其在 2017 年 2 月 1 日前未能付清其仍欠开发商剩余借款，陈玉元可不追究其未履行该义务的责任，并可借款给王潮兵用于清偿向开发商的剩余借款。

5.第 8 条约定买卖双方因自身原因导致未按照约定完成交易手续逾期超过 5 个工作日的，守约方有权要求违约方赔偿金额为总房款 20%的违约金。

王潮兵、陈玉元确认中介方彩源公司没有参与《补充协议》的签订及履行。

一审支持解除合同

2018 年 3 月 13 日，案涉房产取得了不动产权证书，王潮兵当月将该证书交给了陈玉元。

但因案涉房屋迟迟无法办理转移登记，2019 年 5 月，王潮兵向广东省东莞市第一人民法院（简称东莞一院）起诉，请求确认王潮兵、陈玉元所签《买卖合同》《补充协议》已解除，并判令陈玉元支付王潮兵违约金 30 万元。

一审法院审理认为，本案争议焦点在于：其一，原被告在履行合同过程中是否存在违约行为，王潮兵是否享有合同解除权；其二，陈玉元是否需向王潮兵支付违约金 30 万元。

关于争议焦点一，陈玉元在 2019 年 8 月 28 日的开庭笔录中答辩：

因为王潮兵拖欠开发商款项，导致一手房产证迟迟没有办下来。陈玉元主张王潮兵的违约行为是迟延办理房产证，以及因为房价上涨不配合办理赎楼过户手续。王潮兵主张陈玉元的违约行为是陈玉元征信有问题导致银行不同意放款赎楼。

一审法院认为：

1.《补充协议》第7条约定王潮兵按该协议第5条约定履行义务完毕并保证其不单方撤销全权委托公证手续，如其在2017年2月1日前未能付清其仍欠开发商剩余借款，陈玉元可不追究其未履行该义务的责任，并可借款给王潮兵用于清偿向开发商的剩余借款。

2017年初，王潮兵、陈玉元和第三人东莞市万合按揭代理服务有限公司（简称万合公司）签订了担保赎楼协议并办理了相关公证手续，即王潮兵已依约履行了相关签约和公证义务，陈玉元可借钱给王潮兵偿还开发商借款。但从陈玉元提交的《借条》可以看出，2018年1月19日陈玉元才将319956元借给王潮兵偿还开发商借款。故，一审法院认为王潮兵没有尽早办理一手房产证的原因在于陈玉元没有尽快借款给王潮兵还清开发商借款，王潮兵对此并不存在违约。

2.陈玉元主张王潮兵因房价上涨不配合办理赎楼过户手续，但没有提交证据证明，一审法院不予采信。

3.《买卖合同》附件第1.2条约定的赎契出资方为买方，王潮兵、陈玉元及万合公司也确认"由陈玉元通过担保公司提供担保，由银行发放贷款进行赎楼"，即赎楼义务在于陈玉元。陈玉元先是主张因为陈玉元改名故暂时无法办理按揭贷款手续，后又主张赎楼贷款同贷书下来后由于担保公司程序性问题贷款手续无法办理，但陈玉元无法解释担保公司存在何种程序问题。

4.从2018年3月王潮兵将案涉不动产权证书交给陈玉元至王潮兵起诉之日（2019年5月8日），在长达一年多时间内陈玉元没有履行赎楼义务；在该期间陈玉元三笔贷款和三个贷记卡分别存在多次逾期还款，陈玉元已构成严重违约；另外陈玉元也没有举证证明其有能力一次性付清全部购房款。

因此，一审法院认定王潮兵享有合同解除权。王潮兵通过起诉已行使了合同解除权，故一审法院确认王潮兵、陈玉元签订的《买卖合同》及《补充协议》已经解除。

关于争议焦点二。王潮兵根据《补充协议》第 8 条主张了违约金 30 万元。陈玉元抗辩过高，要求调整至扣除借款后剩余未付房款的 10%。

一审法院认为，案涉房屋为 110.54 平方米，王潮兵、陈玉元约定的成交价为 150 万元，现案涉房屋价值已远超 150 万元，依照《合同法解释（二）》第 29 条，一审法院酌情将王潮兵诉请的违约金调整至 15 万元。

陈玉元已向王潮兵支付了定金 15 万元，王潮兵同意退还定金，陈玉元也要求用定金等已付款项抵扣违约金，故一审法院认定陈玉元应付王潮兵的违约金 15 万元和王潮兵应返还陈玉元的定金 15 万元相互抵扣，陈玉元无需再向王潮兵支付违约金 15 万元，王潮兵亦无需再向陈玉元返还定金 15 万元。

二审改判驳回全部诉请

陈玉元不服一审判决，向广东省东莞市中级人民法院（简称东莞中院）上诉。

东莞中院认为，本案为房屋买卖合同纠纷。根据《民事诉讼法》第 168 条，本案二审程序中仅针对上诉请求的有关事实和适用法律进行审查。针对陈玉元的上诉意见，本案二审的争议焦点在于王潮兵行使合同解除权的主张能否成立；认定该问题的关键在于王潮兵关于陈玉元未按约定履行贷款赎楼、支付剩余购房款义务，导致案涉交易无法履行的主张能否成立。

虽然双方于 2016 年 2 月 29 日签订了《买卖合同》，但双方又于 2017 年 1 月 12 日签订《补充协议》，对案涉房屋买卖交易流程重新进行了约定。《补充协议》第 2 条第 3 项明确约定由卖方王潮兵于 2017 年 2 月 1 日前还清所欠开发商借款及银行贷款，第 5 条则约定在王潮兵履行告知开发商、物业管理处案涉房屋出售情况以及配合提交材料、签订担保赎楼协议、办理委托公证等一系列义务的情况下，陈玉元借款 88118 元及滞纳金给王潮兵，用于清偿王潮兵所欠开发商 2016 年 7 月 23 日、2017 年 1 月 23 日到期的两笔借款。

第 7 条则再约定如王潮兵履行前述第 5 条的约定并保证不单方撤销全权委托公证，其未能在 2017 年 2 月 1 日前还清对开发商的借款，则陈玉元可借款给王潮兵用于清偿借款，但明确约定陈玉元提供借款并非其合同义务。

从本案案情可见，陈玉元已向王潮兵提供了相应借款，用于清偿王潮兵所欠开发商借款；从王潮兵二审陈述可见，案涉房屋产权证书于 2018 年 3 月办理是因所在楼盘开发商统一办理确权所致；且如前所述，陈玉元借款给王潮兵清偿对开发商的借款并非陈玉元在案涉合同中的义务。故，一审法院认定案涉房屋迟至 2018 年 3 月才取得产权证书是因陈玉元未尽快借款给王潮兵所致，该认定确属不当。

案涉房屋于 2018 年 3 月办好权属证书，王潮兵亦将该证书交予第三方以继续履行案涉交易。但从《补充协议》约定来看，双方虽然约定如王潮兵未按《补充协议》第 5 条约定履行则卖方仍按照《补充协议》第 2 条所约定交易流程履行，但该协议并未明确约定在王潮兵按照第 5 条约定履行的情况下，案涉房屋赎楼手续仍按买卖合同约定完成。

同时，《补充协议》第 5 条约定王潮兵提供相关手续配合陈玉元指定的第三方办理担保赎楼手续，但双方亦未明确约定该担保赎楼手续的办理期限以及未能成功办理的相应责任。

虽然王潮兵主张案涉担保赎楼手续未能成功办理系因陈玉元个人征信记录存在瑕疵所致，但本案中的证据并未能反映出相关金融机构曾因此对陈玉元的贷款申请不予准许的事实。另外，本案中亦无其他证据可证明陈玉元曾有拒绝向王潮兵支付案涉剩余购房款、继续履行案涉合同的行为。故在此情况下，王潮兵关于因陈玉元存在未按约定履行贷款赎楼、支付剩余购房款义务的违约主张不能成立，其据此主张行使合同解除权缺乏依据，东莞中院不予支持。一审法院认定陈玉元存在违约，对王潮兵确认解除案涉合同的诉请予以支持确属错误，应予纠正。

双方于 2016 年签订案涉买卖合同至今，陈玉元向王潮兵提供了相当的借款用于清偿王潮兵对开发商所欠借款，并每月清偿案涉房屋所欠银行贷款。因案涉房屋权属证书于 2018 年 3 月方才办出，虽然双方在案涉合同履行过程中并未存在导致合同目的无法实现的根本性违约行为，但在案涉房屋已具备办理过户等继续履行条件的情况下，双方应积极配合，以促进案涉交易的完成。①

综上，东莞中院最终改判撤销一审判决，驳回王潮兵全部诉讼请求。

申请再审

王潮兵不服二审判决，向广东高院申请再审。

再审申请书的事实和理由主要有：

---

① 此处说理似逻辑不通，但原文如此，本书仅作个别文字调整。

一、根据王潮兵与陈玉元所签《买卖合同》《补充协议》之约定及双方原审确认，赎楼义务主体为陈玉元，二审法院认为没有约定赎楼义务主体实属扭曲事实，构成《民事诉讼法》第200条第2项、第6项规定之再审事由

《买卖合同》附件第2条约定：赎契出资方为买方，买方申请银行按揭担保。第3条约定：楼款余款采用按揭付款，支付方式为采用快速担保贷款，由担保公司向银行提供担保，由银行提前放款至卖方贷款账号内，到账则视为卖方已收取。

《补充协议》第2条约定：卖方应于办出一手房产证后2个工作日内办理案涉房屋的注销抵押登记手续。第5条约定：卖方应配合提供相关材料以办理赎楼手续，并同时办理全权委托买方指定的担保公司或人员处理案涉房屋注销抵押、领取一手房房产证、过户给买方、买方以该房屋按揭抵押等一系列事项的公证委托手续；且前述事项的办理均需买方同意或由买方执行。第6条约定：卖方如未按本协议第5条约定履行的，则卖方仍应按照本协议第2条约定履行义务。

由此，若卖方已按《补充协议》第5条约定履行，则无需再按照《补充协议》第2条约定履行赎楼义务。在此情况下，《补充协议》并未变更《买卖合同》关于赎楼义务主体的约定，则赎楼义务显然仍在买方。补充协议未变更的内容以原买卖合同为准，这是基本常识，但二审法院一方面在二审判决书第7页倒数第3—4行认可"补充协议第五条约定王潮兵提供相关手续配合陈玉元指定的第三方办理担保赎楼手续"，即认可案涉房屋赎楼义务主体为陈玉元；另一方面却在该判决书第7页倒数第4—6行称双方并未约定"在王潮兵按照第五条约定履行的情况下案涉房屋赎楼手续仍按案涉房屋买卖合同及居间合同的约定完成"，实属左右互搏、自相矛盾。

根据《补充协议》第5条之约定，关于赎楼、注销抵押等事项，卖

方王潮兵仅有配合提供材料并办理全权委托公证手续的义务，具体事项办理均由买方陈玉元执行。

原审查明，王潮兵已按《补充协议》第 5 条约定履行相关义务；在万合公司为陈玉元办理贷款申请手续过程中，王潮兵也按约一直积极配合提供相关证明材料。

且陈玉元、万合公司在原一审庭审中明确认可是以买方陈玉元名义通过担保公司提供担保，向银行申请贷款进行赎楼。该认可记载于 2019 年 8 月 28 日一审庭审笔录第 7 页第 5—9 行及一审判决书第 9 页倒数第 6—7 行。

故案涉房屋之赎楼义务主体为陈玉元，毫无争议。

二、陈玉元逾期履行赎楼义务构成违约，二审法院以未约定赎楼手续办理期限为由认定陈玉元不构成违约，实属偏帮一方，构成《民事诉讼法》第 200 条第 2 项、第 6 项规定之再审事由

2017 年 2 月 8 日，王潮兵按《补充协议》约定，办理全权委托陈玉元指定的邓言艳、彭丹红、付建成三人代为办理案涉房屋提前还贷赎楼手续、注销抵押、领取一手房房产证、过户等一系列事项的公证手续。且，委托书上明确注明全部委托事项各受托人均可单独办理。

根据《补充协议》第 6 条约定，在王潮兵于 2017 年 2 月 8 日办理委托公证手续后，赎楼义务已确定地归属陈玉元。

《补充协议》第 5 条约定：卖方应办理全权委托买方指定担保公司或人员处理案涉房屋赎楼、注销抵押、领取一手房房产证、过户等一系列事项的委托公证手续，该委托为不可撤销委托，且以上事项均需获得买方同意或由买方执行。该条约定清楚表明办理顺序依次为：赎楼→注销抵押→领取一手房房产证→过户。亦即，陈玉元应当在领取一手房房产证之前办妥赎楼和注销抵押手续。

根据《补充协议》第 5 条约定的办理顺序，陈玉元至少应在领取一手房房产证之前完成赎楼义务并注销抵押，也即陈玉元自 2018 年 3 月 13 日取得案涉房屋一手房房产证之日起即已逾期履行赎楼义务，构成违约。

另，参照《补充协议》第 2 条之约定，当赎楼义务在王潮兵时，王潮兵应于办出一手房房产证后 2 个工作日内注销抵押并过户给陈玉元。根据民法公平、平等原则，当赎楼义务在陈玉元时，陈玉元至迟也应在取得一手房房产证后 2 个工作日内注销抵押并完成过户。无论如何，至迟于王潮兵 2018 年催告陈玉元和 / 或万合公司办理过户手续时，陈玉元之赎楼手续办理期限已清晰确定；催告后仍未过户，陈玉元确定地构成逾期履行。

办理期限约定得如此清楚，二审法院在二审判决书第 7 页倒数第 1—2 行却非说双方未"约定该担保赎楼手续的办理期限以及未能成功办理的相应责任"，实属立场偏私和选择性失明，令人震惊。至于未能成功办理的相应责任，《买卖合同》第 7 条和《补充协议》第 8 条均有约定；即或没有约定，自可援引法律规定，不劳二审法院费心。

综上，陈玉元逾期履行赎楼义务，导致案涉房屋迟迟不能注销抵押、完成过户。自 2018 年 3 月至王潮兵 2019 年 5 月诉请解除合同时，陈玉元逾期 1 年有余，已构成严重违约、根本违约。

三、陈玉元肆意拖延履行赎楼、过户义务从而拒不支付剩余房款，王潮兵多次催促其均置之不理，二审法院却认定没有证据证明陈玉元拒绝支付房款，实属故意枉法，构成《民事诉讼法》第 200 条第 1 项、第 2 项规定之再审事由

（一）王潮兵分别于 2018 年 1 月、11 月催促陈玉元办理过户手续，该事实有微信聊天记录可以证明。

同时，王潮兵也多次催促陈玉元指定的万合公司付建成尽快办理案涉房屋过户事宜，该事实有微信聊天记录证明。

陈玉元及其指定的付建成一直拖延，迟迟未能办理赎楼、过户等事项，导致王潮兵一直收不到剩余房款，案涉房屋交易一直无法完成。

但二审法院却在二审判决书第 8 页第 3—5 行称"本案中亦无其他证据可证明陈玉元曾有拒绝向王潮兵支付案涉剩余购房款、继续履行案涉合同的行为"，实属罔顾事实，公然撒谎。

（二）《补充协议》第 5 条约定，在王潮兵按该条约定履行义务的情况下，陈玉元应当借款 88118 元及滞纳金给王潮兵用于清偿王潮兵所欠开发商 2016 年 7 月 23 日、2017 年 1 月 23 日到期的两笔借款。该条明明白白约定陈玉元同意向王潮兵出借款项，亦即向王潮兵出借款项系陈玉元合同义务，但二审法院却故意张冠李戴，将《补充协议》第 7 条约定的陈玉元借款给王潮兵清偿 2017 年 2 月 1 日之后王潮兵对开发商所负债务并非陈玉元义务，生生移植到第 5 条，造成事实认定错误。

四、王潮兵已再次函告陈玉元限期履行赎楼义务，并给予其合理宽限期，但陈玉元仍未履行，可见其恶意满满，二审法院却不以为意

2019 年 3 月 7 日、13 日，王潮兵委托广东来复律师事务所两次向陈玉元致送律师函，函告陈玉元限期十个工作日内排除继续履行合同的障碍，完成赎楼工作，并履行完毕合同约定各项义务。

但，陈玉元恶意拒收律师函，且拒不履行赎楼等各项合同义务。参照《合同法》第 45 条第 2 款"当事人为自己的利益不正当地阻止条件成就的，视为条件已成就"之规定，王潮兵根据《买卖合同》约定的有效送达地址向陈玉元寄送了律师函，即已完成书面通知。陈玉元恶意拒收，应视为已送达。

五、陈玉元严重违约已给王潮兵造成巨额损失，二审法院却对此视而不见，实属麻木不仁

案涉房屋是王潮兵名下唯一住房，卖给陈玉元后王潮兵一直租房居住。2018年2月，王潮兵结婚且妻子怀孕，即将迎来三口之家的王潮兵亟需重新购买新房以居住并落户。根据当时的东莞市限购政策，若购买二套房，首付比例、贷款利率均远高于首套房，这对王潮兵家庭而言，可谓难以承受之重。只有将案涉房屋过户给陈玉元后，王潮兵才能以首套房购房者身份重新购房。因此，2018年3月13日取得案涉房屋一手房房产证后，王潮兵一直催促陈玉元及万合公司尽快办理过户手续，并一直积极配合万合公司提供用于办理陈玉元向银行申请赎楼贷款的相关证明材料，如"配偶同意出售共同财产声明"等。但因为陈玉元征信问题，赎楼贷款一直无法成功办理。迄今，陈玉元仍未履行赎楼义务。

这两年东莞房价飞涨。与2018年3月应当过户时比较，2019年5月王潮兵不得不起诉维权时，东莞房屋均价已上涨约1万元/平方米。即，因陈玉元违约，导致王潮兵即使2019年购房，已不得不比2018年购房多支付约100万元房款。假若陈玉元不违约，按约于2018年3月完成过户，则王潮兵于2018年购房，将比2019年购房少支付房款约100万元。因此，陈玉元的违约行为给王潮兵造成的损失至少已达100万元之巨。但二审法院对王潮兵遭受的巨额损失视而不见，悍然驳回王潮兵全部诉讼请求，委实令人寒心。

六、陈玉元没有能力赎楼故未注销抵押，致案涉房屋无法过户，合同无法继续履行，二审法院却认为"已具备过户条件"，构成《民事诉讼法》第200条第2项之再审事由

二审判决书第8页第1段倒数第2—3行称案涉房屋已具备过户等

继续履行条件，但事实上，因为银行贷款没有还清，故抵押登记尚未涂销，这种情况下不可能办理过户登记。二审法院为驳回王潮兵诉请，置众所周知常识于不顾，令人震惊。

尤其可恶的是，陈玉元非但截至今日仍未履行赎楼义务，导致王潮兵迄今未能购房，反而于 2020 年 9 月无端提起新诉，[①] 要求王潮兵将案涉房屋过户给陈玉元，并反咬一口要求王潮兵向其支付违约金 15 万元，实属恃恶凌善、于法不容。

七、王潮兵已通过起诉方式向陈玉元送达解除合同通知，双方签订的《买卖合同》《补充协议》已于陈玉元收到起诉状副本之日解除

《合同法》第 94 条第 3 项规定，当事人一方迟延履行主要债务，经催告后在合理期限内仍未履行，守约方可以解除合同。第 4 项规定，当事人一方迟延履行债务或者有其他违约行为致使不能实现合同目的，守约方可以解除合同。

《买卖合同》第 7 条约定，违约方逾期履行义务，经守约方书面催告仍怠于履行的，守约方可单方解除合同。

陈玉元自 2018 年 3 月 13 日起逾期履行赎楼义务，经王潮兵于 2018 年多次微信催告及 2019 年 3 月律师函催告后仍不履行。无论根据法律规定还是合同约定，王潮兵均有权单方解除合同。二审法院豪横认定王潮兵"据此主张行使合同解除权缺乏依据"，令人费解。

诚然，有司法政策认为应鼓励交易，不令合同轻易解除。但面对陈玉元这样的恶意、严重违约行为，面对王潮兵因陈玉元违约已遭受的巨额损失和还将产生的损失，如果人民法院仍不判决解除合同返还房屋，实在是有违公平正义之基本法律精神。

---

① 广东省东莞一院（2020）粤 1971 民初 26951 号案。

八、原审判决罔顾证据、偏听偏信，对陈玉元未按期办理赎楼手续之违约事实不予认定，错误驳回王潮兵要求陈玉元支付违约金30万元之诉请，构成《民事诉讼法》第200条第2项、第3项、第6项规定之再审事由

王潮兵与陈玉元签订的《补充协议》第8条约定：买卖双方因自身原因导致未按照约定完成交易手续逾期超过5个工作日的，守约方有权要求违约方赔偿总房款20%的违约金。案涉房屋总房款为150万元，即违约金应为30万元。

本案中，陈玉元作为赎楼义务主体，应按约于一手房房产证取得之前（或至迟于取得一手房房产证之日起2个工作日内）完成赎楼义务，并注销抵押。但因其个人征信瑕疵，迟迟无法办理赎楼贷款，导致在取得一手房房产证之日起长达一年多的时间里一直未能履行赎楼义务，其违约事实可谓确凿无疑。陈玉元主张如果其构成违约，则王潮兵主张的违约金过高，应调整为扣除借款后剩余未付房款的10%左右（一审判决书第8页第3段倒数第1—3行），并要求用已付定金抵扣违约金（一审判决书第10页第2段第8—9行）；但二审法院却超越底线，直接认定陈玉元没有违约行为，让人出离愤怒。

二审判决书第8页第1段最后一句话尤其搞笑，原文抄录如下："虽然双方在案涉合同履行过程中并未存在根本性违约导致合同目的无法实现的行为，但在案涉房屋已具备办理过户等继续履行条件的情况下，双方应积极配合，以促进案涉交易的完成。"凡学过小学语文的人都知道，"虽然但是"作为一对标示转折关系的关联词，应当仅用于表述转折关系，但前述这段话明显没有转折关系，而是并列或递进关系。显然，二审法院本来想表达：虽然陈玉元有违约行为，但并非根本违约，且案涉房屋已具备过户条件，故应继续履行。但不知为何，二审法院不仅不想认可陈玉元根本违约，而且不想承认陈玉元有违约行为，故整出这么一

句话。

原审中陈玉元对自己未能按约办理赎楼手续的原因一开始支支吾吾，后来直接提供虚假证据，并联合第三人做假证，甚至还倒打一耙，诬蔑王潮兵因房价上涨恶意违约，不予配合办理过户手续。现王潮兵针对陈玉元的无理狡辩和恶毒诬蔑回应如下：

（一）陈玉元在原审中关于无法办理赎楼贷款原因的陈述前后不一、自相矛盾

2019 年 7 月 12 日，一审庭前会议中，陈玉元称因特殊原因其暂时无法办理按揭贷款手续（即赎楼贷款手续）。

2019 年 8 月 28 日，一审庭审中，陈玉元又称是由于万合公司原因和操作上程序问题，导致万合公司在 2018 年 7 月才拿到银行同贷书。

2019 年 11 月 8 日，一审质证时，陈玉元称赎楼贷款同贷书下来后由于万合公司程序性问题，贷款手续无法办理，具体程序问题不清楚；在 2019 年 7 月 12 日庭前会议中所称的暂时无法办理按揭贷款手续的特殊原因是 2018 年 8 月 27 日陈玉元进行了身份证改名。

可见，陈玉元对于自己未能按约办理赎楼贷款手续的原因之说辞模糊不清、变化不定，显属谎言。真相实为其曾拖欠银行款项，征信有问题无法取得银行贷款。一方面，假若陈玉元真的仅是因为所谓改名办不下来贷款，她完全可以理直气壮、正大光明地说出来，而不是闪烁其词、变动不居；另一方面，一手房房产证早在 2018 年 3 月即已办好，按合同约定至迟当时陈玉元就应该赎楼并过户，而陈玉元改名是在 5 个月之后，且改名之后至王潮兵 2019 年 5 月诉请解除之时，又是长达 8 个多月，故其因改名而致履行赎楼义务迟延之说辞毫无合理性与说服力。

（二）陈玉元在原审中主张巳于 2018 年 7 月取得东莞银行同贷书，用以说明征信瑕疵不影响其申请赎楼贷款，是彻头彻尾的谎言

1.陈玉元应一审法院要求提交的《个人信用报告》显示，陈玉元在 2018 年 3 月至 2019 年 4 月期间，涉及 5 笔贷款，共计 11 条逾期记录，足以说明陈玉元个人征信存在严重问题。①

2.陈玉元及万合公司所称东莞银行同贷书仅系万合公司工作人员用手机当庭展示的照片，照片显示所谓东莞银行同贷书仅为来源不明的电脑屏幕上展示的一个 word 文档，没有任何银行签章。万合公司工作人员口头称该照片系东莞银行工作人员发给他的，但无任何证据证实其说法。如果这样的所谓证据都能得到采信，那任何人都可以随心所欲地炮制证据。

3.陈玉元及万合公司提交的所谓 2018 年 7 月东莞银行同贷书实属虚假证据，二者在原审中关于东莞银行同贷书的相关陈述均属谎言。详述如下：

（1）2017 年 11 月，为配合陈玉元申请赎楼贷款，付建成要求王潮兵作为收款人前往中国银行签署相关材料。2018 年 3 月付建成又要求王潮兵向中国银行补充提交资料，但最终中国银行贷款未能成功办理。期间王潮兵多次询问付建成陈玉元赎楼、过户办理情况，其均不予回复，置之不理。

直至 2018 年 10 月，付建成告知王潮兵中国银行不同意为陈玉元贷

---

① 陈玉元应一审法院要求，提交了《个人信用报告》。该报告显示在 2018 年 5 月 3 日招商银行东莞分行发放的贷款 15 万元中，陈玉元在 2018 年 8、9、11 月及 2019 年 4 月存在逾期还款；在 2018 年 5 月 7 日招商银行东莞分行发放的贷款 5 万元中，陈玉元在 2018 年 8、9、11 月及 2019 年 4 月存在逾期还款；在 2016 年 4 月 29 日招商银行发放的贷记卡中，陈玉元在 2018 年 3 月存在逾期还款；在 2018 年 9 月 12 日东莞银行发放的贷记卡中，陈玉元在 2018 年 12 月存在逾期还款；在 2018 年 9 月 18 日浦发银行发放的贷记卡中，陈玉元在 2019 年 4 月存在逾期还款。

款，所以为陈玉元重新找了东莞银行申请赎楼贷款，需要王潮兵再次配合签字及提供相关材料，王潮兵按照付建成要求完成了相关配合工作。

据此，陈玉元不可能在 2018 年 7 月 20 日取得东莞银行同贷书。二审中赫然出现的所谓"东莞银行同贷书"，应系陈玉元伙同他人伪造而成。陈玉元为一己私利，胆大包天，竟不惜伪造证据、虚假陈述、破坏司法秩序、亵渎司法尊严，依法应予严惩。

（2）陈玉元关于征信瑕疵不影响申请赎楼贷款之说辞完全不能成立。

2019 年 3 月 4 日，王潮兵致电万合公司付建成询问陈玉元赎楼贷款办理情况，付建成明确回复称因陈玉元换了名字，银行要求重新审批，然而在重新审批过程中银行发现陈玉元有几笔贷款存在逾期，故审批未通过，无法贷款。此事实有王潮兵与付建成通话录音等证据予以证明。

一审法院已查明（详见一审判决书第 8 页第一段），2019 年 3 月之前，陈玉元的贷款逾期记录高达 8 次，可谓严重征信瑕疵。

陈玉元征信记录作为客观证据，证实陈玉元于 2019 年 4 月又出现三次贷款逾期。亦即，2019 年 3 月付建成告诉王潮兵陈玉元因贷款逾期被拒贷之后，陈玉元又出现至少三次贷款逾期。显而易见，陈玉元已更不可能取得银行贷款。

可见，不管之前陈玉元是否取得过银行同贷书，因其不断发生贷款逾期，最终被银行拒贷，从而拒不履行赎楼义务，已构成严重违约。其已取得银行同贷书印证个人征信瑕疵不影响赎楼贷款手续办理之说，实属不折不扣的谎言。

事实本应胜于雄辩。作为赎楼义务主体的陈玉元一直未能成功办理赎楼贷款，也未能给出有理有据的解释，仅有空口无凭的几句狡辩和所谓"东莞银行同贷书"，但二审法院居然在二审判决书第 8 页第 1 段第

1—3 行称"本案中的证据并未能反映出相关金融机构曾因此对陈玉元的贷款申请不予准许的事实。"试问二审法院，哪个金融机构会就不予准许贷款申请专门出具书面文件呢？

（三）陈玉元诬蔑王潮兵因房价上涨，恶意违约，不配合办理过户手续，纯属颠倒黑白

陈玉元在原审一审中称 2018 年 7 月万合公司将银行同贷书拿下来后，王潮兵以种种理由未去办理赎楼及注销抵押手续，导致赎楼无法完成；王潮兵因楼价大幅上涨，故意不办赎楼过户手续，导致自己无法贷款支付余款。陈玉元在原审二审中亦称王潮兵为获得高额利益，恶意违约，不配合自己办理过户手续。甚至，陈玉元还一再诬蔑王潮兵在诉讼期间多次通过停水停电、撬锁换锁等非法手段逼迫陈玉元解除合同。

但，陈玉元未就上述主张提供任何证据，仅仅是其单方口头陈述。

相反，王潮兵有充足理由和证据可以证明，陈玉元上述说法纯属黑白颠倒的诬蔑。

其一，承前所述，无论是赎楼还是过户，义务主体都是陈玉元，王潮兵仅需配合提交材料；根据王潮兵按《补充协议》约定及陈玉元指定办理的全权委托公证手续，陈玉元完全可以单方完成赎楼、过户等一系列事项。陈玉元为掩饰自己违约事实，掩耳盗铃，对双方合同约定视若无睹，试图将自己合同义务强加于王潮兵，实属无理。

其二，一手房房产证由陈玉元指定的付建成领取，自 2018 年 3 月 13 日取得之日起就一直由陈玉元保管，王潮兵从未拿到过该房产证。在王潮兵已办理全权委托公证情况下，持有一手房房产证的陈玉元完全可以单方完成赎楼、注销抵押并过户等一系列手续，王潮兵如何能阻碍过户？

其三，陈玉元口口声声说王潮兵拒不配合办理赎楼、过户手续，但却没有提供证据；当然，她也不可能对没有的事提出证据。

事实是，在 2019 年 5 月起诉解除合同之前，王潮兵一直积极配合

陈玉元及其指定的万合公司办理各项手续、提供各种资料，且期间王潮兵多次催促陈玉元、万合公司尽快办理过户。

以上事实有如下证据可以证明。

1. 王潮兵与陈玉元微信聊天记录

聊天记录显示：2018 年 1 月 5 日，王潮兵曾询问陈玉元还有多久能过户；2018 年 11 月 5 日，王潮兵曾询问陈玉元能否尽快完成过户，并要求陈玉元去催一下。

2. 王潮兵与万合公司付建成微信聊天记录

聊天记录显示：王潮兵一直积极配合万合公司办理相关事项，提供相关材料，直至 2019 年 3 月，王潮兵都还在与付建成沟通，配合办理赎楼手续。

王潮兵在陈玉元已经逾期履行赎楼义务的情况下，仍积极配合万合公司提供相关材料办理赎楼手续，并多次催促陈玉元、万合公司尽快办理过户，其善意履行无可置疑。

一方面，陈玉元征信报告显示其多笔贷款逾期，万合公司付建成亦确认因陈玉元征信问题无法办理赎楼贷款；另一方面王潮兵没有办理赎楼手续的义务，更没有拖延或阻碍办理赎楼手续的行为，故赎楼手续迟迟不能办理的原因只能归责于陈玉元。

综上，陈玉元因自身原因逾期办理赎楼、过户手续，导致案涉房屋至今未能成功过户，逾期已远超 5 天。按《补充协议》第 8 条之约定，陈玉元应向王潮兵支付违约金 30 万元。

九、陈玉元严重违约在先，无理诬蔑在后，不诚不信；王潮兵一等再等，万般无奈下及时止损，合情合理

2016 年 2 月 29 日，《买卖合同》签署后，王潮兵即按约于 2016 年 10 月 1 日前将案涉房屋交付陈玉元，陈玉元即装修入住至今。

其后，王潮兵一直按约履行各项合同义务，没有任何违约行为。

而，陈玉元先是逾期履行赎楼义务，导致案涉房屋迟迟无法成功过户；在违约事实无法辩驳的情况下，又违背诚信原则凭空捏造出王潮兵趋利忘义、恶意违约、阻碍过户的谎言。

一般情况下，买方应该是更希望能够快点过户的一方，但本案中王潮兵作为卖方却比买方更着急过户，至于理由也确实是"房价上涨"。因为过户后王潮兵才能以无房身份购买首套房，以享受较低首付款及贷款利率优惠。综观全案，王潮兵起诉解除合同绝不是恶意违约，反为无可奈何的及时止损，应予支持；陈玉元不仅逾期履行合同义务还信口诬蔑王潮兵，不应纵容。

综上，原审判决适用法律错误，认定事实失实，有损司法公正；让违约者获利，令守约者受损，有悖法律尊严。为维护自身合法权益，王潮兵现依法向广东高院申请再审，恳请广东高院依法改判，支持王潮兵全部再审请求。

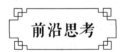

前沿思考

2021年8月26日，广东高院裁定驳回了王潮兵的再审申请。其后，王潮兵与陈玉元达成了和解。

但本案仍引发了我两点思考。

一、再审申请被受理后，后续关联诉讼是否应中止审理

本案（合同解除案）二审判决由东莞中院于2020年8月21日作出。2020年9月，陈玉元以二审判决已生效、生效判决已驳回王潮兵解除合同之诉讼请求为由，向东莞一院提起新诉，请求判令王潮兵将案涉房屋过户给陈玉元，并判令王潮兵向陈玉元支付违约金

15 万元。①

收到陈玉元起诉状后，王潮兵依法提出反诉，请求判令陈玉元向其支付违约金 30 万元。

2020 年 12 月 31 日，东莞一院 (2020) 1971 民初 26951 号民事判决，以合同解除案生效判决为据，支持了陈玉元部分诉讼请求，驳回了王潮兵全部诉讼请求。

王潮兵不服过户案一审判决，向东莞中院提出上诉，请求改判陈玉元向王潮兵支付违约金 30 万元。东莞中院已受理过户案二审，并于 2021 年 5 月 20 日完成开庭审理，于 2021 年 10 月 29 日维持原判。

虽然法律仅规定"按照审判监督程序决定再审的案件，裁定中止原判决执行"②，未规定再审审查期间原判决是否应中止执行。但我认为，如果广东高院对合同解除案提审改判，则过户案结果必将反转。因此，为不致浪费司法资源、耗散司法权威，参照《民事诉讼法》第 150 条之规定，过户案宜待广东高院对合同解除案之再审审查尘埃落定后再行审理。

也许有人会说，《民事诉讼法》第 150 条的确有"有下列情形之一的，中止诉讼：……本案必须以另一案的审理结果为依据，而另一案尚未审结的"之规定，但就王潮兵与陈玉元之房屋买卖纠纷而言，合同解除案业经二审终审，已经审结，过户案根据已经审结的合同解除案生效判决进行审理，不需要中止审理。这种说法并非毫无道理，但就中国司法运行现状而言，把再审审查中的案件视为尚未审结，具备现实合理性，对提升司法公正度③及人民获得感亦不乏裨益。

① 为示区别，新案简称过户案，旧案简称合同解除案。
② 《民事诉讼法》第 206 条。
③ 例如，合同解除案再审审查期间，过户案又产生新的生效判决甚至新判决已执行，则再审审查法官往往会考虑到这个现实状况，更倾向于想方设法驳回再审申请；但若再审审查期间没有根据合同解除案生效判决产生新的判决，则再审审查法官更容易基于专业和公正，决定是否裁定再审。

二、二审判决书是否应写明一审查明事实及裁判理由

根据最高人民法院 2016 年发布的《人民法院民事裁判文书制作规范》，即使是驳回上诉维持原判的二审判决书，也应当写明当事人一审起诉请求、一审认定事实、一审裁判理由、一审判决结果，但本案东莞中院二审判决书仅载明一审起诉请求和判决结果，未写明一审法院认定事实和裁判理由，仅以"一审判决认定的事实和理由详见广东省东莞市第一人民法院（2019）粤 1971 民初 17047 号民事判决书"一句带过，实属不妥。

一方面，根据《最高人民法院关于人民法院在互联网公布裁判文书的规定》（法释〔2016〕19 号，简称《互联网公布裁判文书规定》）第 7 条之规定，只有生效的裁判文书才应当在互联网公布；另一方面，司法实践中，大多数法院不会公布一审裁判文书。和大多数一审判决书一样，本案一审判决书亦未在中国裁判文书网公布。如此一来，人民群众即使在网上查到本案二审判决书，也基本无从知晓案件事实；因为，基本的案件事实都会在一审判决书中。如果当事人没有在二审中提交新证据，二审法院不会新查明任何事实；即使有二审新证据，二审判决书也仅会体现该部分证据所反映的事实。

如果人民群众无从知晓案件事实，也就无法基于案件事实对法院判决是否公平合理作出公允评判。因此，二审判决书不载明一审认定事实和裁判理由，有违司法公开原则，有碍司法正义实现。

第 7 章
逾期交房近一年　违约金判一点点？

——龙廷伊与保华公司预售合同纠纷案 ①

房屋买卖合同约定，无论出卖人逾期交房还是买受人逾期付款，均应按房款总额的万分之四，逐日向守约方支付违约金，且嗣后双方不得申请法院调减违约金。后因出卖人逾期交房，买受人遂向法院起诉，要求出卖人按合同约定计付违约金。②

逾期交房近一年

2014 年 6 月 25 日，龙廷伊与保华公司签订《商品房买卖合同》（简称《买卖合同》）及《补充协议》，约定龙廷伊购买保华公司开发案涉房屋，房屋价款为 283 万余元。

《买卖合同》第 10 条约定，保华公司应当在 2014 年 8 月 9 日前向龙廷伊交付该商品房。第 12 条约定出卖人未按照第 10 条约定期限和条件将商品房交付买受人的，逾期超过 90 日后，买受人要求继续履

---

① 详细案情可参见成都中院（2018）民再 23 号民事判决书。
② 这个案子历经一审、二审、申请再审、申请抗诉、抗诉、指令再审、再审等若干环节，让人深感司法公正之可遇难求。

行合同的，合同继续履行，自第 10 条约定的交付期限届满之次日起至实际交付之日止，出卖人按日计算向买受人支付全部已付款万分之四的违约金，并于该商品房实际交付之日起 30 日内向买受人支付违约金。

《买卖合同》还约定，该商品房达到第 10 条约定的交付条件后，出卖人应当在交付日 7 日前，书面通知买受人办理交接手续的时间、地点以及应当携带的证件。

《补充协议》第 11.2 条约定："出卖人按照买受人所留通讯地址寄发了书面交房通知的，买受人未按期前来办理房屋交接手续的，视为买受人主动逾期接房，出卖人不承担逾期交付的责任。"

《补充协议》第 11.7 条约定："无论出卖人是否书面通知买受人办理交接手续的时间、地点、以及应当携带的证件，买受人均应当在合同第 10 条约定的期限前主动问询出卖人有关办理交接手续的信息，并在合同第 10 条约定的期限前主动前来商品房所在地办理手续。"

《买卖合同》签订后，龙廷伊向保华公司支付了全部购房款，但保华公司未按期交房。龙廷伊遂诉至成都市成华法院，请求判令保华公司立即交付合格房屋并支付违约金 38 万余元。

一审判赔八万元

一审审理中，成华法院责令保华公司立即向龙廷伊交付房屋，保华公司于 2015 年 7 月 17 日向龙廷伊交付了案涉房屋。

一审法院认为，保华公司逾期交房构成违约，应当支付违约金。因保华公司主张违约金过高，请求调整，故成华法院酌情予以调整。遂一审判决保华公司支付违约金 8 万元。

二审维持原判决

一审判决后，双方当事人不服，均向成都中院提起上诉。龙廷伊上诉请求为撤销一审判决，依法改判保华公司向龙廷伊支付逾期交房违约金 388007 元。上诉理由为：其一，一审认定的逾期交房时间有误。2015 年 6 月 30 日仅为保华公司《催收房通知书》的落款时间，而不是龙廷伊收到该通知的时间。龙廷伊实际收到通知的时间为 2015 年 7 月 13 日，且直到 2015 年 7 月 17 日在法院协调下才完成交房。一审法院认定保华公司于 2015 年 6 月 30 日即完成交房，认定事实错误。

其二，本案违约金不可调减。1.违约金标准本就不高，且双方明确约定嗣后均不再以"违约金过分高于损失"等为由作为抗辩要求调低违约金，收取违约金一方亦无需举证具体损失；2.违约金条款本系开发商单方制定的格式条款，龙廷伊在缔约时没有协商谈判余地，在此情况下还要调低违约金标准，无异于对失信者的无度纵容和对守信者的无情打击。

保华公司上诉理由为：《补充协议》第 11.7 条约定，无论出卖人是否书面通知买受人办理交接手续的时间、地点、以及应当携带的证件，买受人均应当在《买卖合同》第 10 条约定期限前主动到商品房所在地办理手续。一审认定该条款为格式条款错误，保华公司认为该条款应为有效，不存在逾期交房。买受人有受领房屋的义务，通知收房只是一种附随义务，并不是买卖关系下的主要权利义务。请求撤销一审判决，改判驳回龙廷伊全部诉讼请求。

成都中院认为：其一，《补充协议》第 11.7 条系保华公司提供的格式条款，该条款免除了保华公司的责任，明显加重了龙廷伊的责任，该条款应为无效条款，一审对此认定正确。其二，违约金既具有补偿性，又具有惩罚性，但以补偿性为主。本案合同中虽有"双方嗣后均不再以

'违约金过分高于损失'等为由作为抗辩要求调低违约金，收取违约金的一方亦无需举证证明具体损失"的约定，也就是双方事先约定对违约金请求权进行放弃，但法律所规定的司法酌减制度是一种法律的强制性规范，这种法定的诉讼抗辩权利不能因当事人的约定而被排除适用。龙廷伊与保华公司放弃违约金调整的条款明显符合《合同法》第40条"一方免除其责任、加重对方责任、排除对方主要权利的，该条款无效"之规定，由此可认定当事人该条约定无效。一审法院在保华公司提出调低违约金请求情况下，结合本案实际情况和保华公司违约情况酌情对违约金调整为8万元并无不当。

综上，成都中院判决驳回上诉，维持原判。

申请再审被驳回

二审判决后，龙廷伊和保华公司均向四川高院申请再审。

龙廷伊申请再审理由主要有：

一、成都中院（2015）成民终字第7926号民事判决认定保华公司于2015年6月30日向龙廷伊发出催收房通知书，这一基本事实缺乏证据证明，依据《民事诉讼法》第200条第2项，本案应再审改判

一审法院认为逾期交房时间为2014年8月10日至2015年6月30日，计325天。此处起算时间没有问题，但终算时间有误。实际上，6月30日仅为保华公司《催收房通知书》落款时间，并非龙廷伊收到该通知书的时间。事实上，保华公司系2015年7月11日才将该《催收房通知书》投邮，龙廷伊系2015年7月13日才收到所谓的"催收房"通知书。龙廷伊收到该通知书后，庚即与保华公司指定的物业公司联系，物业公司要求龙廷伊交纳自房款付清之日（2014年7月23日）至2015

年 7 月 13 日的全部物业费后才能收房。面对如此无理无据的要求，龙廷伊理所当然地不同意，保华公司遂拒绝交房。

直到 2015 年 7 月 16 日一审开庭时，经一审法院承办法官在庭审中协调，保华公司才在 2015 年 7 月 17 日下午完成交房。

因此，逾期交房的终算时间应为 2015 年 7 月 17 日。自 2014 年 8 月 10 日至 2015 年 7 月 17 日，逾期交房时间共计 342 天。

龙廷伊在举证期限内向一审法院提交了证据，以证明：保华公司《催收房通知书》系 7 月 11 日投邮；龙廷伊 7 月 13 日才收到《催收房通知书》；龙廷伊 7 月 17 日才得以收房。二审中，龙廷伊向二审法院也提交了该证据，但二审法院置之不理，在判决书中只字不提，对相应上诉理由视而不见，实在太过任性。

二、成都中院（2015）成民终字第 7926 号民事判决适用法律确有错误，依据《民事诉讼法》第 200 条第 6 项，本案应再审改判

成都中院将保华公司依约应付的违约金 38 万余元强行调减为区区 8 万元，其理由为：根据《合同法》第 40 条"提供格式条款一方免除其责任、加重对方责任、排除对方主要权利的，该条款无效"之规定，龙廷伊与保华公司放弃违约金调整的事先约定无效。

但，龙廷伊认为成都中院该判决适用法律显著错误，判决理由显然不能成立。具体理由如下：

（一）法官不可指鹿为马

龙廷伊与保华公司在《补充协议》第 16.2 条中明确约定："合同及补充协议中所定违约金（或其他具有类似作用的赔偿、补偿费用约定）均是考虑了商誉、社会影响、时间成本、机会成本、处理违约事件所耗费资源（人力、财力）等综合抽象因素所造成的损失的。该等损失的抽象性虽难以精确量化，但各方诚信认可其在商业交易中确实存在，为避

免届时难以精确衡量，故在此事先约定以违约金方式，尽量弥补损失。在充分理解和认可上述原则的基础上，双方嗣后均不再以'违约金过分高于损失'等为由作为抗辩要求调低违约金，收取违约金的一方亦无需举证具体损失。"

该《补充协议》明明系保华公司事先印刷好的没有丝毫谈判空间的格式合同，二审法官却说是龙廷伊提供的格式条款并认为该格式条款免除了购房者责任、加重了开发商责任、排除了开发商主要权利，所以该条款无效。呜呼，开发商提供的格式合同却被硬生生说成是购房者提供的格式条款，实让人不知今夕何夕、所在何处！

（二）法院判决不可自相矛盾

成都中院在（2013）成民终字第 3587 号民事判决中明确认定："违约金的性质以补偿性为主，亦具有一定惩罚性，双方约定杨平自愿放弃请求调减违约金的权利，系当事人真实意思表示，并未违反法律法规规定，合法有效。"按照这样的判决逻辑，本案双方当事人在《补充协议》中放弃违约金调减的约定也属合法有效，双方均应一体遵循，不得反言，开发商无权主张调减。

（2013）成民终字第 3587 号案与本案 [（2015）成民终字第 7926 号] 审判长为同一人，裁判尺度自然也该同一；但同样的约定，一会言之凿凿地认定有效，一会简单粗暴地认定无效，实不知二审法官裁判标准何在？

（三）法院不应干预当事人关于损失赔偿之约定

《合同法》第 114 条规定：当事人可以约定一方违约时应当根据违约情况向对方支付一定数额的违约金，也可以约定因违约产生的损失赔偿额的计算方法。《补充协议》第 16.2 条约定内容名为违约金，实质却是因违约产生的损失赔偿额的计算方法。依法，此处断无法官自由裁量权介入空间。

（四）法院不应机械裁判

法律赋予法官裁判权，是希望法官秉持善良公心和自然法精神作出符合公平正义的裁判；不符合公平正义的桎梏，法官应勇于打破。

龙廷伊认为基于以下理由，本案违约金万不可调减。

1. 违约金标准本就不高，且双方在《补充协议》第 16.2 条中明确约定嗣后不得抗辩要求调低违约金。

诚如该约定所言，处理违约事件的时间成本、机会成本、精神成本等隐形成本往往无法量化，若仅仅拘泥于外显的物化成本，则会造成对守约人的极度不公；且若当事人明示放弃违约金调减请求权的情况下法院仍强行调整，实属公权（司法权）对私权（契约权）的过度干涉，不利于法治社会之养成。

2. 本案诉争之违约金条款本系开发商单方面制定的格式条款，龙廷伊在缔约时没有任何协商谈判余地。保华公司作为大型央企、中国领军房企保利地产之下属企业，有完备的法律团队，代理人也系执业律师，明知原审法院拥有无可置疑的管辖权，一审开庭前居然提出管辖权异议以拖延交付；庭审中又虚构事实，肆意胡言，足见其无诚信、不责任。如果在这种情况下还要调低违约金标准，无异于对失信者的纵容和对守信者的打压，不利于诚信社会之构建，望裁判者慎之。

3.《最高人民法院关于审理民间借贷案件适用法律若干问题的规定》[1]第 26 条第 1 款规定："借贷双方约定的利率未超过年利率 24%，出借人请求借款人按照约定的利率支付利息的，人民法院应予支持。"

龙廷伊 2014 年 6 月 25 日买房，双方约定保华公司于 2014 年 8 月 9 日交房，但保华公司迟至 2015 年 7 月 17 日才交房，逾期近 1 年。如

---

[1]　简称《民间借贷司法解释》；该司法解释迄今已有三个版本，为免引人歧解，若无特别说明，本书提及的该解释均指其 2015 年版，即法释〔2015〕18 号。

果早知道保华公司迟至 2015 年 7 月才交房，龙廷伊完全可以推迟一年买房，从而推迟一年支付房款。据此，保华公司逾期交房的行为相当于保华公司从龙廷伊处预支房款来使用了近一年。双方约定的逾期交房违约金折算成年利率为 14.6%，远远低于民间借贷年利率 24% 的上限；于此视角，本案违约金也万不能调减。

4. 至保华公司实际交付房屋的 2015 年 7 月，龙廷伊所购房产市场价格与龙廷伊交付购房款相比已有 40 余万元降幅（龙廷伊在二审中已举证证明）。龙廷伊本诚信地以为保华公司会按约于 2014 年 8 月 9 日前交付房屋，所以才于 2014 年 6 月 25 日与保华公司签订购房合同，不想保华公司迟至 2015 年 7 月才交房。如果早知道保华公司会迟至 2015 年 7 月交房，龙廷伊完全可以在 2015 年 7 月左右才购房，如此龙廷伊将少支付 40 余万元购房款。可见，保华公司之违约行为给龙廷伊造成的损失在 40 万元以上，区区 38 万余元的违约金根本就不高。

综上，如果任由司法官随意揉捏法律，则守信将成为守信者的墓志铭，违约将成为违约者的通行证。中国社会本就极度缺乏契约精神，司法在促进中国走向诚信社会之进程中可谓至关重要，望再审法官们明思慎断、无愧法魂。

保华公司申请再审理由同其二审上诉理由。

四川高院审查认为，保华公司申请再审理由不能成立；二审法院酌情调整违约金符合法律规定，故龙廷伊申请再审理由亦不成立。遂驳回双方再审申请。

申请抗诉获支持

龙廷伊不服四川高院再审审查裁定，向成都市人民检察院（简称成都市检）申请抗诉。成都市检审查认为，成都中院生效判决确有错误，遂向四川省人民检察院（简称四川省检）提请抗诉。四川省检认为龙廷伊申请法律监督既有事实基础，亦有法律依据，依法应予支持，遂以川检民（行）监［2017］51000000218 号民事抗诉书，向四川高院提出抗诉。

四川高院受理四川省检抗诉后，根据《民事诉讼法》第 211 条规定，于 2018 年 1 月 9 日作出（2018）川民抗 8 号民事裁定，指令成都中院再审本案。

再审仍被维原判

成都中院再审认为：其一，本案逾期交房期限为 2014 年 8 月 10 日至 2015 年 7 月 17 日。一、二审将《催收房通知书》落款时间 2015 年 6 月 30 日认定为逾期交房截止时间有误，应予纠正。

其二，根据法律和司法解释规定，当事人在民事活动中有缔约自由，但缔约自由不是绝对的，对于因合同约定的违约金过分高于造成的损失，从而导致当事人权利义务严重失衡的情形，法律赋予了当事人请求调整的权利。该项请求权系法定诉权，不因合同当事人的约定而被排除，人民法院应当依照法律规定对当事人请求进行干预和调整，以实现合同自由和合同正义之间的平等。

本案中，当事人双方签订的补充协议第 16.2 条中"双方嗣后均不再以违约金过分高于损失等为由抗辩要求调低违约金，收取违约金的一方亦无需举证具体损失"等内容，系放弃调低违约金权利的约定，违反法律强制性规定，应属无效。

虽然二审以《合同法》第 40 条"一方免除其责任、加重对方责任、排除对方主要权利的，该条款无效"之规定认定上述放弃调低违约金约定无效，理由不当，但二审认定当事人放弃调低违约金无效的结果正确。

因此，保华公司提出合同约定的违约金过高，请求调整；一、二审结合本案实际情况和保华公司违约情形，依法调整违约金为 8 万元，并无不当。

另外，一、二审将《催收房通知书》落款时间 2015 年 6 月 30 日认定为逾期交房截止时间不当，应予纠正。违约金 8 万元系结合本案实际情况和保华公司违约情形而定，再审纠正本案逾期交房截止时间，但对违约金具体金额影响不大，故再审不再对违约金予以调整。

最终，成都中院再审结果为，维持该院（2015）成民终字第 7926 号民事判决。

前沿思考

一、不服再审判决能否继续申请抗诉

龙廷伊不服成都中院再审判决，向最高人民检察院申请抗诉。其抗诉申请书主要内容如下：

龙廷伊因与保华公司商品房预售合同纠纷一案，不服成都中院于 2015 年 11 月 20 日作出的（2015）成民终字第 7926 号民事判决，曾向四川省检申请抗诉。四川省检依法向四川高院提出抗诉。四川高院受理抗诉后指令成都中院再审，成都中院于 2018 年 5 月 31 日作出（2018）川 01 民再 23 号民事判决，错误维持了（2015）成民终字第 7926 号民事判决。龙廷伊因对再审判决仍不服，现请求检察机关依法监督并提出抗诉。

抗诉请求

一、监督有权法院撤销成都中院（2018）川 01 民再 23 号民事判决；

二、监督有权法院撤销成都中院（2015）成民终字第 7926 号民事判决；

三、监督有权法院撤销成华法院（2015）成华民初字第 2632 号民事判决第二项；

四、监督有权法院变更成华法院（2015）成华民初字第 2632 号民事判决第一项为：保华公司于判决生效之日起 15 日内向龙廷伊支付逾期交房违约金人民币 388007 元（大写：叁拾捌万捌仟零柒圆整）；

五、监督有权法院判令保华公司承担本案一审、二审全部诉讼费用。

事实与理由

（一）案件脉络

龙廷伊与保华公司签订房屋买卖合同，约定龙廷伊从保华公司处购买商品房 1 套，无论保华公司逾期交房还是龙廷伊逾期付款，均按每日万分之四向对方支付违约金；同时双方所签补充协议约定，若任何一方违约，违约方不得以违约金高于损失为由申请法院调减，守约方也无需举证损失。后因保华公司逾期交房，龙廷伊遂诉至四川省成都市成华区人民法院，要求保华公司按照合同约定支付逾期交房违约金 388007 元。但成华法院仅判决保华公司向龙廷伊支付违约金 8 万元。龙廷伊不服一审判决，向成都中院上诉，但未获支持。

（1）成都中院二审认为放弃违约金调减约定系免除开发商权利加重开发商责任的格式条款，应属无效

（2）四川省检认为放弃违约金调减约定有效，应按约定的每日万分之四计算违约金

（3）成都中院再审认为调整违约金系司法权力，当事人约定放弃调减无效，维持二审错误判决

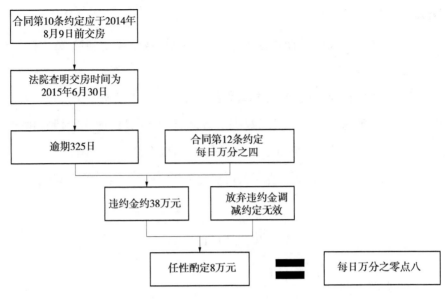

图 7-1 成都中院二审判决逻辑示意图

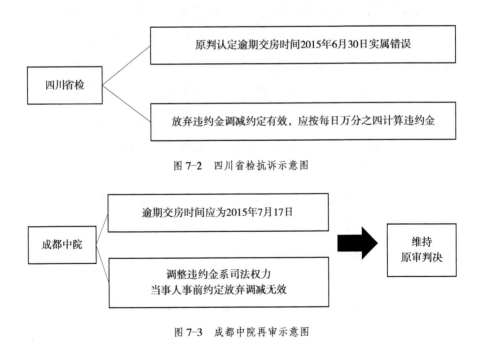

图 7-2 四川省检抗诉示意图

图 7-3 成都中院再审示意图

（二）申抗理由

（1）成都中院对开发商和购房人适用不同标准

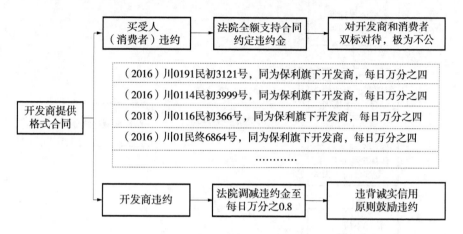

图7-4　成都中院判决逻辑示意图

不难看出，成都法院判决逻辑可谓荒唐，当开发商诉买受人逾期付款时按每日万分之四全额支持违约金，而当买受人诉开发商逾期交房时却强行调减至不足万分之一。

（2）同一个法官，不同的判决

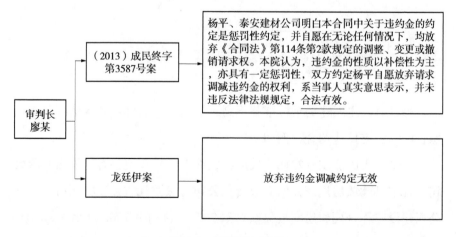

图7-5　判决矛盾示意图

（3）保华公司未提交违约金过高证据居然获得支持

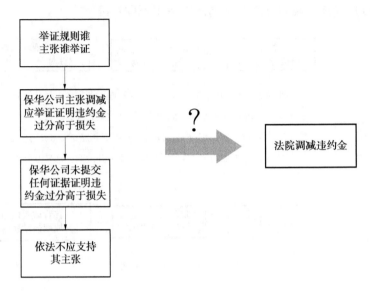

图 7-6   保华公司主张获支持示意图

（4）原审判决违反司法统一类案类判原则

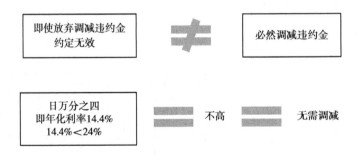

每日万分之四违约金标准并不高，最高人民法院等各级法院基本按照合同约定支持违约金，例如：

1.最高人民法院（2016）最高法民终 106 号普定县鑫臻酒店有限公司与普定县鑫臻房地产开发有限责任公司与黑龙江省建工集团有限责任公司建设工程合同纠纷案（欠款总额 20%，违约金 1200 万元）

2.四川高院（2015）川民初字第 122 号成都乾豪置业有限公司与成

都金盈沣物业管理有限公司、成都盈沣置业股份有限公司商品房预售合同纠纷案（房款总额 20%，违约金超 4.2 亿）

3.上海二中院（2016）沪 02 民终 10071 号上海智富茂城置业有限公司、俞懿玲商品房预售合同纠纷案（每日万分之五）

4.广州中院（2017）粤 01 民终 11002 号广州南开房地产开发有限公司、张南华商品房预售合同纠纷案（每日万分之五）

5.湛江中院（2017）粤 08 民终 2034 号吴川市森茂房产开发有限公司、陈艳飞商品房预售合同纠纷案（每日万分之五）

6.佛山中院（2017）粤 06 民终 3336 号佛山市高明富逸湾实业开发有限公司、严泽民商品房预售合同纠纷案（每日万分之五）

7.温州中院（2017）浙 03 民终 1072 号平阳星海房地产开发有限公司、彭纪海商品房预售合同纠纷案（房款总额 20%）

8.成都中院（2017）川 01 民终 6866 号周卉双、赵小松与陈帮之、唐丽君房屋买卖合同纠纷案（房款总额 20%）

9.成都中院（2016）川 01 民终 10158 号成都锦弘盛贸易有限公司与中机建工有限公司买卖合同纠纷案（合同总额 5%）

（5）抗诉依据

《民事诉讼法》第 208 条规定，最高人民检察院对各级人民法院已经发生法律效力的判决、裁定，发现有本法第 200 条规定情形之一的，应当提出抗诉。

综上，原审法院随意解释法律，其双重标准之错误判决不符合诚实信用之社会主义核心在价值观。龙廷伊恳请最高人民检察院依法监督，果断亮剑，以重塑社会诚信，不负国家与人民。

但最高人民检察院未受理龙廷伊对成都中院再审判决的抗诉申请。最高人民检察院认为，《民事诉讼法》第 209 条第 2 款规定："人民检察院对当事人的申请应当在三个月内进行审查，作出提出或者不予提出检察建议或者抗诉的决定。当事人不得再次向人民检察院申请检察建议或者抗诉。"据此，当事人向检察院申请检察建议或抗诉的机会只有一次。

此外，最高人民检察院认为，根据《人民检察院民事诉讼监督规则（试行）》（高检发释字〔2013〕3 号，简称《民事诉讼监督规则》）第 31 条"当事人根据《中华人民共和国民事诉讼法》第 209 条第 1 款的规定向人民检察院申请监督，有下列情形之一的，人民检察院不予受理：……民事判决、裁定、调解书是人民法院根据人民检察院的抗诉或者再审检察建议再审后作出的……"之规定，当事人无权对再审判决申请检察监督。

但本书认为，当事人有权对再审判决申请抗诉。理由在于：其一，《民事诉讼法》第 209 条 2 款之文义在于，检察院作出不予检察监督决定后，当事人不得再次向检察院申请检察监督，[①] 并无当事人不得对再审裁判申请检察监督之意旨。最高人民检察院以《民事诉讼法》第 209 条第 2 款为由，对龙廷伊就成都中院再审判决进行检察监督的申请不予受理，缺乏法律依据。

其二，《民事诉讼法》第 209 条 1 款授予当事人可对法院再审裁判申请检察监督，但最高人民检察院自行制定的《民事诉讼监督规则》第 31 条第 6 项却对当事人权利进行限缩，架空《民事诉讼法》第 209 条第 1 款第 3 项，缺乏正当性，亦有违宪法精神。[②]

二、《民事诉讼法》第 211 条应否修改

龙廷伊对成都中院二审判决申请抗诉时，先有成都市检审查，然后有四川省检审查。历经两级检察院，抗诉到四川高院后，四川高院却将

---

① 如果将第 2 款文义解释为无论检察院作出是否监督的决定，当事人均不得再次申请监督，则将架空第 1 款第 3 项，使第 3 项成为具文。

② 《宪法》第 134 条规定："中华人民共和国人民检察院是国家的法律监督机关。"

案件指定到成都中院审理。

众所周知，对于绝大多数中国人而言，否人易，否己难。要想成都中院自己否定自己的判决，若无壮士断腕、刮骨疗毒的血性，实在很难做到。事实证明，成都中院在本案中没能做到从善如流、自我革命。

我在想，本案由四川省检抗诉到四川高院后，如果由四川高院自己审理而不是指定成都中院审理，结果很可能会不一样。由成都市检和四川省检两级检察院严格审查后提出的，带典型性、倾向性、符合检察机关民事诉讼精准监督理念的一个抗诉案件，就这样轻飘飘地被成都中院自我消化，实在令人唏嘘。

《民事诉讼法》第 211 条规定："人民检察院提出抗诉的案件，接受抗诉的人民法院应当自收到抗诉书之日起三十日内作出再审的裁定；有本法第 200 第 1 项至第 5 项规定情形之一的，可以交下一级人民法院再审，但经该下一级人民法院再审的除外。"据此，四川高院将案件指定到成都中院审理，似无可指摘。

考察《民事诉讼法》第 211 条之立法思路，立法机关可能考虑到《民事诉讼法》第 200 条第 1 项至第 5 项主要涉及案件事实不清、证据不足，故交由下级法院审理应属妥当。事实上，《民事诉讼法》第 211 条仅规定可交下级法院再审，并未规定可交原审法院再审。但《最高人民法院关于民事审判监督程序严格依法适用指令再审和发回重审若干问题的规定》（法释〔2015〕7 号）在《民事诉讼法》第 211 条基础上再度细化，规定："人民检察院提出抗诉的案件，由接受抗诉的人民法院审理，具有民事诉讼法第 200 条第 1 至第 5 项规定情形之一的，可以指令原审人民法院再审。"[1] 由此，四川高院将本案指定成都中院再审，"法律依据"充分。

---

① 详见该司法解释第 2 条第 2 款。

但是，龙廷伊对成都中院二审判决申请检察监督，并非仅有《民事诉讼法》第 200 条第 2 项"基本事实缺乏证据证明"这一个再审事由，而是还有《民事诉讼法》第 200 条第 6 项"适用法律确有错误"这一再审事由。而消弭适用歧见、统一法律适用，恰是高级法院职责所在，且非中基层法院能力所及。从这个意义上说，四川高院不宜将本案指定成都中院再审。

因此，我以为，一方面，为统一法律适用，确保类案类判，提升人民群众在司法活动中对公平正义的获得感；另一方面，为切实发挥检察监督功效，保护检察监督工作热情，避免挫伤检察监督工作积极性，对具有《民事诉讼法》第 200 条第 6 项至第 13 项再审事由的再审、抗诉案件，均不宜交下级法院审理，尤其不宜交原审法院审理。

所以，我建议，立法机关在下次修改《民事诉讼法》时，可将《民事诉讼法》第 211 条修改为："人民检察院提出抗诉的案件，接受抗诉的人民法院应当自收到抗诉书之日起三十日内作出再审裁定；有本法第 200 第 1 项至第 5 项规定情形之一的，可以交下一级人民法院再审，但经该下一级人民法院再审或有本法第 200 条第 6 项至第 13 项情形之一的除外。"

第 8 章
我的铁路他作主　申请再审路被堵？

——农资广元公司与农行利州支行等案外人申请再审纠纷①

承租人将租赁的铁路专用线声称属自己所有，然后向银行申请抵押贷款。因贷款未受清偿，银行起诉借款人（亦为抵押人）等债务人，法院判决借款人还款、银行有权对拍卖铁路专用线所得优先受偿。判决生效后，执行该抵押财产过程中，铁路专用线权利人提起案外人再审申请，要求撤销原审判决中银行可拍卖铁路专用线优先受偿的部分内容。

我的铁路他作主

广元南站农资铁路专用线（简称铁路专用线）系四川省农业生产资料总公司广元公司（简称农资广元公司）固有财产，并非广元市鑫辉实业有限公司（简称鑫辉公司）财产，鑫辉公司从农资广元公司处租赁该铁路专用线后，虚假抵押给中国农业银行股份有限公司广元利州支行（简称农行利州支行）。

---

① 详细案情可参见广元青川法院（2020）川 0822 执异 16 号执行裁定书、广元中院（2020）川 08 民申 49 号民事裁定书、（2016）川 08 民初 28 号民事判决书。

因鑫辉公司欠农行利州支行贷款未还，农行利州支行起诉鑫辉公司，广元中院审理后作出（2016）川08民初28号判决（简称28号判决），判决农行利州支行可拍卖铁路专用线并优先受偿。判决生效后，农行利州支行申请执行鑫辉公司，执行法院拟拍卖铁路专用线，农资广元公司知情后依法提出异议并申请再审。

申请再审路被堵

在四川省青川县人民法院（简称青川法院）执行农行利州支行与鑫辉公司、张小强、刘玲金融借款合同纠纷一案①中，农资广元公司发现自己所属铁路专用线被查封，遂于2019年11月13日向青川法院提出执行异议，请求终止对铁路专用线的执行。

2019年11月20日，青川法院针对农资广元公司执行异议作出（2019）川0822执异81号执行裁定（简称81号裁定），驳回农资广元公司异议请求，并告知不服裁定可于裁定送达之日起10日内向广元中院申请复议。

收到驳回执行异议裁定书后，农资广元公司向广元中院申请复议，要求撤销81号裁定并终止对铁路专用线的执行。

2019年12月17日，广元中院作出（2019）川08执复37号执行裁定，撤销青川法院81号裁定，发回青川法院重裁。理由是青川法院向农资广元公司释明的救济途径错误，正确救济途径应为不服裁定可申请再审或提起执行异议之诉。

2020年8月18日，农资广元公司收到青川法院（2020）川0822执异16号执行裁定书。该裁定认为农资广元公司之异议请求意在否定

---

① 该案本由广元中院立案执行，后广元中院指定青川法院执行。

28 号判决作为执行依据的合法性,属于案外人认为原判决错误,依法应当循审判监督程序处理,遂驳回农资广元公司异议请求。

农资广元公司遂根据《民事诉讼法》第 227 条、《〈民事诉讼法〉解释》第 423 条等之规定,以案外人身份对 28 号判决申请再审。其主要申请再审理由如下:

一、请求权基础

《民事诉讼法》第 227 条规定:"执行过程中,案外人对执行标的提出书面异议的,人民法院应当自收到书面异议之日起十五日内审查,理由成立的,裁定中止对该标的的执行;理由不成立的,裁定驳回。案外人、当事人对裁定不服,认为原判决、裁定错误的,依照审判监督程序办理;与原判决、裁定无关的,可以自裁定送达之日起十五日内向人民法院提起诉讼。"

《〈民事诉讼法〉解释》第 423 条规定:"根据民事诉讼法第 227 条规定,案外人对驳回其执行异议的裁定不服,认为原判决、裁定、调解书内容错误损害其民事权益的,可以自执行异议裁定送达之日起六个月内,向作出原判决、裁定、调解书的人民法院申请再审。"

据此,案外人申请再审的条件有且仅有两项:其一,原审判决错;其二,错判损我权。

以下将逐一论证,就本案而言,前述两项条件均已成就,28 号判决应予再审。

二、原审判决错

(一)农资广元公司系铁路专用线所有权人

证明农资广元公司系铁路专用线所有权人的主要证据有:1964 年成都铁路局广元工务段编制的铁路专用线设计文件、1985 年四川省农资公司广元办事处就案涉铁路专用线换轨大修事宜委托成都铁路分局编制的《大修设计文件》、2009年成都铁路工程总承包有限责任公司绵阳工务分公司向产权单位农资广元公司发出的《安全隐患整改通知书》等近20份（组）证据。

（二）鑫辉公司仅系铁路专用线承租人

2008年1月11日，农资广元公司与鑫辉公司订立《租赁协议》，租赁期限至2012年1月10日，到期后自动续期。协议载明鑫辉公司租用农资广元公司场地主要是因为农资广元公司拥有铁路专用线，方便大件货物的到发、运输、储存；鑫辉公司须支付铁路专用线之线路维修维护费、信号灯维护费、安全费等费用。

2008年至2015年期间，鑫辉公司一直向农资广元公司支付其使用铁路专用线应付的相关费用。

（三）鑫辉公司未善意取得铁路专用线，法院认定鑫辉公司善意取得铁路专用线与事实不符，与法律相悖

有人认为，鑫辉公司已通过拍卖方式善意取得铁路专用线所有权，理由有二：其一，农行利州支行提交的《拍卖成交确认书》复印件显示，2007年4月4日，鑫辉公司参与广元五交化公司破产资产拍卖，竞拍成功，取得两条铁路专用线所有权；其二，广元市国土局2008年第9期《土地登记会审纪要》将铁路专线确权给鑫辉公司。

农贸广元公司认为，该两项理由均不成立，详述如下：

1.农行利州支行提交的《拍卖成交确认书》不具有真实性，不能证明鑫辉公司通过拍卖方式取得了铁路专用线。

之所以说《拍卖成交确认书》不具备真实性，有如下七点理由：

其一，原五交化公司房屋及对应土地在2000年的破产清算程序中抵债给工行广元分行后，工行广元分行转让给了华融资产公司成都办事处，华融资产公司成都办事处于2007年委托公司住所地在成都的四川国信拍卖有限公司（简称国信拍卖公司）对外公开拍卖，鑫辉公司于2007 年 4 月 4 日在国信拍卖公司组织的拍卖活动中成功竞得。该等事实有广元市五交化公司破产清算组于 2007 年 11 月 7 日出具的《关于广元市五交化总公司河西五金仓库土地来源情况说明》等书证在案证实。

人不能两次踏进同一条河流；同理，同一块资产亦不可能在同一天由不同的拍卖公司分别拍卖。但是，农行利州支行提交的《拍卖成交确认书》却声称，广元市拍卖有限公司（简称广元拍卖公司）于 2007 年 4 月 4 日将五交化公司所属房屋、对应土地及两条铁路专用线拍卖给了鑫辉公司。

其二，农行利州支行提交的《拍卖成交确认书》落款处有拍卖师"廖夏兰"代表广元拍卖公司签名；但事实上，已经生效的成都高新法院（2015）高新民初字第 7215 号民事判决书证实，拍卖师廖夏兰自 2007 年 1 月 1 日至 2015 年 3 月 12 日均在国信拍卖公司工作，2007 年 4 月 4 日不可能代表广元拍卖公司拍卖原五交化公司房屋土地。

其三，鑫辉公司于 2009 年向农行利州支行贷款时，曾委托四川兴盛资产评估有限责任公司（简称兴盛评估公司）对鑫辉公司宣称的铁路专用线资产进行评估，评估报告 [川兴盛评报（2009）030 号] 第 7 页显示，鑫辉公司声称其拥有两条铁路专用线，一条位于广元东火车站，系自成都铁路分局江油车务段受让取得；另一条为原五交化公司仓库专用线，系鑫辉公司在 2007 年 4 月 4 日通过公开拍卖方式取得。

农行利州支行提交的《拍卖成交确认书》声称鑫辉公司通过拍卖方式竞得两条铁路专用线，为什么在 2009 年贷款时却对评估公司声称只公开竞得一条，另一条系通过非公开拍卖的协议方式受让取得呢？

事实上，广元青川法院在执行 28 号判决过程中，于 2018 年 5 月16 日即审查发现，鑫辉公司宣称抵押给农行利州支行的两条铁路线中，所谓广元东站那条铁路线纯属子虚乌有，实属作假抵押；另一条下西坝铁路线（即案涉铁路线）鑫辉公司亦仅有使用权，没有所有权。该等事实有《关于修正评估报告函》可资证实。可见，《拍卖成交确认书》确属伪造而成。

其四，根据《拍卖法》第 45 条、第 47 条，拍卖机构在拍卖前必须在报纸或其他新闻媒介上发布拍卖公告。广元拍卖公司称他们的拍卖均会在《广元日报》公告。但我们遍查 2006 年 10 月至 2007 年 6 月全部《广元日报》之所有版面，根本没有农行利州支行提交的《拍卖成交确认书》所指资产拍卖公告。

其五，五交化公司破产程序中，清算组制作的五交化资产情况表载明了五交化公司全部资产情况，该表显示五交化公司财产中根本没有铁路专用线。① 该表连区区 2000 余元的摩托车都会赫然列明，如果五交化公司拥有铁路专用线资产，清算组不可能不将价值至少数百万元的铁路专用线列入其中。

其六，如果鑫辉公司在 2007 年 4 月就通过拍卖方式取得了案涉铁路专用线，不可能还在 2008 年 1 月向农资广元公司租赁铁路专用线。

其七，在案证据已证实农资广元公司是案涉铁路专用线所有权人，鑫辉公司、农行利州支行若主张鑫辉公司通过拍卖方式善意取得了所有权，根据谁主张谁举证之基本法律原则，其至少应当提交《拍卖成交确认书》原件。众所周知，复印件可随心所欲地伪造或变造，若鑫辉公司、农行利州支行不提交或不能提交《拍卖成交确认书》等证据原件，则应当承担举证不能的法律后果，其主张的善意取得不能成立。有人认为案外人申请再审只需审查案外人证据，无需审查被申请人鑫辉公司、农行利州支行证据，不合法律规定，违背司法精神。

现已生效的广元市利州区人民法院（2019）川 0802 刑初 125 号判

---

① 详见《广元市五交化总公司资产情况表》。

决书显示，鑫辉公司曾以伪造财务报表、询证函及库存商品盘点表方式，虚增应收账款 5300 余万元、预付账款 2600 余万元、库存商品余额 4700 余万元，从而骗取绵阳商业银行广元分行贷款 3000 万元、承兑汇票 8000 万元。鑫辉公司敢于弄虚作假甚至不惜触犯刑律，本案若其拒不提交《拍卖成交确认书》原件，再度说明该确认书确系伪造形成。

鑫辉公司以伪造的《拍卖成交确认书》自农行利州支行骗得数千万元贷款，涉嫌构成骗取贷款罪或贷款诈骗罪；农行利州支行疏于审查《拍卖成交确认书》真伪，以子虚乌有的铁路线和依法不能抵押的铁路线使用权作为担保手段发放贷款，相关人员可能构成违法发放贷款罪。

《最高人民法院关于在审理经济纠纷案件中涉及经济犯罪嫌疑若干问题的规定（2020 修正）》第 10 条规定："人民法院在审理经济纠纷案件中，发现与本案有牵连，但与本案不是同一法律关系的经济犯罪嫌疑线索、材料，应将犯罪嫌疑线索、材料移送有关公安机关或检察机关查处，经济纠纷案件继续审理。"据此，当发现鑫辉公司和 / 或农行利州支行犯罪嫌疑线索时，若法院拒不将该线索材料移送有权侦查机关，有违司法职责。

2. 广元市国土局 2008 年第 9 期《土地登记会审纪要》显示，广元市国土局正是根据鑫辉公司提交的《拍卖成交确认书》复印件将铁路专用线产权确认给鑫辉公司。一方面，广元市国土局系受鑫辉公司虚假材料欺骗，才作出该会审纪要；另一方面，广元市国土局系行政机关，非司法机关，无权对铁路专用线权属作出认定。再则，根据《物权法》第 16 条规定，不动产登记簿是物权归属和内容的根据。即，广元市国土局的《土地登记会审纪要》并非不动产登记簿，不是物权归属和内容的根据，人民法院不应以该会审纪要认定鑫辉公司已取得铁路专用线所有权。

综上，以《拍卖成交确认书》《土地登记会审纪要》为由，认定鑫辉公司已善意取得铁路专用线权属之说法，缺乏事实基础和法律依据。故，案涉铁路专用线仍属其建造人农资广元公司所有，殊无疑问。

（四）农行利州支行对案涉铁路专用线的抵押权未设立，28号判决认定抵押权已设立属法律适用错误

我国物权法律制度中，动产可以占有彰显所有，但不动产须以登记彰显所有。动产与不动产之界分，在于动产位移之后其功能和使用价值通常不会发生改变，而不动产位移之后其功能和使用价值通常丧失殆尽。譬如房产，因地震"动起来"之后，可能就只剩一堆瓦砾和断壁残垣；譬如本案之铁路专用线，如果硬要"动"它，可能就只剩下各自为政的钢轨、枕木、碎石，不再是可供列车运行的铁路专用线。

因此，《国家工商行政管理总局关于工商行政管理机关可否办理企业铁路线路抵押物登记的答复》（工商市字〔2004〕第201号）明确规定：企业铁路线路属不动产，工商部门不能办理抵押登记。

根据《物权法》第9条、第16条、第187条等法律规定，铁路专用线作为不动产，抵押权须自登记时设立。但案涉铁路专用线从未在不动产登记机关登记，其在市场监督管理机关[①]的登记不仅违反《物权法》，亦公然违反当时有效的《国家工商行政管理总局关于工商行政管理机关可否办理企业铁路线路抵押物登记的答复》之明确规定。

故，广元中院28号案判决农行利州支行对案涉铁路专用线享有抵押权、有权对拍卖铁路专用线所得款项优先受偿，显属错误。

有人认为，当时工商局作了登记，在该登记没有被撤销的情况下，人民法院不能否认其法律效力。这种观点实属大谬。人民法院作为国家审判机关，有权、亦有责对抵押权是否有效设立作出独立的司法裁判。如果说行政机关即使违法登记了，只要该登记没有撤销，法院便无权否

---

① 即以前的工商行政管理机关。

认其效力，则无异于人民法院拱手将司法权臣服于行政权，违反我国宪法基本原则。

三、错判损我权

设计文件、资产文件、大修文件、铁路部门运维文件、租赁协议等证据，已反复证明铁路专用线产权人为农资广元公司。既然铁路专用线属农资广元公司，但现在却被 28 号判决认定属鑫辉公司资产、农行利州支行可以拍卖受偿，显然损害农资广元公司合法权益。

综上，农资广元公司申请再审符合《〈民事诉讼法〉解释》第 243 条之规定，本案事实清楚、证据充分，应予再审改判。

四、再审路被堵？

2021 年 8 月 8 日，广元中院向农贸广元公司送达驳回再审申请裁定书，驳回理由为：其一，无证据证明案涉铁路专用线属农贸广元公司所有；其二，鑫辉公司已通过拍卖方式取得案件铁路专用线所有权；其三，广元市政府已将铁路专用线确权给鑫辉公司。

前沿思考

一、案外人申请再审是否适用两审终审？

有人认为，根据《民事诉讼法》第 209 条第 1 款第 1 项之规定，因广元中院裁定驳回农资广元公司再审申请，农贸广元公司可以向检察院申请检察监督。不过，此处虽名为"可以"向检察院申请检察监督，但实际是"只能"向检察机关申请检察监督，因为别无其他救济路径。

我认为，根据《民事诉讼法》第 10 条，两审终审是我国民事诉讼基本原则。就案外人申请再审而言，如果案外人之再审申请被原审法院驳回或久拖不裁，应允许其向上级法院申请复议或提起上诉，否则案外人将被原审法院一裁终局或一拖终局，不符合两审终审之基本原则。

也许有人会说，不是还有检察监督吗，哪里会有一裁终局或一拖终局呢？

我认为，一方面，两审终审指当事人有权接受两级人民法院裁判，方得产生终审裁判。如果原审法院或者驳回案外人再审申请，或者久拖不裁，此时不允许案外人向上级法院上诉或复议，仅允许其向检察机关申请检察监督，似有剥夺其接受两级人民法院裁判权利之嫌。

另一方面，按现行《民事诉讼监督规则》，案外人申请检察监督只能向原审法院之同级检察院申请，且该同级检察院一旦决定不予监督，则案外人原则上便不能再向上级检察院申请检察监督。①

熟悉中国司法运行规则的人都知道，囿于同级检察院的民事诉讼监督经验、专业知识、办案水准及其与同级法院之千丝万缕、错综复杂、欲说还休的关系，指望检察院对法院的同级监督能够卓有实效，实属强人所难。

如此，若案外人不能向上级法院复议或上诉，只能向同级检察院申请监督，则基本意味案外人之法律救济途径走到尽头。

因此，为切实落地两审终审原则，保护案外人合法权益，我建议：

（一）在《〈民事诉讼法〉解释》第 423 条中增加如下内容作为第 2 款：案外人申请再审，材料齐全的，人民法院应当在七日内立案，并在立案后三个月内审查，符合法律规定的，裁定再审；不符合法律规定的，裁定驳回申请。

（二）在《〈民事诉讼法〉解释》第 423 条中增加如下内容作为第 3 款：

---

① 最高人民检察院于 2021 年 6 月 26 日公布《人民检察院民事诉讼监督规则》，该规则已于 2021 年 8 月 1 日施行。根据该规则，在特定情况下，当事人可以向上一级人民检察院申请复查。

当事人对裁定再审或驳回申请不服的，有权在裁定书送达后十五日内向上一级人民法院提起上诉。上诉程序准用《民事诉讼法》第二编第十四章规定。

（三）在《〈民事诉讼法〉解释》第 423 条中增加如下内容作为第 4 款：人民法院认为立案后的三个月审查期限确需延长的，应当经本院院长批准。人民法院逾期未对再审申请作出裁定的，当事人有权向上一级人民法院申请监督。

此外，我建议在《民事诉讼法》第 207 条增加如下内容作为第 2 款①：因案外人申请而裁定再审的案件，无论原生效裁判是第一审裁判还是第二审裁判，再审审理后所作出裁判均视为第一审裁判，当事人有权依照本法规定提起上诉。

也许有人会说，这样赋予案外人上诉权利，需要对《民事诉讼法》及其司法解释进行多处修改，有必要吗？

我认为，非常有必要。一方面，保护当事人诉讼权利就是保护民事权利，而依法保护民事权利是我们建设社会主义法治国家的基本目标与内在要求。另一方面，《〈民事诉讼法〉解释》第 300 条规定，第三人撤销之诉中，第三人对裁判结果不服的，有权上诉。案外人申请再审与第三人撤销之诉功能类似，按照类似情形类似处置之基本法治原则，不应厚此薄彼，而应同等赋权。因此，应当赋予案外人申请再审时的上诉权。

二、案外人申请再审是否只能向原审法院提出

《民事诉讼法》第 227 条规定，案外人、当事人认为原判决、裁定错误的，依照审判监督程序办理。《民事诉讼法》第 199 条规定："当事

---

① 　该条现第 2 款顺延为第 3 款。

人对已经发生法律效力的判决、裁定，认为有错误的，可以向上一级人民法院申请再审；当事人一方人数众多或者当事人双方为公民的案件，也可以向原审人民法院申请再审。"据此，案外人申请再审，既可向上级法院申请，亦可向原审法院申请。

《〈民事诉讼法〉解释》第423条规定：案外人认为原判决、裁定、调解书内容错误损害其民事权益的，可以自执行异议裁定送达之日起六个月内，向作出原判决、裁定、调解书的人民法院申请再审。有人据此认为，案外人申请再审只能向原审法院提出，不能向上级法院提出。但是，一方面该条规定的是可以向原审法院提出，另一方面司法解释不能限缩当事人权利，在法律规定案外人可以向上级法院申请再审情况下，司法解释要求案外人只能向原审法院申请再审，有违法治原则。因此，我认为，案外人有权选择向上级法院或原审法院申请再审。

第 9 章
他人收钱我背债　无凭无据高息贷?

—— 谢有光与杜茹秀民间借贷纠纷案 ①

原告诉称，被告于 2017 年 7 月 30 日向原告出具借条，其后原告向被告交付 450 万元借款。因被告一直不还款，原告遂诉至法院，望法院判如所请。庭审中，原告所举款项交付证据，系 2015 年 6 月 9 日向案外人高吉安之 450 万元银行转款凭证。

飞来诉讼

2018 年 3 月 1 日，四川省南部县人民法院（简称南部法院）受理杜茹秀诉谢有光民间借贷纠纷一案。南部法院审理后认为，谢有光向杜茹秀出具 450 万元借条一张，并已通过第三人高吉安实际收到借款 450 万元，现杜茹秀有权要求谢有光偿还全部借款，故判决谢有光在判决生效后十日内偿还杜茹秀借款 450 万元并按 6% 年利率向杜茹秀支付利息，利息起算时间为 2018 年 3 月 1 日。

---

① 详细案情可参见南充中院（2020）川 13 民终 174 号民事判决书、四川高院（2020）川民申 2783 号民事裁定书。

谢有光不服一审判决，向南充中院上诉。南充中院于 2020 年 4 月 28 日判决驳回上诉，维持原判。

申请再审

谢有光于 2020 年 5 月 25 日向四川高院提交再审申请书及相应证据材料。

再审申请书主要内容如下：

一、新证据显示，杜茹秀确系投资股票与高吉安发生资金往来关系，且谢有光资金充裕，没有任何理由对外负债遑论高息负债，本案触发《民事诉讼法》第 200 条第 1 项规定之再审事由

杜茹秀在二审询问谈话时，为掩盖事实真相，公然撒谎："我没有炒股，2015 年的时候虽然我还是教师，但是当时我在做钢材生意，是有充足的出借资金的。"杜茹秀上述言辞记录在二审询问笔录第 11 页第 5—6 行。

杜茹秀之所以要谎言欺骗法庭，因其一旦如实陈述其系资深股民，则本案真相必大白于天下。事实上，杜茹秀与高吉安系因炒股发生资金往来，其所谓与谢有光之民间借贷关系纯属子虚乌有。

谢有光个人所得税纳税记录显示，2010 至 2016 年期间谢有光收入高达 580 多万元；在杜茹秀所谓"谢有光借钱"的 2015 年，谢有光当年收入为 130 余万元。同时，谢有光名下 2013 年购买的上海市虹口区房屋市价人民币 800 万元以上。

不难看出，谢有光本人经济实力雄厚，工作稳定，根本没有举借外债的需要，更何况还是月息 2% 的"顶格高利贷"。杜茹秀称谢有光为开设网上医院向其借款，纯属无稽之谈。谢有光作为金融业者，从未涉猎也完全不了解医疗行业，怎么可能去开设什么莫名其妙的网上医院。

二、原审认定杜茹秀与谢有光之间存在借贷关系缺乏证据证明，本案触发《民事诉讼法》第 200 条第 2 项规定之再审事由

杜茹秀诉请若欲得到法律支持，必须证明借款合意与借款交付，但本案杜茹秀所举证据既不能证明借款合意，也不能证明借款交付。

（一）落款为 2017 年 7 月 30 日的借条无法证明借贷合意

杜茹秀自思因谢有光而认识高吉安，然后其才给高吉安转款 450 万元。后来其联系不上高吉安，便"追根溯源"地要求谢有光为该 450 万元买单。

谢有光当然不愿意背负这飞来巨债。但其毕竟是一个读书人，作为中国一流名校毕业的博士，作为业界颇负声名的金融才俊，在杜茹秀一伙强势威迫下，不得不签下莫须有的"借条"。

彼时，杜茹秀一伙，尤其另一自称杜茹秀妹妹的女人，称谢有光若不签署借条，她们就要整天到谢有光单位去闹，一直闹到收回 450 万元为止，否则绝不善罢甘休。

可怜人到中年谢有光，魔都苦拼二十年，无比珍惜自己的工作，无比爱惜自己的名誉。他担心杜茹秀一伙若真到工作单位去闹腾，自己虽无愧于心，但人言可畏、众口铄金，沸沸扬扬的传言将是自己和家庭不能承受的生命之重，尤其在时任妻子身体健康状况非常糟糕的时候。

因此，虽然从未向杜茹秀借过钱，但为时任妻子之身心健康，避免外因刺激产生不测事态，和对方挣扎斗争到凌晨一点左右，谢有光最终还是被迫写下"借条"。

（二）杜茹秀不能证明其已向谢有光交付 450 万元款项

杜茹秀举证其通过张芹向高吉安转款 450 万元，转款流程如图 9-1。

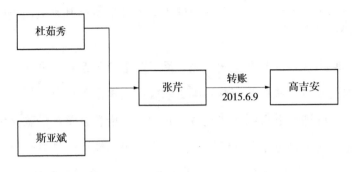

图 9-1　杜茹秀通过张芹向高吉安转款流程图

如图 9-1 所示，即使认定张芹所言为真，也只能证明其受杜茹秀委托向高吉安转账 450 万元。尤其，张芹在转款凭证上手写用途为"借款"，说明其转款并非率性而为；进而说明杜茹秀即便确有出借意向，其对应的借款人也只能是高吉安，而不是谢有光。否则，张芹手写转款用途便应为"谢有光借款"，而不仅仅是"借款"两个字。

（三）原审法院将杜茹秀向高吉安之 450 万元转款强行认定属杜茹秀向谢有光交付借款，缺乏证据证明

杜茹秀所举借条落款日期为 2017 年 7 月 30 日，且其在起诉状中明白无误地声称"2017 年 7 月 30 日，被告向原告借款 450 万元并出具借条……借条签订后原告向被告支付了借款"。而杜茹秀向高吉安转款是2015 年 6 月 9 日，两个时间无法对接。

截至本案二审审结，杜茹秀从未主张变更起诉状事实与理由相关内容。2018 年 9 月 14 日本案庭审时，杜茹秀宣读起诉状之后，审判长问其有无变更，其明确回答：没有。该情节清楚记载于该次庭审笔录第 4 页第 2—3 行。因此，根据杜茹秀起诉状之事实与理由，其诉请欲得到支持，必须提交其于 2017 年 7 月 30 日之后向谢有光交付借款的证据；但截至本案二审宣判，杜茹秀未提交任何证据。

（四）即使有心帮助杜茹秀完成举证，但强行认定该 450 万元为向谢有光之借款交付，也荒唐无据

假若 2017 年 7 月 30 日借条载明，借款 450 万元已于 2015 年 6 月 9 日通过向高吉安转款方式完成交付，则原审法院认为借款已交付确无可厚非。可惜，借条总共三十字，我们使出洪荒之力也看不出借款早已交付之文义，不知道原审法院如何透过字缝看出"真意"。

又或者，假若杜茹秀起诉状中称谢有光于 2017 年 7 月 30 日出具借条，但谢有光此前早已委托高吉安代为收款，且杜茹秀能够提交谢有光此前委托高吉安收款之证据，则原审法院认定借款已交付或有一定道理。但可惜事实并非如此，杜茹秀起诉状白纸黑字已为呈堂证供，原审法院不应指鹿为马。

需要指出的是，二审询问时，审判长问：450 万款项打入高吉安的账户，高吉安的账户是否是高吉安提供的？谢有光代理人李小刚的回答被不知有意还是无意地记错了，详见图 9-2。

审：谢有光，450万款项打入高吉安的账户，高吉安的账户是否是高吉安提供的？为何要提供高吉安的账户？

李小刚：是谢有光提供的，高吉安和杜茹秀之间

审：谢有光存不存在杜茹秀所称的谢有光因在证券行业工作，不方便大金额款项进入其账户，故要求款项从高吉安的账户进出？

李小刚：这是不存在的

图 9-2　笔录局部图

结合笔录的上下文可知，李小刚的回答本应是反正不是谢有光提供的，但笔录漏掉了关键的几个字，且李小刚后续回答亦未完整记录。

但是，二审法院居然以"该高吉安账户系由谢有光提供"为维持原判之理由之一。

（五）原审法院仅凭猜想就将高吉安与谢有光视为一体，其论证逻辑令人不解

原审业已查明，一方面高吉安收到张芹所转450万元后，次日即将款项转入高吉安自己在中信证券公司之证券账户，另一方面本案没有任何证据证明此后该款项曾流向谢有光银行账户。饶是如此，一审法院仍以"不排除被告谢有光借用其岳母的证券账户炒股的可能"这样一种莫须有的理由，肆意将高吉安收取的450万元裁在谢有光头上。

民事案件对证据的要求即便不如刑事案件对证据的要求高，但至少也要达到高度盖然性方可认定事实。就本案而言，张芹向高吉安转款450万元，起码有三种可能性：其一，杜茹秀出借款项予高吉安；其二，杜茹秀与高吉安合作炒股，张芹单方面备注用途为借款；其三，杜茹秀此前对高吉安负有欠款，450万元系还款给高吉安，但张芹故意备注用途为借款，高吉安收款时未注意到用途，或压根就不知道转款人备注了用途。

上述三种可能性，无论哪种可能性更大，均与谢有光无涉。同时，稍微具备生活事理的法官都应该知道，谢有光借用高吉安账户收款的可能性微乎其微、几无可能。因为，如果真的是杜茹秀向谢有光出借款项，谢有光借用高吉安账户收款，则杜茹秀提交的落款时间为2017年的借条，不可能对2015年交付的款项只字不提；杜茹秀2018年2月的起诉状，更不可能称谢有光出具借条后，杜茹秀向谢有光交付了450万元款项。

而且，杜茹秀既未提交哪怕微信、短信之类证据证明谢有光委托高吉安收款，亦未举证证明在转款之前谢有光有任何借款之意思表示。杜茹秀在起诉状中称曾多次催收还款，但却未出示任何证据。甚至，杜茹秀在2019年9月23日本案一审第三次庭审时，公然声称2015年6月9日向高吉安转款后，谢有光曾于2015年7月向其出具借条，但其却

未提交任何证据，实属自言自语。

杜茹秀作为一个老谋深算的生意人，针对高达 450 万元的款项，如果真的是借款，其不可能在转款当时不让对方出具借条。可能二审法院也看到了一审法院靠主观臆测判案之不当，转而以"杜茹秀与高吉安互在异地、互不相识且从未有任何经济往来"为由，认定该 450 万元为杜茹秀向谢有光交付之借款。但是，杜茹秀与高吉安互在异地不等于不能发生经济往来，这是人所共知的基本常识。至于杜茹秀称与高吉安互不相识且从未有任何经济往来，完全是杜茹秀单方陈述。若其不认识高吉安，其怎么可能在没有任何手续的情况下就给高吉安转款 450 万元。虽然高吉安未出庭抗辩，但考虑到杜茹秀在本案中之不诚不信，法官不能对其单方陈述照单全收。

谢有光住所地本为上海市虹口区临平北路 19 号，按《四川省高级人民法院关于审理民间借贷纠纷案件若干问题的指导意见》（简称《四川高院民间借贷指导意见》），本案本应由上海市虹口区人民法院（简称上海虹口法院）管辖。杜茹秀为达到将本案管辖不正当地留在南充之目的，居然向原审法院提交谢有光住所地为四川省南部县临平北路 19 号之"证据"，其胆大妄为可见一斑，原审法院"粗心大意"亦管中窥豹。

三、杜茹秀伪造谢有光住所信息骗取原审法院管辖本案，触发《民事诉讼法》第 200 条第 3 项规定之再审事由

《〈民事诉讼法〉解释》第 18 条第 3 款规定：合同没有实际履行的，由被告住所地人民法院管辖。据此，本案应由谢有光住所地人民法院管辖。谢有光住所地为上海市虹口区临平北路 19 号，杜茹秀若欲起诉谢有光应向上海虹口法院递交诉状。

但杜茹秀为达让一审法院管辖本案之不法目的，悍然在起诉状中声

称谢有光住所地为四川省南部县临平北路 19 号，并制造谢有光住所地在四川省南部县之证据提交一审法院，从而骗取一审法院取得本案管辖权。

众所周知，中国司法现状并非尽如人意，四川除省会城市外的各地法院尤其县域法院判案常让人拍案称奇。杜茹秀挖空心思、不惜制造证据也要将管辖权留在南部县和南充市，其显然对在南部县和南充市打赢官司充满信心。现在的事实表明，其信心并非空穴来风，实属其来有自。

但，南充两级法院本来没有管辖权，绝不可能管着管着就有了权。在没有管辖权情况下，强行管辖产生的判决宛如毒树之果，不应该有法律效力。

当然，杜茹秀可能会辩称，根据《〈民事诉讼法〉解释》第 18 条第 2 款，即使谢有光住所地在上海，但杜茹秀作为接受货币一方，其住所地为合同履行地，故南充法院也有管辖权。但，该款规定仅适用于合同已实际履行的案件；针对合同未履行的，只能适用《〈民事诉讼法〉解释》第 18 条第 3 款。

而且，《四川高院民间借贷指导意见》第 6 条明确规定："双方当事人在案涉借款是否出借事项上产生争议时，以借款人所在地为合同履行地"。据此，杜茹秀主张交付了借款，谢有光主张未交付借款，本案显然应由所谓的"借款人"谢有光住所地为合同履行地，故本案只有上海虹口法院有管辖权，南部法院没有管辖权。

四、原审法院强行认定该 204 万元系偿还利息触发《民事诉讼法》第 200 条第 2 项、第 6 项规定之再审事由

（一）谢有光为什么向杜茹秀转款 204 万元

杜茹秀与高吉安合作炒股，因受股灾影响，大约 2017 年初杜茹秀

夫妇称亏损很大，要求高吉安退回此前给的 450 万元，高吉安因故未同意退款。后杜茹秀夫妇多次联系谢有光，说高吉安是谢有光介绍且系谢有光岳母，他们只认谢有光，要求谢有光先退钱然后自己去找高吉安要钱。

在杜茹秀夫妇逼压之下，谢有光同意想办法说服高吉安退回 450 万元，然后大家两清。2017 年 6 月左右，杜茹秀夫妇催促说他们女儿要在上海买房，让谢有光尽快去找高吉安把 450 万元退给他们。由于高吉安仍不同意，谢有光与高吉安也闹得很不愉快，谢便联系杜茹秀夫妇说他个人可先借一部分款项给杜茹秀应急，以后各方再算账，于是出现了 2017 年 8 月份谢有光向杜茹秀转款 204 万元的事。

当时杜茹秀发来卡号后，谢有光为了验证账户准确性，加之筹钱需要一定时间，就先转了 4 万元，然后再转了两个 100 万元。转款时间分别为：2017 年 8 月 16 日 4 万元，8 月 18 日 100 万元，8 月 31 日 100 万元。但一审法院却故意歪曲事实，称 8 月 16 日转款 100 万元，8 月 18 日转款 4 万元，8 月 31 日转款 100 万元。

也许，有人会疑惑，谢有光自称该 204 万元系其出借给杜茹秀，为何不要求杜茹秀出具借条。原因在于，彼时谢有光被杜茹秀纠缠到已经严重影响正常工作生活，于他而言系被迫出借款项，且杜茹秀拒绝出具借条。谢有光想即使杜茹秀到时候不承认是借款，但谢有光有转款凭证，也可以要求其归还。

可能还有人会问，既然是高吉安收了 450 万元，谢有光何以如此慷慨，自掏腰包转款给杜茹秀。因为，杜茹秀确系因谢有光而认识高吉安，虽然法律上媒婆无需为撮合成功的夫妻之婚后幸福担责，但谢有光一介儒生，深受中国儒家文化浸染，总感觉自己道义有责；而且，高吉安毕竟系谢有光时任岳母，当时谢有光妻子身体健康状况又极度糟糕，若对高吉安与杜茹秀之经济纠争完全放任不管，谢有光殊难做到。

（二）原审法院强行认定利息，适用法律严重错误

根据《合同法》第 211 条，自然人借贷以无息为原则，没有约定或约定不明一律视为不支付利息。

据此，即使强行认定高吉安收取之 450 万为杜茹秀向谢有光交付之借款，在借条并未约定利息的情况下，杜茹秀亦无权主张所谓借款利息。

但，二审法院在已经查明"借贷双方未书面约定支付利息"的基础上，以所谓"借款金额较大""杜茹秀称双方口头约定了利息支付"为由，强行认定谢有光向杜茹秀转款之 204 万元为谢有光向杜茹秀支付借款利息，可谓"无中生有"地帮杜茹秀挣了 204 万元利息钱。仅凭杜茹秀单方口述即凭空生造出巨额利息，二审法院此认定实属不当。

事实上，杜茹秀自己都仅主张 2017 年 8 月 1 日后的利息，原审法院却强行将谢有光借给杜茹秀的 204 万元认定为谢有光向杜茹秀支付 2015 年 6 月至 2017 年 7 月期间月息两分的高利贷利息。对杜茹秀如此"真爱"，让人三观尽碎、怀疑人生。

杜茹秀起诉状写得清清楚楚明明白白，其主张的利息起算时间为 2017 年 8 月 1 日。可见，杜茹秀自己都没想过还能以所谓支付之前利息为由将谢有光 204 万元凭空吃掉。不承想"天上真会掉馅饼"，原审法院认为，虽然借条落款时间为 2017 年 7 月 30 日，但实际形成时间为 2018 年 1 月 12 日，系谢有光向杜茹秀转款 204 万元之后。既然 2018 年 1 月 12 日谢有光出具借条载明借款 450 万元，说明谢有光默认之前转款的 204 万元系利息，故不应抵扣本金。

但，且不说借条并非谢有光真实意思表示，也不说杜茹秀并未向谢有光交付款项，单说这借条落款时间，本来就是杜茹秀要求的，或者其至少认可的，否则其不会在起诉状中写明 2017 年 7 月 30 日谢有光出具

借条。

既然杜茹秀要求将借条落款时间倒签至 2017 年 7 月 30 日，说明其自认截至 2017 年 7 月 30 日可主张债权金额为 450 万元。因此，谢有光于 2017 年 8 月向杜茹秀转款 204 万元显然应该扣减本金。在杜茹秀无凭无据主张口头利息时，原审法院毫无保留地信以为真；在借条落款日期、起诉状请息日期等铁证如山地对杜茹秀不利时，有人便装聋作哑视而不见，其"用心良苦，行为粗鲁"，可谓不良典范。

谢有光不禁想问，杜茹秀如果真收取了 204 万元利息，其依法纳税了吗？原审法院应该知道这里存在巨大的税务黑洞，其向税务机关移送稽查线索了吗？

（三）谢有光与杜茹秀之间纠纷因杜茹秀涉嫌犯罪已由上海虹口法院移送公安机关侦查，本案依法应当驳回杜茹秀起诉或中止诉讼，但原审法院无视法律规定强行审判，适用法律严重错误

杜茹秀以到谢有光单位闹事等软暴力要挟谢有光出具借条，其行为可能构成敲诈勒索罪；其伪造谢有光住所证据并捏造借款事实向人民法院提起诉讼，相关行为可能构成虚假诉讼罪。

《最高人民法院关于在审理经济纠纷案件中涉及经济犯罪嫌疑若干问题的规定》（法释〔1998〕7 号）第 11 条规定，人民法院作为经济纠纷受理的案件，经审理认为不属经济纠纷案件而有经济犯罪嫌疑的，应当裁定驳回起诉，将有关材料移送公安机关或检察机关。①

《民间借贷司法解释》（法释〔2015〕18 号）第 7 条规定，民间借贷的基本案件事实必须以刑事案件审理结果为依据，而该刑事案件尚未审结的，人民法院应当裁定中止诉讼。②

---

① 该司法解释虽于 2020 年 12 月修正，但第 11 条内容并无变化。
② 该司法解释虽于 2020 年 12 月修正，但第 7 条内容并无变化。

谢有光曾于 2018 年 8 月向上海虹口法院起诉，以受非法拘禁被迫出具借条为由，请求撤销其向杜茹秀出具的落款时间为 2017 年 7 月 30 日的借条。上海虹口法院于 2018 年 9 月 14 日作出（2018）沪 0109 民初 21497 号民事裁定，认定该案存在经济犯罪嫌疑；后于 2018 年 10 月 10 日出具《案件移送函》，将全案移送至上海市公安局虹口分局。

《最高人民检察院公安部关于公安机关办理经济犯罪案件的若干规定》（公通字〔2017〕25 号）第 23 条规定："人民法院在办理民事案件过程中，认为该案件不属于民事纠纷而有经济犯罪嫌疑需要追究刑事责任，并将涉嫌经济犯罪的线索、材料移送公安机关的，接受案件的公安机关应当立即审查，并在十日以内决定是否立案。公安机关不立案的，应当及时告知人民法院。"迄今，上海虹口法院未接到警方不予立案告知书，说明该案尚在警方侦查程序中。原审法院以警方久未立案为由强行审理本案，实属违法。

若警方查明杜茹秀确有对谢有光之非法拘禁行为，借条确系非法拘禁状态下形成，则借条因非谢有光真实意思表示，不应具有法律效力。

可见，该刑案结果对本案诉讼结果有根本性、基础性影响。故，在公安机关依法侦查终结或撤销案件之前，南部法院和南充中院均无权继续审理本案，应依法驳回杜茹秀起诉或裁定中止诉讼。

但两审法院无视法律规定，与警方抢主管案件，与上海抢案件管辖，并强行错误判决，本案应予再审。

五、原审法院未依法向高吉安送达传票即径行判决，触发《民事诉讼法》第 200 条第 10 项规定之再审事由

高吉安是原审程序第三人，亦属诉讼程序当事人。但二审法院未依法询问高吉安即作出判决，不仅违反法定程序，践踏高吉安诉讼权利，

亦造成本案事实认定及法律适用均严重错误。

综上，本案有新证据足以推翻原判决；原判决在缺乏基本证据情况下，仅凭主观臆断和无端猜想即作出认定，并凭空捏造利息；原判决系基于伪造证据形成且适用法律极端错误。故，谢有光恳请四川高院再审改判。

四川高院于 2020 年 6 月 16 日对谢有光再审申请立案审查，于 2020 年 9 月 18 日向谢有光送达驳回再审申请裁定书。

申请抗诉

谢有光不服四川高院再审审查裁定，以与申请再审基本相同之事实与理由向南充市人民检察院（简称南充市检）申请抗诉。南充市检于 2020 年 10 月 26 日受理后，于 2021 年 1 月 5 日以与四川高院驳回再审申请基本相同的理由，决定不支持谢有光的监督申请。

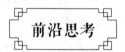

前沿思考

一、再审审查法官是否适用回避制度

为便于法院公正裁判，谢有光曾于 2020 年 6 月 17 日申请四川高院调查收集证据、于 7 月 16 日申请四川高院开具律师调查令，以查清杜茹秀向高吉安转款 450 万元系杜茹秀与高吉安之间因合作炒股发生的经济往来，并非杜茹秀向谢有光交付借款。但四川高院再审审查法官郑坚对调查收集证据申请与开具律师调查令申请均置之不理。

《四川省高级人民法院关于进一步加强法官会见律师工作的通知》（川高法〔2018〕294 号）第 2 条明确规定："律师要求会见法官并提交申请的，承办法官应当及时审查，不得推诿，经审查符合法律规定的，应于收到申请之日起7日内安排会见"。据此，谢有光一方于2020年7月2日、8月12日两度向四川高院提交会见法官申请，但郑坚一直未安排会见。

另，《最高人民法院关于适用〈中华人民共和国民事诉讼法〉审判监督程序若干问题的解释》（法释〔2008〕14号）第8条规定："人民法院受理再审申请后，应当组成合议庭予以审查。"但是，四川高院受理谢有光再审申请后，仅在立案审查通知书中告知承办人为郑坚，未告知其他合议庭成员，致使谢有光无法对其他合议庭成员行使回避申请权，背离程序正义。

因感觉郑坚不能公正裁判，谢有光于2020年8月28日向四川高院提交回避申请，申请承办人郑坚回避，但四川高院未对回避申请作出任何回应，却于2020年9月18日向谢有光送达驳回再审申请裁定书。

有人认为，再审审查程序无需处理回避申请。但笔者认为，无论《民事诉讼法》还是相关司法解释，均未将回避制度适用对象限于一审、二审审判人员，而是全体审判人员，再审审查法官当然属于审判人员。并且，从提升司法公正度及人民群众司法获得感角度考量，将再审审查法官纳入回避制度适用范围，更有利于我国法治国家目标之实现。

《民事诉讼法》第46条规定："审判人员的回避，由院长决定。"第47条规定："人民法院对当事人提出的回避申请，应当在申请提出的三日内，以口头或者书面形式作出决定。申请人对决定不服的，可以在接到决定时申请复议一次。"据此，无论回避理由是否成立，四川高院院长或分管副院长均应对回避申请作出处理，而不是置之不理。

但是，一方面，四川高院没有任何一个人告知谢有光或其代理人四川高院对回避申请之处理决定；另一方面，谢有光根据四川高院受理再审申请时告知的案件查询密码，在四川高院系统上查悉，四川高院竟然于 2020 年 9 月 4 日已将案件作结案处理。

《民事诉讼法》第 45 条第 2 款规定："被申请回避的人员在人民法院作出是否回避的决定前，应当暂停参与本案的工作"。据此，在未对回避申请作出处理决定前，郑坚无权审理该申请再审案件，其所作结案裁定应属无效。

二、一个一审本可躺赢的案件谢有光为何战败

本案杜茹秀主张谢有光于 2017 年 7 月 30 日向其出具借条，且出具借条后杜茹秀向谢有光交付了 450 万元借款，但事实上出具借条后并未交付借款。因此，若谢有光一审应诉方案得当，南部法院应断不会支持杜茹秀诉讼请求。

什么样的应诉方案可谓得当？两个字即可：无为。

何为"无为"？即什么都不做，不答辩、不举证、不出庭。如此，虽然杜茹秀有谢有光出具的借条，但无证据证明向谢有光交付了借款，其证据无法形成证据闭环，正常的法官都不可能支持杜茹秀诉讼请求，则谢有光可谓不战而胜，名副其实的"躺赢"。

可惜，诉讼有时好比一场战争，不能假设、无法重来。但本案经验教训，足值后来者鉴。

三、民间借贷之惯例

南部法院认为，杜茹秀主张口头约定月息 2% 符合四川当地交易习惯，故认定本案谢有光于 2017 年 8 月向杜茹秀转账之 204 万元为支付利息。但是，按照四川地区民间借贷习惯，借款人须按月向出借人支付利息。如果真如杜茹秀主张，其于 2015 年 6 月 9 日通过张芹向高吉安转款 450 万元即为向谢有光交付借款，为什么自 2015 年至 2017 年长达

两年时间内，无论谢有光抑或高吉安，未向杜茹秀支付一分一毫利息，杜茹秀也未向谢有光或高吉安催要利息？而且，杜茹秀明明是资深股民，为什么却矢口否认自己在炒股？所谓事出反常必有妖，本案至今可谓疑点不少，原审判决确值商榷。

第 10 章
他人借钱我来还　职业放贷笑开怀?

——漫妮公司与林高川民间借贷纠纷案 ①

借款人利用持有其他公司公章之便，以自己、自己公司以及其他公司名义，向出借人借得款项 300 万元，借款协议上有借款人签名，并加盖有借款人公司公章和其他公司公章。后出借人起诉借款协议上签名的自然人及加盖公章的两家公司，由此产生争议。

他人借款三百万

2018 年 1 月 4 日，林高川与吴大苹、四川睿篼文化旅游开发有限公司(简称睿篼公司)、四川漫妮客莱酒店管理有限公司(简称漫妮公司)签订《协议》，约定吴大苹、睿篼公司、漫妮公司三借款人（统称乙方）共同向林高川（甲方）借款，经双方协商一致达成如下协议：

1.吴大苹、睿篼公司、漫妮公司三借款人共同向林高川借款人民币 300 万元，借款月利息 3%，按月付息。

① 详细案情可参见绵阳中院 (2018) 川 07 民终 1847 号民事判决书、四川高院 (2019) 川民申 28 号民事裁定书。

2. 乙方另行向林高川提供川（2017）江油市不动产权第 ×× 号房产为本协议约定借款本息提供担保，并保证该不动产在借款本息未结算之前不得另行贷款、担保、挂失、转移等，该不动产权证原件存放在乙方①处。

3. 乙方所有借款人对本协议约定借款本息和担保连带清偿责任②。

4. 本协议约定借款转入下列账户：

账户名称：四川睿篋文化旅游开发有限公司

开户行：中国银行股份有限公司江油市支行

账号：12×××95

5. 本协议经各方签字盖章即为生效

协议落款处，吴大苹在乙方处签名捺印，睿篋公司和漫妮公司在乙方处加盖行政印章。

次日，林高川通过四川省农村信用合作联社向协议约定的睿篋公司账号 12×××95 内转款 215 万元、通过中国建设银行向协议约定的睿篋公司账号 12×××95 内转款 85 万元，共计转款 300 万元。

借款协议签订后，吴大苹将川（2017）江油市不动产权第 ×× 号不动产登记证原件交由林高川保管。

两审均判漫妮还

2018 年 2 月 28 日，林高川以未收到利息为由，向四川省江油市人民法院（简称江油法院）起诉，请求判令三借款人共同偿还借款 300 万元并支付利息。

---

① 实际由甲方持有，该处应为笔误。
② 此句不通，但原文如此。

漫妮公司辩称：

一、本案系林高川与吴大苹恶意串通的虚假诉讼

漫妮公司与林高川素不相识，与林高川没有借贷合意，款项也未交付漫妮公司，林高川起诉漫妮公司是林高川与吴大苹恶意串通的虚假诉讼。理由如下：

（一）林高川与吴大苹之间尚有借款未结清，在吴大苹对林高川仍有负债的情况下林高川继续向吴大苹出借款项不符合常理，双方存在恶意串通的高度盖然性。

（二）林高川明知吴大苹并非漫妮公司员工，无权代表漫妮公司，双方串通签订借款合同是一种非法行为。

（三）林高川出借的 300 万元款项，全部转入吴大苹持有 50% 股权且担任法定代表人的睿篾公司账户，漫妮公司对借款不享有任何利益，漫妮公司不可能签署这样的借款合同。

（四）借款协议上无漫妮公司法定代表人或其他员工的签字，不合常理。林高川下属易洁诉吴大苹民间借贷纠纷案件①中，易洁所出示借款协议上有漫妮公司印章及漫妮公司法定代表人黄华的签字，说明林高川应当知道漫妮公司的法定代表人是黄华，现林高川抛开漫妮公司法定代表人与吴大苹私下签订借款合同实属恶意，吴大苹加盖漫妮公司印章行为无效，漫妮公司不应承担偿还责任。

二、吴大苹行为属无权代理

即使林高川与吴大苹之间不构成恶意串通，吴大苹擅自加盖漫妮公司印章的行为，也属无权代理，且林高川是恶意相对人，该无权代理行

---

① 另案，该案详情可参见（2018）川 07 民终 2042 号民事判决书。

为对漫妮公司无法律效力。

三、吴大苹行为不构成表见代理

表见代理制度不仅要求代理人的无权代理行为在客观上形成具有代理权的表象，且要求相对人主观上善意且无过失地相信行为人有代理权。林高川应对表见代理承担举证责任。

江油法院一审认为，虽然工商登记资料显示，吴大苹与漫妮公司无关，但漫妮公司在共同借款人处盖章，漫妮公司对该公章真实性予以认可；漫妮公司法定代表人陈述该印章平时由公司会计保管，该印章的管理系漫妮公司内部事务，若印章保管人员未经公司许可对外加盖印章并导致公司承担责任，应由担责公司依据内部管理规定进行追责。

现漫妮公司所举证据不能证明漫妮公司在借款协议上加盖印章系林高川与吴大苹恶意串通，加之双方借款协议中约定"乙方另行向甲方提供川（2017）江油市不动产权第××号房产为本协议约定借款本息提供担保"，该房产系登记于漫妮公司名下，虽未办理抵押登记但该不动产权登记证原件已交由林高川保管，漫妮公司对借款不知情的辩称与事实不符，漫妮公司在共同借款人处加盖印章的行为应视为与其他二被告共同借款的意思表示，漫妮公司应当对案涉借款承担偿还责任。

因此，江油法院判决漫妮公司和吴大苹、睿篦公司共同偿还借款300万元本金，并按年利率24%向林高川支付利息。

漫妮公司不服一审判决，向绵阳市中级人民法院（简称绵阳中院）上诉，请求撤销一审判决，驳回林高川对漫妮公司之全部诉讼请求。

绵阳中院二审认为，林高川与吴大苹、睿篦公司、漫妮公司在签订借款《协议》时，虽然漫妮公司无人在场，但吴大苹拿出漫妮公司印章，特别是将漫妮公司产权证原件给予林高川保管，足以让林高川相信漫妮公司委托了吴大苹共同借款。依照《合同法》第49条"行为人没有代理权、超越代理权或者代理权终止后以被代理人名义订立合同，相对人有理由相信行为人有代理权的，该代理行为有效"之规定，吴大苹行为符合表见代理法律特征，该代理行为有效；漫妮公司主张林高川并非善意，但未提供充足证据予以证实。故绵阳中院判决驳回上诉，维持原判。

申请再审亦被驳

漫妮公司不服二审判决，继续向四川高院申请再审。四川高院于2019 年 6 月 11 日裁定驳回再审申请，其裁判理由与江油法院、绵阳中院裁判理由基本一致。

申抗仍未获支持

漫妮公司遂向绵阳市人民检察院（简称绵阳市检）申请抗诉，其申抗理由主要有：

一、林高川系职业放贷人，案涉合同违反国家金融监管强制性规定应属无效，原审法院认定合同有效并据以判决确属适用法律严重错误

《银行业管理法》第 19 条规定，未经国务院银行业监督管理机构批准，任何单位或者个人不得设立银行业金融机构或者从事银行业金融机构的业务活动。

最高人民法院在（2017）最高法民终 647 号案中已明确指出，《银行业管理法》第 19 条直接关系国家金融管理秩序和社会资金安全，事关社会公共利益，属于效力性强制性规定，借款合同若违反该 19 条则属无效。

《中国银行保险监督管理委员会公安部国家市场监督管理总局中国人民银行关于规范民间借贷行为维护经济金融秩序有关事项的通知》(银保监发〔2018〕10号)第5条规定：未经有权机关依法批准，任何单位和个人不得设立从事或者主要从事发放贷款业务的机构或以发放贷款为日常业务活动。

经检索裁判文书发现，林高川长期参与多起民间借贷活动，涉案金额约2000万元，借款利率大多超过了民间借贷的最高限度；且其亦系典当公司、投资公司现股东及担保公司前股东，足以证明其职业放贷人身份。

林高川未经许可从事职业放贷活动，违反《银行业管理法》第19条及前述四部委规定。根据《合同法》第52条，案涉借款合同违反法律强制性规定应属无效，林高川无权向漫妮公司主张权利。

漫妮公司在原审中已经明确抗辩合同无效，但原审判决却无视法律规定一意孤行确认案涉借款合同有效，实属适用法律严重错误。

二、即使案涉借款合同有效，林高川亦非善意相对人，原审判决认定其系善意相对人缺乏证据证明

(一)最高法指导意见明确规定合同相对人(林高川)应就自己善意无过失承担举证责任，但林高川并未完成举证义务

《最高人民法院关于当前形势下审理民商事合同纠纷案件若干问题的指导意见》第13条规定：合同法第49条规定的表见代理制度不仅要求代理人的无权代理行为在客观上形成具有代理权的表象，而且要求相对人在主观上善意且无过失地相信行为人有代理权。合同相对人主张构成表见代理的，应当承担举证责任，不仅应当举证证明代理行为存在诸如合同书、公章、印鉴等有权代理的客观表象形式要素，而且应当证明其善意且无过失地相信行为人具有代理权。

据此，本案应由林高川承担举证责任证明其善意且无过失，而非如原审判决认为应由漫妮公司举证证明林高川非善意。

而且，林高川系如假包换的职业放贷人，理应承担高于普通人的举证义务，其谎称非职业放贷人系意图欺骗法院作出利己判决。

我们从工商登记机关查悉，林高川系江油市银河典当有限责任公司之大股东，江油旺鑫投资管理中心股东，江油市丰茂非融资性担保有限公司前股东，长期从事放贷业务，可谓不折不扣的职业放贷人。

但林高川在二审接受询问时否认其系职业放贷人，自称从 1986 年开始做生意至今，偶尔拆借一下借款。但我们在最高人民法院裁判文书网中检索到涉及林高川的裁判文书共有 15 份，历时多年，且涉案金额约 2000 万，借款利率大多超过了法定限度，远不是所谓"偶尔"从事资金拆借，根本就是职业放贷人。

众所周知，大量的民间借贷业务并不会进入诉讼，进入诉讼的仅为冰山一角。林高川进入诉讼程序的案件如此之多，可见其从事的民间借贷业务有多繁忙。

诸多证据显示林高川系不折不扣职业放贷人，但其矢口否认，所为者何? 因为，作为职业放贷人和从商 30 余年的商人，其负有高于一般人的注意义务和举证义务。

除了开典当行，林高川还长期担任江油市京川工贸实业有限公司法定代表人及多家公司高管，十分熟稔公司运营，其必然清楚公司公章及证照不可能一直由法定代表人保管，日常办理税务、社保、产权登记等事项都可能交由其他人持有。

而且，林高川清楚知道吴大苹借款之时不仅尚欠其 100 余万元债务未清偿正在执行中，而且还欠易洁数百万元未还，任何普通人在此种情况下继续借款都会万分谨慎，何况林高川这种商场摸爬滚打多年、社会经验丰富的老板。

因此，我们认为，考虑到林高川的特殊身份，对其不能适用普通民众的标准，而应当承担更高的注意和举证义务。

（二）林高川应当知道公司对外借款必须经股东会决议但未尽任何审查义务，原审判决认定其系善意相对人缺乏证据证明

《公司法》第16条第2款规定，公司对外提供担保必须经股东会或者股东大会决议。《最高人民法院司法观点集成（新编版）商事卷Ⅳ》第2379页第1263号观点也明确："债权人应当知道公司为股东提供担保须经股东会决议，对于是否经股东会决议未尽形式审查义务的，不能认定为善意第三人"。

法律一经公布即推定所有人均已知晓。若相对人未根据该规定要求行为人出示彰显其有权代表公司之股东会或董事会决议，则认定相对人不具备善意，该对外担保不能约束公司。举轻以明重，公司对外担保若承担责任后尚有追偿权，此种情况下相对人尚负有审查行为人代表／理权限之义务，行为人以公司名义对外举债时相对人更应负有行为人代表／理权限之审查义务，因作为借款人承担责任后可能没有下家。

本案中，林高川系江油市银河典当有限责任公司之大股东、江油旺鑫投资管理中心股东、江油市丰茂非融资性担保有限公司前股东，长期从事放贷业务，是典型的职业放贷人，本应负有更加严格的审查义务。

而且，林高川在接受绵阳中院询问时明确表示："我一直认为漫妮公司就是吴大苹的"（详见二审询问笔录第2页第2行）。即使按林高川自称以为吴大苹是漫妮公司"实际控制人"，则林高川更应当按照《公司法》第16条规定，要求吴大苹提供漫妮公司股东会决议。

股东会决议系法律明确规定相对人应当审查的关键文件，其他材料均不能证明吴大苹获得漫妮公司授权办理借款。现已查明林高川从未要求吴大苹提供股东会决议，原审判决认定其系善意相对人与事实不符。

三、吴大苹行为不构成表见代理，原审判决依据合同法表见代理规定判令漫妮公司承担清偿责任，适用法律严重错误

（一）漫妮公司从未授权吴大苹办理借款，吴大苹确系无权代理

漫妮公司从未授权吴大苹办理借款，吴大苹持有公章系为漫妮公司代办房屋产权证书，其擅自以漫妮公司名义与林高川签订借款协议实属超越权限。漫妮公司直至被林高川起诉时才知道借款事宜，并在第一时间明确表示不认可吴大苹之借款行为，吴大苹确属《民法总则》第171条第1款规定的无权代理之典型情形。

（二）林高川并非善意相对人，吴大苹行为不构成表见代理，本案应当适用无权代理规定直接驳回林高川对漫妮公司诉讼请求

如前所述，在吴大苹确属无权代理的前提下，林高川能否主张适用表见代理关键就在于其是否善意无过失。而从全案证据来看，本次借款诸多反常，林高川存在重大过错，显无善意。详述如下：

1.林高川从未要求吴大苹提供漫妮公司股东会决议这一法律明确规定的关键文件。

此点前已述及，不再赘述。

2.旧债未清却借新债

吴大苹尚欠林高川100余万元债务未清偿，林高川于2017年即向江油法院申请强制执行［（2017）川0781执1631号、（2017）川0781执1633号］；而且林高川明知吴大苹尚欠易洁数百万元未偿还。在此情况下，林高川原则上不应继续向吴大苹出借款项。

3.自称因漫妮公司有资产才提供借款却对漫妮完全隐瞒

林高川一审时明确声称基于漫妮公司有资产才出借本案300万元款项，但林高川明知漫妮公司法定代表人系黄华，却不向黄华核实是否授权吴大苹对外借款，实难称善意。

4. 借款时漫妮公司无人在场

林高川明确认可借款时漫妮公司无一人在场，却仍与吴大苹合意为漫妮公司制造高达 300 万元债务，亦难称善意。

5. 漫妮公司并非吴大苹所有，林高川所述自相矛盾

林高川先说漫妮公司无任何人在场，后在回答本案 300 万元借款有无给漫妮公司说过时又称一直以为漫妮公司就是吴大苹的，其言自相矛盾，显属谎言。事实上，吴大苹既非漫妮公司股东，亦非员工，只是机缘巧合地代漫妮公司办理房屋产权证而已。漫妮公司是否属于吴大苹所有，任何人登录工商登记机关网站或企查查、天眼查、启信宝等 APP 一查便知，林高川凭什么说漫妮公司就是吴大苹的呢?!

6. 借款到期未还却怠于主张权利

林高川自述在借款和打款时都从未联系过黄华，甚至在吴大苹被另案刑事羁押且易洁案起诉后黄华主动联系林高川时林高川仍只字未提本案 300 万元借款一事，殊为反常。

而且，林高川在回答法官为何旧债未清又借新债时称，本次属短期借款，吴大苹答应一个月还款。但借款协议却根本没写还款期限，显见其所言非实。

7. 上笔借款主动找黄华签字本次借款却刻意不让黄华知晓

林高川下属易洁有笔出借给吴大苹的款项试图让漫妮公司担保，林高川都知道安排代理人找到漫妮公司法定代表人黄华签字认可，而本次借款林高川却自始至终把黄华蒙在鼓里。

8. 本案借款行为超越一般人认知

站在普通人角度设想一下，如果某一天有一个欠自己数百万元（林高川自己名下 100 余万，易洁名下数百万元吴大苹称真正债权人也是林高川）的"朋友"突然拿着别家公司公章和证照来找自己借 300 万元，但是那家公司没有任何人在场，还要求钱不能打入那家公司账户，这个

"朋友"也不能提供那家公司法定代表人的授权委托，借条上也没有那家公司法定代表人的签字，试问谁敢轻易借钱给这样的"朋友"？

睿簏公司用钱，漫妮公司背债，林高川用脚指头想一想也该知道这事不靠谱，但其非要"飞蛾扑火"，显然只能自食其果。

9.林高川作为职业放贷人，不可能不知道不动产抵押须登记方生效，仅持有产权证原件不产生抵押效力

事实上，据吴大苹陈述，林高川之所以不要求抵押登记后才交付借款，就是因为他知道漫妮公司不可能向其借款，当然就不可能同意办理抵押登记。

本案借款之种种"异象"让人触目惊心。即使普通人遇到这种情况都会格外谨慎，难道林高川这种老道商人就没有引起哪怕一丝丝怀疑？？？

相反，从林高川陈述情况来看，其不仅没有谨慎审查，反而在借款人吴大苹被羁押之后，林高川身为几百万的债主毫不担心债权落空，竟然也不联系黄华申明债权一事，反而声称黄华从没有表示过不同意借款。

从逻辑上来讲，如果一个人从来不知道某个行为的存在，又如何对这个行为表示反对呢？这恰好证明黄华自始至终都被蒙在鼓里，对于借款毫不知情，实在是无辜至极。

承前所述，林高川身为社会经验十分丰富的商人，可以说对本案借款诸多反常之处选择性忽视，足以证明其未尽任何审查义务，草率出借款项，根本不属善意相对人。

四、漫妮公司既无辜，也无丝毫受益，不应担责

漫妮公司法定代表人知道仅凭公章没有法定代表人签字无法办理借款，故才放心将公章交予吴大苹办理产权证，漫妮公司不具有可归责

性，本案不构成表见代理。

如果漫妮公司授权吴大苹对外借款，不可能连一份法定代表人签署的授权委托书都没有。林高川仅凭一个盖章就想强加300余万元债务于漫妮公司，既于法无据，也破坏社会秩序。事实上，公司运营过程中，因为办理税务、工商、社保、产权登记等事项，公章脱离法定代表人而被普通员工或外部代理人持有的情况可谓屡见不鲜。如果仅凭公章就可以给公司强加巨额债务，这将是公司制度不能承受之重，也必将破坏经济社会之有序运转。

吴大苹庭审中也承认，其持有漫妮公司公章系因代办房屋产权一事，而后期持有产权证系因房屋产权登记尚未办完，办理房屋分割登记还需要产权证。这也符合代理制度充实民事自由、促进经济发展的本意。

从漫妮公司角度来讲，既然易洁案都需要法定代表人签字认可，这就充分说明各方均认识到仅有公司公章并不足以使得漫妮公司承担责任，那么漫妮公司通过黄华签字也就能够有效地控制风险。

从这一点来讲，漫妮公司并不是如林高川所称的长期放任公章证照不管，而是出于公司经营实际情况委托吴大苹办理房产登记与出售事宜，从未授权吴大苹办理借款；而且林高川一直隐瞒借款，黄华及漫妮公司根本无从知晓借款，又何来可归责一说？

五、原审判决对漫妮公司鉴定申请置之不理，审理程序严重违法

案涉协议首部有手写"林高川"三字，吴大苹庭审时表示该字样系自己代写，并非林高川所写（详见二审庭审笔录第4页第14行）；而林高川在接受询问时却称"协议上面的签字是我本人签的"（详见二审询问笔录第3页第6行）。

一个人无论如何也不应将自己名字写错，何况协议上"林高川"与

林高川在询问笔录签署的"林高川"笔迹截然不同。该字样到底系何人所写涉及本案基本事实及林高川之诉讼诚信，关系重大。

漫妮公司于 2018 年 9 月 29 日书面申请司法鉴定，但原审法院对此置之不理，径行判决，审理程序严重违反法律规定。

综上，林高川作为职业放贷人，案涉合同违反法律规定应属无效；且其出借款项时存在诸多重大过失并非善意相对人，而原审判决错误适用表见代理制度判决漫妮公司承担责任，确属查明事实不清，适用法律错误。根据《民事诉讼法》第 200 条第 2 项、第 4 项、第 6 项等之规定，本案应予再审改判。

绵阳市检于 2019 年 6 月 14 日受理漫妮公司监督申请。2019 年 9 月绵阳市检电话告知，对漫妮公司监督申请不予支持。

前沿思考

一、实际控制人何以认定

本案无论一审、二审，或是再审，林高川均反复强调，其之所以愿意借款给吴大苹、睿簇公司和漫妮公司，关键在于漫妮公司有资产；而其之所以相信吴大苹可以代表漫妮公司借款，是因为其认为吴大苹是漫妮公司实际控制人。当漫妮公司问其凭什么以为吴大苹是漫妮公司实际控制人时，林高川称没有证据，但江油人都知道。

《公司法》216 条规定："实际控制人，是指虽不是公司的股东，但通过投资关系、协议或者其他安排，能够实际支配公司行为的人。"据此，我认为，实际控制人应有一定外在表征，要么如本书第 14 章何明华案中王成于正大公司之投资关系，要么有协议为证，要么有从属关系，方可认定实际控制关系。但就本案而言，吴大苹在工商登记上不持有漫妮公司股权，其与漫妮公司及其投资人亦无控制性协议，且无从属性关系；因此，林高川关于吴大苹系漫妮公司实际控制人之说缺乏事实依据。进而，林高川称其相信吴大苹有权代表漫妮公司之主张，不能成立；各级法院认为吴大苹行为构成表见代理，值得再度斟酌。

二、当事人不服同级检察院不支持监督决定能否申请上级检察院复查

有人认为，根据《民事诉讼法》第209条第2款及最高人民检察院《民事诉讼监督规则》（高检发释字〔2013〕3号）第31条第5项，检察监督有一次性监督原则①。所谓一次性监督，即对于检察院已经审查终结作出决定的案件，当事人再向检察院申请监督的，检察院可不予受理。

但我认为，最高人民检察院2014年《民事行政检察厅与控告检察厅办理民事行政检察案件第二次座谈会议纪要》第7条明确规定："当事人不服人民法院作出的生效判决、裁定、调解书，申请检察机关监督，同级人民检察院受理审查后作出不支持监督申请决定，当事人认为该不支持监督申请决定存在错误的，可以向上一级人民检察院申请复查一次。"据此，若对同级检察院不支持监督申请不服，当事人可以向上级检察院申请复查，上级检察院应当复查。

有人认为，允许当事人申请上级检察院复查，会在一定程度冲击检察机关一次性监督原则，增加上一级检察机关办案数量，在实际执行过程中会遇到不少阻力。②但我认为，所谓一次性监督原则本来就只是部分检察机关自己认为的原则，并未得到法学界和法律界公认。允许申请复查固然可能增加上级检察院办案数量，但检察院本来就是负责法律监督的司法机关，不能因为案件数量而放弃监督职责；何况，法院系统，

---

① 参见李雪平、尚念安：《民事诉讼监督案件受理的问题及对策》，载《湖北警官学院学报》2018年第5期。

② 参见李雪平、尚念安：《民事诉讼监督案件受理的问题及对策》，载《湖北警官学院学报》2018年第5期。

上级法院也没有说担心办案数量，而只允许部分案件申请再审。根据中国目前司法现状、同级检察院之监督能力、监督概率、监督阻力、监督实效，我认为允许当事人申请上级检察院复查应是利大于弊。①

---

① 最高人民检察院于 2021 年 6 月 26 日公布《人民检察院民事诉讼监督规则》，废止了 2013 年的《民事诉讼监督规则》。根据 2021 年监督规则，当事人在特定情况下可以申请上一级人民检察院复查。

第 11 章
他人骗钱我来还　法庭逢场作戏园?

——张吉仁与金枫民间借贷纠纷案 ①

共同经营承兑汇票被人欺骗,产生损失 400 万元。为弥补损失,合伙经营的其中一方胁迫另一方出具 400 万元借条,其后借条持有方向借条出具方以起诉方式主张权利,这种情况下其诉讼请求应否得到支持?

好友反目

金枫于 2018 年 5 月向山东省枣庄市薛城区人民法院(简称薛城法院)起诉,称其与张吉仁系多年好友,彼此互帮互助,关系一直很好。在 2011 年和 2012 年间,张吉仁多次向金枫借款。2012 年 2 月 7 日,张吉仁和山东巨源恒硕玻璃科技有限公司(简称巨源公司)需要现金,向金枫借款,金枫按照张吉仁指令将 400 万元现金打入巨源公司账户;加上原来借款利息 70 万元,张吉仁向金枫出具了 470 万元的借条。后在 2012 年 8 月 13 日张吉仁又借款 10 万元。之后,张吉仁分两次偿还金枫 100 万元,下余款项经金枫屡次索要未果。无奈,金枫为维护自身

---

① 详细案情可参见枣庄中院(2019)鲁 04 民终 1714 号民事判决书。

合法权益，特诉至法院，请求依法判令张吉仁和巨源公司偿还借款本金
380 万元并支付相应利息。

张吉仁辩称，其与金枫之间不存在民间借贷关系，而是合伙经营承
兑汇票，金枫主张没有事实和法律依据，应依法驳回。

两审败诉

薛城法院一审认为，本案争议焦点是金枫主张的 470 万元系借款还
是合伙投资款。金枫提交借条、欠条及中国工商银行网上电子回单证明
其与张吉仁之间已形成借贷关系，张吉仁抗辩双方系合伙关系证据不
足，且张吉仁提供的证据均无法认定双方存在合伙经营事实，故张吉仁
该项抗辩依法不能成立。

据此，薛城法院判决张吉仁向金枫偿还借款 370 万元及相应利息。

张吉仁不服一审判决，向山东省枣庄市中级人民法院（简称枣庄中
院）上诉，请求撤销一审判决，驳回金枫诉讼请求。

枣庄中院二审认为，张吉仁对于本案 2012 年 2 月 7 日 470 万元借
条的真实性无异议，但称该款项并非借贷性质，而是其与金枫合伙经营
承兑汇票期间，金枫对合伙经营的投资款。金枫对此不予认可，并称双
方不存在合伙关系。

张吉仁虽主张与金枫合伙经营承兑汇票，但对于双方合伙期间的出
资数额、盈余分配、风险承担等内容是如何约定的，并未提交充分证
据予以证明。一审中张吉仁提交的三份说明，均是对追索 642 万元承兑
汇票款的费用承担及票款分配作出的约定，并不能证明双方存在合伙关
系。对于说明中记载的"此款追不回来条作废""如此案打不赢此说明
作废"等内容，应理解为如票据款追不回来，说明的内容作废。事实上，
在一审中张吉仁及金枫均认可此票据款没有追回，因此上述三份说明均

已作废。

关于张吉仁一审提交的视频资料，能够证明双方因本案款项曾发生争执，但仅凭该证据亦不能证明双方系合伙经营关系。因此，张吉仁主张本案借条中的款项为金枫的合伙投资款，证据不足，不能成立。本案中张吉仁向金枫出具了借条，借条中已注明借到现金，一审中金枫亦提交了通过汇能公司向张吉仁指定的巨源公司转款400万元的转账凭证，巨源公司亦予以认可。对于借条中另外70万元亦是由之前张吉仁对金枫的欠款结转而来。因此，一审判决认定双方借贷事实成立，证据充分。

综上，枣庄中院判决驳回上诉，维持原判。

申请再审

张吉仁不服二审判决，向山东高院申请再审，其再审申请书，主要内容如下：

申请事由一：符合《民事诉讼法》第200条第2项基本事实缺乏证据证明之规定

金枫诉请若欲得到法律支持，必须证明借款合意与借款交付，但本案金枫所举证据既不能证明借款合意，也不能证明借款交付。

（一）本案事实真相是，金枫与张吉仁合伙做汇票生意，因被案外人张作栋骗走642万元承兑汇票，为追赔成功后作为分取款项凭据，金枫强迫张吉仁出具了470万元借条，张吉仁根本未向金枫借款

金枫早就认识做票据生意的张作栋，看张作栋一副风生水起、财大气粗样子，以为做票据很挣钱。金枫于2012年4月13日在枣庄市公安局经侦支队接受警方询问时明确表示："和张作栋从小是邻居，他是薛

城区中国银行的员工,从事信贷工作,我因为业务需要经常和银行打交道,和他关系比较密切。"

2011 年金枫与张吉仁认识后,因认为张吉仁厚道仁义,且有做承兑汇票业务的上下游资源,便决定与张吉仁合伙做票据生意。双方基于资源整合、优势互补原则,约定由张吉仁联系有贴现需求的客户,由金枫为其贴现。实质即购入承兑汇票,再以合适价格卖出,从而谋取价差收益。

合伙期间,张吉仁自案外人吕世勇处调换到 642 万元承兑汇票一张,按照金枫指示,把汇票交付张作栋,结果张作栋将汇票转手后携款潜逃。金枫认为自己在这桩生意中损失了 400 万元,便想从张吉仁处找补回来。

2012 年 6 月 14 日,金枫打电话通知张吉仁到金枫所在的枣庄惠众大厦办公室,说有事相商。张吉仁不知是计,欣然前往,到了一看,才知已入虎穴,但却脱身不得。

金枫对张吉仁说:被张作栋骗走的 642 万元,要和吕世勇一起追讨,但吕世勇的公司滕州市龙兴煤炭物资有限公司(简称龙兴公司)才是票据当事人,钱追回来也是到龙兴公司账户。如果追回来吕世勇不给我怎么办?你得给我写个借条证明 642 万里面包含我 400 万。

张吉仁不愿意写,金枫找的一个褚姓社会老大及其小弟就威胁道:不写今天就把你拉山上去关狗笼子里,卖你的器官。

张吉仁迫于无奈,最终违心写下 470 万元借条。张吉仁为避免将来说不清楚,同时写了一个说明交付金枫,该说明内容为:"滕州市龙兴煤炭有限公司挂失的银行承兑汇票票号 1020...944。如此承兑款回到龙兴煤炭有限公司账户,此承兑款应付给金枫肆佰万元整,如此款追不回来,条作废。特此证明,张吉仁。"即,款追不回来被迫写的借条就作废。

事后，张吉仁本来想报警，但因担心金枫纠集社会人士对其下黑手而作罢。要知道中国开展扫黑除恶始自 2018 年，2012 年正是黑恶势力颇为猖獗的时候。如发于山东、轰动全国的于欢"故意伤害案"，便是在 2016 年因黑恶势力暴力讨债而引发。学历不高、对法律知识知之甚少的张吉仁，不得不打落门牙肚里吞，最终放弃了报警念头。

张吉仁还曾心存侥幸，心想如果能找张作栋把钱追回来，金枫就不会找自己麻烦。但不成想，大家还在努力想办法找张作栋追赃退赔，金枫却突然以民间借贷起诉了张吉仁。

霍姆斯大法官说：法律的生命在于经验，而非逻辑。我们相信，作为山东高院这样高阶法院的法官，您在审查这份再审申请书的时候，只要结合您的人生阅历，想想诸多性侵案无人报警，应可知，天空没有留下痕迹，但不等于鸟儿没有飞过。

但事实上，天空也不是一点痕迹都没留下。

一审法院查明：金枫、张吉仁、吕士勇三方于 2012 年 6 月 17 日进行协商，并共同签署《说明》，其内容为："银行承兑汇票，票号为：1020……944。面额：陆佰肆拾贰万圆整。其中，有滕州市龙兴煤炭物资有限公司 242 万元，金枫 400 万元。"

一审法院还查明：2012 年 8 月 5 日，三方在上述《说明》复印件上补充"收回票款扣除已支出费用后，按滕州市龙兴煤炭物资有限公司享有 37.7%，金枫享有 62.3%的比例分配票款"。

按 642 万元计，金枫可分配票款为：642×62.3% =399.966 万元 ≈400 万元。

2012 年 6 月 17 日《说明》还载明："此官司代理费 50 万元及相关费用按比例支付。滕州市龙兴煤炭物资有限公司承担 20%，张吉仁承担 40%，金枫承担 40%。"

可见，金枫所称的 400 万元借款，实系其投资的 400 万元承兑款，根本不是借款。若系借款，金枫怎么可能愿意去承担其中40%的律师费及相关费用。证据显示，金枫因投资的承兑款被张作栋侵吞，想堤外损失堤内补，意图让合伙人张吉仁背锅。

（二）金枫所举470万元借条不能证明借款合意存在

借条落款时间为2012年2月7日，但实际为2012年6月14日被胁迫签署。

正常情况下的民间借贷，借款人出具借条后，出借人才会交付借款；即使事后补出借条，也会明确写明款项已于何时交付。

本案借条若确系被金枫于2012年6月14日胁迫形成并倒签时间至2月7日，因6月14日后金枫未向张吉仁交付款项，故其要求张吉仁还款缺乏事实基础。

故，借条究竟是否2月7日出具便是本案争议焦点之一。

张吉仁于2012年6月14日被迫出具借条之同时，还出具了一张"款追不回来条作废"的《说明》，该说明与金枫胁迫张吉仁出具的借条系同一天使用同一支笔在同一批纸张上书写形成。因此，一审时，张吉仁多次要求法院依法委托鉴定，以确定借条形成时间，但一审法院未予理会而径行判决。

而且，该《说明》载明"款追不回来条作废"，其中"条"即指同一天出具的借条，只不过被金枫强行要求倒签至2月7日。

"借条"效力取决于追款效果，可见案涉470万元"借条"不能表明张吉仁与金枫形成了借贷合意。实际上，该"借条"只是追款回到龙兴公司账户后金枫有权分取400万元之权利凭证，相当于期权凭证，绝不是借款合意。

二审法院称《说明》中记载的"款追不回来条作废"应理解为如票据款追不回来，该《说明》的内容作废，系故意曲解文义。其一，"条"之文义只能是该说明之外的"借条"，不可能是该说明本身；其二，若当事人真意为该说明本身作废，则应写明"款追不回来本说明作废"，不会写为"款追不回来条作废"；其三，该《说明》本来说的就是款回到龙兴公司账户才给金枫 400 万元承兑款，当然内含款没回来就不支付金枫 400 万元之文义，无需再画蛇添足地说款追不回来《说明》作废。

（三）应当鉴定却未鉴定构成再审事由

最高人民法院 2011 年 4 月 21 日发布施行且现行有效的《第一次全国民事再审审查工作会议纪要》（法〔2011〕159 号）第 21 条第 2 款明确规定，申请再审人在原审中依法申请鉴定、勘验，原审人民法院应当准许而未予准许，且未经鉴定、勘验可能影响案件基本事实认定的，可以依据《民事诉讼法》第 179 条第 1 款第 2 项[①] 规定审查处理。

质言之，原审法院未准予鉴定影响案件基本事实认定的，应当按照"认定的基本事实缺乏证据证明"这一情形启动再审。最高人民法院（2018）最高法民再 28 号案亦明确：法院应当调取证据但拒绝调取的，构成程序违法，依法应再审改判。该案例中之应当调取证据却拒绝调取，与应当鉴定却拒绝鉴定性质一样，法律后果亦当相同。

据此，对本案而言，法院应当鉴定却拒绝鉴定，导致基本事实认定错误，应依法再审改判。

（四）金枫未提交证据证明借款交付

金枫提交工商银行网上电子回单一张，拟证明其向张吉仁交付借款 400 万元。但该电子回单显示，款项系自山东省枣庄市汇能贸易有限公司（简称汇能公司）账户汇入巨源公司账户。

金枫根本就未提交证据证明汇能公司系受其委托向巨源公司汇款；更未提交证据证明该笔款项系张吉仁基于借款意思要求金枫向巨源公司汇款。

实际上，从工商档案查询得知，金枫既不是汇能公司股东，亦未在

---

① 　现为第 200 条第 2 项。

汇能公司担任董事、监事、经理等任何职务；亦即，从工商登记上看，金枫与汇能公司没有任何关系。

张吉仁在原审一审中曾称汇能公司系金枫的公司，那只是因为张吉仁与金枫合伙经营汇票义务，金枫宣称汇能公司系其所有，张吉仁人如其名，厚道仁义，相信了金枫一切说辞。但是，张吉仁从未认可汇能公司向巨源公司转款系张吉仁向金枫借款。

本来想压根没有找金枫借过钱，法院怎么也不可能判自己败诉，可谁知正义之神暂时被蒙住了双眼，张吉仁两审皆败。拿到二审判决书数月之久，张吉仁都未缓过神来，开始怀疑法治中国究竟哪里出了问题，让自己连续两审遭受不白之冤。二审后张吉仁查询工商登记才知道，汇能公司根本没有金枫的股权或任职痕迹。由此看来，金枫称汇能公司系其所有不是事实。

即使未来，金枫持汇能公司盖章的情况说明之类证据，称汇能公司受金枫委托汇款给巨源公司。但，与汇能公司八竿子打不着的金枫拿来的情况说明，不能说明是真正的汇能公司股东的真实集体意志；且即便汇能公司受金枫委托转款给巨源公司，亦不能证明系张吉仁向金枫借款。

工商登记显示，汇能公司大股东韩薛斌，小股东季露露；执行董事、总经理、法定代表人韩薛斌，监事季露露。原审法院没有问过汇能公司以及前述任何一个人意见，就认定汇能公司向巨源公司转款400万元系金枫债权，实属缺乏证据之主观判案。

（五）即使强行认定该400万元为金枫债权，原审法院认定张吉仁尚欠金枫370万元亦缺乏证据证明

审理民间借贷案件，既要看借款合意，更要看借款交付。前已述及，470万元的"借条"并非张吉仁基于真实意思出具，而是被金枫一伙胁迫出具。即使因张吉仁未能充分举证证明胁迫情节，法院认定该借条系张吉仁"真实意思"并强行认定该400万元为金枫债权，根据本案

在案证据，尚欠金额也至多约 246 万元，原审法院判决尚欠 370 万元缺乏证据证明。

金枫、张吉仁及案外人吕士勇三方于 2012 年 6 月 17 日共同签署《说明》，内容为："银行承兑汇票，票号为：1020……944。面额：陆佰肆拾贰万圆整。其中，有滕州市龙兴煤炭物资有限公司 242 万元，金枫 400万元。"2012 年 8 月 5 日，三方在上述说明复印件上补充"收回票款扣除已支出费用后，按滕州市龙兴煤炭物资有限公司享有 37.7%，金枫享有 62.3%的比例分配票款"。

金枫自己在 2018 年 11 月 20 日的庭审中也承认，之所以签署三方说明，是因为"原告也是为了要回被告所欠 400 万元所做出的妥协和让步"，足见金枫已自认其所谓的债权仅 400 万元，绝不是原审法院认定的 470 万元。金枫的自认在一审法院第二次庭审笔录第 5 页倒数第 5—6 行记录在案，可惜两审法院均选择性忽视致严重错判。

若法院强行认定金枫享有 400 万元债权（张吉仁坚决不认可对金枫负有该 400 万元债务），因张吉仁举证证明已向金枫交付 153.4 万元，则金枫至多还有约 246 万元债权。原审判决张吉仁向金枫清偿借款 370万元，显然缺乏证据证明。

证据显示，张吉仁于 2012 年 1 月 12 日委托其财务张莉向金枫之妻高静工行账户 6222081605000175523 汇款 53.4 万元，于 2014 年 11 月20 日前向金枫交付 100 万元承兑汇票一张，两笔款项合计 153.4 万元。金枫在原审中仅承认张吉仁向其交付 100 万元，却对 53.4 万元隐瞒未提，实属诉讼欺诈。

当然，必须说明的是，前述 153.4 万元款项并非张吉仁向金枫借款后之还款，而是共同经营承兑汇票业务中发生的款项往来。

（六）按最有利于金枫的方式处理本案，原审判决亦属错判

一审法院认为，因张吉仁于 2011 年 10 月 28 日出具欠条，载明欠

金枫 93.4 万元，至 2012 年 2 月 7 日时扣除张吉仁已还款项，再加金枫当日"出借"款项 400 万元，结算本息后出具 470 万元借条，具备合理性，可堪认定。

但，该"事实认定"存在两个重大问题。其一，金枫在起诉状中从未提及"欠款"事实，一直主张"借款"事实，而欠款与借款在法律性质上差距甚远，且该起诉状系金枫委托律师撰写，不应该不知道两者之差别；其二，退一万步，即使金枫及其代理律师囿于专业知识匮乏不知道欠款与借款之区别，即使强行认定金枫的确向张吉仁"出借"了款项，但无论根据《合同法》第 211 条"自然人之间的借款合同对支付利息没有约定或者约定不明确的，视为不支付利息"之规定，还是《民间借贷司法解释》①第 25 条"借贷双方没有约定利息，出借人主张支付借期内利息的，人民法院不予支持"之规定，民间借贷未约定利息的，出借人主张利息，人民法院均应不予支持。

就本案而言，无论是 2011 年 10 月 28 日的欠条，还是标称 2012 年 2 月 7 日的"借条"，均从未提及利息，依法金枫不能主张利息。据此，即使法院非要把汇能公司转款给巨源公司的 400 万元，加上欠款 93.4 万元，全部扣在无辜的张吉仁头上，总共 493.4 万元。张吉仁向金枫交付款项 153.4 万元，两者品迭后，最多有 340 万元差额。原审法院却判决金枫可向张吉仁主张 370 万元债权，错误明显。

综上，原审法院至少错误多判数十万元，已然触发再审条件。几十万元对达官显贵、土豪人家只是九牛一毛，但对现在不得不打工维持生计的张吉仁而言，却是一笔可能需耗时数年才能挣得的款项。

一审法院认为，金枫出借款项 470 万元，张吉仁已还款 100 万元，故尚需偿还 370 万元。一审法院为证成其判决张吉仁偿还借款 370 万元

---

① 2015 年版。

的合理性，居然在判决书第 6 页倒数第 2 段第 1—4 行捏造事实，称张吉仁认可"70 万元为承兑退款"，意即张吉仁认可：在 2012 年 1 月 12 日退款 53.4 万元给金枫后，本来只欠金枫 40 万元，加计利息后为 70 万元，一并转入 2012 年 2 月 7 日的借条中。

但是，天地良心，张吉仁从来没有这样认可过。一审法院赤裸上阵，二审法院草草维持，本已让人无法理解。更有甚者，张吉仁反复称借条系受胁迫签署，并非真实意思，也无真实借款，但二审法院居然称"上诉人张吉仁对于本案 2012 年 2 月 7 日 470 万元借条的真实性无异议"，实在让人叹为观止。

法律人都知道，"一次不公正的审判，其恶果甚至超过十次犯罪。因为犯罪虽是无视法律——好比污染了水流，而不公正的审判则毁坏法律——好比污染了水源。"张吉仁有理由相信，山东高院的法官不会允许不公正的判决继续留存于世，即使它看起来似乎只错误多判了几十万元。当然，此处意指无论如何原审判决均系错误判决，本案应当再审改判，绝不表明张吉仁认可原审法院仅错判了几十万元。

（七）二审法院认定案涉三份说明均已作废缺乏证据证明；该三份说明并未作废，金枫应向张作栋索赔而不应向张吉仁提起莫须有的民间借贷诉讼

二审法院认为："对于说明中记载的'此款追不回来条作废''如此案打不赢此说明作废'，应理解为如票据款追不回来，说明的内容作废。事实上，在一审中张吉仁及金枫均认可此票据款没有追回，因此上述三份说明均已作废。"

但是，针对 2012 年 6 月 14 日说明而言，即使强行认定"此款追不回来条作废"之"条"指该说明本身，票据款也只是暂未追回，和说明中"追不回来"不能等同，不能据此认定说明已作废。

针对 2012 年 6 月 17 日三方共签的说明中"如此案打不赢此说明作

废"而言，司法机关已经判决张作栋触犯非法经营罪和非法吸存罪，显然不能说该案未打赢。

而且，张作栋骗取汇票携款潜逃，实际已构成诈骗罪，该罪行不能被非法经营和非法吸存罪吸收。诈骗 642 万元属数额特别巨大，法定刑在 10 年以上，追诉期限至少 15 年，金枫、吕世勇、张吉仁三人现在还可向公安机关提起控告，更不能说因"此案打不赢"，故"说明已作废"。

同理，2012 年 8 月 5 日之说明亦未作废，依然有效。二审法院认定该三份说明作废，缺乏证据证明，不能作为定案事实。

所谓冤有头债有主，既然是张作栋携金枫款项潜逃，且三份说明均继续有效，金枫理当继续穷尽各种法律途径追索张作栋，而不是柿子专拣软的捏，追索张作栋的战斗还没打响就调转枪口向厚极而懦的张吉仁下手。

据悉，张作栋被枣庄薛城法院判处有期徒刑 9 年，刑期自 2012 年 3 月 16 日起，至 2021 年 3 月 15 日止。因减刑，已于 2020 年 1 月 15 日出狱。

（八）金枫谎话连篇，原审视而不见

1.金枫在起诉状中称：在 2011 年和 2012 年间，张吉仁多次向金枫借款。

所谓多次，一般理解至少三次；但除了争议中的 2012 年 2 月 7 日这张"借条"外，张吉仁何年何月还向金枫借过钱呢？

2.金枫在起诉状中还称："两被告需要现金向原告借款。"

但事实是，巨源公司压根不认识金枫，之前亦从未和汇能公司打过交道。

3.金枫在起诉状中又称："原告就按照第一被告（张吉仁）的指令将 400 万现金打入第二被告（巨源公司）的账户"。

但时至今日，金枫未提交任何证据证明张吉仁以什么形式向其发

出什么内容的汇款指令。反而，金枫所举工商银行转款电子回单显示，
2012年2月7日，汇能公司向巨源公司转账400万元，用途注明为"货
款"，并非借款。

4.金枫在起诉状中再称："在2012年8月13日第一被告又借款10万元。"

但事实真相是，为追讨被张作栋骗走的642万元，张吉仁、金枫、
吕世勇协商各出10万元追讨费用。金枫拿了一张枣庄市金晟贸易有限
公司的空头支票给张吉仁，要求张吉仁出具借条作为交付支票之凭据，
以待642万元追回后三方结算。张吉仁遂于2012年8月13日向金枫出
具借条，但事后发现金枫给的是一张无法兑现的空头支票，金枫并没有
因该借条向张吉仁交付一分一厘真金白银。张吉仁不得不代金枫垫付了
10万元追讨费用。

没有交付一分钱，却敢大言不惭地写在起诉状中，一方面说明金枫
之胆大妄为，另一方面亦说明司法机关对虚假诉讼制裁力度有待加大。

5.金枫在起诉状中另称："后被告分两次偿还100万元"。

但事实真相是，2012年1月12日，张吉仁向金枫退款53.4万元；
2014年11月20日前，张吉仁向金枫交付100万元承兑汇票一张。

金枫曾以93.4万元向张吉仁调换过一张100万元承兑汇票，后
因该汇票无法贴现，金枫便把汇票退给张吉仁，张吉仁应退还93.4
万元给金枫。因退票当时张吉仁无资金退还金枫，便于2011年10
月28日出具欠条一张。后于2012年1月12日，张吉仁通过财务人
员张莉向金枫指定的高静工行账户退款53.4万元。2014年11月20
日前，张吉仁再向金枫交付100万元承兑汇票一张，以结算2011年
的承兑退款。

本来，金枫在该100万元汇票贴现后应该反过来退还60万元给张
吉仁，但金枫称被张作栋骗走的642万元还未追回来，他出资的400
万元还没拿回来，所以拒绝向张吉仁返还60万元。

6.金枫在起诉状中续称：下余款项经原告屡次索要未果。

但是，金枫未提交本次起诉前曾向张吉仁和／或巨源公司索还借款的任何证据。

综上，金枫起诉状事实与理由部分总共也就区区 200 字左右，几乎字字谎言，句句捏造。

7.金枫在一审庭审时亦公然撒谎欺骗法庭

2018 年 11 月 20 日一审第二次开庭时，审判长问金枫：说明里的 400 万元与借条的 470 万元有无关联性？

金枫回答：没有。

审判长追问：说明里的 400 万元如何进入龙兴公司？

金枫立马改口：400 万元是张吉仁欠我的借款 470 万元。

金枫上述庭审谎言，一方面说明其极不诚信，另一方面亦再次说明：借条不是张吉仁真实意思表示；即使强行认定借条真实，金枫亦最多实际交付款项 400 万元，抵销张吉仁交付金枫的 153.4 万元承兑汇票后，张吉仁至多尚欠 200 余万元。[①]

申请事由二：符合《民事诉讼法》第 200 条第 6 项原判决、裁定适用法律确有错误之规定

（一）张吉仁所举证据已经足以反驳金枫关于民间借贷的陈述，金枫主张的存在民间借贷这一待证事实真伪不明，根据《〈民事诉讼法〉解释》第 108 条第 2 款规定应当认定借贷事实并不存在，原审错误认定存在借贷事实触发《民事诉讼法》第 200 条第 6 项规定之再审条件

《〈民事诉讼法〉解释》第 108 条是对证明标准的规定。该条第 1 款

---

① 此处只是用退步论证法证成原审判决认定事实错误已触发再审条件，本案依法必须启动再审，丝毫不表明张吉仁认可借条之真实性。

规定：对负有举证证明责任的当事人提供的证据，人民法院经审查并结合相关事实，确信待证事实的存在具有高度可能性的，应当认定该事实存在。

该条第 2 款规定，对一方当事人为反驳负有举证证明责任的当事人所主张事实而提供的证据，人民法院经审查并结合相关事实，认为待证事实真伪不明的，应当认定该事实不存在。

据此，金枫作为主张借贷关系成立的一方，其所举证据必须达到高度可能性，人民法院才能认定民间借贷存在；但是，张吉仁作为反驳一方，其所举证据只需达到令金枫主张的民间借贷这一待证事实真伪不明，人民法院便应认定不存在民间借贷。质言之，对于处于本证地位的金枫和处于反证地位的张吉仁，人民法院应当适用不同的证明责任标准，金枫的证明标准应当显著高于张吉仁的证明标准。法学界及实务界通说认为，至少 75% 以上的发生概率才能称高度可能性，但 50% 的发生概率便可谓真伪不明。

本案中，金枫主张民间借贷关系但并未完成举证责任，而张吉仁所举证据即使不能确凿证明成立合伙关系，但已足以令金枫主张的民间借贷事实真伪不明。这种情况下，一审法院仍以张吉仁"提供的证据均无法认定双方存在合伙经营的事实"，二审法院以张吉仁"对于双方合伙期间的出资数额、盈余分配、风险承担等内容是如何约定的，并未提交充分的证据予以证明""张吉仁主张本案借条中的款项为金枫的合伙投资款，证据不足"为由，支持金枫诉讼请求，适用法律明显错误。

为什么说张吉仁所举证据至少已令金枫主张的民间借贷真伪不明呢？金枫、张吉仁与龙兴公司于 2012 年 6 月 17 日和 8 月 5 日所签两份说明最能说明问题。

从说明内容来看，追索 642 万承兑汇票所产生的代理费 50 万元及相关费用由三方分担，其中张吉仁与金枫的承担比例相等，均为

40%，完全符合合伙关系"利益共享、风险共担"特征。

另外，协议签署主体有三方，但说明全文并未出现"三方"字样，反而在尾部两次提到了"双方"，该"双方"明显指的是金枫、张吉仁一方和龙兴公司一方，这更加印证金枫与张吉仁之间存在合伙关系，故对外作为一个主体出现。

从生活常理来看，如果金枫与张吉仁是纯粹的出借人和借款人关系，张吉仁被张作栋骗取 642 万元，应该张吉仁独自或与吕世勇一起向张作栋追赔，金枫怎么可能会愿意参与其中去承担高达 40% 的律师费、诉讼费并按 40% 比例提供保全所需担保财产？金枫作为民间借贷的"出借人"，只需坐等张吉仁这个"借款人"还款就行了，但其主动参与追赔并愿意承担费用，只能说明他不是真正的出借人，而是合伙人。

（二）金枫故意隐瞒重要事实，意图通过诉讼侵害张吉仁合法权益，已经涉嫌虚假诉讼，且其胁迫张吉仁签署借条的行为涉嫌黑恶犯罪，本案应当移送公安机关侦查，原审法院径行判决适用法律错误

《刑法》第 307 条之一规定，以捏造的事实提起民事诉讼，妨害司法秩序或者严重侵害他人合法权益的，构成虚假诉讼罪。

本案中，金枫向原审法院提交一份落款日期 2012 年 8 月 13 日、金额 10 万元的借条，谎称自己对张吉仁享有该 10 万元债权。但，张吉仁当庭坚决否认，最终经法庭查明，金枫所谓之该笔债权纯属子虚乌有。

根据前引《刑法》规定，金枫捏造张吉仁欠其 10 万元之虚假事实提起民事诉讼，意图将人民法院变为自己谋取不法利益之工具，已涉嫌构成虚假诉讼罪。

另外，金枫带数人胁迫张吉仁签订所谓 470 万元借条时，在场人中有一名姓褚的社会人员和其几个小弟，威胁张吉仁称如果不签字就拉上山关狗笼卖器官。而且，金枫平常出入基本都是一群马仔前呼后拥，暗炫暴力。

2018年，金枫纠集一群马仔自薛城赶到滕州，在张吉仁办公室，当着张吉仁律师张厚明之面，连续掌掴张吉仁，其嚣张凶狠可见一斑。

甚至在一审第一次开庭后，金枫公然在法院内滋扰、拉扯、辱骂恐吓张吉仁，幸有薛城法院临山法庭庭长相助，张吉仁才得以安全离开；一审第二次开庭后，为保障张吉仁安全，法官让金枫一伙先行离开，半小时后再让张吉仁离开，方有惊无险。

原审法院明知金枫可能涉嫌黑恶犯罪，本应立即将犯罪线索移送公安机关，但其却置之未理，实属与党中央司法为民要求背道而驰，也令翘首期盼司法保护的芸芸百姓血冷心寒。

申请事由三：符合《民事诉讼法》第200条第1项有新证据足以推翻原判决之规定

张吉仁通过张莉向金枫之妻高静转款53.4万元之转款凭证为本案新证据，证实张吉仁向金枫交付款项合计153.4万元。原审判决在强行认定金枫债权金额基础上，仅抵扣100万元，少抵扣53.4万元，认定事实错误，应予提审改判。

汇能公司工商登记材料亦属新证据，证实汇能公司与金枫没有关系，原审将汇能公司向巨源公司之400万元转款认定系金枫向巨源公司之转款，属认定事实错误，本案应予提审改判。

申请事由四：符合《民事诉讼法》第200条第3项原判决认定事实的主要证据系伪造之规定

案涉470万元"借条"实际系2012年6月14日书写形成，金枫一伙胁迫张吉仁倒签为当年2月7日，该借条实属伪造，不能作为证明借贷关系之定案证据。

申请事由五：符合《民事诉讼法》第 200 条第 5 项对审理案件需要的主要证据当事人申请人民法院收集人民法院未予收集之规定

张吉仁申请一审法院对 470 万元"借条"与 2012 年 6 月 14 日书写的说明是否同一时间形成作书面鉴定，相当于申请人民法院调查收集相关鉴定意见作为证据。一审法院本来应当准许，但其未予理会，未调查收集鉴定意见作为证据，故本案应依法再审。

综上，原审判决认定事实缺乏证据证明，适用法律严重错误，已触发《民事诉讼法》第 200 条第 1 项、第 2 项、第 3 项、第 5 项、第 6 项等法律规定之再审条件。张吉仁恳请山东高院奋然出手、断然纠错，以惩恶扬善、匡正扶义，不枉齐鲁大地法治高名。

申再未果

山东高院审查认为，其一，张吉仁提交张莉向金枫之妻高静转款 53.4 万元的转账凭证作为新证据，用以证实张吉仁向金枫交付款项合计 153.4 万元，原审仅抵扣 100 万元，少抵扣 53.4 万元。经查，一、二审期间，张吉仁对该笔款项均未提及，且其再审提交的转账凭证系复印件，其上并无银行签章，无法核实该转账凭证真实性，故张吉仁新证据申请理由不能成立。若该笔款项真实存在，其可待证据充足后另行主张权利。

其二，一、二审判决认定双方借贷事实成立，证据充分。

其三，关于张吉仁主张涉案借条系伪造问题。原审中，张吉仁认可涉案借条是其所签，现其虽主张落款时间为倒签，但无法否认该借条真实性，故其有关金枫伪造证据的申请理由不能成立。

其四，张吉仁认可涉案借条是其所为，其作为完全民事行为能力人，应当清楚自己书写借条行为产生的法律后果。落款时间是否倒签不影响对该借条真实性的认定。且张吉仁仅在一审庭审中口头提及鉴定问题，其庭后未向法院书面申请对该借条进行鉴定，二审中亦未提及鉴定问题，故本案不存在对审理案件需要的主要证据，当事人申请人民法院收集，人民法院未予收集情形。一、二审判决适用法律并无不当。

据此，山东高院驳回张吉仁再审申请。

张吉仁不服，以与申请再审基本相同理由，继续向山东省枣庄市人民检察院（简称枣庄市检）申请抗诉。枣庄市检于 2020 年 10 月 29 日受理了张吉仁监督申请，并于 2012 年 1 月 24 决定不支持张吉仁的监督申请。

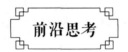

前沿思考

一、本案山东高院裁定书是否应在互联网公开

山东高院于 2020 年 9 月 24 日向张吉仁送达了载明驳回再审申请的（2020）鲁民申 6670 号民事裁定书，但不知何故，该裁定书迄今未在中国裁判文书网公布。

根据最高人民法院《互联网公布裁判文书规定》第 3 条第 2 项，人民法院作出的刑事、民事、行政、执行裁定书，应当在互联网公布。司法实践中，绝大多数法院据此在互联网公布再审审查后的裁定书。因此，山东高院拒不在互联网公布本案驳回再审申请裁定书，既令当事人感觉蹊跷，亦违反司法解释明确规定。

二、山东高院能否仅因新证据系复印件便未经询问径行否定其真实性

《〈民事诉讼法〉解释》第 102 条第 1 款规定："当事人因故意或者重大过失逾期提供的证据，人民法院不予采纳。但该证据与案件基本事实有关的，人民法院应当采纳，并依照民事诉讼法第 65 条、第 115 条第 1 款的规定予以训诫、罚款。"第 2 款规定："当事人非因故意或者重大过失逾期提供的证据，人民法院应当采纳，并对当事人予以训诫。"据此，张吉仁在原审中因认为自己未向金枫借款，故无需举证那 53.4 万元款项以抵销部分借款，因此并未提交 53.4 万元转款凭证。此种情况，很难说张吉仁有重大过失，遑论故意。故而，再审审查法院不应当以张吉仁原审未提交该证据，而否认该证据属再审新证据。

张吉仁自己持有 53.4 万元转款凭证原件可供法院核实，但山东高院拒绝再审申请人提交纸质材料，只准当事人通过其官网在线提交申请再审材料。如此一来，因扫描、拍照等技术问题，山东高院再审审查法官看到的转款凭证可能就只能是"复印件"。但山东高院未要求张吉仁出示原件以供核对，却径行以无法核实真实性为由，认定张吉仁以新证据申请再审理由不能成立，应属草率。

山东高院认为该 53.4 万元若真实存在，张吉仁可另行主张权利。我以为，该说法与晋惠帝"何不食肉糜"异曲同工，有敷衍诿责之嫌。只要受过正常法律训练的人都该知道，张吉仁若真以该 53.4 万元转款凭证提起新诉，若其主张应抵扣对金枫的"470 万元借款"，则很可能会被法院认定重复起诉而不予受理或驳回起诉；若其向金枫和 / 或高静主张不当得利返还，则一旦对方主张诉讼时效抗辩，则张吉仁必铩羽而归。

三、借条落款时间倒签是否对借条真实性没有影响

金枫主张案涉借条系张吉仁于 2012 年 2 月 7 日书写形成，并称借条出具后同日向张吉仁指定的巨源公司交付款项 400 万元。但张吉仁主张借条实际于 2012 年 6 月 14 日书写形成，并申请鉴定。如果鉴定结果显示借条确于 2012 年 6 月 14 日书写形成，则说明金枫所说基本事实虚假，除非其能举证证明在 2012 年 6 月 14 日后向张吉仁交付过借款 470 万元，否则其诉讼请求应予全部驳回。

当然，如果技术原因导致鉴定不能，则另当别论。但山东高院却以借条是否倒签不影响借条真实性为由，不同意启动再审以在再审中鉴定借条形成时间，其裁判逻辑大值商榷。

四、山东高院是否有权要求当事人只能向原审法院提交再审申请

本案申请再审时也可谓大费周章。本来，按法律规定①，张吉仁可径向山东高院提交再审申请材料，但山东高院自行规定，当事人申请再审只能向原审法院提交申请再审材料。张吉仁向原审枣庄中院提交申请再审材料后，枣庄中院要求张吉仁必须出具不愿由枣庄中院审查的情况说明材料，然后其才将张吉仁申请再审材料转交山东高院。几番折腾后，张吉仁于 2020 年 5 月即提交再审申请，山东高院 2020 年 8 月才予受理，光立案环节便历时约三个月。

山东高院作为高级法院，应模范遵守法律规定，不应无视法律规定，人为给当事人申请再审制造程序障碍。

---

① 《民事诉讼法》第 199 条规定：当事人对已经发生法律效力的判决、裁定，认为有错误的，可以向上一级人民法院申请再审；当事人一方人数众多或者当事人双方为公民的案件，也可以向原审人民法院申请再审。

第 12 章
出资摇身变借贷　法院可以随便骗?

——张兵与何先铭民间借贷纠纷案 ①

原告一审时主张民间借贷,被法院驳回诉讼请求。其不服一审判决提出上诉,二审时其主张向被告(被上诉人)交付的款项系共同设立公司的投资款。这种情况下,原告(上诉人)要求被告(被上诉人)清偿借款本息的诉讼请求应否得到支持?

一审胜诉

2015 年 7 月 20 日,何先铭向成都高新技术产业开发区人民法院(简称成都高新法院)起诉称,2014 年 2 月 28 日,由于张兵经营需要,何先铭与张兵达成口头约定,何先铭作为出借人,张兵作为用款人,何先铭向张兵出借 160 万元人民币,利息按照同期贷款利息四倍计算。同日,何先铭通过银行转账形式向张兵指定收款账户一次性汇入借款 160 万元,履行了作为出借方的义务。但因张兵拒不还款,遂诉至法院,请

---

① 详细案情可参见成都中院(2015)成民终字第 9150 号民事判决书、四川高院(2017) 川民申 1441 号民事裁定书。

求判决张兵向何先铭偿还借款本金 160 万元并按银行贷款利率四倍支付利息。

张兵辩称，何先铭所转账的 160 万元系何先铭偿还之前向张兵所借款项，而该笔借款的借条已于何先铭偿还张兵借款后由张兵返还给何先铭。

一审法院查明如下事实：

1.2014 年 2 月 28 日，何先铭通过中国工商银行向张兵转账给付人民币 160 万元。

2.2015 年 7 月，何先铭向张兵发送短信称：张兵，我于 2014 年 2 月 27 日①通过银行转账借给你的 160 万元，现因我自己也有用款需要，请你在接此短信后五日内，将上述款项全部还给我，大家还是朋友，否则，我将通过诉讼渠道维护自己的合法权益。何先铭。

张兵当即短信回复称：你是谁啊？胡说什么啊？谁借了你的钱？你竟敢来敲诈我？

何先铭又称：你是想赖账？那可是网转的，赖不掉。你年龄大了，可能记性不好，先查一下，我和李某来找过你，难道这都忘了？不至于这么糊涂吧！张兵，我的钱希望你能尽快还我。

张兵回复称：×话，是你借了我的钱还给我了，你咋这么 ×× 来讹诈我呀？

3. 张兵系成都鹏伟实业有限公司（简称鹏伟公司）法定代表人。鹏伟公司成立于 2004 年 7 月 16 日，注册资本 5000 万元。

2014 年 2 月期间（即何先铭称借款给张兵期间），张兵个人银行卡账户余额资金保持在 100 万元左右，最高剩余 400 万元左右。鹏伟公司

---

① 成都高新法院（2015）高新民初字第 5729 号民事判决书原文如此；该短信指称转款时间与实际转款时间不一致。

账户余额资金也保持在 100 万元左右。

鹏伟公司会计账薄中有《记账凭证》一张及《用款申请单》一张,载明公司董事长张兵于 2014 年 1 月 9 日自提现金 193 万元用于给付何先铭借款。

一审法院认为,依据《〈民事诉讼法〉解释》第 105 条"人民法院应当按照法定程序,全面、客观地审核证据,依照法律规定,运用逻辑推理和日常生活经验法则,对证据有无证明力和证明力大小进行判断,并公开判断的理由和结果"之规定,鉴于诉讼双方对借款事实争议较大,且何先铭对借款关系的成立缺乏直接证据,法院必须结合双方所提交的证据、举证责任、逻辑推理以及日常生活经验法则就何先铭于 2014 年 2 月 28 日向张兵转账 160 万元的性质是否出借款项进行认定。

首先,从当事人双方提交证据的证明效力来看,何先铭所提交的《转账凭证》确能证明何先铭向张兵转账 160 万元的事实,但何先铭所提交的挂号信及短信记录均不能证明该笔转账系何先铭向张兵借款,因为何先铭于 2015 年 7 月所发出的催款函及短信内容均为何先铭单方声称张兵还款,并非能确认二人借贷合意的证据。且张兵在收到短信后回复"是你借了我的钱还给我了,你咋这么 ×× 来讹诈我呀",可见何先铭所提交的证据并不能证明其向张兵的转账系出借款项。

反观张兵就其主张该笔转账系何先铭偿还其之前的借款所提交的证据,有鹏伟公司《会计账薄》中《转账凭证》《用款申请单》等,能印证张兵所主张之前向何先铭出借款项的资金来源,让法院对张兵关于之前向何先铭出借了诉涉款项的陈述形成一定的内心确认。同时,张兵陈述之前向何先铭出借款项的借条已于何先铭还款之后返还给何先铭,该行为也符合民间借贷双方对于归还借款后的交易习惯。

其次,从日常生活经验法则看,何先铭称张兵出于"经营需要"向其借款,但何先铭所称于 2014 年 2 月向张兵出借款项期间,张兵个人账户及其担任法定代表人的公司账户均有上百万元甚至数百万元资金富余，张兵及其所担任法定代表人的公司均无向他人高息借款之必要。且从银行流水记录来看，张兵还在向他人出借借款。

诚然，如何先铭代理律师所称，"法律上并没有规定自己有钱就不能向对方借钱"；但法院注意到，何先铭还称张兵与自己口头约定涉诉借款是"最高利息"，即按银行贷款利率四倍支付利息。借款人在自身及所经营企业资金富余期间，还向他人以承担银行贷款利率四倍的法定最高利息借来款项，又不使用该款项，让该"借款"与账户上的其他资金余额一起富余，明显不符合日常生活经验法则及企业经营法则。故何先铭之主张难以服人。

再次，从双方所承担的举证责任来看，何先铭系基于借贷关系主张偿还借款，其应当对借贷合意和款项交付等二方面的要件事实承担举证责任。慎观何先铭所提交证据的证明效力，其仅能证明给付款项事实而不能证明借贷合意的存在或借款关系的成立。

张兵对其所称"该笔款项是何先铭偿还其之前的借款"的主张，提交了部分证据予以辅证，能让法院形成一定的内心确认，足以让法院对何先铭持一份《转账凭证》而主张借款关系的真实性产生合理怀疑。且无论张兵的抗辩是否成立，何先铭作为主张借贷关系成立的一方，仍应就借贷关系的成立承担举证证明责任。在何先铭对借贷关系的要件事实不能完成举证责任的情况下，法院对何先铭诉讼主张难以支持。

综上，一审法院判决驳回何先铭全部诉讼请求。

二审逆转

成都中院二审认为，本案争议焦点问题是，何先铭与张兵之间是否存在借贷法律关系。就此焦点，成都中院评判如下：

第一，实践中，应当考虑到一些出借人缺乏法律意识，既未签订书面借款合同也未出具借据，导致出借人对于借贷关系的证明存在困难。但本案何先铭举示向张兵转款 160 万元的银行转款凭证，已完成与张兵之间存在借贷关系的初步举证。

第二，根据《民间借贷司法解释》第 17 条"原告仅依据金融机构的转账凭证提起民间借贷诉讼，被告抗辩转账系偿还双方之前借款或其他债务，被告应当对其主张提供证据证明"之规定，张兵抗辩称何先铭的转账系偿还双方之前借款或其他债务，应当对其主张提供证据加以证明。张兵在一审中出示《记账凭证》和《用款申请单》，拟证明于 2014 年 1 月 9 日，张兵自提现金 193 万元用于给付何先铭等借款，但该证据系张兵单方面提供，且无对方当事人签字确认，不足以证明张兵之前向何先铭出借过款项。

第三，张兵提供相应证据进行抗辩后，何先铭应就借贷关系的成立承担进一步举证责任。二审期间，何先铭提供了新的录音证据，并申请证人李某出庭作证，以上新证据与转账凭证形成证据锁链，证实张兵向何先铭借款事实。一审认定事实不正确，应予纠正。

第四，在当事人既未约定借期内利息又未约定逾期利息，出借人参照中国人民银行同期同类贷款基准利率主张自逾期还款之日起利息损失的，应予支持。本案当事人就借款期限未做约定，根据《合同法》第 62 条第 1 款第 4 项"履行期限不明确的，债务人可以随时履行，债权人也可以随时要求履行，但应当给对方必要准备时间"之规定，何先铭以 2015 年 7 月 20 日向法院提起诉讼的方式主张偿还借款，故张兵应当以 160 万元为本金，自 2015 年 7 月 20 日起至本息清偿之日止按中国人民银行同期同类贷款基准利率向何先铭支付逾期利息。

综上，成都中院撤销一审判决，改判张兵向何先铭偿还 160 万元本金及逾期还款利息。

申请再审

张兵不服生效判决，向四川高院申请再审。其申再理由主要有：二审认定"何先铭与张兵之间存在 160 万元的借贷法律关系"缺乏证据证明；二审认定"何先铭与李某多次向张兵催收涉案款项"缺乏证据证明；二审认定"逾期"和计算"逾期利息"缺乏证据证明和法律依据。

四川高院审查认为，其一，何先铭提供的证据优势明显大于张兵提供的证据，何先铭与张兵之间借贷法律关系应予认定，张兵认为其与何先铭之间没有形成借贷关系的理由不能成立；其二，成都中院判决逾期还款利息并无不当。故，四川高院裁定驳回张兵再审申请。

申请抗诉

张兵不服成都中院二审判决和四川高院再审裁定，向检察机关申请抗诉。其抗诉申请书主要内容如下：

一、何先铭以"民间借贷"起诉，一审法院判决驳回其全部诉请

2015 年 7 月，何先铭将张兵诉至成都高新法院，称张兵因经营需要向何先铭借款 160 万元，两人口头达成借款协议，利息按同期银行贷款利率 4 倍计算。因何先铭多次催收但张兵拒绝还款，故诉请法院判令张兵向何先铭清偿借款本金并支付利息。

因何先铭所举证据不能证明其与张兵成立了借贷关系，一审法院判决驳回其全部诉请。

二、何先铭上诉改称出资款，成都中院竟判借贷关系成立

何先铭一审败诉后，向成都中院提起上诉。其在上诉状中改口称：

2014 年，张兵给李智均说要成立一个新公司，邀请李智均参与投资，故李智均委托何先铭转账 160 万元给张兵；之后，新公司成立，李智均找到张兵想退回 160 万元，但张兵不退，故李智均只有通过打款人何先铭，以银行转账凭证为主要证据，向成都高新法院提起诉讼，要求归还 160 万元。

二审中，何先铭陈述的"事实与理由"已从民间借贷变为股权出资款返还，但诉讼请求仍为偿还借款，然成都中院仍认定何先铭与张兵之间存在借贷关系，撤销一审判决改判张兵向何先铭清偿借款本金及逾期利息。

三、何先铭提交的录音证据并非原始存储介质且被其按需编辑，张兵一再否认该证据之真实性，但成都中院仍然采信

何先铭当庭通过柱状播放器播放的录音为复制品，并非原始存储介质，不具备证据能力，不能作为适格证据采信。

何先铭播放的 5 段录音，均内容不全，接续生硬。审判长问其为何断断续续，何先铭答："现在当庭播放的是跟本案有关系的录音，庭后可以向法庭提交完整的录音证据"（详见二审庭审笔录第 6 页倒数第 5—7 行）。可见何先铭自己都认可录音已被其按需剪辑。但令人骇异的是，其后何先铭并未向法庭提交完整录音证据并由张兵质证，二审判决却已皇然下达。

何先铭二审时亲口承认录音不能证明何先铭与张兵之间发生了民间借贷关系（详见二审调查笔录第 3 页倒数第 2—4 行），但成都中院非要认定该录音证据与转账凭证形成了借贷证据锁链（详见二审判决书第 8 页倒数第 2 段），令人费解。

四、证人李智均与本案有直接利害关系，不具备证人能力，且所述非实，其证言不得采信

何先铭在上诉状中写明，本案因李智均委托其转账投资成立新公司而生。本案二审审判长在 2015 年 12 月 22 日对本案进行二审调查时，已明确因何先铭一审时未申请证人出庭且李智均已全案参与二审故不得作为本案二审证人，但不知何故 2016 年 1 月 28 日二审开庭时李智均却堂而皇之以证人身份出现在法庭，更蹊跷的是他的证言竟全部被采信了！

李智均庭上所述自相矛盾。李智均在二审出庭接受询问时，先称自己介绍何先铭转款给张兵，后当审判长追问"谁向谁提出借款时"，其又称记不清楚了。

李智均庭上所述与何先铭上诉主张相矛盾。审判长二审中问"双方是怎么约定的借款利息和返还时间"时，李智均答"张兵以个人名义做出承诺将款项打入我这，保证本金并约定的月息为 2%"（见二审庭审笔录第 11 页倒数第 6 行至第 9 行）；而何先铭在上诉状中称"因张兵邀请李智均参与投资成立新公司，故李智均委托何先铭、汪荣分别转账 160 万元、40 万元给张兵，但新公司成立后，李智均未获得相关投资凭证"。比较可见，李智均庭审中所述的"借贷关系"，与何先铭上诉状中所称"投资关系"相矛盾。此外，李智均庭上所述"介绍何先铭、汪荣借款给张兵"，与何先铭在上诉状中称"何先铭、汪荣与张兵素不相识，受李智均委托转款 160 万元"相矛盾。

李智均所述与其他证人证言矛盾。张兵在二审庭审中说明，录音中谈话起因是张兵让李智均前来商议新公司股权证明书事宜，李智均认可是张兵约他来的（见二审庭审笔录第 11 页第 3—4 行）；何先铭申请的另一证人刘建晖在庭审中也证明李智均向张兵索要的是股权证明书而非其他，但李智均在庭上却说是他来找张兵出具收条和还款，矢口否认其

向张兵索要股权证明书一事。

同为何先铭申请出庭的证人，刘建晖与本案没有利害关系，其证言应更具证明力。李智均证言与刘建晖证言完全矛盾，成都中院却径直采信李智均证言，将其作为印证张兵与何先铭之间存在借贷关系的证据，对刘建晖证言则只字未提、完全无视，实属荒唐。

五、张兵与何先铭素昧平生，两人之间怎可能发生民间借贷

前已述及，张兵个人及公司均"不差钱"，哪里需要向何先铭借款？何先铭自己在上诉状中称根本不认识张兵（李智均在庭审中也述称"张兵并不认识何先铭和汪荣"），又怎么可能在不设置任何担保情况下将 160 万元巨款借给张兵？何先铭"借款"给一个压根不认识的人 160 万元，转款凭证不注明用途，"借款"后丝毫不过问所谓 2% 的月息，约一年半之后突然声称"借款"诉请返还，这完全违背常识、理性和逻辑。

正因为张兵与何先铭素不相识，两人之间不可能发生借贷关系，所以何先铭向张兵发送短信"催款"时，张兵收到短信庚即回复："你是谁呀？胡说什么呀？谁借了你的钱？"人在第一时间的本能反应，是最真实反应，最能反映案件客观事实——双方没有发生过借贷关系。

六、何先铭所称"借贷事实"前后矛盾，毫无诚信

何先铭在一审中说银行转账是其给张兵的借款，一审败诉后又在上诉状中改口称是受李智均委托转给张兵作为新公司的出资款，在二审庭审中再一次改口称转账是因为李智均告诉他说有个项目可以赚钱让他给张兵转账。何先铭对其向张兵转账的原因竟有三个版本，完全一副爱怎么说就怎么说的架势，毫无诚信度可言。

七、若系股东出资，依法不能撤回，成都中院不该中何先铭"曲线救国"之计

何先铭在上诉状、庭审中称其向张兵之银行转账系对新公司的出资款。果如是，根据《公司法》第 35 条"公司成立后，股东不得抽逃出资"等法律规定，该笔银行转账无论是李智均委托何先铭所转，还是李智均介绍何先铭所转，都不能让张兵返还，成都中院强行认定张兵与何先铭之间存在借贷关系，实属适用法律极度错误。

综上，成都中院采信虚假证据，错误判决应予撤销。张兵恳请检察机关以法律之名，亮监督之剑，护司法之颜，维人民之权。

不予监督

成都市检审查认为，张兵监督申请于法有据，遂提请四川省检抗诉。但四川省检以与成都中院和四川高院相同理由，认为成都中院判决并无不当，最终决定对本案不予抗诉。

前沿思考

一、本案是否应当适用《民间借贷司法解释》

《民间借贷司法解释》第 29 条第 2 款第 1 项规定："既未约定借期内的利率，也未约定逾期利率，出借人主张借款人自逾期还款之日起按照年利率 6% 支付资金占用期间利息的，人民法院应予支持。"成都中院一方面根据《民间借贷司法解释》第 17 条认定何先铭与张兵之间成立民间借贷关系，另一方面却未根据《民间借贷司法解释》第 29 条第 2 款第 1 项判决张兵向何先铭按年利率 6% 支付资金占用利息，而判决张兵按中国人民银行同期同类贷款基准利率向张兵支付利息。这种判决

逻辑，令人费解。

　　事实上，《关于认真学习贯彻适用〈最高人民法院关于审理民间借贷案件适用法律若干问题的规定〉的通知》[①]第 3 条第 2 项明确，该规定施行后新受理的一审案件适用该规定；该条第 3 项明确，该规定施行后尚未审结的一审、二审、再审案件，适用以前的司法解释进行审理，不适用该规定。据此，《民间借贷司法解释》于 2015 年 9 月 1 日施行，但本案一审于 2015 年 8 月 17 日立案，故本案不应适用《民间借贷司法解释》，成都中院适用该司法解释第 17 条改判支持何先铭诉讼请求确属不当，四川高院、四川省检以该司法解释第 17 条为据不予支持张兵再审申请、监督申请，亦属错误。

二、本案二审判决是否妥当

　　何先铭若主张借款返还，除应证明款项交付外，还应证明借款合意。何先铭一审中未提交任何证据证明借款合意，二审中提交证人证言和录音证据拟证明借款合意。但李智均因全面参与二审，不具备二审证人资格；证人证言本属可信度偏低的主观证据，且证言之间相互矛盾。而录音证据系复制品，真实性亦存疑。加之，张兵银行账户尚有不少闲置资金，没有对外借款动机，更无高息借款动机。故，何先铭主张张兵向其借款，其所举证据尚未达到高度盖然性标准。

　　何先铭若主张系投资款，则本案不应按民间借贷审理，原审判决亦属错误。

　　综上，本案二审判决实难言妥当。图示如下：

[①]　2015 年 8 月 25 日最高人民法院发布。

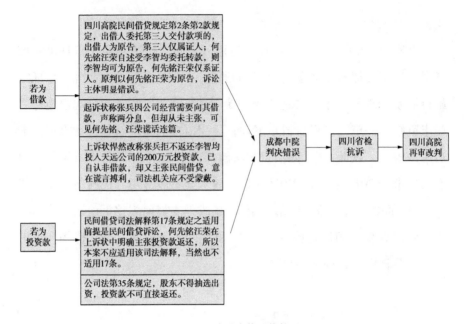

图 12-1 张兵案抗诉推导图

第 13 章
本金本应逐月减　法律规定不用管？

——刘新昆与魏泉新民间借贷纠纷案 ①

这是一个因为"砍头息"产生的再审案件。刘新昆曾向魏泉新借款 1000 万元，约定月利率 3%。魏泉新扣除首月利息 30 万元后，实际向刘新昆交付借款 970 万元。后双方因故成讼。诉讼中，刘新昆对曾收到借款本金 970 万元无争议，但认为其每月支付了 30 万元利息，超过了法定最高利率 3% / 月，应逐月扣减本金。魏泉新则认为不应逐月扣减本金。因达州市宣汉县人民法院（简称宣汉法院）和达州市中级人民法院（简称达州中院）两审均未支持刘新昆该项主张，刘新昆遂申请再审。

原审裁判

2014 年 7 月 31 日，山东冠县广泽房地产开发有限公司（简称广泽公司）向魏泉新出具借条（复印件）一张，该借条复印件载明：今借到魏泉新现金 1000 万元，月利率 3 分，按月支付利息。广泽公司在该借

---

① 详细案情可参见达州中院（2018）川 17 民终 96 号民事判决书、四川高院（2018）川民申 4629 号民事裁定书。

条上加盖了印章。同日，魏泉新通过中国工商银行宣汉衙门口支行向广泽公司转账支付借款 970 万元。

同年 8 月 1 日，刘新昆在该借条复印件上批注："复印属实：此借款 3—6 月，以还清此款时间为准：还款完备，此借条作废。"

2015 年 4 月 30 日，刘新昆在上述借条复印件上书写了借条，新书写借条载明："借到魏泉新人民币壹仟万元正，此款由刘新昆负责归还。"

魏泉新向广泽公司打款后，向远、苟建霞等案外人通过银行转账方式，代刘新昆分别向魏泉新支付资金利息 13 笔，每笔 30 万元，共计支付资金利息 390 万元。

2016 年 10 月 25 日，刘新昆通过号码为"151××27"的手机给魏泉新发短信称："我认为，你对我也不错，借，钱还钱，是天经地理是，我们目前有困难，你不信，现在由你决定，两条路你选，但山东的借款一定会还的，等我有钱时会给你打电话。"[1] 魏泉新回复称："老辈子，你误会我了，不是我不相信你。你要跟熊盛连他们商量一个切实可行的办法，可能对你有利些。也许我说得不一定对，你自己决定。"

2017 年 8 月 21 日，达州中院对刘新昆、熊盛连、魏泉新另案民间借贷纠纷作出（2017）川 17 民终 608 号民事判决（简称 608 号案），认定 2015 年 10 月 14 日，刘新昆与熊盛连签订了《抵押借款协议》，约定刘新昆自熊盛连处借款 1600 万元，其中 130 万元由熊盛连支付刘新昆后已转魏泉新抵扣了本案所涉借款部分利息。

宣汉法院认为，刘新昆自 2015 年 4 月 30 日起取代原债务人广泽公司，成为向魏泉新承担还本付息义务的新债务人。根据《合同法》第84 条"债务人将合同的义务全部或者部分转移给第三人的，应当经债权人同意"之规定，刘新昆取代广泽公司成为新债务人，构成债务转移，

---

[1]　其中有错别字，但法律文书原文如此，本书未作改动。

应按照原合同约定履行债务。

魏泉新对外借款 970 万元，按合同约定月息 3 分，每月应获利息 29.1 万元。前期，广泽公司共支付利息 390 万元，刘新昆支付利息 130 万元，二被告合计支付利息 520 万元，计息期间应为 17.869 个月〔520 万元 ÷29.1 万元〕，即从 2014 年 8 月 30 日借款首月届满之日起至 2016 年 1 月 25 日止。根据《民间借贷司法解释》第 26 条"借贷双方约定的利率未超过年利率24%，出借人请求借款人按照约定的利率支付利息的，人民法院应予支持"之规定，魏泉新对外借款 970 万元，自 2016 年 1 月 26 日起的资金利息，应按年利率 24% 计算至借款还清之日止。宣汉法院遂一审判决刘新昆向魏泉新偿还借款本金 970 万元，并按年利率 24% 向魏泉新支付自 2016 年 1 月 26 日起的资金利息，至还清本息为止。

刘新昆不服一审判决，向达州中院提出上诉。达州中院审理认为，刘新昆每月多付的款项非因利率超过年利率 36% 所致，故刘新昆上诉请求每月多出的款项应逐月扣减本金的理由不能成立，遂判决驳回上诉，维持原判。

申请再审

刘新昆再审申请书主要内容如下：

一、《四川高院民间借贷指导意见》明确规定已支付利息超过月息3% 的部分可要求返还或冲抵本金，原审法院却将已支付利息视为预付后期利息，既系对高利贷之纵容和对债务人之不公，也属适用法律错误，构成《民事诉讼法》第 200 条第 6 项之再审事由

《四川高院民间借贷指导意见》第 35 条规定："当事人双方约定的利率超过年利率 36% 的，超过部分的约定无效，借款人请求出借人返

还已支付的该部分利息的，或者要求将已支付的该部分利息冲抵尚未偿还的本金的，人民法院应予支持。"

最高人民法院在（2017）最高法民终647号大连高金投资有限公司、中国工商银行股份有限公司大连星海支行企业借贷纠纷、金融借款合同纠纷案二审判决中亦明确认为，债务人德享公司已支付款项冲抵当期应付利息后的余款依法应冲抵借款本金。

四川高院在（2018）川民终147号潘云与林豫宁民间借贷纠纷、（2016）川民终569号陈相如与谢兰民间借贷纠纷、（2015）川民终字第94号湖南泰山公司与江洋凡借款合同纠纷等案件中，均明确认为超出当期应付利息部分应当冲抵本金。

广东高院（2017）粤民终109号、浙江高院（2016）浙民终835号、贵州高院（2014）黔高民初字第35号等案件，审理法院亦认定超出当期应付利息部分应当冲抵本金而非预付后期利息。

若四川高院不及时纠正达州中院错误判决，恐谬种流传以致四川地区审判标准紊乱，司法统一成幻，法院权威或受损害。

据上，广泽公司支付的390万元和刘新昆支付的130万元中超出月息3%的部分均应逐月扣减本金。

（一）关于390万元

初始借款本金970万元，借条约定月利率3%，按月支付利息，则第一个月应付利息29.1万元，但广泽公司实际支付30万元，根据四川高院民间借贷指导意见，多出的0.9万元，应当冲抵本金。冲抵之后，第二个月之计息本金为970-0.9=969.1万元，按月息3%计，该月应付利息为29.073万元，但广泽公司仍实付30万元，多出的0.927万元继续冲抵。

以此类推，广泽公司支付的390万元款项中有14.06万元应当冲抵借款本金。具体计算方式如下表：

表 13-1　刘新昆案还款计算表之一

(单位: 万元)

序号	还款时间	借款本金	实际还款	偿还利息	冲抵本金	本金余额
1	2014/9/1	￥970.00	￥30.00	￥29.10	￥0.90	￥969.10
2	2014/9/30	￥969.10	￥30.00	￥29.07	￥0.93	￥968.17
3	2014/10/30	￥968.17	￥30.00	￥29.05	￥0.95	￥967.22
4	2014/12/2	￥967.22	￥30.00	￥29.02	￥0.98	￥966.23
5	2014/12/29	￥966.23	￥30.00	￥28.99	￥1.01	￥965.22
6	2015/2/3	￥965.22	￥30.00	￥28.96	￥1.04	￥964.18
7	2015/3/2	￥964.18	￥30.00	￥28.93	￥1.07	￥963.10
8	2015/4/1	￥963.10	￥30.00	￥28.89	￥1.11	￥962.00
9	2015/4/30	￥962.00	￥30.00	￥28.86	￥1.14	￥960.86
10	2015/6/1	￥960.86	￥30.00	￥28.83	￥1.17	￥959.68
11	2015/7/2	￥959.68	￥30.00	￥28.79	￥1.21	￥958.47
12	2015/8/3	￥958.47	￥30.00	￥28.75	￥1.25	￥957.23
13	2015/9/30	￥957.23	￥30.00	￥28.72	￥1.28	￥955.94
合计			￥390.00	￥375.94	￥14.06	

（二）关于 130 万元

原审法院根据另案达州中院 608 号案，认定刘新昆于 2015 年 10 月 14 日向案外人熊盛连借款现金 130 万元，然后转手又将该 130 万元现金交付魏泉新用于清偿本案借款利息。刘新昆对达州中院 608 号案之事实认定与法律适用均不服，现正申请抗诉中。

即使认可 608 号案关于刘新昆向魏泉新交付 130 万元款项事实，同样根据四川高院民间借贷指导意见，该 130 万元中超出月息 3% 部分也应冲抵本金，而不可能是预付后期利息。

前已述及，广泽公司支付魏泉新的利息已结清至 2015 年 9 月 1 日（2014 年 8 月 1 日至 2015 年 8 月 30 日，合计 13 个月），则在 2015 年 10 月 14 日刘新昆支付 130 万元时，当时应付利息为 2015 年 9 月的 28.67 万元（955.94 万元 ×3%）。

则 130 万元减去 28.67 万元所得之 101.33 万元应冲抵本金。

表 13-2　刘新昆案还款计算表之二

（单位：万元）

序号	还款时间	借款本金	实际还款	偿还利息	冲抵本金	本金余额
1	2015/10/14	￥955.94	￥130.00	￥28.67	￥101.33	￥854.61
合计			￥130.00	￥28.67	￥101.33	

（三）尚欠本金

综合前述内容，广泽公司所付 390 万元中应冲抵本金 14.06 万元，刘新昆所付 130 万元应冲抵本金 101.33 万元，故自 2015 年 10 月 1 日起，刘新昆尚欠魏泉新计息本金 854.61 万元。

二、原审法院援引《合同法解释（二）》第 21 条维持一审判决属对司法解释的歪曲解读和错误适用，再次触发《民事诉讼法》第 200 条第 6 项规定之再审事由

（一）原审判决逻辑

原审判决简单粗暴地以借款人支付的利息总额 520 万元（390 万元 +130 万元）除以每月 29.1 万元（本金 970 万元 × 月利率 3%），算出借款人共计支付了 17.869 个月利息，以此判令刘新昆自 2016 年 1 月 26 日（自 2014 年 7 月 31 日借款日往后推 17.869 个月）起以 970 万元借款本金按 24% 年利率偿还借款本息。

（二）原审判决援引法律依据

《合同法解释（二）》第 21 条规定：债务人除主债务之外还应当支付利息和费用，当其给付不足以清偿全部债务时，并且当事人没有约定的，人民法院应当按照下列顺序抵充：（1）实现债权的有关费用；（2）利息；（3）主债务。

原审法院据此认为，其按先息后本原则判决没有问题。

（三）原审判决之逻辑谬误

《合同法解释（二）》第 21 条规定本意在于，当且仅当有应付未付利息时，先息后本，并非当利息尚未产生时即预付未来利息。

就 390 万元而言，当第一个月应付利息 29.1 万元而实付 30 万元时，多出的 0.9 万元只能冲抵本金，因为彼时第二个月利息之付款期尚未届至（按借款合同，利息逐月支付而非提前预付）；以此类推，每个月实付 30 万元中多出部分均应冲抵本金，则本金数额应逐月递减。

就 130 万元而言，2015 年 10 月 14 日支付该款项时，刘新昆所欠利息仅 2015 年 9 月一个月，故多出部分毫无疑问也应冲减本金。

事实上，债务人借款根本目的在于取得期限利益。如果认定债务人还款超出本期利息部分为预付后期利息，无异于剥夺债务人之期限利益，加重其债务负担。

（四）原审判决与中共中央打击高利放贷提振实体经济精神背道而驰

根据中共中央指示，中国银行保险监督管理委员会、公安部、国家市场监督管理总局、中国人民银行于 2018 年 4 月 16 日联合发布《关于规范民间借贷行为维护经济金融秩序有关事项的通知》（银保监发〔2018〕10 号），该通知第 4 条规定：民间借贷活动必须严格遵守国家法律法规有关规定，遵循自愿互助、诚实信用原则；民间借贷发生纠纷，应当严格按照最高人民法院《民间借贷司法解释》处理。

三、原审判决在错误解读合同法司法解释基础上进而认定剩余借款本金为 970 万元属于"基本事实缺乏证据证明"，构成《民事诉讼法》第 200 条第 2 项规定之再审事由

如前所述，原审法院本应判决刘新昆清偿魏泉新借款本金 854.61

万元，但原审法院强行认定借款本金 970 万元，该基本事实缺乏证据证明，本案依法应予再审。

综上，原审判决错误理解法律规定，适用法律确有错误，进而导致事实错误，已经触发《民事诉讼法》第 200 条第 2 项、第 6 项规定之再审条件，刘新昆现依法申请四川高院提审本案并依法改判。

四川高院审查认为，原审认定刘新昆、广泽公司多付款项作为利息并无不当；本案利率未超过年利率 36%，不能适用四川高院《民间借贷纠纷指导意见》第 35 条之规定；原审适用法律正确，刘新昆申请再审理由不能成立。

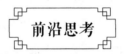

前沿思考

一、本案应否机械司法

四川高院认为，适用四川高院《民间借贷纠纷指导意见》第 35 条之前提是，当事人约定的月利率超过 3%，但本案当事人约定月利率并未超过 3%，只是实际支付利率超过 3%，故不能适用该条。

笔者认为，其一，魏泉新实际交付借款 970 万元，却每月收取利息 30 万元，实际月利率已超 3%。其二，即使不适用四川高院《民间借贷纠纷指导意见》第 35 条，但根据《合同法》第 99 条，对于每月实付利息超过 3% 的部分，刘新昆有权主张抵销相应借款本金；或者根据《合同法解释（二）》第 21 条，因刘新昆支付 30 万元利息时，魏泉新依法可收取的利息不足 30 万元，且魏泉新无权收取刘新昆其他费用，则刘新昆所付 30 万元中超出应付利息之差额，应当冲减本金。

因此，四川高院仅以本案不能适用《民间借贷纠纷指导意见》第 35 条为由，驳回刘新昆再审申请，应属草率。

二、法院能否对当事人申请再审事由作选择性回应

刘新昆申请再审事由有二，其一为原审法院因对《合同法解释(二)》理解有误，造成适用法律确有错误，再审事由为《民事诉讼法》第200条第6项。其二为原审法院认定刘新昆尚欠魏泉新借款本金970万元缺乏证据证明，再审事由为《民事诉讼法》第200条第2项。但不知四川高院有意还是无意，在驳回再审申请的裁定书中，称刘新昆仅根据《民事诉讼法》第200条第6项申请再审。从而，四川高院仅对刘新昆再审事由是否符合《民事诉讼法》第200条第6项作出回应，对是否符合《民事诉讼法》第200条第2项则只字不提。

司法实践中，有司法官对当事人的事实和理由作选择性回应，他们通常仅选择自己能够、愿意回应的事实和理由作出回应，对自己无法回应、不愿回应的事实和理由，则不予回应。这样的裁判文书，虽然可能说服不知内情、不明就里的案外群众，但却无法说服置身事内、心知肚明的当事群众。这样的裁判文书，无论后来是否被改判或重审，均与公平正义相去不远。如本案而言，法律规定得颇为清楚，借款本金本应逐月冲减，但裁判结果却颇可商榷。

第 14 章
破产重整遥无期　房屋债权两不栖？

——何明华与正大公司债权确认纠纷案 ①

　　何明华称与广安正大房地产开发有限公司（简称正大公司）签署《商品房买卖合同》并已交付房款 440 万元，后因正大公司破产重整，何明华遂持房屋买卖合同向破产管理人申报债权，但管理人以非正大公司债务为由不予确认。何明华遂向四川省广安市前锋区人民法院（简称前锋法院）起诉，请求确认何明华对正大公司享有债权 440 万元并确认何明华对该债权享有优先受偿权。案件业经一审、二审、重审一审、重审二审。因重审一审、二审均败诉，何明华遂向四川高院申请再审。

案件事实

　　2013 年 5 月 31 日，王成作为正大公司委托代理人，以正大公司名义与何明华签订恒立·恒顺星城《商品房买卖合同》，约定正大公司将其 2 幢 1 单元 12 层 1、2、3、4、5、6 号及 13 层 105 ㎡两套、90 ㎡一

---

① 详细案情可参见广安中院（2020）川 16 民终 94 号民事判决书、四川高院（2020）川民申 6396 号民事裁定书。

套,共计建筑面积约 885 ㎡的九套房屋出售给何明华,按建筑面积计算,该商品房单价为每平方米元(此处空白),总金额为 220 万元;付款方式为一次性付款,在签订合同当日,买受人支付购房价款总额的 100%(含定金)220 万元;出卖人应当在 2015 年 5 月 31 日前将约定房屋交付给买受人。合同还约定了违约责任、商品房交接、产权登记、保修责任等。该合同出卖人处加盖有正大公司公章及时任法定代表人何志伟印章,委托代理人处有王成的签名,买受人处何明华签名,落款时间为 2013 年 5 月 31 日。

同日,正大公司向何明华出具编号为 0807073 号的收据,载明收到何明华现金 220 万元。

2013 年 11 月 18 日,王成作为正大公司委托代理人,以正大公司名义与何明华签订第二份恒立·恒顺星城《商品房买卖合同》,约定正大公司将其第 2 幢 1 单元 11 层 1、2、3、4、5、6 号及 13 层 100 ㎡一套、95 ㎡一套、90 ㎡一套,共计建筑面积约 870 ㎡的九套房屋出售给何明华,按建筑面积计算,该商品房单价为每平方米元(此处空白),总金额为 220 万元;付款方式为一次性付款,在签订合同当日,买受人支付购房价款总额的 100%(含定金)220 万元;出卖人应当在 2015 年 11 月 18 日前将约定房屋交付给买受人。合同还约定了违约责任、商品房交接、产权登记、保修责任等。该合同出卖人处加盖有正大公司公章及时任法定代表人何志伟印章,委托代理人处有王成的签字,买受人处何明华签字,落款时间为 2013 年 11 月 18 日。

同日,何明华向王成在中国工商银行的账户转账 100 万元,正大公司向何明华出具编号为 0807072 号的收据,载明收到何明华支付 220 万元。

庭审中,何明华陈述购房款 440 万元的支付方式为:2013 年 5 月 31 日向王成支付现金 220 万元,2013 年 11 月 18 日向王成转账 100 万元、支付现金 120 万元。

何明华为佐证其履行了付款义务,向法庭提交了以下证据:何明华债务人王毅于 2013 年 5 月 31 日在中国建设银行取款 10 万元的交易记录以及何明华之妻杨秀华于 2013 年 5 月 31 日在中国农业银行取款 90 万元的交易记录;何明华于 2013 年 11 月 18 日向王成银行转账 100 万元的转账凭证;何明华在自己家中与大额现金合照的照片 4 张。

王成因犯非法吸收公众存款罪等被前锋法院判处刑罚,公安机关侦查该案时提取并随案移送的王成的笔录本① 上记录有"2# 楼 105 ㎡(2 套)210 ㎡、100 ㎡(1 套)100 ㎡、90 ㎡(2 套)180 ㎡、95 ㎡(1 套)95 ㎡ /585 ㎡。2013.11.18:何明华,借入 100 万元,出据 220 万元(一年),用 2# 第 11 层 1、2、3、4、5、6 号及 13 层 95 ㎡一套、100 ㎡一套及 90 ㎡ 1 套共 9 套作保。2013.5.31:何明华入 100 万,出据 220 万,用 2# 第 12 层 1、2、3、4、5、6 号及 13 层 105 ㎡两套、90 ㎡一套共 9 套作保"字样。

诉讼中,一审法院依职权对王成进行了询问。王成述称,2013 年因正大公司缺乏周转资金,由他本人出面分别于 2013 年 5 月、2013 年 11 月分别向何明华借款 100 万元、100 万元,借期均约定期限一年,月利率 10%,双方以签订《商品房买卖合同》方式为两笔借款提供担保,《商品房买卖合同》中的房屋所在楼栋在合同签订时才开始修建基础部分,还未修建至正负零以上;何明华于 2013 年 5 月向他支付现金 100 万元,于 2013 年 11 月向他或恒立公司出纳(具体记不清)转账支付 100 万元,正大公司均各以其开发的恒顺星城项目 800 多平米商品房(每平米折价 2500 元左右)为两笔借款提供担保,且正大公司针对每笔借款均向何明华出具了 220 万元的购房款收据,该收据中的金额均包含了

---

① 判决书原文如此,疑为"笔记本"之笔误。

100 万元本金一年期的利息。

一审庭审中，针对承办人询问，何明华对于购房细节陈述如下：（1）王成将户型平面图交给他，他选定总面积，对每套房屋户型和面积并不清楚；（2）他并没有了解所购房屋所在楼栋是否取得商品房预售许可证；（3）他在签订购房合同时对所购买房屋修建进度并不清楚；（4）其家庭已有住房及门市，其购买案涉房屋系用于投资。

2017 年 6 月 23 日，前锋法院作出（2017）川 1603 破申 2 号民事裁定书，裁定受理正大公司破产重整申请，同时指定正大公司清算组为管理人。2017 年 11 月 17 日，何明华向管理人提交债权申报书，其填写的申报事实与理由为：2013 年 11 月 18 日转账给王成 100 万元，2013 年付现金给王成 340 万元，付款后正大公司出具收据两张，共计 440 万元。申报债权金额 440 万元。后经该公司管理人审查后确认何明华债权为 0，备注"非正大债权"。

两审败诉

前锋法院认为，本案争议焦点为何明华与正大公司之间形成的民事法律关系性质应如何认定。

首先，何明华主张其为真实购房户，但其购买正大公司开发的恒顺星城 2 幢 1 单元 12 层 1、2、3、4、5、6 号及 13 层 105 ㎡二套、90 ㎡一套，2 幢 1 单元 11 层 1、2、3、4、5、6 号及 13 层 100 ㎡一套、95 ㎡一套、90 ㎡一套共 18 套房屋，在每套房屋面积可能不一致的情况下，仅签订两份合同，合同并未约定单价，明显不符合正常的商品房买卖交易习惯。

其次，何明华主张其向正大公司支付了 440 万元购房款，面对如此大额的交易，何明华应有充分审慎的注意义务，应对交易标的状况进行全方位了解，但其居然不关心所购房屋户型、面积，甚至不了解所购房屋当时修建现状以及是否取得商品房预售许可等商品房买卖的基本交易信息，在案涉商品房项目仅建设至基础部分的前提下一次性向正大公司支付全款而不留尾款，明显不符合常理。

再次，王成作为案涉《商品房买卖合同》直接经手人，其被公安机关侦查时作为物证的笔记本所载内容，以及针对承办人询问所作答复，均表明案涉《商品房买卖合同》是为借款提供担保。且王成关于何明华每次借款本金100万元、月利率10%，以及正大公司每次连本带息计算在内向何明华出具220万元购房款收据的证言，与何明华在本案中出示的证据相吻合，更能合理解释何明华购买18套房仅签订两份《商品房买卖合同》且每份合同购买商品房总面积不同但总价款却高度一致的原因。

最后，在购房款支付方式上，何明华主张100万元为转账支付，其余340万元为现金支付。而王成仅认可收到何明华现金100万元、转账100万元，对于其余的240万元，何明华所提供的案外人银行交易明细以及照片均不能反映出与本案有何关联性，更不能证明其向正大公司履行了交付该240万元购房款的义务。且何明华主张是向王成交付款项，而王成并非正大公司法定代表人，现有证据亦无法证明王成获得了正大公司委托，并且何明华亦未提供证据证明王成行为构成表见代理。因此，案涉商品房买卖合同非正大公司真实意思表示，对正大公司不具约束力。

综上，何明华所主张的事实存在诸多不合常理之处，且其不能作出合理解释。结合王成的陈述，可以认定何明华、正大公司之间签订商品房买卖合同实际是为借款提供担保，且借款人并非正大公司。因何明华在本案中的诉讼请求系确认其对正大公司享有债权，而并非要求继续履行合同，故法院只审理何明华、正大公司之间债权债务关系，无需向何明华释明变更诉讼请求。何明华未提供证据证明王成已将实际收取的款项转交给正大公司或该款项系正大公司委托王成向其收取，故何明华就其转给王成款项，可向实际收款人另行主张权利。

前锋法院一审驳回何明华全部诉讼请求。何明华不服一审判决，向广安市中级人民法院（简称广安中院）上诉。

广安中院审理认为，本案二审争议焦点仍为何明华与正大公司之间法律关系的性质。何明华证明其与正大公司之间建立商品房买卖合同关系的主要证据是两份《商品房买卖合同》和两份收款收据，但《商品房买卖合同》内容明显与正常商品房买卖合同不同，购房款 240 万元以现金方式支付也令人存疑，一审判决对此已充分阐述理由，本院不再赘述。

一审法院根据本案实际情况，综合何明华陈述的购房经过、商品房买卖合同约定内容、款项支付情况、公安机关在刑案中提取的王成笔记本载明内容以及王成证言等证据，认定何明华与正大公司之间签订的商品房买卖合同实际是作为王成借款的担保，并无不当，本院予以确认。虽然王成陈述系因正大公司缺乏资金才由其出面向何明华借款，但正大公司否认使用了该借款，王成又未说明该款项是如何用于正大公司建设的，何明华亦未提供证据证明该借款用于了正大公司生产经营，故一审判决认定借款人并非正大公司，亦无不妥，何明华可向王成另行主张权利。

综上，广安中院判决驳回上诉，维持原判。

申请再审

收到二审判决书后，何明华不服判决，向四川高院申请再审，其再审申请书主要内容如下：

一、王成非法吸存、骗取贷款、行贿之刑案判决书作为本案新证据，证实何明华与王成之间不存在所谓民间借贷关系，本案触发《民事诉讼法》第 200 条第 1 项规定之再审事由

王成因犯非法吸收公众存款、骗取贷款、对非国家工作人员行贿三罪，被前锋法院判处刑罚，该（2015）前锋刑初字第 68 号案（简称 68 号刑案）判决虽于 2018 年底生效，但何明华因非该案当事人，新近才取得该案判决书。

68 号刑案判决书载明，王成作为正大公司实际控制人，在 2006 年至 2014 年 3 月期间，采用以正大公司开发的楼盘对外担保借款等方式，以高额月息面向社会不特定对象吸收资金。

68 号刑案判决书附有《返还集资款人员名单》，列明了非法吸存案受害人。但遍查该名单，根本没有何明华名字。若真如本案两审法院认定，何明华与正大公司所签房屋买卖合同系为借款提供担保，则 68 号刑案判决书不可能不将何明华列入应受返还人员名单。

比对本案事实与 68 号刑案查明事实可见，当年王成既代表正大公司对外真实卖房，亦确曾以房屋买卖合同形式为借款提供担保。但是，凡以房屋买卖合同为借款提供担保的，相应的出借人（买受人）均列入了前述应受返还人员名单。比如，龙开辉于 2013 年 12 月 18 日与正大公司签署了作为借款担保之房屋买卖合同，故《返还集资款人员名单》有龙开辉名字。

何明华与正大公司所签两份房屋买卖合同，时间分别为 2013 年 5 月 31 日和 2013 年 11 月 18 日，均在王成非法吸收公众存款期间；而且，该案提取的王成笔记本上，记载有何明华向王成出借款项 200 万元，王成以正大公司房产作为担保之内容。但是，因该笔记本内容不具备真实性（后文将详细论证），68 号刑案并未采信王成笔记本内容，未认定何明华系王成非法吸存案之受害人，亦未将何明华列入《返还集资款人员

名单》。

此外，何明华近期发现，针对为借款提供担保的房屋买卖合同与名实合一的真实房屋买卖合同，正大公司采用加盖不同印章予以区别。即，若系为借款提供担保的房屋买卖合同，则只加盖公章；若系名实合一的真实房屋买卖合同，则加盖公章的同时也加盖法定代表人名章。

比如肖立强、谌欢与正大公司之房屋买卖合同，加盖公章的同时也加盖了法定代表人名章，其债权已得到正大公司管理人确认，房屋买卖合同已依法备案，不动产权登记流程早已启动；龙开辉、何先田等与正大公司之担保型房屋买卖合同，仅加盖了公章，且收据上备注了"公司调拨"，相应债权未得到正大公司管理人确认，龙开辉、何先田已被列入 68 号刑案受害人名单。

本案何明华与正大公司所签两份房屋买卖合同，正大公司同时加盖了公章和法定代表人名章，实属如假包换的真实房屋买卖关系。原审法院认定为担保型房屋买卖，实属根本错误。

综上，《返还集资款人员名单》查无何明华之名，且案涉买卖合同之公章和法定代表人名章与其他已确认的真实购房人印章毫无二致，可见何明华所签房屋买卖合同名实合一，并非所谓借款合同之担保合同。原审法院无凭无据地将何明华房屋买卖合同认定为借款合同之担保，已将何明华置于叫天不应、叫地不灵之困境。因为，现何明华主张房屋买卖，法院说名为买卖实为借款；若何明华真主张民间借贷，法院又说刑案受害，请走刑事追赔；何明华若刑事追赔，法院又说查无你名，不要闹腾。呜呼，人民法院，如此糟践人民；广安广安，委实广而不安。

二、类似房屋买受人与正大公司所签同类买卖合同已被原审法院认定有效，原审法院以不符合交易习惯与常理为由否认本案房屋买卖合意缺乏事实依据，本案触发《民事诉讼法》第 200 条第 1 项、第 2 项规定之再审事由

原审法院认为案涉房屋买卖与交易习惯及常理不合，理由有二：其一，何明华一共买了 18 套房屋却只签了 2 份合同；其二，何明华买房时，不关心所购房屋户型、面积、修建现状、是否取得商品房预售许可等商品房买卖基本信息，并且在案涉商品房仅建设至基础部分时，一次性向正大公司支付全款而不留尾款。

何明华认为，原审法院上述说法均不成立，理由如下：

（一）类案所涉房屋买卖合同与本案合同几乎一模一样，前锋法院已判决该合同有效

类案当事人邓建阳、赵宇洪向正大公司购买 13 套商铺，亦仅签署 2 份合同，前锋法院认定该 2 份合同有效，该（2018）川 1603 民初 446 号判决早已生效。

前锋法院亦系本案一审法院，针对同类案件，作出不同裁判，令人难以理解。与本案相比，邓建阳案区别在于，邓建阳将房款支付至正大公司账上，何明华将房款支付给了正大公司实际控制人王成。但本申请书后续将证明，正大公司长期以王成个人名义收取房款。故何明华将房款交付王成，与邓建阳将房款汇至正大公司账上无本质区别。

（二）何明华购房前已充分了解户型、面积、修建现状、预售许可等基本信息

1. 签署房屋买卖合同期间，正大公司向何明华提供了案涉楼盘三至二十六层平面图，该平面图非常清晰地展示了户型、面积等情况。

2. 关于房屋修建现状及预售许可情况，何明华均非常清楚。为什么这种情况下何明华仍愿意签订房屋买卖合同？这得从购房动因讲起。

2013 年 2 月，经国务院批准，广安市新设前锋区。何明华于购房前就知道前锋区区位优越、交通便捷，将来发展应该会非常好；而且考虑到前锋区作为广安新设的一个区，政府势必会大力发展前锋区经济，新区刚设立时房价比较便宜，这个时候在前锋区买房应该是很不错的投资选择，所以开始看前锋区的楼盘。

后来考察到案涉楼盘恒立·恒顺星城，何明华觉得该楼盘不错，遂到售楼部与开发商工作人员沟通。因何明华准备买的房子较多，开发商实际控制人王成亲自接待了何明华。后双方多次沟通购房细节，最终商谈好何明华购买 12 层整层和 13 层半层。当时开发商告知 12 层整层面积 585 平方米，13 层半层面积 300 平方米，一次性现金付款则房款优惠总价为 220 万元。

双方谈妥后，于 2013 年 5 月 31 日在正大公司时任法定代表人何志伟办公室签署了《商品房买卖合同》，何志伟在合同上加盖了公章和法定代表人名章。合同签署当日，何明华即按正大公司要求用现金 220 万元全额支付了购房款。

第一次买了一层半后，因何明华当时考虑转行，不再做家具生意，感觉一层半有点少，所以想再买一层半，总共买三层，方便将来对所购房屋进行规划管理。遂再次联系正大公司要求买房，提出要买够三层，三层楼要连续。因上次购买的是 12 层整层和 13 层半层，王成就提出可以再购买 11 层整层和剩下的 13 层半层，这样合计买的就是 11、12、13 层，楼层都比较好，还是按之前谈的优惠价卖给何明华。故而何明华于 2013 年 11 月 18 日，再次与正大公司签署《商品房买卖合同》，购买了案涉楼盘的 11 层整层和 13 层剩下半层，房屋面积合计 870 平方米。

3. 综上可知，何明华在房屋仅修建至基础部分时，花费数百万元相对便宜地投资性购买 18 套房屋，完全符合商业逻辑。而且，类案中，邓建阳两次购房时间分别为 2013 年 3 月 8 日和 2013 年 4 月 26 日，均早于本案何明华购房时间。假若原审法院认定何明华在楼盘打基础、无许可时即购房，太超前而不合理，那邓建阳购房更早，岂非更不合理？前锋法院一方面认为邓建阳购房合法有效，另一方面却认为何明华购房太早不合常理，这样厚此薄彼，究竟是什么样的神奇逻辑？

（三）关于尚在建设却一次性付款

1.一次性付完全款可获得较大购房优惠，且何明华本身做生意有足够闲置资金，遂选择一次性付完全款，合乎情理。

2.类案中，比何明华购房时间更早的邓建阳两次购房都是一次性付款，可见何明华对于尚在建设初期的楼盘一次性付款买房并非不合习惯或常理，反而相当符合习惯与常理。

（四）原审法院混淆了自住型买房和投资型买房区别，将对自住型买房的理解僵化套用在投资型买房上

人所共知，投资型买房和自住型买房差异明显，尤其是大规模的投资型买房和普通自住型买房更是差异巨大。投资型买房强调的是买房之后能有收益，自住型买房强调的是居住舒适。一个看重交换价值，一个看重使用价值，各自侧重殊不一致，大规模投资买房更是宜粗不宜细。试问一个买一吨苹果的人会在意苹果究竟有多少个吗？况且何明华和正大公司签署房屋买卖合同时，双方说好待取得预售许可证后再按国家商品房买卖合同示范文本签署新合同，并根据届时测绘面积对房屋价款进行多退少补。

事实上，何明华所签《商品房买卖合同》除与前述邓建阳所签房屋买卖合同内容基本一致外，也与后续将提到的唐元兰等多人所签房屋买卖合同殊无二致。只不过，邓建阳合同被前锋法院确认有效，唐元兰等人合同被正大公司管理人确认有效，其后他们均按国家商品房买卖合同示范文本改签了新合同。

综上，何明华非常清楚所购房屋面积、户型等房屋情况，购房和付

款行为均合情合理，原审法院认定何明华所签合同不合常理，实属罔顾事实和证据且脱离社会实践之臆想。

三、证人必须出庭接受质询，原审法院以未出庭的王成所作证言为据认定案涉房屋买卖合同系借款担保，触发《民事诉讼法》第 200 条第 2 项、第 3 项、第 6 项规定之再审事由

原审法院认为，王成证言及其笔记本之单方记录，均表明案涉房屋买卖合同系为借款提供担保。但何明华认为，该证言及单方记录不可采信。理由如下：

（一）证人王成未出庭接受质询

《民事诉讼法》第 73 条规定：证人应当出庭作证。《最高人民法院关于民事诉讼证据的若干规定（2019 修订）》第 68 条亦规定："人民法院应当要求证人出庭作证，接受审判人员和当事人的询问……无正当理由未出庭的证人以书面等方式提供的证言，不得作为认定案件事实的根据。"据此，王成未出庭接受当事人质询，其证言不具备证据能力，人民法院不可采信。

（二）证人王成系正大公司实际控制人，与正大公司存在密切利害关系

作为正大公司实际控制人，王成完全有理由为了正大公司利益，不顾事实地人为制造有利于正大公司的证言。

（三）王成笔记本之单方记录与事理逻辑不符，显系事后伪造

王成在笔记本中将何明华两次买房杜撰为何明华两次"借款"给他，但纸包不住火，王成机关算尽还是露了马脚。王成在同一页纸上记录了两笔借款，但其先记录的是所谓 2013 年 11 月 18 日那笔"借款"，之后才记录 2013 年 5 月 31 日那一笔"借款"。

试想，如果每一笔"借款"发生后，王成就如实在笔记本上记录。

则明显应该先记录 2013 年 5 月 31 日那一笔"借款",然后再记录 2013 年 11 月 18 日那笔"借款",而不是反道而行、未卜先知、后发先记。

而且,王成称何明华向其出借款项,期限一年,房屋买卖合同作为担保。若果如此,则房屋买卖合同应该约定交房期限为签约后一年内,而不是签约后两年内。

众所周知,刑事诉讼搜集证据更全面深入,所查明的法律事实通常更接近于客观事实,故而更值得采信。在 68 号刑案已然否定王成笔记本单方记录内容之真实性情况下,本案两审法院悍然认定何明华和王成之间构成民间借贷关系、何明华与正大公司签订《商品房买卖合同》系为王成提供担保,与事实严重不符,且造成判决抵牾,毁损司法权威。

四、新证据证实何明华已履行 440 万元购房款支付义务,原审法院认为何明华没有完成 440 万元房款支付实属罔顾事实与法律,触发《民事诉讼法》第 200 条第 1 项、第 2 项、第 6 项规定之再审事由

原审法院认为,正大公司虽然向何明华出具过两张收据,载明收到何明华房款合计 440 万元,但王成称只收到过何明华 200 万元,其中现金 100 万元,银行转款 100 万元。此种情况下,何明华应当在收据之外,进一步举证另外 240 万元确已交付;因何明华未能有效完成进一步举证,故无法证明何明华确已交付另 240 万元。

何明华认为原审法院说法荒蛮无理,详述如下:

(一)证人唐元兰等提供的房屋买卖合同、房款收据、债权表等大量书证作为本案新证据,充分证实以现金形式交付房款既是正大公司之要求,亦属正大公司房屋销售过程中之普遍现象

唐元兰、何长全、向文金、张基兰等人提供的本案新证据证实,正大公司在销售商品房过程中,要求买受人使用现金支付房款是普遍现象,并非个例;正大公司在收到买房人现金交付的购房款后,才会出具

收据。

唐元兰等购房人因系现金方式付款,故亦仅有收据证明已支付购房款,并无银行转款凭证、POS 单等可为辅证。尽管如此,正大公司管理人并未以购房人现金交款不足为证为由不予确认其购房合同,而是依法确认了该等购房人之债权。

反观本案,一方面王成自认曾以现金方式收到何明华 100 万巨款,说明大额现金收付对正大公司而言实乃寻常;另一方面正大公司向何明华出具了收据,两张收据均详细写明何明华支付款项的具体事由,都有正大公司印章,分别与两份购房合同对应。其他人确系为借款提供担保之房屋买卖合同所附收据,正大公司或王成均会备注"公司调拨"等字样以示区别,但本案两张收据未有任何备注内容,足以证明何明华已按合同约定完成 440 万元房款交付。两审法院对两张收据视而不见、避而不谈,实属扭曲案件事实之歧视性司法。

原审时,正大公司曾以何明华所持两张收据加盖的是公章而非财务专用章为由,狡称其未收到何明华交付款项。但是,何明华本次提交的新证据证实,向文金、张基兰、何长全等向正大公司购房,收据加盖的亦为正大公司公章而非财务专用章,何长全房款亦系付给正大公司指定的游孝均个人账户,正大公司管理人确认了向文金、张基兰、何长全等均系真实购房,相应房屋买卖合同已备案并已于 2020 年 1 月开始办理不动产权登记。这种情况下,正大公司管理人却以莫须有的理由拒绝确认何明华因房屋买卖合同所主张之合法债权,实属滥用权利,极不诚信。

(二)何明华所举大量证据证实,在现金交付房款前何明华有大量现金储备,其主张现金形式交付 340 万元房款已达高度盖然性证明标准

何明华从事家具行业多年。在移动支付尚未普及的年代,人们习惯用现金支付,不管买东西还是缴费都喜欢用现金,故而常有公司出纳在

年底带大量现金去银行存款的情况。在这样背景下，身为家具城老板的何明华因为平时做生意基本都用现金，所以家里便日积月累存有大量现金，并为此置备了一个保险柜。这些储存在家里的现金是何明华交付正大公司现金的来源之一。

2012年7月至2013年4月，何明华的前合伙人杨平刚到中国农业银行陆续支取了现金105万元作为投资退款交给了何明华；2012年6月至2013年5月，何明华本人亦到中国建设银行支取了现金约37万元。此外，2013年5月31日，何明华之妻杨秀华到中国农业银行支取了90万元现金；何明华债务人王毅也于2013年5月31日到银行支取了10万元现金交给何明华。上述现金已超240万元。

何明华日常做家具生意沉淀在家里的现金，加之前述支取并收取的现金，已远超2013年5月31日何明华交付正大公司的220万元。

另，何明华之妻杨秀华于2013年7月31日、2013年9月28日自中国工商银行支取的两笔现金42.4万元、56万元，何明华自己于2013年7月至10月自中国工商银行支取的两笔现金35万元、19万元，加上因商业往来存在家里的现金，构成了2013年11月18日何明华交付正大公司120万元现金之储备库藏。

综上，何明华因有大量现金储备，其主张以现金形式合计交付房款340万元，符合何明华职业特性与正大公司喜收现金调性，应予采信。正大公司出具的收据为证明力更高的书证，且收据上无任何反向记载，原审法院却以王成个人及正大公司之矢口否认为由，认定何明华未履行完毕向正大公司交付440万元房款之合同义务，实属偏听偏信，难以服人。

（三）何明华向王成交付440万元即为对正大公司交付，原审法院认为何明华系向王成个人交付毫无道理

两审法院在查明事实部分均认定王成系正大公司委托代理人（参见

一审判决书第 3 页第 3 段第 1 行、二审判决书第 3 页第 3 段第 1—2 句），但在本院认为部分却笔锋突转，称现有证据无法证明王成获得了正大公司委托，其自我否定之举既令人深感震惊，又让人匪夷所思。

既然两审法院均认定王成系正大公司委托代理人，则何明华向王成交付便是向正大公司交付。而且，本申请书第六部分将详细论证，王成系正大公司实际控制人，何明华完全有理由相信王成系适格交付对象。因此，何明华向王成交付 440 万元，已完成合同约定之全部付款义务。

五、王成系正大公司实际控制人，有权代表正大公司，原审法院以王成不具有代理权且不构成表见代理为由，认定案涉房屋买卖合同非正大公司真实意思表示，触发《民事诉讼法》第 200 条第 2 项、第 6 项之再审事由

两审法院均认为，王成并非正大公司法定代表人，现有证据亦无法证明王成获得了正大公司的授权，且何明华未提供证据证明王成行为构成表见代理，因此，案涉商品房买卖合同非正大公司真实意思表示，对正大公司不具约束力。

何明华认为原审法院说法不能成立，理由如下：

首先，上述认定完全与客观事实不符，两审法院皆故意忽视了一个重要的客观事实，那就是案涉两份合同皆有正大公司加盖的公章及时任法定代表人何志伟名章。《合同法》第 32 条规定，当事人采用合同书形式订立合同的，自双方当事人签字或者盖章时合同成立。据此，案涉合同在何明华签字及正大公司盖章后即已成立，王成签字与否根本无关紧要。

其次，最高人民法院在（2018）最高法民再 361 号、（2018）最高法民申 3019 号、（2017）最高法民终 458 号等案中，均明确指出：实际控制人有权代表公司。据此，王成作为正大公司实际控制人，在以

正大公司名义对外交往时，无需正大公司额外授权，属于当然的有权代表。

最后，非要在表见代理层面讨论，本案情况亦完全符合表见代理特征。对于何明华而言，王成系正大公司实际控制人，而且其持有正大公司公章和法定代表人名章，并可指派工作人员出具收款收据，何明华无法不相信其有权签署案涉房屋买卖合同。

六、即使非要强行认定案涉两份《商品房买卖合同》系借款担保合同而非房屋买卖合同，借款人亦系正大公司而非自然人王成。原审法院认定借款人系王成与在案证据冲突，本案触发《民事诉讼法》第 200 条第 2 项、第 6 项规定之再审事由

前已反复论证，本案确属商品房买卖法律关系，并非民间借贷关系。如果法院非要认定系民间借贷关系，则正大公司亦负有借款债务之清偿义务，理由如下：

（一）王成系正大公司实际控制人及案涉房产项目操盘手

1. 王成持有四川广安恒立科技发展有限公司（简称恒立科技）70.02％股权，恒立科技持有四川广安恒立化工有限公司（简称恒立化工）100％股权，恒立化工持有正大公司 100％股权。

2. 工商登记材料显示，王成同时担任恒立化工和恒立科技的法定代表人、执行董事和总经理。

3. 案涉项目系在恒立化工以出让方式取得建设用地使用权的四宗国有土地上，以正大公司名义开发而成。

4. 恒立化工与正大公司于 2012 年 12 月 18 日签署《联合开发建设协议书》，协议第 4 条第 1 款约定，恒立化工、正大公司联合开发案涉恒立·恒顺星城房地产项目，恒立化工派员担任项目经理，正大公司派员担任项目副经理；协议第 4 条第 2 款约定，项目部设立财务处、工程

处和安全保卫处，财务处长由恒立化工派员担任，出纳员由正大公司派员担任，资金收支由恒立化工监管；合同第 5 条第 2 款约定恒立化工参与项目设计、开发建设、销售等一切工作。

5. 每有广安市、区政府及其职能部门领导视察项目工地时，均由王成以负责人身份全程陪同讲解，其实际控制人身份确凿无疑。

6. 已生效的广安市中级人民法院（2018）川 16 民终 1531 号民事裁定书、前锋法院 68 号刑案判决书，均认定王成系正大公司实际控制人。

（二）王成在接受原审法院询问时，多次认可何明华交付款项均已用于正大公司生产经营，正大公司对王成询问笔录真实性直认无异，表明其认可正大公司系用款人

本案二审法院在审理（2018）川 16 民终 1410 号、（2018）川 16 民终 1445 号案时，曾于 2018 年 11 月 14 日对王成进行询问，王成多次明确认可正大公司人事、财务等所有工作均由其做主，并明确认可何明华交付款项已用于正大公司生产经营。本案原二审于 2018 年 11 月 21 日开庭时，审判长问："本庭在处理类案的时候，对王成做了询问笔录，双方对询问笔录发表质证意见？"正大公司代理人回答："证据三性不持异议，因为上诉人将钱转给王成，钱的性质只有王成清楚。"

本案重审一审时，审判长罗声超、法官助理甘媛媛亦曾于 2019 年 11 月 1 日 8：40 左右对王成进行调查，调查笔录显示，王成亲口承认何明华交付款项已用于正大公司生产经营。对王成的单独调查结束后，合议庭恢复法庭调查，由当事人对王成调查笔录发表质证意见。正大公司代理人明确表示："对笔录没有异议。"亦即其认可何明华款项已用于正大公司生产经营（详见重审一审卷第 129 页倒数第 6—7 行及 130 页第 5 行）。

（三）在正大公司已然认可自己系用款人情况下，原审法院以正大公司否认款项用于生产经营为由认定所谓借款系王成个人债务而非公司债务

《民间借贷司法解释》第 24 条规定："当事人以签订买卖合同作为民间借贷合同的担保，借款到期后借款人不能还款，出借人请求履行买卖合同的，人民法院应当按照民间借贷法律关系审理，并向当事人释明变更诉讼请求。"

据此，如果原审法院非要认定案涉房屋买卖合同系民间借贷合同之担保，亦应按民间借贷案审理而不是径行驳回何明华诉讼请求。

又，《民间借贷司法解释》第 23 条第 2 款规定："企业法定代表人或负责人以个人名义与出借人签订民间借贷合同，所借款项用于企业生产经营，出借人请求企业与个人共同承担责任的，人民法院应予支持。"举轻以明重，本案房屋买卖合同由何明华与正大公司而非王成个人签署，且王成至少两度认可何明华交付款项已用于正大公司生产经营，正大公司至少两度认可王成询问笔录及调查笔录真实性，此种情况下，正大公司当然应承担还款义务。

事实和法律均如此清楚，原审法院居然对王成询问笔录及调查笔录内容阉割后"择需使用"，对王成主张房款系借款之说欣然采纳，对王成主张款项已用于正大公司则断然拒绝，一意孤行地坚持认为所谓借款之债务人为王成个人并非正大公司。

综上，本案有新证据足以推翻原判决；原判决在缺乏基本证据情况下，仅凭主观臆断和无端猜想即作出认定；原判决基于伪造证据形成且适用法律错误。为维护自身合法权益，何明华现依法向四川高院申请再审，恳请四川高院依法改判，支持何明华全部再审请求。

再审审查

四川高院审查认为，本案争议焦点如下：

一、何明华提交的"新证据"是否成立

何明华提交的"新的证据"有六份：(2015) 前锋刑初字第 68 号判决书，返还集资款人员名单，以及龙开辉、何先田、谌欢、肖立强四人的房屋买卖合同。

经审查，68 号刑事判决书中，犯非法吸收公众存款罪的是恒立科技、恒立化工，以及两被告单位的直接负责主管人员王成。何明华在本案中主张与正大公司存在房屋买卖关系，但正大公司不是 68 号刑事判决书的被告，王成也不是正大公司法定代表人，故何明华与正大公司是否成立房屋买卖合同、与王成或正大公司是否存在民间借贷关系均与 68 号刑事判决不具关联性。

龙开辉、何先田等四人虽亦签订《房屋买卖合同》，但四人与正大公司的基础法律关系与何明华的并不相同。何先田的案件被法院驳回起诉，龙开辉系 68 号刑案中返还集资款的人员，谌欢、肖立强是真实购房人。

综上，上述六份证据均不符合"新证据"要求，六份证据的内容与何明华在本案中的待证事实不具有关联性。何明华关于"新证据"的申请再审理由不能成立。

二、何明华付款金额究为多少

何明华主张共支付购房款 440 万元，其中现金 340 万元，转账 100 万元。王成认可收到 200 万元借款，其中现金 100 万元，转账 100 万元，两个 120 万元是以 100 万元为本金按照月息 10% 计算的一年利息。

本院经审查认为，何明华提供的案外人银行交易明细以及照片不能证明与本案的关联性，何明华没有充足证据证明其向王成支付了另240万元现金，原审法院认定何明华仅支付200万元（即现金100万元、转账100万元），另240万元现金支付存疑，并无不当。故何明华称其已履行440万元购房款与查明事实不符。

三、何明华与正大公司究属何种法律关系

何明华主张与正大公司存在房屋买卖关系，提交了收款收据和《房屋买卖合同》，但从查明事实来看，房屋买卖合同存在诸多不合情理的地方；且如上所述，何明华没有充足证据证明其支付了约定的购房价款，故王成称何明华支付的款项系借款的盖然性大于何明华主张的购房款。原审认定本案实为借款，《房屋买卖合同》系为借款提供担保符合本案实际。

在不能认定房屋买卖关系成立的情况下，若何明华主张案涉款项为正大公司普通债权，则应当举证证明其出借款项的相对人是正大公司。即使王成是正大公司实际控制人，但王成行为并不能必然认定系公司行为。虽然何明华主张案涉款项用于正大公司，王成亦陈述系因正大公司缺乏资金才由其出面向何明华借款，但何明华支付款项的相对方是王成，正大公司又否认使用了该借款。在原审中，王成未说明该款项是如何用于正大公司建设的，何明华亦未提供证据证明该借款用于了正大公司生产经营，故仅凭现有证据，不能认定何明华与正大公司存在借款关系。法院认定借款人并非正大公司，驳回何明华请求确认其对正大公司享有债权的诉讼请求，并无不当。

四、原审是否可以采信王成陈述

从何明华提交证据及其陈述来看，王成是何明华出借款项的相对

人，是签订《房屋买卖合同》的经办人，故王成的身份并非通常意义的
"证人"。王成在本案中虽没有出庭，但王成在刑事案件中的陈述以及在
接受本案法官询问时的陈述，有相应的证据佐证，本案予以采信并无
不当。

五、何明华权利应如何救济

原审法院已告知何明华可依据真实的法律关系另行主张权利。

综上，四川高院于2020年12月25日作出裁定，驳回何明华再审申请。

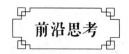

前沿思考

一、本案是否构成后让与担保

所谓后让与担保，指债务人或者第三人为担保债权人的债权，与债
权人签订不动产买卖合同，约定将不动产买卖合同的标的物作为担保标
的物，但权利转让并不即时履行，而是待债务人不能清偿债务时，方将
担保标的物的所有权转让于债权人，债权人据此享有的以担保标的物优
先受偿的非典型担保物权。[1]

后让与担保系与让与担保相对而言的概念。两者主要区别在于，让
与担保需担保人在订立担保合同后即时将用于担保的标的物的所有权转
移至担保权人（债权人）名下，待债权人得受足额清偿后，再将担保
标的物的所有权回复至担保人名下；后让与担保则与之相反，担保合同
订立后担保标的物的所有权并不即时转移，而是待债权人未受足额清偿
时，再将担保标的物的所有权转移至担保权人（债权人）名下。

有学者认为，《民间借贷司法解释》第24条规定的就是一种典型的

---

[1] 参见杨立新：《物权法》，中国人民大学出版社2020年版，第354页。

后让与担保制度。①《民法典》虽然没有规定后让与担保制度，但其第388条规定"担保合同包括抵押合同、质押合同和其他具有担保功能的合同"，说明《民法典》并不排斥抵押合同、质押合同之外的非典型担保合同。不仅如此，《民法典》第10条将习惯作为正式法律渊源，而后让与担保也是在中国经济社会实践中较为广泛存在的一种民商事习惯，说明后让与担保制度具备《民法典》支撑。

就本案而言，假若的确无法认可何明华与正大公司之间成立纯粹的房屋买卖关系，并按照原审法院及四川高院说法，认定何明华与正大公司之间的房屋买卖合同系对借款的担保，则根据后让与担保制度基本原理，无论借款人是自然人王成还是正大公司，担保人均为正大公司。因债权人何明华债权未受丝毫清偿，则何明华有权行使担保物权，就担保标的物优先受偿。

中国人民大学杨立新教授认为，后让与担保物权有两种实现方式：其一，担保人将担保标的物的所有权或其他物权转移至担保权人（债权人）名下；其二，就担保标的物变价受偿。② 华东政法大学杨代雄教授亦认为，未经抵押登记的抵押合同可以产生变价清偿请求权。③

参照学界观点，何明华若主张正大公司履行担保义务，应受支持。

二、法院依职权询问证人后证人是否可以不出庭接受质询

前锋法院和广安中院均认为王成在本案的陈述属证人证言，何明华遂在申请再审时以王成未出庭接受质询为由主张王成证言不可采信。但四川高院认为，王成并非通常意义上的"证人"，故何明华该申请再审理由不能成立。

---

① 参见杨立新：《物权法》，中国人民大学出版社2020年版，第361页。
② 参见杨立新：《物权法》，中国人民大学出版社2020年版，第360页。
③ 参见杨代雄：《抵押合同作为负担行为的双重效果》，载《中外法学》2019年第3期。

笔者认为，即使王成系特殊意义的证人，其陈述亦属证言。一般情况下，证人必须出庭接受当事人质询，其证言方可作为定案证据。本案需考虑的问题在于，原审法官依职权询问王成后，王成是否可豁免出庭接受质询义务。

根据《民事诉讼法》第 73 条，确因健康状况、交通不便等客观原因不能出庭作证的，可以提供书面证言。据此，若王成不具不能出庭之客观原因，原审法院应通知王成出庭作证，不宜以依职权询问并制作询问笔录方式代替出庭作证，以更利于查清案件事实，避免证人因可不接受庭审质询而提供虚假证言。

三、破产重整程序是否可以遥无终期

《企业破产法》第 79 条规定，债务人或者管理人应当自人民法院裁定债务人重整之日起九个月内，同时向人民法院和债权人会议提交重整计划草案。第 84 条规定，人民法院应当自收到重整计划草案之日起三十日内召开债权人会议，对重整计划草案进行表决。第 86 条规定，自重整计划通过之日起十日内，债务人或者管理人应当向人民法院提出批准重整计划的申请。人民法院经审查认为符合本法规定的，应当自收到申请之日起三十日内裁定批准，终止重整程序，并予以公告。第 88 条规定，重整计划草案未获得通过且未依照本法第 87 条的规定获得批准，或者已通过的重整计划未获得批准的，人民法院应当裁定终止重整程序，并宣告债务人破产。据此，重整程序应在一年内结束。

广安前锋法院于 2017 年 6 月 23 日作出（2017）川 1603 破 3 号民事裁定书，裁定正大公司破产重整。[①] 正大公司破产重整已四年有余，重整程序仍未结束，实在令人困惑。

---

① 　参见广安前锋法院（2018）川 1603 民初 237 号民事判决书。

第 15 章
规则打架谁买单　无权申再岂心安？

——扬婧与成都农商银行金融借款合同纠纷案 ①

当事人在判决生效半年后申请再审，法院以超期为由驳回再审申请。其后，当事人取得证明原审判决事实认定错误的新证据，再度向法院申请再审，法院应否受理？②

连带责任

四川省成都市金牛区人民法院（简称金牛法院）（2016）川 0106 民初 6842 号案（简称 6842 案），金牛法院一审认为，扬婧曾就林兴雨向成都农商银行国际商贸城支行（简称农商银行）贷款 30 万元提供连带责任保证，遂判决扬婧就林兴雨对农商银行所负债务承担连带清偿责任。

扬婧不服一审判决，向成都中院提出上诉。但因扬婧未在法院指定期限内交纳上诉费，且未申请缓交，成都中院遂于 2017 年 6 月 12 日裁定案件按自动撤回上诉处理，一审判决自二审裁定书送达之日起生效。

① 详细案情可参见成都金牛法院（2016）川 0106 民初 6842 号民事判决书。
② 这个案子虽然标的额很小，但反映出的最高人民法院《〈民事诉讼法〉解释》与最高人民检察院《民事诉讼监督规则》相互抵牾问题，颇值探讨。

三次申再

2018 年 7 月 18 日，扬婧向成都中院申请再审，称其在担保合同上签字是基于自己和林兴雨的朋友关系，并不清楚要承担连带责任；因受多方诱骗，自己不懂法，一审时律师也不让自己参加庭审，导致一审法院认定事实错误；现已寻找到林兴雨与农商银行协商还款，加之自己未从担保中谋取利益，经济困难，不应承担担保责任。故请求成都中院再审该案。

成都中院审查认为，《民事诉讼法》规定当事人申请再审应当于裁判生效后六个月内提出，原审判决于 2017 年 6 月 23 日发生法律效力，至扬婧申请再审已逾一年，故对扬婧之再审申请法院可不予审查，遂于 2018 年 9 月 6 日裁定驳回扬婧之再审申请。

2019 年 2 月，扬婧再次向成都中院申请再审，成都中院受理后审查认为，扬婧于 2018 年 7 月 18 日已申请过再审，该院于 2018 年 9 月 6 日以（2018）川 01 民申 682 号民事裁定已驳回扬婧的再审申请，扬婧已于 2018 年 9 月 10 日签收该裁定书。现扬婧再次针对 6842 案申请再审，根据《〈民事诉讼法〉解释》第 383 条第 1 款[①]、第 402 条第 6 项[②] 之规定，应终结审查。成都中院遂于 2019 年 4 月 1 日裁定终结审查扬婧的再审申请。

---

① 《〈民事诉讼法〉解释》第 383 条第 1 款规定："当事人申请再审，有下列情形之一的，人民法院不予受理：

　1. 再审申请被驳回后再次提出申请的；

　2. 对再审判决、裁定提出申请的；

　3. 在人民检察院对当事人的申请作出不予提出再审检察建议或者抗诉决定后又提出申请的。"

② 《〈民事诉讼法〉解释》第 402 条规定："再审申请审查期间，有下列情形之一的，裁定终结审查：

　…有本解释第 383 条第 1 款规定情形的。"

2019 年 4 月 23 日，扬婧以鉴定意见作为新证据，第三次向成都中院申请再审。扬婧称，该鉴定意见证实，扬婧在保证合同之"保证人声明"处之手写内容均非其书写，原审判决认定事实错误，本案依法应予再审。

成都中院认为，根据《民事诉讼法》第 209 条"有下列情形之一的，当事人可以向人民检察院申请检察建议或者抗诉：人民法院驳回再审申请的……"及《〈民事诉讼法〉解释》第 383 条第 2 款"人民法院应当告知当事人可以向人民检察院申请再审检察建议或者抗诉"之规定，决定对扬婧再审申请不再受理，并口头告知扬婧可向人民检察院申请再审检察建议或者抗诉。

申请抗诉

第三次申再无果后，扬婧申请抗诉。其抗诉申请书主要内容如下：

一、扬婧并无提供连带保证之意思表示，农商银行提交的保证合同等大量证据系伪造生成，但原审法院仍违法予以采信，其错误判决应予纠正

（一）鉴定表明，保证合同第 13 条特别声明中手写内容并非扬婧本人所写，该证据系农商银行伪造生成

农商银行一审提交的《小微保证合同》第 13 条第 1 款为加粗显示条款，加粗内容为"债权人已提请保证人注意对本合同各条款做全面、准确的理解，并应保证人的要求做了相应说明，并特别提示保证人注意了免除和限制债权人责任的条款。保证人对合同条款含义及法律后果有充分理解。签约各方对本合同认识一致。"

同时该条第 2 款要求由保证人在"保证人声明："之后空白下划线

处亲手誊抄前款全部加粗内容，以保障保证人已全面充分知晓、理解并同意农商银行单方提供之保证合同。

但，成都蓉城司法鉴定中心于 2019 年 3 月 21 日出具的成蓉 [2019] 文鉴字第 79 号《文痕检鉴定意见书》显示，手写内容并非扬婧本人字迹，根本不是扬婧亲手书写形成。

2. 保证合同上骑缝签名、捺印亦应非扬婧本人所为，亦可证明农商银行伪造保证合同之事实

另外，保证合同第 2 页与第 4 页左边有类似骑缝手写"扬婧"之字样，且该字样上加盖了一枚指印。

但，成都蓉城司法鉴定中心于 2019 年 3 月 21 日出具的成蓉 [2019] 文鉴字第 79 号《文痕检鉴定意见书》显示，手写内容并非扬婧本人字迹，根本不是扬婧亲手书写形成。

（二）保证合同上骑缝签名、捺印亦应非扬婧本人所为，亦可证明农商银行伪造保证合同之事实

保证合同第 2 页与第 4 页左边有类似骑缝手写"扬婧"之字样，且该字样上加盖了一枚指印。

另外，金牛法院存档的本案卷宗显示保证合同复印件为 5 页。但农商银行于 2016 年 12 月 30 日开庭出示原件时仅提交了 3 页纸，不知为何物。

由此可见，农商银行庭审中刻意隐瞒重要事实，其拒不提交完整保证合同恰好亦能佐证其伪造保证合同做假心虚一事。

（三）农商银行诉称的保证合同签订时间亦与其提供的保证合同单独签署页的落款时间不符，足见农商银行有弄虚作假之嫌

农商银行在一审中诉称保证合同签订时间为 2014 年 10 月 29 日，但其提交的保证合同复印件单独签署页落款处以打印字体显示时间为 2014 年 10 月 28 日。

农商银行对合同签订时间都不能精准确定，出现自相矛盾之情形，足以证明该保证合同系伪造，导致其在合同签订时间上都无法自圆其说。

（四）农商银行提供"扬婧"签收之4份《逾期贷款协助催收函回执》亦系伪造生成

农商银行除提交伪造之保证合同外，还向法院提交了4份落款时间分别为2014年12月29日、2015年2月7日、2015年5月8日及2015年8月2日的《逾期贷款协助催收函回执》，意图证明已向扬婧催收借款。但事实上扬婧从未收到过任何农商银行所谓的协助催收函，该四份回执上手写的"扬婧"字样并非扬婧本人书写，足以证明该四份催收函回执系农商银行伪造生成。

综上，农商银行提交的大量证据系伪造生成，依法不能作为定案证据，但原审法院未予审查即草率采信，根据《民事诉讼法》第200条第1项、第2项、第3项，原审判决应予纠正。

二、因林兴雨称向农商银行贷款需要一名紧急联系人，扬婧曾赴银行在紧急联系人处签字，但从未签署过保证合同

因扬婧没签过保证合同，自然也从未持有保证合同原件。只要农商银行把其据以向扬婧主张权利的保证合同原件拿出来，扬婧将再依法申请鉴定，以证明其从未签署过保证合同。

退一万步讲，即使扬婧曾受蒙蔽在保证合同第5页上签字，但该页没有任何保证条款或保证合同内容，就连唯一的一段必须手写的"保证人声明"都系农商银行伪造的，根本不能证明扬婧有提供连带责任保证的意思表示。

作为一家专业金融机构，农商银行在签订合同发放贷款时本应遵循相关工作流程，确保保证人了解担保的法律性质、法律后果，确保保证

人作出的意思表示真实自愿，这一点从合同第 13 条要求保证人亲笔誊抄声明内容亦能看出。

但农商银行不仅伪造保证人声明一栏内容，而且还由其他人在合同骑缝处伪造"扬婧"签名和指印，甚至在庭审时提交的合同原件也不是完整文本。

由此不难看出，农商银行仅仅要求扬婧在一张单独的签署页签名，并未出示完整的保证合同，甚至连保证对象、保证范围、保证方式、保证期间这些最基本的情况亦未告知扬婧本人。

试问，在保证人对担保情况一无所知的情况下，农商银行是如何与扬婧达成保证担保合意的？又如何确定提供连带责任担保系扬婧本人真实自愿的意思表示？

据此，扬婧没有提供保证的意思表示，且合同其他部分系伪造生成，根本不能证明双方达成了连带责任保证合意，故保证合同因缺少扬婧的意思表示并未成立。

三、即使扬婧受蒙蔽签过单页文件，农商银行所称之保证合同也未成立，原审法院判决扬婧承担连带保证责任适用法律严重错误

《合同法》第 25 条规定，承诺生效时合同成立；第 44 条规定，依法成立的合同，自成立时生效。

据前所述，扬婧根本就无提供连带责任保证之意思表示，本案所涉保证合同内容扬婧也根本未看到，故扬婧未与农商银行就保证合同内容协商一致达成保证合意，保证合同不符合成立条件，因而该合同根本就未成立。

但原审判决未予审查即草率认定保证合同合法有效，进而判决扬婧承担连带保证责任，实属适用法律严重错误，根据《民事诉讼法》第 200 条第 6 项，本案应予再审改判。

综上，原审法院错误采信虚假证据，依据伪造之保证合同判决扬婧承担连带保证责任，极大地侵害了扬婧之合法权益。成都中院迄今未对再审申请作出裁定，违反法律规定。扬婧现恳请检察机关举法律监督之剑，监督成都中院或有权法院撤销金牛法院（2016）川0106民初6842号民事判决第二项，驳回成都农商银行对扬婧之诉讼请求，以维护司法之正义及人民之权益。

神仙打架

扬婧持抗诉申请书向成都市金牛区人民检察院（简称金牛区检）申请抗诉，但金牛区检拒不受理。金牛区检告知，必须先由成都中院出一个驳回再审申请的裁定，他们才能受理。我们告知金牛区检，扬婧这一次以有新证据为由向成都中院申请再审，成都中院未出具书面回复，仅口头告知扬婧可向检察院申请监督。金牛区检认为，成都中院应当出具书面回复却未回复，扬婧可向法院纪检部门反映；对于检察院来说，必须看到法院驳回裁定才能立案，这是检察系统内部不言自明的"习惯法"。

后来，经我们通过12309向成都市检反映，并根据《民事诉讼法》第209条第1款第2项，反复与金牛区检沟通，最终金牛区检于2019年8月7日决定对扬婧抗诉申请立案审查，案号成金检控民受〔2019〕7号。金牛区检审查后认为，扬婧的监督申请不符合法律规定，遂决定不予支持。

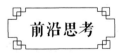

前沿思考

一、《民事诉讼监督规则》第31条之法理探讨

最高人民检察院2013年11月18日公布施行的《民事诉讼监督规则》

第 31 条第 1 项规定:当事人根据《民事诉讼法》第 209 条第 1 款规定向人民检察院申请监督,有下列情形之一的,人民检察院不予受理:当事人未向人民法院申请再审或者申请再审超过法律规定期限的。

根据该规定,当事人若超期申请再审被驳回,检察院将不会受理其监督申请。

这种规定虽然并非毫无道理,但还是存在以下三个问题:

(一) 超越法律规定限缩当事人权利

《民事诉讼法》第 209 条第 1 款第 1 项规定法院驳回再审申请的,当事人可以向检察院申请抗诉或检察建议,并未规定"但因当事人超期申请再审被法院驳回的除外"。因此,从文义解释角度,根据《民事诉讼法》209 条第 1 款第 1 项,当事人申请再审只要被法院驳回,无论法院驳回的理由是申请超期还是申请理由不成立,人民检察院都应该受理当事人的监督申请。

根据《立法法》第 8 条第 10 项,诉讼制度属于法律保留事项,人民检察院超越法律规定限缩当事人权利缺乏正当性。

(二) 监督规则 32 条已停止执行,31 条第 1 项合理性存疑

监督规则第 32 条核心意思为,如果当事人对一审裁判未上诉,则其后申请再审即使被驳回也不能根据《民事诉讼法》209 条向人民检察院申请监督。该条规定无疑也是超越法律规定限缩当事人权利,所以民间颇多争议。好在最高人民检察院虚怀纳谏,于 2018 年 9 月 15 日以《高检发研字〔2018〕18 号》文通知即日起停止执行《民事诉讼监督规则》第 32 条,可谓顺应党心民意之善举。

最高人民检察院在停止执行 32 条通知中明确规定,针对当事人就一审裁判提出的抗诉申请,凡符合《民事诉讼法》209 条规定,均应依法受理。但所谓一山放出一山拦,32 条停止执行了,31 条第 1 项却迄今未修改,导致符合《民事诉讼法》第 209 条规定的抗诉申请仍被某些

地方检察院以《民事诉讼监督规则》31 条第 1 项为由不予受理，从而令当事人诉告无门。

（三）最高人民检察院和最高人民法院法规则打架令当事人无辜遭殃

譬如本案，扬婧在判决生效后半年内未申请再审，半年期满后申请再审被法院以超期为由驳回。

此后，扬婧发现新证据足以推翻原审裁判结果，遂根据《民事诉讼法》200 条第 1 项向法院申请再审，但法院却根据《〈民事诉讼法〉解释》第 383 条规定不予受理。①

这种时候，根据《民事诉讼法》209 条，本来扬婧还可以向人民检察院申请抗诉，但检察院却以《民事诉讼监督规则》31 条第 1 项之后半句也拒绝受理。

这就会发生神奇一幕。根据《民事诉讼法》205 条，扬婧在发现新证据后六个月内有权向法院申请再审，但法院却以《〈民事诉讼法〉解释》383 条拒之门外，且不出具书面回复。根据《民事诉讼法》209 条，扬婧有权向检察院申请抗诉，但若扬婧以第一次和/或第二次申请再审取得的驳回或终止审查裁定书申请抗诉，则检察院可以《民事诉讼监督规则》第 31 条第 1 项后半句亦不受理；若以第三次申请再审主张的新证据为由申请抗诉，但却没有法院的书面回复，不符合检察院立民事监督案之内部"习惯"。

法律赋予当事人的诉讼权利，就这样被法检两家内部规则消解于无形，令人唏嘘。

因此，我建议最高人民检察院修改《民事诉讼监督规则》31 条第 1

---

① 《〈民事诉讼法〉解释》第 383 条第 1 款规定，再审申请被驳回后再次提出申请的，人民法院不予受理。

项，删去后半句；或者最高人民检察院商最高人民法院修改《〈民事诉讼法〉解释》第 383 条第 1 款第 1 项，加一句但书条款：但当事人有《民事诉讼法》200 条第 1 项、第 3 项、第 12 项、第 13 项规定之新理由时除外。

二、《〈民事诉讼法〉解释》第 383 条第 1 款第 1 项之法理探讨

《〈民事诉讼法〉解释》第 383 条第 1 款第 1 项规定，再审申请被驳回后当事人再次提出申请的，人民法院不予受理。据此，再审申请被驳回后，即使当事人以有新证据为由申请再审，人民法院也不会受理。

关于该项规定之立法理由，《最高人民法院民事诉讼法司法解释理解与适用（下）》① 大抵是这样阐释的：一方面，《民事诉讼法》第 209 条规定，人民法院驳回再审申请后，当事人可以向人民检察院申请监督，可见当事人不乏救济渠道；另一方面，如果允许当事人以新证据事由等再度申请再审，则当事人有可能拒不向检察机关申请监督而反复向人民法院申请再审，导致法院处理申再案件任务繁重。因此，最高人民法院认为，即使有新证据等事由，当事人也不得再度申请再审，仅可向检察机关申请监督。

我认为，《〈民事诉讼法〉解释》第 383 条第 1 款第 1 项规定，体系上与《民事诉讼法》第 205 条规定② 相悖，实质上剥夺了当事人在再审申请被驳回后以新证据等事由再度申请再审的权利，不利于维护公平正义。按该项规定，若当事人在判决生效后六个月内以基本事实缺乏证据

---

① 沈德咏主编：《最高人民法院民事诉讼法司法解释理解与适用（下）》，人民法院出版社 2015 年版，第 1013 页。

② 《民事诉讼法》第 205 条规定：当事人申请再审，应当在判决、裁定发生法律效力后六个月内提出；有本法第 200 条第 1 项、第 3 项、第 12 项、第 13 项规定情形的，自知道或者应当知道之日起六个月内提出。

证明或法律适用错误为由，申请人民法院再审，人民法院应会驳回再审申请，此后即使当事人取得足以推翻原审裁判的新证据，或者知悉原审裁判的主要证据系伪造，或者据以作出原审裁判的法律文书被撤销，甚至发现原审法官贪污受贿枉法裁判，均无法向法院申请再审，只能向检察院申请监督。这种情况，显然不是中国人民欲求的法治理想样态。

虽然，根据《民事诉讼法》第 209 条规定，即使法院不再受理当事人根据新证据等事由再度申请再审，当事人可以向检察院申请监督，但按民事权利之 3+1 救济原则 ①，当事人之新证据等再审事由，应当先由法院审查，未受支持时可再向检察院申请监督。如果法院对新证据等再审事由不予受理，直接推给检察院，无疑剥夺了当事人一次程序权利。

综上，《〈民事诉讼法〉解释》第 383 条第 1 款第项宜修改为：再审申请被驳回后当事人再次提出申请的，人民法院不予受理，但当事人根据《民事诉讼法》第 200 条第 1 项、第 3 项、第 12 项、第 13 项提出申请的除外。

---

① 当事人可向法院提起一审、二审、再审，是为 3；可向检察院申请监督，是为 1。两者相加，合称 3+1。

第 16 章
传销骗钱不用还　无辜下线任心寒?

——陈秀芳与李玫委托理财纠纷案 ①

陈秀芳委托李玫炒外汇，李玫收到陈秀芳款项后并未用于炒外汇，陈秀芳遂要求李玫返还款项，从而产生本案纠纷。

"毕络世"项目

陈秀芳于 2015 年 3 月 20 日向李玫转款 32 万余元。李玫陈述收到陈秀芳向其转款 32 万余元，已用该 32 万余元购买电子币并参加了"毕络世"项目，投资金额为 5 万美元。

成都高新法院一审查明，"毕络世"投资项目以投资炒汇可获月息 6%—14% 的投资回报为诱饵，招揽投资者成为其会员。会员按投资数额，分为 1000 美元、1 万美元、5 万美元共三档。全体会员按一定顺序组成层级，各自发展代理商及下线会员。"毕络世"项目因涉嫌组织、领导传销活动罪及非法吸收公众存款罪，正被公安机关立案侦查。

"毕络世"项目运营期间，2014 年 9 月前的投资款直接转入"毕络世"

① 详细案情可参见成都中院（2019）川 01 民终 14159 号民事判决书。

公司提供的个人银行卡。2014 年 9 月至 2015 年 5 月期间,投资平台多次关闭,无法提取现金。至 2015 年 6 月,"毕络世"公司投资平台关闭。

2014 年 9 月至 2015 年 6 月期间,犯罪嫌疑人在明知"毕络世"公司网站关闭、投资款无法提现情况下,为稳定下线投资人员,转移代理商和下线参与人的矛盾,推广参与投资会员进行"对冲"。即上线投资人可以将本人名下电子币转让给新发展下线会员,下线会员相应数额投资款则由上线个人占有。

公安机关侦查证据证明,"毕络世"投资会员名单中有李玫和陈秀芳,陈秀芳的客户号为"CN×××A",其账户余额为 26 万余元。

成都高新法院一审认为,本案案由应为委托理财合同纠纷。陈秀芳主张双方口头约定陈秀芳委托李玫代为投资理财,但李玫收款后并未实际投资;李玫主张所收款项已全部进行了投资。故李玫应就已将款项实际用于投资以及投资金额承担举证证明责任。

李玫主张已用于投资"毕络世"项目的款项数额为 32 万余元。本案证据显示,陈秀芳和李玫均为"毕络世"会员,陈秀芳向李玫转账金额与李玫主张其代陈秀芳向"毕络世"投出的 5 万美元金额基本相当,且该行为符合公安机关查明的 2014 年 9 月至 2015 年 6 月期间"毕络世"会员之间进行所谓"对冲"的电子币买卖交易模式。

虽因"毕络世"系统关闭,李玫无直接证据证明电子币已转入陈秀芳的"毕络世"账户,但陈秀芳已成为"毕络世"会员,故高新法院认为李玫所举证据已达到高度盖然性标准,可以证明陈秀芳已享有投资款对应的电子币的财产权益,李玫已将陈秀芳款项实际进行投资。

但对于实际投资数额,本案证据显示陈秀芳在毕络世的账户余额仅为 26 万余元,故法院仅认定实际投资数额为 26 万余元,李玫应返还 61576.6 元。对于已实际投资的资金,现因"毕络世"项目涉嫌犯罪,无法兑现投资权益,陈秀芳主张李玫返还款项于法无据,高新法院不予支持。

据此，成都高新法院一审判决：一、李玫于判决生效之日起十日内一次性向陈秀芳归还 61576.6 元及利息；二、驳回陈秀芳全部诉讼请求①。

陈秀芳不服一审判决，向成都中院上诉，请求改判李玫返还陈秀芳全部投资款 32 万余元。

成都中院认为，陈秀芳上诉主张李玫将案涉款项挪作己用未实际进行投资，应承担还款责任。从本案事实来看，陈秀芳陈述其委托李玫炒外汇，但并未举证证明双方明确约定了具体的投资理财项目。

李玫辩称其将案涉款项用于了帮陈秀芳投资"毕洛世"项目，而李玫提交的新疆乌鲁木齐市公安局起诉意见书可表明，2014 年 9 月至 2015 年 6 月期间，"毕络世"会员之间存在所谓"对冲"的电子币转让交易模式；同时李玫提交的陈秀芳在"毕络世"项目下的客户号为"CN×××A"并拥有账户余额 26 万余元的明细表系基于公安机关提取之材料，具有证据效力，可证明陈秀芳已成为"毕洛世"客户；一审据此认定李玫证据已达到高度盖然性标准、可证明李玫已将陈秀芳款项中 26 万余元实际进行投资并无不当。

李玫主张明细表中账户余额 26 万余元是美元，但该明细表中账户余额的币种并不明确，且李玫亦未对此提起上诉，应视为其认可一审判决内容。

综上，陈秀芳上诉请求不能成立，应予驳回；一审判决认定事实清楚，适用法律正确，但一审判决判项内容存在笔误，应予纠正。故，成都中院二审判决：一、维持一审判决第一项；二、撤销一审判决第二项；三、驳回陈秀芳其他诉讼请求。

---

① 应为"驳回陈秀芳的其他诉讼请求"，但判决书原文如此，本书未作改动。

申请再审

陈秀芳不服二审判决，申请再审再审申请书主要内容如下：

一、原审法院判决逻辑

原审法院之判决逻辑如下：

（一）陈秀芳向李玫转款约 32 万余元，李玫本应将该 32 万余元汇入"毕络世"公司账户；

（二）"毕络世"公司传销模式资金链断裂难以为继，故推出所谓对冲模式，即上线投资人可以将本人名下电子币转让给新发展下线会员，将收取的投资款由个人占有；

（三）李玫系陈秀芳之上线，其将名下 26 万余元电子币存入陈秀芳账户后，可自行占有陈秀芳 26 万余元；

（四）"昌吉市美华新茂商贸有限公司（冯媛）账户明细表"（简称"毕络世"公司明细表）载明"陈秀芳"名下尚有余额 26 万余元，说明李玫确已将名下 26 万余元电子币转入陈秀芳账户，相当于李玫把陈秀芳汇来款项已"投出去"26 万余元，故其有权占有陈秀芳汇来款项中的 26 万余元；

（五）既然李玫收了陈秀芳 32 万余元，"投出去"26 万余元，说明有 6 万余元未投出，故判决李玫返还陈秀芳 6 万余元。

下文将逐一论证，原审法院之判决逻辑完全不能成立。

二、传销所得绝对不应受到法律保护

根据《刑法》《刑事诉讼法》《禁止传销条例》等法律法规，传销所得绝对不应受到法律保护，必须返还受害人。

李玫自己提交的冷凤阁、刘炜婷等人涉嫌组织领导传销活动罪一案之起诉意见书、"毕络世"公司明细表等刑案证据材料，已足说明"毕络世"公司涉嫌传销犯罪；但原审法院一方面认可李玫系冷凤阁、刘炜婷等组织领导传销活动的重要节点之一，另方面却认可李玫以所谓对冲模式收取"传销所得"，认可李玫用虚拟的电子币换取陈秀芳的真金白银，实在让人无比震惊。

陈秀芳认为，即使李玫个人因未满足犯罪构成要件而未被刑事追究，但也绝不说明其在传销活动中取得的财产应受法律保护。

实际上，假若李玫确实把陈秀芳的钱汇给了"毕络世"公司，则因"毕络世"公司已涉嫌犯罪被警方立案侦查，故依法陈秀芳只能在刑事程序中向"毕络世"公司索赔。但李玫未把钱汇给"毕络世"公司，而且李玫也未被刑事追究，这种情况下李玫显然应当把陈秀芳转给她的 32 万余元全部返还给陈秀芳。原审法院置如此显而易见的自然法理于不顾，居然认可李玫以所谓对冲模式收取 26 万余元"传销所得"，无异于对违法分子的贴心保护，对合法权利的肆意践踏。

三、陈秀芳向李玫转款 32 余万元系李玫欺诈所致，原审法院保护李玫之欺诈行为实属逆法悖理

原审法院认定：2014 年 9 月至 2015 年 6 月期间，犯罪嫌疑人明知"毕络世"项目投资平台多次关闭，投资款无法提现，为稳定下线投资人员、转移代理商和下线投资参与人的矛盾，推广"对冲"模式进行电子币交易。

也就是说，原审法院已查明这样一个事实：传销上线们明知投资平台濒临崩溃风险，仍不停欺骗新韭菜来充当下线。

2014 年 9 月"毕络世"公司就已出现多次关闭差点崩盘，且李玫明知该事实，其却仍在 2015 年 3 月以较高回报为诱饵欺骗陈秀芳投资，然后在占有投资款后即失联，既未向陈秀芳交付投资合同，亦未

向陈秀芳反馈投资进展，更从未告知陈秀芳在所谓"毕络世"公司有账户。

可见，李玫实属明目张胆的欺诈，陈秀芳显属被欺骗的最底层下线（陈秀芳自己没有任何下线，只有上线；陈秀芳亦不可能在知情情况下参与传销活动，事后才知自己被动当了"下线"）。但是，原审法院在查明李玫欺诈事实情况下，仍悍然保护一个骗子，实在让人民群众无比寒心、糟心、伤心。

基于刑法谦抑性，李玫逃脱了刑法制裁，但在民事法律领域若对其行为予以肯定，无异于变相鼓励违约、纵容非法获利，怂恿人们参与非法传销活动，显然于法不符，于理不通。

综上，前述两点理由足以说明原审判决适用法律确有错误，本案符合《民事诉讼法》第200条第6项之再审条件。

四、原审法院认定陈秀芳在"毕络世"公司账户内尚有余额26万余元，该"认定事实"缺乏证据支撑，本案触发《民事诉讼法》第200条第2项规定之再审条件

李玫在一审时提交了"毕络世"公司明细表，拟证明其已将名下26万余元电子币转入了陈秀芳账户，故其有权占有陈秀芳汇来款项中的26万余元。但是，该证据不能达到李玫证明目的，理由如下：

首先，"毕络世"公司明细表上虽盖有福建明溪县公安局内设之经侦大队公章，但该明细表本身系人为主观制作图表，制作主体不明，且未经庭审质证，不属生效裁判确认事实，不应作为本案定案证据。

其次，"毕络世"公司明细表仅包含"陈秀芳"三字，并无公民身份号码、护照号码等可作唯一识别的个人信息，不能说明该明细表中"陈秀芳"即为本案再审孙东阳。事实上，在中国裁判文书网上，输入

"陈秀芳"三字，查得若干案件之当事人均叫陈秀芳，但均非本案之陈秀芳。

最后，李玫亦未提供任何证据证明陈秀芳向其转款的 32 万余元与"毕络世"公司明细表中所谓余额"261123.4 元"有任何现实联系或对应关系。事实上，李玫在一审、二审中均反反复复称该明细表"陈秀芳"账户下之 261123.4 元系美元，价值约人民币 180 万元；而陈秀芳总共只向李玫转款人民币 32 万余元，可见李玫自己都认可该明细表之余额 261123.4 元与本案再审申请人陈秀芳没有关系，原一、二审法院却均认定该 261123.4 元系陈秀芳之账户余额，实属"欲加之罪"。

五、李玫收取案涉款项后径行挪作私用，罔顾受托义务，违背诚实信用原则，依法应给予否定评价

从李玫自己提交的借记卡账户历史明细清单可以很明显地看出，李玫在 2015 年 3 月 20 日收取陈秀芳 322700 元后即向案外人李燕转款 21 万元，向李玫本人其他账户转款 4 万元，剩余款项被其全部挥霍；李玫在庭审中亦对该等转款事实自认不讳，充分证明李玫将陈秀芳的款项挪作己用。

李玫收取款项后一直未向陈秀芳反馈任何投资进展，也未向陈秀芳交付任何投资账户，反而长期失联；且在陈秀芳主动联系她时，以拒接电话等方式逃避躲藏，再证其挪用为实、骗钱心虚。

综上，陈秀芳听信李玫吹嘘可代炒外汇挣钱，故委托李玫投资外汇理财，并向李玫转款人民币 32 万余元用于投资，谁知李玫违背诚实信用原则，非法侵占受托款项，致陈秀芳生活岌岌可危。为维持基本生计，奉养高堂老母，陈秀芳恳请再审法院纠正原审法院之错谬判决，支持全部再审请求。

申再被驳

四川高院审查认为，陈秀芳所提理由与一审起诉理由、二审上诉理由基本一致，一、二审判决已将其作为争议焦点，详细阐释了不予支持理由，该院予以认同，不再赘述。原判认定事实清楚，适用法律正确。陈秀芳的再审申请不符合《民事诉讼法》第200条第2项、第6项规定情形，故裁定驳回陈秀芳再审申请。

申抗未果

陈秀芳不服四川高院再审审查裁定，向成都市检申请抗诉。成都市检审查认为，案件不符合监督条件。理由如下：

"因双方均认同陈秀芳与李玟系委托代理关系，陈秀芳应当证明李玟在从事代理事项时存在过失，否则后果应当由陈秀芳承担，陈秀芳的损失可通过向新疆乌鲁木齐司法部门申告被害人取得救济。陈秀芳如认为应当由李玟承担损失，应当举证证明李玟在'毕络世'传销网络中的地位，证明李玟基于其参与的不法活动而对陈秀芳实施欺诈。

"陈秀芳如认为李玟并未依据其指示进行投资，而是非法占有了自己交付的款项，可向公安机关报案。

"综上，根据《民事诉讼监督规则》第90条之规定，本院决定不支持陈秀芳的监督申请。"①

---

① 读者若觉得成都市检不支持监督申请的理由逻辑不通，系因原文引用，并非本书改动。

前沿思考

一、陈秀芳是否需举证证明李玫在从事代理事项时存在过失

成都市检认为,陈秀芳应当证明李玫在从事代理事项时存在过失,否则后果应当由陈秀芳承担,陈秀芳的损失可通过向新疆乌鲁木齐司法部门申告被害人取得救济。但,一方面,陈秀芳已举证证明李玫并未将全部 32 万余元投资款投出一分一毫,[①] 足证李玫存在重大过错;另一方面,因毕络世公司并未实际收到陈秀芳投资款,新疆乌鲁木齐司法机关亦未将陈秀芳列为刑事被害人,故陈秀芳无法以刑事被害人身份取得救济。成都市检认为陈秀芳可申告被害人取得救济,无异于指给了陈秀芳一条缘木求鱼之路。

二、陈秀芳是否需举证证明李玫实属欺诈

成都市检认为,陈秀芳应当举证证明李玫在"毕络世"传销网络中的地位,证明李玫基于其参与的不法活动而对陈秀芳实施欺诈。

笔者认为,一方面,成都市检认为陈秀芳应负该等举证义务,缺乏法律依据,陈秀芳仅需举证其将 32 万余元款项交给李玫即可,将款项实际投出的举证义务应由李玫承担;另方面,原审法院已查明,李玫参与非法传销或非法吸存,系陈秀芳上线,其在明知投资款项有去无回情况下仍欺骗陈秀芳投资,欺诈事实毋庸置疑。故,成都市检该项不支持监督申请理由不能成立。

---

① 对冲模式不能视为李玫投出部分投资款,否则无异于保护违法犯罪所得。

三、陈秀芳是否还可通过刑事控告方式向李玫追索

成都市检不支持陈秀芳监督申请还有一个理由，即"陈秀芳如认为李玫并未依据其指示进行投资，而是非法占有了自己交付的款项，可向公安机关报案。"但是，本案之产生，即系陈秀芳认为李玫非法占有了自己交付款项。在已经有民事生效判决情况下，成都市检却认为陈秀芳仍可向公安机关提起刑事控告①，其思维逻辑让人不解。

假若陈秀芳真向公安机关提起刑事控告，公安机关至少有两个理由将陈秀芳的控告拒之门外。其一，已有生效民事判决，说明案件属经济纠纷，公安机关不能动用刑事手段插手本属民事案件的经济纠纷；其二，该生效民事判决查明，李玫已将大部分款项通过对冲模式"投出"，说明李玫没有非法占有之犯罪故意。

而且，因为陈秀芳没有证据证明曾要求李玫在特定时间内投资于特定项目，针对民事判决认为尚未投出的6万余元，李玫完全可辩称尚在等待合适时机及合适项目，不能因其"暂未"投出而认定其有非法占有故意从而构成诈骗类犯罪。

综上，从法律上说，非法传销或非法吸存之违法犯罪所得确不应保护，无辜下线权益应当受到保护。故，本案原审判决值得商榷，检察机关抗诉为佳。

---

① 成都市检称陈秀芳可"报案"，但实际应为可"控告"。一般来说，不知道犯罪嫌疑人情况下，案外人或受害人向公安机关等寻求法律救济，可谓"报案"；知道犯罪嫌疑人情况下，受害人向公安机关等寻求法律救济，宜称"控告"。

第 17 章
天降判决欲执行　幸有抗诉正义临
——孙东阳与郭健强咨询所委托合同纠纷案 ①

孙东阳是一个中国朝鲜族老年人，平日安分守己，没招谁惹谁，某日却突遭天降判决，令其惶恐不已。

天上掉判决

2018 年 6 月 28 日，年过六旬的孙东阳一个人坐在家中，下午 5 点多，辽宁省沈阳市皇姑区人民法院（简称皇姑法院）执行法官突然来到孙东阳家中，要求孙东阳遵照败诉判决，立即向沈阳市皇姑区郭健强法律咨询事务所（简称郭健强咨询所）支付 30 多万元法律服务费。孙东阳一听如五雷轰顶，摸不着头脑：自己根本未和郭健强咨询所这个申请执行人打过交道，从未当过被告打过官司，也从未有人通知他开庭，现在法院突然要执行他，这是什么情况？

通过调阅判决书，孙东阳才知道，2017 年 6 月，郭健强咨询所向皇姑法院起诉，称曾和孙东阳签署《法律服务协议书》，其现已完成协

---

① 详细案情可参见沈阳中院（2019）辽 01 民再 243 号民事判决书。

议约定的委托事项，故要求孙东阳按协议支付法律服务费用本息合计40万元。经缺席审理，皇姑法院于2017年11月20日作出判决，判令孙东阳及其配偶孙文凤支付法律服务费本息合计34余万元。2018年3月，应郭健强咨询所申请，孙东阳被皇姑法院列为被执行人。

借款收不回

孙东阳压根没和郭健强咨询所签什么法律服务协议，只认识一个叫郭健强的自称律师的人？这郭健强咨询所和"郭健强律师"有什么关系呢？

事情得从多年前说起。

2006年1月12日，孙东阳把辛苦攒下的积蓄人民币30万元借给姜某解燃眉之急，约定1年后还款，却不曾想姜某迟迟不还，这样一拖再拖，拖了4年之久后孙东阳想通过法律途径收回借款。

2010年1月，孙东阳在皇姑法院周围寻求法律咨询时，见郭健强开设的咨询所门面上巨大的"郭律师咨询""郭律师代书代理"招牌，以为郭明承是正规执业律师，遂进入店面咨询。

咨询中，郭健强反复自称系执业二十余年的律师，办案经验十分丰富，可为孙东阳顺利追回案涉借款及利息。郭健强说先给1万元律师费，执行回款后，孙东阳将扣除本金后的全部利息的一半作为律师费支付给郭健强。孙东阳一听"郭律师"这么有把握，尽管律师费比其他铺子里的律师高出一倍，但为了能拿回本金，孙东阳还是与郭健强签订了《法律服务协议书》。合同签订当天，孙东阳按约支付1万元律师费。

欠债还钱天经地义，孙东阳诉姜某民间借贷案，不出意外地拿到法院胜诉判决。根据孙东阳与郭健强签订的协议，郭健强还应继续代理执行阶段，直至收回借款。可是查封的被执行人房产一直没有拍卖变现，收回借款一事迟迟没有进展。孙东阳问了郭健强好几次，郭健强都说被执行人房屋里住着老年人，没办法强制把人轰出去。后郭健强因个人原因，没有再继续跟进执行。

心急如焚的孙东阳眼看赢了官司却拿不到钱，郭健强也撒手不管，于是决定更换代理律师。更换代理人后，因被执行人房产抵押情况复杂，经过几番周折、数次谈判，时间又拖了 6 年，孙东阳与姜某于 2016 年达成执行和解，其后孙东阳申请终结执行。

实际上，真正帮孙东阳达成执行和解的代理人已是第三任代理人，与郭健强无关，故孙东阳认为郭健强无权收取律师费。因此，执行终结后，孙东阳未与郭健强有过联系。不成想，郭健强悄无声息地以郭健强咨询所名义起诉孙东阳，在孙东阳毫不知情情况下，判决已生效，现在已进入执行程序。

仓皇再审路

孙东阳不服皇姑法院判决，向沈阳中院申请再审。孙东阳一方认为本案触发《民事诉讼法》第 200 条第 2 项、第 3 项、第 6 项、第 9 项、第 10 项规定之再审事由，详述如下：

一、孙东阳与郭健强咨询所从未签署过《法律服务协议书》，郭健强咨询所提交的《法律服务协议书》这一关键证据系伪造而成，原审判决认定孙东阳与郭健强咨询所签订《法律服务协议书》这一基本事实缺乏证据证明，本案触发《民事诉讼法》200 条第 2 项、第 3 项之再审事由

（一）郭健强咨询所提交协议系伪造生成，不应作为证据采信

1. 孙东阳系与郭健强个人签署《法律服务协议书》

孙东阳所持协议书原件显示，孙东阳系明确委托郭健强个人代理

诉讼业务，从未委托过郭健强咨询所。双方在协议首部明确约定："委托人孙东阳（以下简称甲方）……请求受托人郭健强（律师资格证号：219665070118，以下简称乙方）提供法律帮助……"

与此相对应，协议尾部落款处由郭健强亲笔签名再次确认其个人作为乙方接受委托。协议全文并无任何内容提及郭健强咨询所，亦未加盖"沈阳市皇姑区郭健强法律咨询事务所"公章。

2. 郭健强咨询所提交至皇姑法院的协议落款处莫名其妙地加盖有公章

原审审理中，郭健强咨询所提交了一份名为《法律服务协议书》的文件，该协议书落款除甲方处有打印及手写之"孙东阳"字样，乙方处有打印及手写之"郭健强"字样，另盖有"沈阳市皇姑区郭健强法律咨询事务所"公章。原审法院据此认定孙东阳与郭健强咨询所签订服务协议成立合同关系，进而判决孙东阳按约支付法律服务费。

孙东阳当时与郭健强个人签署了两份《法律服务协议书》，一份郭健强留存，一份孙东阳留存。但，无论如何，孙东阳未与郭健强咨询所签署任何协议。

唯一可能就是，郭健强本来想逃税故而以个人名义签署合同，后又担心诉讼主体不适格故在起诉前加盖了其担任经营者之咨询所公章。印章与打印文字之形成时间可以鉴定，一旦鉴定则真相大白。

（二）原审判决认定孙东阳与郭健强咨询所签订《法律服务协议书》这一基本事实缺乏证据证明

《〈民事诉讼法〉解释》第 91 条规定："主张法律关系存在的当事人，应当对产生该法律关系的基本事实承担举证证明责任。"

据此，郭健强咨询所主张与孙东阳之间存在合同关系，应当由郭健强咨询所承担举证责任，但其除伪造之服务协议外，并未提交其他任何证据证明。

而且，郭健强咨询所诉称其接受委托后全程提供了诉讼代理业务，但其所谓代理的沈阳和平法院（2011）沈和民四初字第 69 号、沈阳中院（2011）沈中民三终字第 714 号、沈阳和平法院（2012）沈和民四初重字第 1 号以及沈阳中院（2014）沈中民三终字第 372 号共四案 ① 中，孙东阳的委托代理人均为郭健强个人，与郭健强咨询所并无瓜葛；而且，在沈阳和平法院重审一审 ② 时，郭健强身份为沈阳水源建设集团法律顾问，与郭健强咨询所更是风马牛不相及。

（三）原审判决认定孙东阳取得了 60 余万元利息这一基本事实缺乏证据证明

郭健强咨询所在本案起诉状中声称孙东阳在郭健强代理的孙东阳与姜某民间借贷案中通过执行和解取得 55 万元款项，但其未提交任何证据证明该主张，原审法院仍认定孙东阳获得 60 余万元利息，故郭健强咨询所可分取近 30 万元法律服务费，实在让人震惊。

事实上，原审法院认定的 60 余万元利息只是其根据孙东阳与姜某民间借贷案判决书计算的孙东阳可能获得的利息，但可能获得不等于实际获得。奉劝原审法院，要想知道可能获得和实际获得之间距离有多远，不妨看看这世界理想有多丰满，现实又有多骨感！

二、无论郭健强个人抑或郭健强咨询所均未取得律师执业或法律服务行政许可，依法不得从事诉讼代理业务；原审判决认定双方所签协议合法有效并适用《律师服务收费管理办法》属适用法律严重错误，触发《民事诉讼法》200 条第 6 项之再审事由

（一）《法律服务协议书》违反法律强制性规定应属无效

1. 郭健强冒用律师名义代理诉讼，服务协议因违反法律强制性规定

---

① 即孙东阳与债务人姜某因民间借贷纠纷产生的一审、二审（裁定发回重审）、重审一审、重审二审四案。

② 沈阳和平法院（2012）沈和民四初重字第 1 号。

而无效

《律师法》第 13 条规定："没有取得律师执业证书的人员，不得以律师名义从事法律服务业务；除法律另有规定外，不得从事诉讼代理或者辩护业务。"

郭健强既未取得律师执业证书，亦非基层法律服务工作者，但《法律服务协议书》首部赫然载明"受托人郭健强（律师资格证号：219665070118）"，显见其系冒用律师名义诱骗孙东阳委托其代理诉讼业务，已经违反《律师法》之禁止性规定。

因此，依据《合同法》第 52 条第 5 项之规定，《法律服务协议书》因违反法律强制性规定而无效。

2. 法律严格禁止个人从事有偿诉讼代理服务

最高人民法院 2010 年 9 月 16 日答复重庆高院《关于公民代理合同中给付报酬约定的效力问题的请示》时明确："未经司法行政机关批准的公民个人与他人签订的有偿法律服务合同，人民法院不予保护。"

司法实践中，江苏高院（2016）苏民申 2760 号、辽宁阜新中院（2017）辽 09 民终 1056 号、江苏南京中院（2013）宁商终字第 286 号等案均以公民个人未经批准不得从事有偿法律服务为由判决案涉法律服务合同无效。事实上，以"公民有偿法律服务"为关键词搜索到的所有案例，法院均判决相关法律服务合同无效，无一例外。

因此，郭健强作为公民个人未经批准与孙东阳签署有偿法律服务协议，依法应属无效。

3. 即使非要认定孙东阳与郭健强咨询所签署了法律服务协议，该协议仍属无效

郭健强咨询所虽然有工商行政管理部门颁发的营业执照，但是该营业执照并未赋予其从事有偿诉讼代理业务的资质，仅允许其从事"法律信息咨询（法律、行政法规规定禁止的除外）服务（依法须经批准的项

目，经相关部门批准后方可开展经营活动）"。

而《法律服务协议书》第 1 条却约定：乙方代理仲裁或诉讼（含一审、二审）及代为申请执行……"

《最高人民法院关于适用〈中华人民共和国合同法〉若干问题的解释（一）》第 10 条规定，违反国家限制经营、特许经营以及法律、行政法规禁止经营规定订立的协议无效。据此，郭健强咨询所提交之法律服务协议亦属无效。

如果郭健强咨询所可以从事诉讼代理业务，为何要费尽心思利用郭健强个人身份甚至沈阳水源建设集团法律顾问身份来代理案件？由此可见，郭健强咨询所明知其不能代理诉讼业务，而想尽办法意图规避法律规定，可谓用尽心机。

（二）郭健强咨询所不是律师事务所，本案适用《律师服务收费管理办法》实属错误

司法部《律师服务收费管理办法》第 2 条明确规定："依照《中华人民共和国律师法》设立的律师事务所和获准执业的律师，为委托人提供法律服务的收费行为适用本办法。"

原审法院已经查明郭健强咨询所并非依法设立的律师事务所，仍执意适用《律师服务收费管理办法》审理本案，实属严重错误。

三、原审法院未经传票传唤即缺席审理判决，公告后临时变更开庭地点，郭健强咨询所变更诉讼请求后未向孙东阳孙文凤重新送达，非法剥夺孙东阳孙文凤辩论权利，种种程序严重违法，触发《民事诉讼法》200 条第 9 项、第 10 项之再审事由

（一）原审法院未穷尽送达方式便径行公告送达实属严重违法

《民事诉讼法》第 92 条规定，受送达人下落不明，或者用本节规定的其他方式无法送达的，公告送达。

《最高人民法院关于进一步加强民事送达工作的若干意见》第15条明确规定:"要严格适用民事诉讼法关于公告送达的规定,加强对公告送达的管理,充分保障当事人的诉讼权利。只有在受送达人下落不明,或者用民事诉讼法第一编第七章第二节规定的其他方式无法送达的,才能适用公告送达。"

但,郭健强咨询所交至皇姑法院的《法律服务协议书》《民事起诉状》上清楚写着孙东阳的两个手机号和孙文凤的手机号,[①]郭健强明知孙东阳居住地址(即本申请书首部列明之住所,郭健强代理孙东阳与姜某民间借贷案时曾以该地址对应房产作为担保财产向法院申请财产保全),郭健强亦明确认可其知道孙文凤在成都的住所,原审法院却在未穷尽直接送达、邮寄送达等手段情况下,径行采用公告方式送达起诉状副本、应诉通知书、开庭传票等文书,致使孙东阳孙文凤在毫不知情的情况下"被诉讼、被判决",直到现在被通知执行才知道有此一案,原审法院可谓严重违反程序正义。

(二)原审法院临时变更开庭地点,实际开庭地点与公告内容不符

原审法院于2017年7月19日发布在《辽宁法制报》的公告中称"……定于举证期满后第3天上午9时(遇法定假日顺延)在本院313法庭公开开庭审理",但2017年10月20日开庭当天原审法院却将地点变更至405法庭(详见原审庭审笔录)。

(三)郭健强咨询所举证期满后才变更诉讼请求,原审法院未依法驳回亦未重新送达孙东阳,实属程序严重违法

《最高人民法院关于民事诉讼证据的若干规定》[②]第34条第3款规定,当事人增加、变更诉讼请求或者提起反诉的,应当在举证期限届满

---

① 郭健强也知道孙东阳女儿的移动电话号码。

② 法释〔2008〕18号。

前提出。

郭健强咨询所于开庭前 1 日即 2017 年 10 月 19 日才向原审法院提交一份变更诉讼请求申请书，但原审法院并未依据前述规定予以驳回。

即使原审法院准予其变更诉请，亦应依法重新向孙东阳孙文凤送达，但其漠视法律规定径直审理该项诉讼请求，实为纵容郭健强咨询所实施"诉讼突袭"，剥夺孙东阳孙文凤依法行使答辩、抗辩等辩论权利。

综上，原审判决种种违法可谓触目惊心，令人叹为观止。习总书记要求司法机关让人民群众在每一个案件中感受到公平正义，但孙东阳在本案中却只感到透彻骨髓的阵阵寒意。为正本清源，维护法权，孙东阳现依法申请沈阳中院提审本案并依法改判。

沈阳中院审查认为：

1. 孙东阳提出有新证据足以推翻原审判决不能成立

孙东阳提交法《律服务协议书》一份，用于证明与孙东阳签订法律服务协议的是郭健强个人而非郭健强咨询所，但该份协议没有孙东阳签名，且针对原审中郭健强咨询所提交的《法律服务协议书》中孙东阳的签名，孙东阳亦未对真实性提出异议，故孙东阳提交的该份证据不足以否定郭健强咨询所提交的《法律服务协议书》，其提交的其他证据亦不足以推翻原审判决，故其该项再审事由不成立。同时，孙东阳以此主张原审认定事实的主要证据即郭健强咨询所提交的《法律服务协议书》系伪造的再审事由不充分，本院不予支持。

2. 孙东阳主张原判决认定事实缺乏证据证明不能成立

孙东阳主张原审法院认定其与郭健强咨询所签订了协议系认定事实错误，原审中，郭健强咨询所提交的《法律服务协议书》有双方当事人签字并加盖有郭健强咨询所公章，原审据此认定双方签订了该份协议有证据支持；依据双方协议中"胜诉后——在扣除原、被告双方实际借款本金 30 万元以上所得的利息部分，甲方则需再付相当于该利息部分的一半的法律服务费用"之约定，原审法院依相关胜诉生效判决数额确定郭健强咨询所费用有证据支持，孙东阳主张未执行到钱款的理由不足以证明原审认定事实错误，故孙东阳主张原判决认定事实缺乏证据证明之再审事由不成立。

3. 孙东阳主张原判决适用法律错误不能成立

孙东阳主张未取得律师执业证或者法律工作者证人员签署的有偿法律服务合同不应予以保护，经复查，本案郭健强咨询所系依法登记的个体工商户，其经营范围包括法律信息咨询服务，其依据双方自愿达成的民事合同向孙东阳主张法律服务费用，不属于公民个人代理案件收取诉讼代理费情形，但原审法院适用《律师服务收费管理》①中有关风险代理的规定亦有不妥，鉴于原审最终认定的法律服务费数额并未超过郭健强咨询所诉讼请求，故对于孙东阳该项再审事由不予支持。

4. 孙东阳主张剥夺当事人辩论权利及未经传票传唤缺席判决不能成立

经复查，原审已履行了送达义务并公告送达了相关法律文书，孙东阳该项再审事由不成立。

综上，沈阳中院于 2018 年 10 月 22 日驳回孙东阳再审申请。

艰辛抗诉路

孙东阳不服沈阳中院驳回再审申请裁定，向沈阳市皇姑区检察院（简称皇姑区检）申请抗诉。皇姑区检审查后，认为原审判决确有错误，遂向沈阳市人民检察院（简称沈阳市检）提请抗诉。沈阳市检审查

---

① 沈阳中院（2018）辽 01 民申 583 号民事裁定书原文如此，本书认为应为《律师服务收费管理办法》。

后亦认为原审认定基本事实缺乏证据证明，适用法律确有错误，遂向沈阳中院提出抗诉。

沈阳中院于 2019 年 6 月 18 日作出（2019）辽 01 民抗 19 号民事裁定，提审本案。2019 年 11 月 5 日，沈阳中院公开开庭审理本案。庭审中，双方唇枪舌剑，激烈攻防。

庭审结束后，孙东阳的律师向合议庭提交了代理词，主要内容如下：

一、孙东阳系与郭健强个人而非郭健强咨询所签署法律服务协议，故郭健强咨询所无权主张权利

（一）签约经过

法律服务协议的签署和履行都是郭健强一个人，直至 2018 年皇姑法院执行法官到孙东阳家里要求孙东阳履行判决，孙东阳看到法院文书才头一次听说郭健强咨询所，之前从未听过该咨询所。

郭健强称孙东阳到他铺子上签协议就应当知道是与咨询所签署，但是实际上当初孙东阳因与姜忠杰、姜艳民间借贷纠纷一案欲聘请律师，看到皇姑法院附近有一家铺子招牌为"郭律师咨询"才进去咨询；而且"郭律师咨询"牌匾下电子显示屏也不停滚动播出"郭律师执业 18 年以来……"，并未展示任何咨询所字样。凡此种种，都让孙东阳认为是去的"郭健强律师"的个人办公室。

（二）协议履行

孙东阳与姜艳、姜忠杰民间借贷案，郭健强每次均以个人名义出庭，看不出任何咨询所痕迹。郭健强称其实际以咨询所指派名义出庭，但法院在裁判文书上硬要记载为个人名义；但本代理人当庭所举 18 个案例文书以及庭后提交的 3 个案例文书均赫然写明"郭健强，郭健强法律咨询事务所主任"等字样，可见其公然当庭撒谎。事实证明，如果其向法院提交了郭健强咨询所指派函，法院一定会如实记入裁判文书；正因为其在代理孙东阳与姜艳、姜忠杰案时本就是以个人名义出庭，法院文书上才看不出咨询所之一丝一毫痕迹。

（三）郭健强咨询所主张孙东阳与其签署协议与事实不符

郭健强咨询所举出一份加盖公章的法律服务协议书，但该协议书系在孙东阳不知情情况下事后补盖，相当于郭健强咨询所自行伪造了该证据。

而且，《合同法》第41条规定：对格式合同的理解发生争议的，应当按照通常理解予以解释；对格式合同有两种以上解释的，应当作出不利于提供格式合同一方的解释。《消费者权益保护法》第8条、第9条也有类似规定。

郭健强在2019年11月5日庭审中反复自认案涉法律服务协议系其提供之格式合同，沈阳市检当庭所举证据也证实郭健强所涉多案法律服务协议内容基本一致，可见确属格式合同。据此，本案即使存在两份主体不一致的法律服务协议，也应作不利于提供方郭健强咨询所之理解。

至于郭健强主张所谓一体两面，作为咨询所经营者，他个人等同于咨询所，显属不懂法律不懂法理之强词夺理。郭健强这个自然人是单数的一个人，而咨询所是一个组织体；组织体的代表人以个人而非组织体名义对外缔约时，相关协议不能适用于组织体。照郭健强逻辑，郭健强这个自然人任何时候都代表咨询所，与咨询所合二为一，须臾不离，试问，郭健强生病就是咨询所生病吗，郭健强出国旅游就是咨询所出国旅游吗？

郭健强称知道2013年1月1日新《民事诉讼法》实施后公民个人不得代理诉讼，故其未再以个人名义代理诉讼；但其在2014年孙东阳与姜艳、姜忠杰案中仍以个人名义出庭，显见其歪曲事实、肆意说谎。

二、不论郭健强以个人还是咨询所名义对外签署有偿法律服务协议，因违反法律强制性规定，并系以合法形式掩盖非法目的，司法共识均认定无效

（一）法律依据

《律师法》第 13 条规定：没有取得律师执业证书的人员，不得从事诉讼代理或者辩护业务。

《民事诉讼法》第 58 条规定：只有律师和法律工作者才能有偿代理民事案件。

最高人民法院 2010 年 9 月 16 日在答复重庆高院《关于公民代理合同中给付报酬约定的效力问题的请示》时明确："未经司法行政机关批准的公民个人与他人签订的有偿法律服务合同，人民法院不予保护。"

最高人民法院在 2011 年出版的总第 47 辑《民事审判指导与参考》第 142—146 页再次强调：未经司法行政机关批准的公民个人与他人签订的有偿法律服务合同，人民法院不予保护。

《司法部关于公民个人未经批准不得从事有偿法律服务的批复》规定：除律师事务所、公证处、基层法律服务所和经司法行政机关批准的其它社会法律咨询服务机构外，其它任何单位和个人未经司法行政机关批准，均不得面向社会提供有偿法律服务。

司法部、工商总局《关于进一步加强法律服务管理有关问题的通知》规定：允许向社会提供法律服务并收取费用的，只有律师工作机构和经司法行政机关审批，并经工商行政管理机关核准登记，核发营业执照的法律咨询服务机构，其他任何机构不得向社会提供有偿法律服务。

（二）法理依据

司法部和国家工商总局曾指出，法律服务是一项严肃的法律工作，具有很强的政策性和专业性。法律服务工作直接关系到国家法律能否正确实施，关系到当事人合法权益能否得到切实保障，关系到社会稳

定。因此，各地司法行政机关和工商行政管理机关必须加强对法律服务工作的管理和监督，确保法律服务工作在国家集中统一管理下正常有序地进行。

（三）案例支撑

本代理人当庭提交的 20 个案例文书显示，针对未经司法行政机关批准的公民以个人或个体户等名义提供有偿法律服务的，全国各地法院一概不予保护。

（四）郭健强咨询所关于合同有效之抗辩不能成立

1.郭健强咨询所称最高人民法院针对重庆高院之批复系针对公民个人，而咨询所属个体户，不适用该批复。我们认为其说法不能成立。

其一，前述司法部批复和司法部与工商总局通知均明令，未经批准任何机构与个人均不得从事有偿法律服务。

其二，郭健强咨询所在回应孙东阳所持协议为何仅有郭健强个人签字时称个人与咨询所属一体两面，个人签字等于咨询所盖章；在可能面临无效裁判时又称咨询所不是个人，不适用最高人民法院批复。可见其自相矛盾，难自圆其说。

2.郭健强咨询所称其系免费代理诉讼，所收费用属咨询策划费及文书写作费，不是诉讼代理费；但实际上，郭健强为孙东阳提供法律服务的主要内容就是代理诉讼（含一审、二审）、代为申请执行、代书法律文书，这些都是诉讼代理的核心内容，本案法律服务协议确系有偿诉讼代理。

郭健强在法律服务协议中称诉讼代理免费，仅收取咨询策划费，该说法完全是恶意规避法律之狡辩，说明其明知不能从事有偿法律服务。

假若该说法成立，任何人都无需辛辛苦苦去考律师执照，只要办一个个体户执照，然后任何案子表面说免费代理，但却以咨询费、策划费、文书费等名义收取代理费，就可以轻飘飘地绕开号称天下第一难考的国家统一法律职业资格考试。

律师行业收费、服务等受到司法行政部门严格监管，每年还需提供法律援助，如果允许郭健强这样以个体户名义绕开司法行政部门对律师行业的监管却不受到法律的否定评价，无疑将对中国律师行业产生颠覆性破坏。

3. 郭健强咨询所称沈阳中院和辽宁高院个别案例已认定同类法律服务协议有效，故本案协议有效。该说法不能成立。

首先，郭健强咨询所所举案例均系咨询所签署，而本案系郭健强个人签署，两者不具可比性。

其次，个案裁判理由并非法律渊源，仅代表裁判者个人意见，不具有普遍法律约束力；且郭健强咨询所所举案例仅在裁判理由中阐述协议有效，并未在判决主文中确认协议有效，而裁判理由不具有拘束力。

再次，郭健强咨询所所举三个案例文书中两份系驳回申诉裁定书（其中一份系本案申请再审时产生），惟有一份判决书；司法实践中一般对驳回申诉类文书之裁判理由不予理会，但该唯一一份判决书却援引驳回申诉裁定书之裁判理由作出判决，实在有违司法规范。

复次，既然全国各地法院均认定本案同类之法律服务协议无效，说明司法实践已形成共识，本案不应独立于共识之外。

最后，作为中华人民共和国的地方法院，本案受诉法院应当按照全国人大法律和最高人民法院意见认定郭健强咨询所系以合法形式掩盖非法目的而恶意规避法律，从而认定案涉法律服务协议无效。

法治是最好的营商环境，东北振兴离不开优质的法治环境。希望本案法院至少从本案开始，向世人展示优良法治形象，展示对法律和法治的充分尊重；绝不能因郭健强咨询所而置法律规定于不顾，也不能明知其他裁判有错仍借鉴援引、一错再错。

三、即使非要认定协议有效，因孙东阳并未得到任何利息，郭健强咨询所主张服务费亦缺乏事实基础

（一）协议约定

《合同法》委托合同章规定完成委托事务可得报酬；孙东阳与郭健强所签法律服务协议约定郭健强须完成审判及执行程序。庭审查明，郭健强并未完成执行程序，故其无论如何无权主张报酬。

（二）协议解读

郭健强咨询所故意歪曲解读《法律服务协议书》第5条，主张应按判决金额计算利息的一半作为法律服务费。但该主张于法于理于情均不成立：

其一，《法律服务协议书》第5条明确约定孙东阳超出本金后所得利息的一半作为郭健强的法律服务费，且约定郭健强需代理执行程序；可见即使要计算法律服务费，也只能以孙东阳执行后所得到的金额来计算。

其二，郭健强咨询所在庭审答辩环节反复陈述法律服务协议书是其提供的模板；《合同法》第41条规定，对格式合同有两种以上解释的，应当作出不利于提供格式合同一方的解释。据此，在双方对法律服务费付款条件存在争议情况下，应当作出有利于孙东阳的解释。

其三，对于这类民间借贷纠纷，按照民间习惯，风险代理部分律师费均是以委托人收回款项的一定比例来收取；孙东阳本金只有30万元，且历经多年均未收回才欲委托律师起诉，不可能同意仅拿到判决书却还没收到钱的情况下就给郭健强30余万元律师费，郭健强咨询所对协议条款之解读明显违情背理。

（三）毫无利息

事实上，在郭健强表示没有办法推进执行后，孙东阳通过自己重新申请执行，直到2017年才拿到区区30.4万元。扣除本金和诉讼费后根

本没有一分钱利息，故郭健强咨询所主张法律服务费毫无依据。

（四）再论天理

郭健强咨询所称孙东阳在执行和解中单方面放弃了属于咨询所的50%利息，孙东阳应予赔偿；这种说法逆法背理、荒诞可笑，早已被最高人民法院等各级各类法院在各种裁判文书中严厉驳斥，此处不再赘驳。

中国人历来主张无功不受禄，郭健强未执行回一分钱，孙东阳重新申请执行历时约三年才得以执行和解，郭健强想摘取胜利果实，于法无据。其在 2016 年 1 月 29 日即提起仲裁要求孙东阳支付所谓法律服务费，当时孙东阳一分钱影子都未见到，老人家还在恢复执行程序中无比艰辛地四处奔忙。郭健强咨询所提起原审诉讼故意不告知孙东阳，然后在执行程序中查封孙东阳房产，拟将孙东阳老两口之唯一住房拍卖。可怜风烛残年之七旬老人，差一点就流离失所。可见，在郭健强眼里只有金钱，毫无理性。

四、一个欺诈客户、欺骗法庭、自我吹嘘、叨叨无序的伪律师，法律应予否定评价

沈阳市司法局出具证明显示郭健强既非律师，亦非法律工作者，但郭健强仍大言不惭称"郭律师"执业十八年有口皆碑；牌匾上斗大的"郭律师咨询"字样众目睽睽，郭健强故意误导之心可谓昭然若揭。

2019 年 11 月 5 日下午庭审时，郭健强公然宣称其曾取得律师执业证，因其为争取民主自由而参与学生运动，律师执业证被司法局收缴再未发还，但也从未吊销或注销；因此，其至今仍属合法执业律师。我们认为，郭健强如此公然为不法活动张目招魂，实在目无法律、目无法庭、逆胆包天，法官绝不可被其花言巧语大诈若善所欺骗。

综上，无论考虑政治效果、法律效果抑或社会效果，无论考察合同

主体、合同效力还是付款条件，原审判决均应撤销，郭健强咨询所诉请应予全部驳回。

抗诉终得直

沈阳中院再审审理后认为，本案争议焦点有三：其一，郭健强咨询所是否具有提起原审诉讼的主体资格；其二，案涉《法律服务协议书》是否合法有效；其三，孙东阳与孙文凤是否应该给付郭健强咨询所主张的法律服务费。就三个争议焦点，沈阳中院评述如下：

一、郭健强咨询所是否具有提起原审诉讼的主体资格

郭健强咨询所原审提交的《法律服务协议书》上有郭健强本人签字并加盖郭健强咨询所印章，孙东阳在该协议书上签字，对协议内容及本人签字的真实性均未提出异议，故郭健强咨询所作为原告提起本案诉讼并无不当。

孙东阳再审以未加盖郭健强咨询所印章的《法律服务协议书》主张合同相对人是郭健强而非郭健强咨询所。但，《民法通则》第 26 条规定："公民在法律允许的范围内，依法经核准登记，从事工商业经营的，为个体工商户。个体工商户可以起字号"。据此，个体工商户是取得工商经营资格的自然人。郭健强作为经营者，通过工商登记，取得个体工商户营业执照，系法律规定的个体工商户，郭健强咨询所系其作为个体工商户的字号。根据《〈民事诉讼法〉解释》第 59 条"在诉讼中，个体工商户以营业执照上登记的经营者为当事人，有字号的，以营业执照上登记的字号为当事人，但应同时注明该字号经营者的基本信息"之规定，郭健强咨询所作为原告向法院提起本案诉讼，符合法律规定。

二、案涉《法律服务协议书》是否合法有效

《律师法》第 13 条规定："没有取得律师执业证书的人员，不得以律师名义从事法律服务，除法律另有规定外，不得从事诉讼代理或者辩护业务"。依据该规定，诉讼代理业务属于法律特许经营业务，法律禁止没有取得律师执业证书的人员从事该业务。

郭健强咨询所与孙东阳签订《法律服务协议书》名义上是在经营范围内为孙东阳提供咨询、服务，但综观协议内容，从提供服务的内容、风险告知、服务费用计算方式到委托权限及相关责任的约定，均系围绕代理孙东阳就其与案外人民间借贷一案进行诉讼开展，实质从事的是诉讼代理业务；但郭健强咨询所未就此取得司法行政机关的审批，实际提供法律服务的经营者郭健强既不具备执业律师资格，也不符合《民事诉讼法》第 54 条关于公民从事民事诉讼代理的规定。故该协议书约定的法律服务因涉及公民从事诉讼代理业务，违反法律关于禁止未取得律师执业证书的人员从事诉讼代理业务的强制性规定，根据《合同法》第 52 条第 5 项规定，应属无效。

虽然郭健强咨询所抗辩称出庭代理诉讼免费，但其提供的法律服务主要系代理孙东阳进行诉讼，约定的法律服务费亦是基于该案胜诉后获取的利息分成，其诉请的法律服务费也是基于该案胜诉判决确认给付的利息计算的，可见该协议订立的目的实质上是通过代理孙东阳进行诉讼并胜诉以获取利益，事实上也是郭健强作为孙东阳的代理人参加了案涉协议约定的诉讼。故该抗辩不能成立。

三、孙东阳与孙文凤是否应向郭健强咨询所给付法律服务费

因案涉《法律服务协议书》无效，郭健强咨询所无权依据协议约定标准主张法律服务费。但考虑到郭健强咨询所及其经营者郭健强确实履行了协议约定的义务，付出了劳务，产生了一定的实际支出，孙东阳亦

享受到郭健强咨询所提供的法律咨询、服务并从郭健强的代理行为中实际获取了利益，应当支付必要的费用。故本院酌定由孙东阳、孙文凤支付郭健强咨询所46200元以弥补其实际支出，扣除孙东阳已支付的1万元，其应再向郭健强咨询所支付36200元。

综上，沈阳中院经院审判委员会讨论，判决：一、撤销沈阳皇姑法院（2017）辽0105民初5714号民事判决；二、孙东阳、孙文凤于本判决生效后十日内给付郭健强咨询所人民币36200元；三、驳回郭健强咨询所其他诉讼请求。

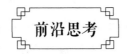

前沿思考

一、不具备律师执业证人员长期从事有偿诉讼代理业务司法行政机关应否查处

孙东阳了解到，郭健强有以下违法行为：

（一）虚构律师身份招揽业务

郭健强在其开设的店铺招牌赫然写明"郭律师咨询"字样，以此招揽案件。

（二）虚构法律工作者身份代理诉讼

郭健强在沈阳中院（2017）辽01民终8171号及（2015）辽中民四终字第00673号、沈阳市于洪区法院（2014）于民一初字第02055号等案中虚构法律工作者身份非法代理诉讼。

（三）虚构当事人工作人员身份代理诉讼

沈阳中院在审理（2018）辽01民终457号案中，查明郭健强在代理沈阳忠顺达金属材料有限公司（简称忠顺达公司）与四平市顺达彩板钢结构有限公司买卖合同纠纷一案时，明知根据法律规定其不能出庭代理诉讼，但其与忠顺达公司合谋虚拟郭健强为公司法律顾问代为参加诉讼。

另外，孙东阳还了解到，郭健强疑似长期主要在辽宁省以各种身份（如当事人法律顾问或工作人员等）代理民事、行政案件近百起。

《律师法》第 55 条规定："没有取得律师执业证书的人员以律师名义从事法律服务业务的，由所在地的县级以上地方人民政府司法行政部门责令停止非法执业，没收违法所得，处违法所得一倍以上五倍以下的罚款。"

据此，郭健强并非执业律师或法律工作者，但其虚构律师、法律工作者身份等，长期招揽代理诉讼业务以此营利，职业化倾向十分明显，其非法经营行为严重扰乱法律服务市场秩序，已经违反律师法等法律规定。孙东阳遂向司法行政机关举报，希望主管机关依法从严查处。

孙东阳先到沈阳市皇姑区司法局律管科，律管科说这归县级以上司法局管，他们区级单位没权限。孙东阳又到沈阳市司法局律管处，律管处先说他们只管执业律师的事情，假冒律师不归他们管；孙东阳又到沈阳市司法局法规处，法规处说这归律管处管。孙东阳再次找到律管处，谁知他们又说，郭健强注册了一个"郭律师"商标，是国家许可的"郭律师"，他们不好处理。

本书认为，即使郭健强持有"郭律师"商标，但其不持有律师执业证，却以律师名义执业，司法行政机关应予查处。

二、不具有律师执业证人员能否申请注册"×律师"商标

郭健强没有律师执业证，难道有一个"郭律师"商标就可以律师名义执业？如果注册一个律师商标就可以律师名义公然执业，数万人苦读多年通过艰难考试才拿到司法部统一颁发的律师执业证，岂不都像个傻子？早知这样注册个商标就行了，何必费力？如此这般，"郭教授""郭警官""郭医生""郭护士"等等，通过注册商标，就可开展相关专业

活动？

2019 年 1 月 14 日，孙东阳依据 2013 年《商标法》第 10 条、11 条及 44 条之规定，向国家知识产权局商标评审委员会提交对郭健强所持第 8762713 号"郭律师"商标之无效宣告申请书。

2020 年 4 月 16 日，国家知识产权局就孙东阳之申请作出《关于第 8762713 号"郭律师"商标无效宣告请求裁定书》，裁定对争议商标予以维持。2020 年 5 月 23 日，孙东阳收到国家知识产权局邮寄送达的裁定书。

我们认为，国家知识产权局维持郭健强所持第 8762713 号"郭律师"商标注册，难以服人，具体理由如下：

（一）郭健强并非律师却注册、使用"郭律师"商标，致使大量公众误认其为律师并委托其代理诉讼案件，严重扰乱法律服务市场秩序，国家知识产权局裁定认定事实错误

1. 郭健强注册"郭律师"商标并以商标为幌子，以律师名义招揽、代理案件，其行为已违法

郭健强无律师执业证，却于 2010 年 10 月 21 日申请注册商标"郭律师"；2011 年 11 月 28 日，该商标审核通过，核准服务类目为"调解；法律服务；法律顾问；法律研究；法律咨询；诉讼服务；知识产权监督；知识产权许可；知识产权咨询；仲裁。"

郭健强在沈阳市皇姑区岐山中路 120 号（沈阳皇姑法院旁边）开设铺面，铺面上有硕大字体反复写到"郭律师"，以此在法院门口公开大量招揽案件。郭健强本人既非执业律师，亦非法律工作者；其开设的郭健强咨询所仅系在工商局登记的个体工商户，根本未在司法行政机关取得从事诉讼代理业务之行政许可。

根据《律师法》第 2 条"本法所称律师，是指依法取得律师执业证书，接受委托或者指定，为当事人提供法律服务的执业人员"及第 13 条"没

有取得律师执业证书的人员，不得以律师名义从事法律服务业务；除法律另有规定外，不得从事诉讼代理或者辩护业务"等之规定，从事诉讼代理等法律服务需取得律师执业许可等法定资质，郭健强没有资质从事诉讼代理等相关法律服务，不能以律师自称或宣传，但其竟然注册并使用"郭律师"商标在法院门口公开招揽案件，该行为是对法律及法律服务市场秩序的藐视和挑衅。

2. 郭健强滥用"郭律师"商标之行为足以使公众产生误解，误认为其为正规执业律师，孙东阳即属受骗公众之一

2010 年，孙东阳因与姜忠杰、姜艳民间借贷纠纷，在皇姑法院附近寻求法律咨询时，见到郭健强开设的店面赫然写着"郭律师咨询""郭律师代书代理"，以为郭健强系正规执业律师，遂进入店面咨询。

2010 年 12 月 22 日，孙东阳与郭健强签订《法律服务协议书》，约定：郭健强（律师资格证号：219665070118）受孙东阳委托代理其与姜忠杰等民间借贷纠纷一案；签约之际孙东阳向郭健强支付法律服务费用 1 万元，胜诉后再支付所收到利息部分的一半作为法律服务费用；若败诉则退还 9000 元。合同签订后，孙东阳即按约支付了法律服务费用 1 万元。

对孙东阳而言，郭健强门面上滚动播放广告语"郭律师™ 1995 年考取律师资格……"，载明服务范围为"郭律师咨询""郭律师代书代理"，签订的《法律服务协议书》写有律师资格证号，以上行为均表明郭健强自始至终都在以种种方式暗示其具有律师身份。

从未学习过专业法律知识的孙东阳对于律师资格证与律师执业证的区别一无所知，亦不知道仅持律师资格证者并非律师；门面广告语中也仅以极小字号在"郭律师"后面标注"™"字样，远不足以使一般人能够辨别出此处"郭律师"的真实含义并非指代"郭健强律师"，而只是一个注册商标。

　　除孙东阳外，从中国裁判文书网还可查知，还有不少人误认郭健强为郭律师，从而委托其代理了大量诉讼案件。

　　（二）国家知识产权局裁定草率维持案涉注册商标明显错误

　　《商标法》第10条第7项明确规定：带有欺骗性，容易使公众对商品的质量等特点或者产地产生误认的标志，不得作为商标使用。孙东阳基于郭健强故意展现的误导性信息而误认其系执业律师，足以证明郭健强注册的"郭律师"商标带有明显欺骗性，极易使公众对该商标产生误认，属于《商标法》所规定不得作为商标使用的情形。

　　《商标法》第44条第1款规定：已经注册的商标，违反本法第10条、第11条、第12条规定的，或者是以欺骗手段或者其他不正当手段取得注册的，由商标局宣告该注册商标无效；其他单位或者个人可以请求商标评审委员会宣告该注册商标无效。

　　案涉注册商标明显已符合误导公众之情形，且孙东阳在商标无效宣告程序中亦提交了足以证明郭健强利用案涉注册商标欺骗、误导社会公众事实之证据，亦对案涉商标应予宣告无效进行了充分说理，但国家知识产权局却对孙东阳所提理据置若罔闻，草率认定"本案尚无充分理由及证据可以认定争议商标使用中在核定服务上已构成2013年《商标法》第10条第1款第7项所指的带有欺骗性，容易使公众对商品的质量等特点或者产地产生误认的情形"，并对案涉注册商标予以维持。

　　综上，郭健强所持"郭律师"商标应予宣告无效。

第18章
票据填错即失权　执行回转谁在拦

—— 汇能公司与吉嘉公司票据纠纷案 ①

一张不小心填错的 100 万元银行承兑汇票，先是引发了再审改判，然后引发了执行回转问题和仲裁裁决能否自我纠错问题。

一审定案

案涉票据编号 3130005123492053，记载事项为：出票日期 2011 年 10 月 19 日；金额 100 万元；出票人四川北良实业有限公司（简称北良公司）；收款人桦甸市吉嘉粮食贸易有限公司（简称吉嘉公司）；付款行东华银行成都分行；汇票到期日 2012 年 4 月 19 日。

吉嘉公司工作人员帅勇 ② 于 2011 年 10 月 28 日向东华银行成都分行申请挂失止付，并于 2011 年 10 月 31 日以承兑汇票遗失为由向成都武侯法院申请公示催告。

同日，成都武侯法院对吉嘉公司公示催告申请予以立案，案号为

---

① 详细案情可参见（2017）川 01 民再 93 号。

② 成都中院（2017）川 01 民再 93 号民事判决书和成都武侯法院（2012）武侯民初字第 412 号民事判决书将帅勇记为汇能公司工作人员，应属笔误。

（2011）武侯民催字第 73 号。次日，成都武侯法院向东华银行成都分行发出《停止支付通知书》，要求对该票据立即停止支付。其后，成都武侯法院发出公告，要求利害关系人自公告之日（2011 年 11 月 6 日）起六十日内向法院申报权利；若无人申报权利，将作出判决宣告该票据无效。

2011 年 11 月 28 日，山东枣庄汇能公司以其依据真实交易关系善意有偿取得承兑汇票为由，向成都武侯法院申报票据权利，要求裁定终结该张承兑汇票的公示催告程序。2011 年 12 月 22 日，成都武侯法院作出（2011）武侯民催字第 73 号民事裁定书，裁定终结该案公示催告程序。同日，吉嘉公司依据汇能公司在公示催告期内出具的票据，以申报人汇能公司为被告向成都武侯法院提起诉讼，请求确认吉嘉公司为案涉银行承兑汇票最后合法持有人，依法享有向付款行东华银行成都分行请求支付全部票款的权利；并确认汇能公司无权就案涉银行承兑汇票向付款行东华银行成都分行行使票据权利。次日，成都武侯法院作出（2012）武侯民保字第 77 号民事裁定书，对该承兑汇票票据权利予以冻结。

公示催告期间，汇能公司持有该银行承兑汇票，记载事项为：票据出票人为北良公司，收款人为吉嘉公司。该票据背书内容显示，吉嘉公司在第一背书人处加盖了吉嘉公司财务专用章及法定代表人章，第二背书人处加盖了山东福奥圣通工贸集团有限公司滨州分公司（简称福奥公司）财务专用章及法定代表人章。票据附粘单一张，在汇票与粘单连接处及第三背书人处加盖了山东省枣庄市鑫达工贸有限公司（简称鑫达公司）财务专用章及法定代表人章，第四背书人处加盖了汇能公司公章及法定代表人章。背书均未记载日期，被背书人栏均未记载被背书人名称。

成都武侯法院审理期间，汇能公司将案涉银行承兑汇票背书转让，现由滕州华润公司有限公司（简称华润公司）持有该票据。现该承兑汇票增加记载：增加粘单一张，在第一张粘单与第二张粘单的粘贴处及第五背书人处加盖了滕州市鲍沟镇金宇玻璃销售处（简称金宇玻璃）财务专用章及黄友会印鉴。第六背书人处加盖了滕州汇业玻璃有限公司（简称汇业玻璃）财务专用章及法定代表人章。

被背书人栏中，第三背书人鑫达公司栏之上被背书人栏中添加了"枣庄市鑫达工贸有限公司"，第四背书人汇能公司栏之上被背书人栏中添加了"滕州市鲍沟镇金宇玻璃销售处"，第五背书人金宇玻璃栏之上被背书人栏中添加了"滕州汇业玻璃有限公司"，第六背书人汇业玻璃栏之上被背书人栏中添加了"滕州华润公司有限公司"。

华润公司在接受成都武侯法院询问时称，案涉汇票被背书人栏中"枣庄市鑫达工贸有限公司""滕州市鲍沟镇金宇玻璃销售处""滕州汇业玻璃有限公司"均系该公司添加，被背书人栏中"滕州华润公司有限公司"系汇业玻璃填写。

汇能公司在庭审中出具与鑫达公司于2011年9月5日签订的《煤炭买卖合同》，以及收到涉案汇票在内的八张银行承兑汇票的收据。华润公司在庭审中出具了与汇业玻璃于2010年9月17日签订的《汇业玻璃供用气协议书》，以及华润公司于2011年11月30日开具的两张增值税发票。华润公司开庭当日未出示涉案汇票的票据原件，其于2013年5月17日才出示该汇票原件进行核对。

成都武侯法院认为：1.持票人应以其所持涉案汇票原件及转让汇票的背书人与受让汇票的被背书人在汇票上的签章依次前后衔接证明其享有票据权利。吉嘉公司认为现由华润公司持有的票据缺乏连续性。

2.涉案汇票在第三背书人鑫达公司签章时未记载被背书人汇能公司名称，根据《最高人民法院关于审理票据纠纷案件若干问题的规定》（简称《票据纠纷规定》）第49条"背书人未记载被背书人名称即将票据交付他人的，持票人在票据被背书人栏内记载自己的名称，与背书人记载具有同等法律效力"之规定，应视为鑫达公司授权汇能公司补记。案涉汇票在第三被背书人处本应记载汇能公司名称，但实际记载为"枣庄市鑫达工贸公司"，导致涉案汇票形式上背书不连续，故吉嘉公司认为涉案汇票不连续的主张成立。

3.第三背书人与第四背书人背书不连续，则汇能公司不能证明其享有票据权利，汇能公司后手亦不能凭不连续的票据证明其享有票据权利。

4.鑫达公司应对授权补记行为承担民事责任，即鑫达公司在背书时票据不连续。福奥公司经本院合法传唤，无正当理由拒不到庭参加诉讼，视为放弃答辩和质证权利；同时其未向法院提交证据证明其与直接前手吉嘉公司有真实交易关系的证据。故吉嘉公司认为其与福奥公司不存在真实交易关系的理由成立。

5.因本案承兑汇票不连续，持票人取得背书不连续之票据具有重大过失。根据《票据法》第12条第2款规定，持票人因重大过失取得不符合本法规定票据的，不得享有票据权利。故吉嘉公司关于汇能公司无权行使票据权利、吉嘉公司享有票据权利的主张依法成立，法院应予支持。

据此，成都武侯法院作出（2012）武侯民初字第412号民事判决：一、确认吉嘉公司为案涉银行承兑汇票的最后合法持有人，依法享有向付款行东华银行成都分行请求支付全部票款的权利；二、确认汇能公司无权就案涉银行承兑汇票向付款行东华银行成都分行行使票据权利。

一审宣判后，汇能公司因不服一审判决，向成都中院提起上诉。但因为工作失误，超期一天预交上诉费，被成都中院按自动撤回上诉处理，致一审判决成为生效判决。

申请再审

判决生效后，汇能公司申请再审。再审申请书主要内容如下：

一、汇能公司持有票据时背书连续，原审判决以背书不连续为由剥夺汇能公司票据权利属认定事实和适用法律错误

成都武侯法院认定汇能公司持有的票据缺乏连续性，故不享有票据权利。但事实上，汇能公司持有票据时背书非常连续，如下表所示：

表 18-1　汇能持有时票据实际流转情况

出票人	收款人		第一		第二		第三		第四
北良	吉嘉	被背书人		→		→		→	
		背书人	吉嘉		福奥		鑫达		汇能
注：被背书人栏未填写									

一审审理过程中，汇能公司将票据背书转让给金宇玻璃，金宇玻璃转让给汇业玻璃，汇业玻璃转让给华润公司。华润公司拿到票据后，在第三、第四、第五被背书人栏处填写时，第三被背书人处本该填写汇能公司，因疏忽大意误写为鑫达公司。

如下表所示：

表 18-2　涉案票据实际流转情况

	第一		第二		第三		第四		第五		第六
被背书人		→		→	鑫达	→	金宇	→	汇业	→	华润
背书人	吉嘉		福奥		鑫达		汇能		金宇		汇业
注：第三、四、五被背书人栏由华润公司填写，华润为最后持票人											

根据以上事实，汇能公司持有票据时背书连续，而且汇能公司与其前手鑫达公司也具有基础交易关系。根据《票据法》第 31 条，汇能公司享有票据权利。

《票据法》第 4 条第 3 款规定："票据债务人在票据上签章的，按照票据所记载的事项承担票据责任"，此为票据行为之文义性；第 14 条第 2 款规定："票据上有伪造、变造的签章的，不影响票据上其他真实签章的效力"，此为票据行为之独立性。武侯法院仅凭华润公司错填第三被背书人名称便认定本案汇票背书不连续，从而剥夺华润公司第三前手汇能公司的票据权利，既违反票据行为独立性原则，也不符合文义性原则。

二、华润公司之笔误可以补正

《票据法》第 9 条规定："票据金额、日期、收款人名称不得更改，更改的票据无效。对票据上的其他记载事项，原记载人可以更改，更改时应当由原记载人签章证明"。据此，第三被背书人处华润公司误写的"鑫达公司"可由华润公司更改为"汇能公司"并签章证明即可。票据实务中持票人往往依照此规定进行更正并获付款银行认可。

故，武侯法院以可补正之笔误为由认定案涉汇票背书不连续，适用法律确有错误。

三、武侯法院认定持票人取得背书不连续的汇票具有重大过失属适用法律严重错误

《票据纠纷规定》第 49 条规定：依照票据法第 27 条和第 30 条的规定，背书人未记载被背书人名称即将票据交付他人的，持票人在票据被背书人栏内记载自己的名称与背书人记载具有同等法律效力。

武侯法院错误理解上述规定，认定华润公司是鑫达公司的代理人，

鑫达公司应对华润公司错将第三被背书人处的汇能公司误填为鑫达公司的行为承担民事责任；华润公司填错第三被背书人名称导致背书不连续，即视为鑫达公司在转让汇票给汇能公司时背书不连续；汇能公司及其诸后手取得不连续的汇票具有重大过失，所以不能享有票据权利。

但是，根据该条司法解释，背书人未记载被背书人名称即将票据交付他人时只能视为授权持票人在被背书人栏处填写自己的名称，故武侯法院说法不能成立。

自相矛盾的是，成都武侯法院在判决书第 7 页第 1—5 行中认定：鑫达公司将未记载被背书人名称的汇票交付汇能公司，仅应视为授权汇能公司补记。若此，本案鑫达公司的空白交付行为不能视为授权华润公司补记，当然也就不能让鑫达公司为华润公司的错误填写行为承担责任。

据此，持票人取得票据并无过失，遑论重大过失，依法应享票据权利。

四、根据票据无因性原理，福奥公司与吉嘉公司是否具有真实交易关系不影响汇能公司及其后手合法取得票据权利

《票据法》第 13 条规定，票据债务人可以对不履行约定义务的与自己有直接债权债务关系的持票人进行抗辩，但不得以自己与出票人或者与持票人的前手之间的抗辩事由对抗持票人；《票据纠纷规定》第 14 条规定，票据债务人以票据法第 10 条规定为由，对业经背书转让票据的持票人进行抗辩的，人民法院不予支持。此为票据无因性之法律依据。据此，只要汇能公司及其后手各自与其直接前手具备真实交易关系，无论吉嘉公司与福奥公司是否具有真实交易关系，均不影响汇能公司及其后手的票据权利。

综上，汇能公司合法票据权利应予保护。而且，无论如何吉嘉公司

都不享有票据权利。原审判决逻辑混乱，与事实相悖，与公平相离。望再审法官们依法改判，保护票据流转的安全和秩序。

再审改判

成都中院再审审理后认为：

1.《票据法》第30条规定："汇票以背书转让或者以背书将一定的汇票权利授予他人行使时，必须记载被背书人名称。"《票据纠纷规定》第49条规定："依照票据法第27条和第30条的规定，背书人未记载被背书人名称即将票据交付他人的，持票人在票据被背书人栏内记载自己的名称与背书人记载具有同等法律效力"。据此，背书转让票据时应由票据出让人在票据背书人栏内记载票据出让人名称，在被背书人栏内记载票据受让人名称。若出让人仅在背书栏内作背出记载，后续持票人可自行完成被背书人栏的补充背入记载，补充记载依法具备法律效力。

2.《票据法》第10条规定："票据的签发、取得和转让，应当遵循诚实信用的原则，具有真实的交易关系和债权债务关系；票据的取得，必须给付对价，即应当给付票据双方当事人认可的相对应的代价"；第31条规定："以背书转让的汇票，背书应当连续；持票人以背书的连续，证明其汇票权利；非经背书转让，而以其他合法方式取得汇票的，依法举证，证明其汇票权利"。据此，票据权利的取得需有真实的交易关系和债权债务关系，当事人之间真实的交易关系和债权债务关系是背书转让成立的基础。持票人享有票据权利的法定和直接证明方式是背书转让，但认定持票人是否享有汇票权利不能仅以背书是否连续来确认。背书不连续，并不必然导致票据无效，也不必然导致持票人丧失票据权利。只要持票人能够证明与背书人之间存在真实的交易关系且无他人试图占有，即能够提交证据证明汇票实质上的背书连续，则持票人仍然能够获得相关票据权利。

3. 根据涉案票据票面记载，鑫达公司将涉案票据背书转让给汇能公司时，未记载被背书人。当涉案票据被华润公司持有时，对被背书人进行了补记，但误将汇能公司的前手鑫达公司补记为第三被背书人，造成背书转让事实上的不连续①。但鉴于汇能公司提供的证据能够证明其依据真实交易关系受让涉案票据的事实，故汇能公司在其背书转让涉案票据前享有该票据权利。

4. 根据涉案票据记载，汇能公司将涉案票据背书转让给其后手直至最后的票据持有人华润公司，期间的背书转让没有证据证明不连续，故应当认定涉案票据整个转让过程实质上背书连续。吉嘉公司以票据背书不连续为由主张持票人不享有票据权利、吉嘉公司享有票据权利的诉讼请求，依法不能成立。

5. 同时，吉嘉公司还以其不认识汇能公司、双方无经济往来为由，主张汇能公司不享有票据权利。但根据《票据纠纷规定》第 14 条"票据债务人以票据法第 10 条、第 21 条的规定为由，对业经背书转让票据的持票人进行抗辩的，人民法院不予支持"之规定，吉嘉公司观点不成立。

6. 吉嘉公司提交的证据尚不足以认定其对涉案票据丧失占有是基于遗失而非主动向他人转让，因此，吉嘉公司主张其应当享有票据权利缺乏事实依据，应当依法驳回。原审确认吉嘉公司享有涉案票据权利不当，应予纠正。再审申请人汇能公司再审理由成立，其再审请求应予支持。

7. 综上，成都中院于 2018 年 3 月 5 日作出再审判决：撤销成都武侯法院（2012）武侯民初字第 412 号民事判决，驳回吉嘉公司全部诉讼请求。

---

① 应为形式上的不连续。

执行回转

（2012）武侯民初字第 412 号民事判决再审期间，北京市汇仁（成都）律师事务所（简称汇仁律所）因与吉嘉公司存在律师费纠纷向成都仲裁委员会（简称成都仲裁委）申请仲裁，成都仲裁委作出（2016）成仲案字第 887 号裁决。仲裁裁决生效后，汇仁律所向成都中院申请执行，成都中院于 2017 年 4 月 5 日立案执行［案号（2017）川 01 执 1385 号］。执行过程中，成都中院根据（2012）武侯民初字第 412 号民事判决，自东华银行成都分行扣划了票据款 100 万元。

再审判决生效后，汇能公司根据《民事诉讼法》第 233 条"执行完毕后，据以执行的判决、裁定和其他法律文书确有错误，被人民法院撤销的，对已被执行的财产，人民法院应当作出裁定，责令取得财产的人返还；拒不返还的，强制执行"之规定，于 2018 年 6 月向成都中院申请执行回转。① 成都中院决定对该执行回转案件立案执行，案号为（2018）川 01 执 2701 号。

执行中，汇仁律所向成都中院申请驳回汇能公司执行申请。成都中院于 2019 年 1 月 14 日组织双方听证。

汇仁律所称：成都中院再审判决无执行内容，本案不应以执行回转方式立案；汇能公司并非票据持有人，其作为执行回转案件申请执行人主体不适格。具体理由为：1. 成都武侯法院（2012）武侯民初字第 412 号民事判决是确认之诉，仅确定吉嘉公司享有票据权利，无执行内容；

---

① 案涉汇票最后持票人是华润公司，按理应该由华润公司以申请再审并执行回转等方式主张权利，但因为华润公司认为可以向汇能公司等前手主张权利，一开始对申请再审并不热心，故汇能公司从自身利益考量，以申请再审等方式主张权利，并在再审改判后申请执行回转。后来，华润公司因向汇能公司追索失败，遂转而参与申请执行回转。

2.成都中院再审判决虽然撤销了（2012）武侯民初字第 412 号民事判决，但并没有确定票据权利人；3.现有判决查明，票据权利人为华润公司。

汇能公司在听证中发表如下意见：

1.汇能公司虽然已将票据背书转让，并非现票据持有人，但现票据持有人华润公司至银行提示付款被拒，汇能公司作为华润公司票据前手，可能被华润公司追索，[①] 故汇能公司与案涉票据具有利害关系。即使汇能公司不申请执行回转，法院亦应当依职权回转。汇能公司诉求亦不是要取得案款，而是要求法院将案涉票据对应的 100 万元回到汇票承兑银行东华银行成都分行账户；

2.成都中院于 2017 年 4 月 1 日以（2017）川 01 民申 77 号民事裁定书裁定中止对原判决的执行后，不应再于 2017 年 5 月 22 日以（2017）川 01 执 1385 号执行裁定扣划诉争汇票对应案款 100 万元。并且，现已生效的（2017）川 01 民再 93 号判决撤销了成都武侯法院（2012）武侯民初字第 412 号民事判决，确认（2017）川 01 执 1385 号案被执行人吉嘉公司并非票据权利人。因此，本案执行回转于法有据。

成都中院认为，该院已生效的（2017）川 01 民再 93 号判决并未确定汇能公司系诉争票据权利人或其继承人、权利承受人，依照《最高人民法院关于人民法院执行工作若干问题的规定》第 18 条第 1 款第 2 项规定，汇能公司并非适格申请执行人，遂于 2019 年 5 月 19 日裁定驳回汇能公司执行申请。[②]

---

① 事实上，汇能公司向成都中院申请再审及成都中院再审期间，华润公司已经向法院提起诉讼，向其直接前手汇业玻璃追索，详细案情可参见山东枣庄中院（2018）鲁 04 民终 841 号民事判决书、山东高院（2020）鲁民申 4907 号民事裁定书；如果汇业玻璃被华润公司成功追索，汇业玻璃完全可能再继续向前追索，最终追索到汇能公司。

② 详细案情可参见成都中院（2018）川 01 执 2701 号执行裁定书。

前沿思考

一、汇能公司是否有权申请执行回转

成都仲裁委887号裁决仅裁令吉嘉公司向汇仁律所支付律师费100万元，并未裁令汇仁律所有权提取案涉100万元汇票款。事实上，案涉汇票由华润公司持有，根据票据法，除非有法院除权判决，否则只有持票人华润公司才能向承兑银行东华银行成都分行主张该100万元。

亦即，正常情况下，成都中院在执行成都仲裁委887号裁决过程中，可以执行吉嘉公司其他财产，但根本无权扣划案涉100万元票据款，因为该票据款归持票人华润公司所有。

而本案，正是因为武侯法院（2012）武侯民初字第412号民事判决认定吉嘉公司有权向承兑银行请求支付案涉100万元票据款（该判决相当于对华润公司除权而对吉嘉公司赋权），成都中院才可能到东华银行成都分行扣划票据款100万元（当然，成都中院此处犯了严重错误：因为412判决在2017年4月1日即被中止执行，成都中院却在2017年5月22日根据（2012）武侯民初字第412号民事判决从东华银行成都分行划走票据款100万元）。汇仁律所称（2012）武侯民初字第412号民事判决无执行内容也未被执行与事实不符。

现在，（2012）武侯民初字第412号民事判决已被撤销，汇仁律所根据412判决取得的100万元票据款当然该回转到东华银行成都分行。汇能公司作为案件当事人，当然有权申请执行回转。

二、汇仁律所能否以取得种类物为由拒绝执行回转

案涉票据款100万元系专属华润公司之特定票据权利，汇仁律所应无条件回转至东华银行成都分行。至于回转之后，若汇仁律所认为有权根据仲裁裁决另行执行吉嘉公司之其他任何财产（任何种类物），与汇

能公司没有关系，全然取决于汇仁律所自身。

三、汇仁律所主张善意取得能否成立

善意取得适用于民事法律行为这样的私法领域，而法院执行回转是司法行为和公法行为，两者是泾渭分明的两个法律制度。如果执行回转可以被所谓善意取得制度所消解，则所有的执行回转都将无法存在，因为被责令回转财产的人几乎百分百都会主张善意取得。

四、汇仁律所认为仲裁裁决未被撤销故不能执行回转之说能否成立

我认为汇仁律所该主张不能成立。因为，如果没有（2012）武侯民初字第 412 号民事判决，成都中院在执行 887 号裁决时不可能去扣划 100 万元票据款；所以，即使 887 号裁决没撤销，但（2012）武侯民初字第 412 号民事判决被撤销了，案涉 100 万元票据款也必须回转。何况，前已述及，成都中院在（2012）武侯民初字第 412 号民事判决被中止执行后仍根据 412 判决强行扣划 100 万元票据款，已严重违法。

五、如果作出裁决的根据被撤销，当事人能否申请仲裁机构撤销先前裁决

根据《民事诉讼法》第 200 条第 12 项，据以作出原判决、裁定的法律文书被撤销或者变更后，当事人申请再审的，人民法院应当再审。但《仲裁法》一方面没有规定什么情况下仲裁机构可以自行撤销先前裁决，另一方面关于当事人申请撤销裁决的第 58 条也没有类似规定。《仲裁法》第 58 条第 1 款第 4 项仅规定，若据以作出裁决的证据系伪造，当事人可以向法院申请撤销裁决。但基于法律文书作出裁决，即使该法律文书后来被撤销，也无法适用该项规定。至于《仲裁法》第 58 条第 3 款规定，若人民法院认定裁决违背社会公共利益，应当裁定撤销，但

据以作出裁决的法律文书被撤销后，是否可据此认为裁决违背社会公共利益，尚无共识，故是否可适用该款规定，亦存疑问。

如本案而言，假若成都仲裁委 887 号裁决系基于成都武侯法院（2012）武侯民初字第 412 号民事判决作出，则即使现在（2012）武侯民初字第 412 号民事判决已被成都中院撤销，但当事人仍可能无权申请撤销仲裁裁决。这种情况，应属对吉嘉公司不公平。为此，我们曾向成都仲裁委致电，询问其若据以裁决的根据被撤销后，能否主动撤销原裁决。成都仲裁委回复称，《仲裁法》未规定仲裁机构自行撤销制度，故其不能自行撤销，当事人可向法院申请撤销裁决。

但，如前所述，即使当事人向法院申请撤销仲裁裁决，亦未必能得到法院支持。因此，我们认为，《仲裁法》第 58 条规定存在法律漏洞，下次修改《仲裁法》时，宜参照《民事诉讼法》第 200 条规定予以完善。

第 19 章
隐瞒证据反受益　守约一方应受气？

——圣达集团与王勤仲裁裁决抗诉案 ①

王勤在与圣达集团、圣达能源、吴渝刚之仲裁裁决案中，隐瞒了可以证明圣达集团一方因王勤行为遭受 3000 万元以上损失的证据（一份另案法院判决书）。裁决生效后执行过程中，圣达集团一方才知道该判决书的存在。随后，圣达集团一方以王勤隐瞒证据等为由，向法院申请不予执行仲裁裁决，引发本案争议。

基础事实

一、债权转让

2014 年 3 月 10 日，四川圣达集团有限公司（简称圣达集团）、四川圣达能源股份有限公司（简称圣达能源）与王勤签订《四川金旭矿业有限公司债权转让合同》（简称债权转让合同），约定圣达集团与圣达能源将其对四川金旭矿业有限公司（简称金旭公司）债权本金及利息合计 4605.8 万元转让给王勤。

---

① 详情可参见成都中院（2018）川 01 执异 276 号执行裁定书。

二、股权转让

同日，圣达集团、吴渝刚与王勤签订《四川金旭矿业有限公司股权转让合同》《江油市宝亨通物资有限责任公司股权转让合同》，约定圣达集团与吴渝刚将所持有的金旭公司全部股权（作价 300 万元）及宝亨通公司全部股权（作价 100 万元）共计 400 万元转让给王勤；两份股权转让合同第 4 条均特别约定：股权转让合同以债权转让合同为前提，王勤所付款项应首先用于支付债权转让款。

三、合同履行

合同签订当日，王勤支付定金 500 万元，并于同月 17 日支付 900 万元（根据合同约定，两笔款项合计 1400 万元应首先冲抵债权转让款）。

2014 年 6 月 6 日，圣达集团和吴渝刚按照王勤指示，将金旭公司 40%股权变更登记至案外人杨军名下。但，其后王勤并未依约支付任何股权款项，也未补足债权转让款项，各方遂产生纠纷。

四、仲裁裁决

2015 年 2 月 9 日，圣达集团、圣达能源、吴渝刚在对盛峰公司案（下文详述）丝毫不知情的情况下，以王勤为被申请人向成都仲裁委提出仲裁申请，请求裁决解除前述债权转让合同、股权转让合同及相应补充协议，并裁决王勤将股权恢复原状并承担相应违约责任。

成都仲裁委仲裁过程中，王勤自始至终未提出任何反请求，亦未提出要求圣达集团等返还款项的抗辩意见，其仅主张驳回申请人全部仲裁请求并裁决双方继续履行合同（详见仲裁裁决书第 7 页第 1 段第 2—5 行）。

2015 年 10 月 12 日，成都仲裁委就圣达集团等三人与王勤转让合同纠纷一案作出（2015）成仲案字第 401 号裁决（简称 401 号裁决），支持了圣达集团等仲裁申请人部分仲裁请求，但在王勤并无反请求情况下居然裁决圣达集团等仲裁申请人向王勤退还股权转让款780 万元。

同时，王勤在仲裁程序中从未提及盛峰公司案情况，故意隐瞒相关证据，最终成都仲裁委以圣达集团等仲裁申请人无法证明经济损失为由驳回其要求王勤赔偿损失之相关仲裁请求。

五、案外有案

股权转让和债权转让合同洽谈过程中，王勤利用自己担任金旭公司监事的身份，伪造金旭公司公章与陕西汉中盛峰矿业有限责任公司（简称盛峰公司，实际控制人为杨军）签订货物买卖合同，私自收取盛峰公司预付货款 3000 万元之后，分两次向圣达集团支付合同定金及债权转让款共计 1400 万元（即前述合同签订日之 500 万元和同月 17 日之 900万元）。

后盛峰公司以金旭公司未履行合同为由向陕西省汉中市中级人民法院（简称汉中中院）诉请金旭公司退款，汉中中院立案（简称盛峰公司案）审理。王勤向圣达集团和吴渝刚故意隐瞒金旭公司涉诉情况，伪造授权委托手续，私自出庭应诉。2015 年 4 月 28 日，陕西汉中中院作出（2015）汉中民二初字第 12 号判决（简称 12 号判决），判决金旭公司返还 3000 万元货款并按每月 2% 利率支付利息。王勤再次伪造授权手续领取法律文书后隐瞒不报。

申请不予执行仲裁裁决

成都仲裁委 401 号裁决生效后，王勤向成都中院申请对圣达集团、吴渝刚等强制执行。吴渝刚等因不服 401 号裁决，申请法院不予执行。其向成都中院提交了不予执行仲裁裁决申请书，但被成都中院草率驳回。

吴渝刚申请不予执行主要理由有：成都仲裁委超越仲裁请求，构成无权仲裁；仲裁裁决违背社会公共利益；王勤向成都仲裁委隐瞒了足以影响公正裁决的证据。

成都中院审查认为：

1.《合同法》第 97 条规定，"合同解除后，尚未履行的，终止履行；已经履行的，根据履行情况和合同性质，当事人可以要求恢复原状、采取其他补救措施、并有权要求赔偿损失。"据此，合同解除的法律后果表现为恢复原状、采取补救措施和请求赔偿损失。本案仲裁中，圣达集团、圣达能源、吴渝刚仲裁请求为解除涉案合同并要求王勤返还股权以及因履行合同取得的相关资产、资料。由此可见，该仲裁请求系主张解除合同并恢复原状，成都仲裁委经审理，支持了申请人仲裁请求，并根据双方履行情况及合同性质裁决双方相互返还因合同履行而取得的股权、财产和支付的价款，使得双方的财产关系恢复到合同订立前的状态，该裁决符合前述关于合同解除后当事人可要求恢复原状的法律规定，即合同解除后恢复原状的法律后果系基于法律的规定，不构成超裁，申请人吴渝刚关于仲裁庭超越仲裁请求范围的理由不能成立。

2.关于王勤支付的 900 万元应否认定为股权转让款系事实判断问题，该问题属仲裁庭审理范围，申请人吴渝刚关于仲裁庭无权裁决的理由不能成立。

3.申请人吴渝刚称王勤向仲裁机构隐瞒了足以影响公正裁决的证据，并向本院提交了汉中中院 12 号判决书等证据。本院经审核认为，该判决系就汉中盛峰公司与四川金旭公司之间买卖合同纠纷案件所作判决，该判决与本案纠纷无关，吴渝刚该项申请理由亦不能成立。

4.吴渝刚关于 401 号裁决违背社会公共利益的主张，缺乏事实和法律依据，本院不予支持。

综上，成都中院于 2018 年 6 月 12 日以（2018）川 01 执异 276 号执行裁定（简称 276 号裁定）驳回吴渝刚不予执行申请。

申请抗诉

因吴渝刚等不服成都中院驳回不予执行申请裁定，遂继续向检察机关申请对成都中院驳回裁定提出抗诉。其抗诉申请书主要理由如下：

一、不予执行理由

（一）无权仲裁

1.王勤未提出仲裁请求

《民事诉讼法》第 237 条第 2 款第 2 项规定：被申请人提出证据证明仲裁裁决有下列情形之一的，经人民法院组成合议庭审查核实，裁定不予执行：……裁决的事项不属于仲裁协议的范围或者仲裁机构无权仲裁的……。

《最高人民法院关于人民法院办理仲裁裁决执行案件若干问题的规定》（法释〔2018〕5 号，下称《仲裁裁决执行规定》）第 13 条规定：下列情形经人民法院审查属实的，应当认定为《民事诉讼法》第 237 条第 2 款第 2 项规定的"裁决的事项不属于仲裁协议的范围或者仲裁机构无权仲裁的"情形：裁决内容超出当事人仲裁请求的范围……。

据此，假若王勤提出了 40 万元仲裁请求，但仲裁委裁决了 50 万元，无疑便是裁决内容超出当事人仲裁请求，法院应不予执行（如图 19-1 所示）。

图 19-1　王勤如提仲裁请求情况示意图

　　而本案王勤压根未提出任何仲裁请求，即其请求金额为零，成都仲裁委却裁决吴渝刚等向王勤退还 780 万元款项，显然构成无权仲裁，法院更应不予执行（如图 19-2 所示）。

图 19-2　王勤未提仲裁请求情况示意图

　　该裁决违反了仲裁机构作为民间自治性纠纷解决机构所应严格遵循的非请勿裁之基本原则，也侵犯了王勤根据自己意思设立、变更、终止民事法律关系之权利，违反了民事主体意思自治这一民法基本原则。事实上，裁决下达后，王勤与圣达集团就债权转让与股权转让合同签署补充协议，明确约定王勤继续支付款项购买债权和股权，可见王勤之意根本不在于要求圣达集团或圣达集团退还款项，而在于继续履行合同。成都仲裁委越俎代庖，违法悖理，应予纠正。

　　2. 成都仲裁委张冠李戴

　　两份股权转让合同总款项仅 400 万元，吴渝刚所持 10% 股权仅对应 40 万元，成都仲裁委却裁决吴渝刚退还王勤股权转让款 780 万元，显然构成无权仲裁。

　　成都仲裁委裁决逻辑如下：

　　金旭公司全部股权作价 300 万元，其中 40% 股权已登记至案外人杨军名下无法返还，该部分股权对应价款 120 万元。转让方总共收取

1400 万元，其中 500 万元定金因王勤违约不予退还，另 900 万元股权转让款应予退还，故在合同解除后应退还 900-120=780 万元。

但前已述及，金旭公司全部股权转让价款 300 万元，宝亨通公司全部股权转让价款 100 万元，合计仅 400 万元。王勤虽支付了 900 万元，但按约应计为债权转让款而非股权转让款，而债权转让合同转让方为圣达集团、圣达能源，受让方为王勤，该合同与吴渝刚秋毫无涉，债权转让款吴渝刚分文未取，让其退款比窦娥还冤。

（二）对方当事人向仲裁机构隐瞒关键证据

《民事诉讼法》第 237 条第 2 款第 5 项规定：对方当事人向仲裁机构隐瞒了足以影响公正裁决证据的，人民法院经审查核实后，裁定不予执行。承前所述，王勤故意隐瞒盛峰公司案相关证据，已经严重影响公正裁决，成都仲裁委裁决依法应不予执行，详述如下：

其一，盛峰公司案法院判决金旭公司承担数千万元债务，已远超金旭公司资产，一旦债权人申请破产将严重损害圣达集团圣达能源对金旭公司享有的债权。如果圣达集团等仲裁申请人知悉该案，势必不会请求解除合同，而会请求王勤继续履行合同支付相应价款。

其二，即使仲裁申请人知悉盛峰公司案后仍然请求解除合同，则完全可以提交判决书等相关材料作为自身经济损失的证据，成都仲裁委就不会以仲裁申请人无法证明经济损失为由驳回相关仲裁请求。

可见，王勤利用职务之便，伪造公章，中饱私囊，给金旭公司造成极大损失，在仲裁程序中故意隐瞒相关事实和证据，严重影响公正裁决。

（三）401 号裁决违背社会公共利益

《民事诉讼法》第 237 条第 3 款规定："人民法院认定执行该裁决违背社会公共利益的，裁定不予执行。"

圣达集团、圣达能源与王勤所签债权转让合同约定，王勤因受让圣达方面对金旭公司债权应向转让方支付价款 4605.8 万元。合同履行过程中，王勤总计仅支付 1400 万元，债权转让价款都未支付完毕，遑论股权转让款。

根据王勤指示，吴渝刚于 2014 年 5 月 29 日与案外人杨军就金旭公司股权签署《股权转让协议书》，约定吴渝刚将其所持 10% 股权全部转让给杨军，并于当年 6 月 6 日完成工商变更登记。

成都仲裁委一方面认为案外人杨军取得股权已无法回转至吴渝刚名下，另一方面却裁决吴渝刚退还所谓 780 万元股权转让款，实令人震惊。

吴渝刚已履行完毕股权转让合同全部义务，却未收到任何股权转让款，成都仲裁委仍裁决吴渝刚向王勤退还股权转让款高达 780 万元，该裁决践踏法治精神，污染法治水源，执行该裁决将导致法治信仰崩塌，减损社会公益，根据《民事诉讼法》第 237 条第 3 款，该裁决应不予执行。

综上，成都仲裁委 401 号裁决确属越权裁决、枉法裁决。根据《民事诉讼法》第 237 条第 2 款第 2 项、第 5 项、第 3 款、《仲裁裁决执行规定》第 13 条、《〈民事诉讼法〉解释》第 477 条等规定，成都中院本应裁定不予执行该裁决，但成都中院 276 号裁定居然驳回吴渝刚之不予执行申请。

我们认为，成都中院 276 号裁定在程序和实体均存在严重错误，该裁定应予撤销。

二、276 号裁定之程序和实体错误

（一）未审先裁

《民事诉讼法》第 237 条第 1 款规定："被申请人提出证据证明仲裁裁决有下列情形之一的，经人民法院组成合议庭审查核实，裁定不予执行……"

《仲裁裁决执行规定》第 11 条第 2 款规定:"被执行人、案外人对仲裁裁决执行案件申请不予执行的,人民法院应当进行询问"。

但自始至终,成都中院没有任何一位合议庭法官向吴渝刚或其代理人进行询问[①],却悍然下达驳回申请之裁定。该裁定违背基本程序正义,不具备合法性。

(二)裁驳理由不能成立

1. 关于无权仲裁

成都中院认为,虽然王勤没有提出仲裁请求,根据《合同法》第 97 条合同解除后当事人可以要求恢复原状之规定,成都仲裁委裁决相互返还符合法律规定,不构成超裁。

我们认为,其一,合同法规定的是可以要求恢复原状,并非必须恢复原状,也即要求恢复原状是当事人权利而非义务。在当事人未要求恢复原状时裁决恢复原状相当于强行恢复原状,无异于把当事人权利变成了义务。

其二,不同于法院检察院这样的国家司法机关,仲裁委系民间纠纷解决机构,必须严格遵循当事人意思自治。比如,法院受理案件无需被告同意,但仲裁委受理案件则必须当事人双方有仲裁合意;又如,法院可以依职权追加第三人,但仲裁委绝对不可以追加第三人,除非该第三人自愿参加仲裁。

其三,王勤不仅在仲裁程序中要求继续履行合同,后来在仲裁裁决下达后仍与圣达集团、吴渝刚等仲裁申请人签署补充协议要求不执行仲裁裁决并继续向圣达集团等支付 1400 万元以履行合同,可见成都仲裁

[①]　仅有一名承办法官的助理询问过吴渝刚代理律师。但本书下一章将论证,法官助理询问并不符合法律规定。

委越俎代庖地裁决圣达集团等返还 780 万元完全是对王勤意思自治的粗暴干涉，其裁决确属无权仲裁，应不予执行。

其四，退一万步，即使非要相互返还，那返还也是相互而不是单向；但成都仲裁委一方面认为吴渝刚的股权已被案外人杨军取得故无法返还，另方面却裁决吴渝刚向王勤返还所谓股权转让款 780 万元，说这样的裁决不是无权仲裁，实难服人。

2. 关于隐瞒关键证据

圣达集团等在申请仲裁时，其中一项仲裁请求为裁决王勤赔偿损失 900 万元。但事实上，仅盛峰公司案王勤就给金旭公司造成损失高达 3000 万元以上。而金旭公司为圣达集团和吴渝刚共同全资持有，相当于盛峰公司案王勤给圣达集团和吴渝刚这两位仲裁申请人造成 3000 万元以上损失。如果王勤不隐瞒盛峰公司案情况，圣达集团等仲裁申请人必将以盛峰公司案 3000 万元损失向王勤主张赔偿；而基于 3000 万元损失证据确凿，正常情况下成都仲裁委必将支持，如此绝不可能裁决圣达集团等仲裁申请人返还王勤 780 万元。可见，王勤隐瞒盛峰公司案证据已经严重影响案件之公正裁决，仲裁裁决依法应不予执行。

如此显而易见、毋庸置疑的不予执行理由，成都中院居然认为盛峰公司案与仲裁纠纷无关，实在令人费解。

3. 关于裁决违背社会公益

我们坚持认为，任由枉法裁决谬种流传确属违背社会公共利益，法院应当裁定不予执行。

针对吴渝刚抗诉申请书，成都市检审查认为：

1. 针对无权仲裁问题，根据《合同法》第 97 条，因圣达集团、圣达能源、吴渝刚仲裁请求是解除案涉合同并恢复原状、赔偿损失，故仲裁裁决围绕是否应当解除合同，合同解除后根据已部分履行情况及合同性质是否应当恢复原状，如何采取补救措施等问题进行审查说明，该仲裁范围系合同解除后必然需要审理的法定事项，故原执行裁定认为仲裁裁决就此事项予以审查不构成无权仲裁，符合法律规定。

2. 吴渝刚所提王勤隐瞒汉中中院作出的二审判决①问题，经查，根据合同相对性，该案当事人仅涉汉中盛峰公司与四川金旭公司，与本案纠纷确无关，原执行裁定对此不予审查，认定事实清楚。

3. 吴渝刚称仲裁裁决违背社会公共利益，确无证据证明，原执行裁定不予支持，并无不当。

4. 至于吴渝刚与圣达集团、圣达能源之间就返款款项如何分配及追偿事宜，吴渝刚可另行解决。

综上，成都市检决定对吴渝刚的监督申请不予支持。

前沿思考

一、关于仲裁程序中隐瞒证据之认定

《仲裁裁决执行规定》第16条规定：符合下列条件的，人民法院应当认定为民事诉讼法第237条第2款第5项规定的"对方当事人向仲裁机构隐瞒了足以影响公正裁决的证据的"情形：

1. 该证据属于认定案件基本事实的主要证据；

2. 该证据仅为对方当事人掌握，但未向仲裁庭提交；

3. 仲裁过程中知悉存在该证据，且要求对方当事人出示或者请求仲裁庭责令其提交，但对方当事人无正当理由未予出示或者提交。

就吴渝刚案而言，汉中中院12号判决确似不能认为系成都仲裁委401号裁决据以认定案件基本事实的主要证据，且仲裁过程中吴渝刚等

---

① 成都市检成检民（行）执监〔2019〕5101000004号《不支持监督申请决定书》原文如此，实际汉中中院12号判决系一审判决。

也不知悉存在该证据，自然也不存在要求王勤提交而王勤拒不提交情况。故，吴渝刚以王勤隐瞒汉中中院判决为由申请成都中院不予执行 401 号裁决，看起来的确不符合《仲裁裁决执行规定》第 16 条的规定。

但，如前所述，吴渝刚等的确有要求王勤赔偿损失之仲裁请求，若吴渝刚等知悉汉中中院判决，正常情况下应会向仲裁委提交，不出意外仲裁委也会支持。故，王勤隐瞒汉中中院判决，的确造成了裁决不公。这种情况，如果是民事诉讼，吴渝刚有权以新证据足以推翻原审判决为由申请再审；但在仲裁程序，吴渝刚却无法得到救济，似属不妥。从而，《仲裁裁决执行规定》第 16 条之妥当性，值得再探讨。

二、仲裁裁决之实体监督

现行民事诉讼法于 1991 年公布，历经 2007 年、2012 年、2017 年三次修正。2012 年修正以前，人民法院有权对仲裁裁决进行实体审查。如 2007 年版《民事诉讼法》第 213 条第 2 款第 5 项规定，被申请人提出证据证明仲裁裁决适用法律确有错误的，经人民法院组成合议庭审查核实，裁定不予执行。但 2012 年《民事诉讼法》修正时，删去了相应规定。此后，人民法院不再对仲裁裁决进行实体审查。

人民法院不再对仲裁裁决适用法律进行实体监督，固然有助于发挥仲裁解纷功能，发展中国仲裁事业，但也可能助长枉法裁决、虚假仲裁。

即如本案，如前所述，王勤支付的 1400 万元连债权转让款都尚未付够，股权转让款更是分文未付。但成都仲裁委非要裁决吴渝刚退还所谓股权转让款，其裁决之错误可谓一望便知。但成都中院认为，根据《民事诉讼法》规定，法院无权对仲裁裁决之实体问题进行审查，无法支持吴渝刚之不予执行申请。

　　无论诉讼制度，抑或仲裁制度，都应以公平正义为基本目标。如果任由仲裁任性发展，为保护所谓高效解纷功能而对其一裁终局不加规制，很可能播下龙种，却收获跳蚤。

第 20 章
伪造证据反得利　一裁终局无所忌？

——李高军与永丰公司仲裁裁决抗诉案 [①]

永丰公司以内部承包形式将案涉工程交由李高军承建。工程竣工结算后，因业主单位与永丰公司之结算价仅 4700 余万元，低于永丰公司已付李高军工程款总额，差额约 600 万元。故，永丰公司认为其向李高军超付工程款约 600 万元，遂向仲裁委申请仲裁，要求裁决李高军返还超付款项。仲裁委支持了永丰公司主要仲裁请求。裁决生效后执行过程中，李高军发现永丰公司在仲裁程序中提交之关键证据系伪造而成，遂向法院申请不予执行仲裁裁决，引发本案争议。

基础事实

2010 年 7 月 1 日，为规避建设工程禁止转包之法律规定，四川永丰建设有限责任公司（简称永丰公司）[②] 与李高军签订劳动合同，合同约定自即日起李高军在四川德阳五中 [③] 灾后重建项目二标段工作，岗位

---

① 详情可参见四川德阳中院（2019）川 06 执异 25 号执行裁定书。

② 化名。

③ 四川省德阳市第五中学的简称。

为项目管理，至该标段工作完成时止。

2010 年 7 月 9 日，李高军向永丰公司账户转入 464 万元，永丰公司向李高军出具 464 万元收据一张，载明：转账收讫（德阳五中履约保证金）。次日，永丰公司与德阳五中签订《建设工程施工合同》及附件，约定由永丰公司承建德阳五中灾后重建项目二标段。

2010 年 8 月 6 日，为细化劳动合同内容以全面履行劳动合同，永丰公司与李高军签订《工程施工内部承包管理责任书》，约定永丰公司设立德阳五中灾后重建项目部，任命李高军为项目部负责人，负责该项目建设全部事宜。

项目竣工后，因认为该项目竣工结算价[①]低于其已向李高军支付之费用总额，永丰公司遂以李高军为被申请人向成都仲裁委申请仲裁，要求李高军支付永丰公司为李高军履行劳动合同垫付的工程款等各项费用合计约 600 万元。

2018 年 5 月 24 日，成都仲裁委作出（2014）成仲案字第 398 号裁决，裁决李高军向永丰公司支付其为李高军履行劳动合同垫付的工程款、工程管理费等 160 余万元。

申请不予执行

裁决生效后，永丰公司向四川省德阳市中级人民法院（简称德阳中院）申请执行。李高军不服仲裁裁决，以成都仲裁委无权仲裁，且在仲裁程序中采信伪证、枉法乱裁为由，根据《民事诉讼法》第 237 条第 2 款第 2 项、第 4 项、第 5 项、第 6 项，《仲裁裁决执行规定》第 13 条、15 条、16 条等规定，向德阳中院申请不予执行。

---

① 即业主单位德阳五中应向远舰公司支付的工程款总额。

李高军申请不予执行的主要理由如下：

一、案涉纠纷实系履行劳动合同产生的劳动争议，应走劳动争议处理专门程序，成都仲裁委无权仲裁，其裁决应不予执行

《劳动争议调解仲裁法》第2条规定，中华人民共和国境内的用人单位与劳动者因订立、履行、变更、解除和终止劳动合同发生的争议属于劳动争议，适用本法。

该法第21条规定，劳动争议仲裁委员会负责管辖本区域内发生的劳动争议；第48条规定，劳动者对本法第47条规定的仲裁裁决不服的，可以自收到仲裁裁决书之日起15日内向人民法院提起诉讼。

可见，针对劳动争议，我国法律规定劳动仲裁前置。若对劳动仲裁裁决不服，只能向人民法院提起诉讼。成都仲裁委作为商事争议解决机构，无权裁决劳动争议案件。

另外，《仲裁法》第2条规定，平等主体的公民、法人和其他组织之间发生的合同纠纷和其他财产权益纠纷，可以仲裁。据此，成都仲裁委只能受理平等主体间的纠纷，对于劳动关系这种纵向隶属关系则无权处理。

本案中，成都中院已于2016年12月5日作出（2016）川01民终9657号民事判决，认定李高军与永丰公司签订的劳动合同合法有效，双方建立了劳动关系。

而双方签订的劳动合同第1条明确约定，劳动合同期限自2010年7月1日起，到工作任务完成时止，并以德阳五中灾后重建项目二标段竣工为工作任务完成的标志；双方承包文件再次强调其内部隶属关系，印证双方并非平等主体。

根据前述法律规定，双方因为垫付款项产生的纠纷系因履行劳动合同产生的劳动争议，依法属于劳动仲裁专属管辖，成都仲裁委无权仲裁。

《民事诉讼法》第 237 条第 2 款第 2 项规定，裁决事项不属于仲裁协议范围或者仲裁机构无权仲裁的，人民法院裁定不予执行。据此，本案裁决属成都仲裁委违法生产之越权裁决，依法应不予执行。

二、永丰公司提交的《建设工程竣工结算复审定案表》系伪造而成，仲裁裁决予以采信触发不予执行之相关法律规定

《民事诉讼法》第 237 条第 2 款第 4 项规定，裁决所根据的证据是伪造的，人民法院裁定不予执行。

近日，李高军从德阳市审计局获取到案涉《德阳市第五中学高中部灾后异地重建项目（二标段）工程结算审核报告》[川杰灵恒信（2014）字第 20 号] 第 1 册原件 1 份，其中《建设工程竣工结算复审定案表》底部加盖有德阳市审计局、四川杰灵恒信工程造价咨询有限责任公司、德阳五中及永丰公司公章，落款时间为 2014 年 4 月。

而 2015 年 1 月 8 日仲裁庭第 1 次开庭时，永丰公司当庭提交的 1 份《建设工程竣工结算复审定案表》底部并未加盖任何公章，且无建设、施工单位、初审、审核单位意见。

可以看出，德阳市审计局存档定案表原件多了四枚公章，同时在施工单位意见一栏有张乾英手写的三点意见，而永丰公司提交的定案表仅有黄斌手写的一点意见，足以证明该定案表系永丰公司伪造生成。

不仅如此，李高军在 2017 年 3 月 24 日仲裁庭第 4 次开庭时多次明确要求查看竣工结算的全套结算书，但永丰公司以结算书对案件没有影响为由一直拒绝提供，明显暴露其心虚本质。

但，成都仲裁委不仅采信了永丰公司提交的伪证，而且据此认定案涉项目竣工结算价为 47291828.59 元，低于永丰公司已付李高军款项，据而裁决李高军向永丰公司支付差额部分。

三、永丰公司隐瞒重要事实，误导成都仲裁委作出错误裁决，该裁决依法应不予执行

如前所述，永丰公司伪造定案表，刻意隐瞒了其保留向发包方德阳五中主张合计590万元人工费及索赔权利的事实。

本案仲裁裁决认定永丰公司垫付金额为620余万元，如减去其向德阳五中主张的590万元，则实际垫付金额仅仅为30余万元。即使认定李高军系内部承包，在与李高军向永丰公司交纳的约464万元保证金抵销后，也应当裁决永丰公司向李高军返还430余万元，而不是反向裁决李高军向永丰公司支付160余万元。

由此可见，永丰公司故意隐瞒重要证据，导致成都仲裁委对基本事实作出错误认定，进而作出了完全相反的裁决。

《民事诉讼法》第237条第2款第5项规定，对方当事人向仲裁机构隐瞒了足以影响公正裁决的证据的，人民法院裁定不予执行。据此，本案裁决不可执行。

四、成都仲裁委无视双方明确约定及李高军有效抗辩，把案外人王良俊单方私自支出费用强加在李高军头上，其裁决不可执行

为正确履行劳动合同，2010年12月16日，永丰公司、王良俊、李高军等方召开协调会议，会议达成的纪要第2条明确约定：资金计划安排由王良俊提交，经曾茂江、李高军审核签字并永丰公司复核后予以支付。

意即，王良俊自永丰公司领取款项必须由曾茂江或李高军事先签字确认。而庭审中李高军亦多次明确表示永丰公司提交的诸多费用支出凭证仅有王良俊签字，并无李高军签字认可，不能计入李高军自永丰公司领取的款项。

但成都仲裁委无视白纸黑字之书面铁证，仍将王良俊私自领取的约

300 万元款项计为李高军收取款项，致使李高军辛苦一场，不仅劳动合同履约保证金拿不回来，反而被永丰公司倒吃一嘴。如此张冠李戴指鹿为马之裁决，实令人叹为观止。

《民事诉讼法》第 237 条第 2 款第 6 项规定，仲裁员有枉法裁决行为的，人民法院裁定不予执行。据此，本案裁决应不予执行。

综上，成都仲裁委本无权仲裁，且在仲裁程序中采信伪证、枉法乱裁，李高军恳请人民法院立基护民初心，体恤劳工疾苦，尽快依法裁定不予执行该错误裁决。

庭询交锋

收到李高军不予执行申请材料后，德阳中院于 2019 年 4 月 2 日决定立案审查，并于 2019 年 4 月 11 日组织李高军和永丰公司到庭接受询问。询问时，诉辩双方唇枪舌战、激烈交锋。为有效说服法官，李高军一方律师撰写了名为《关键证据伪造而成，谎话连篇欺骗法庭，不法裁决不可执行》的详尽代理词提交德阳中院，主要内容如下：

一、仲裁中永丰公司提交质证的根本不是结算确认书，而是其蓄意伪造的黄斌签字之定案表，成都仲裁委采信伪造证据，其裁决不应执行

（一）现有证据锁链足以证明永丰公司提交质证的就是黄斌签字之定案表；六次仲裁笔录证实，永丰公司根本未提交其所称之 2014 年 9 月结算确认书

纵观仲裁裁决书及全部六次开庭笔录，均明确显示永丰公司提交质证的就是黄斌签字之定案表，不是结算确认书，根本不存在所谓仲裁秘书笔误的情况，理由有如下几点：

1. 开庭笔录中明确载明永丰公司提交质证的是黄斌签字之定案表

在 2015 年 1 月 8 日第 1 次仲裁开庭时，永丰公司提交的第 2 组第 8 项证据为竣工结算审核汇总表、竣工结算复审定案表，用以证明黄斌签字确认食堂部分结算无误。

同时，永丰公司称第 9 项证据《2014.3.31 建设工程竣工结算复审定案表》（证据 9 和证据 8 中的"竣工结算复审定案表"为永丰公司重复提交的同一份证据，不是四方盖章、审计存档的真实定案表；永丰公司代理人自己也反复强调在仲裁程序中没提交四方盖章之真实定案表）证明各方确认工程复审金额为 4729 万余元。

永丰公司代理人辩称其没有提交黄斌签字的定案表，而是交的竣工结算书，笔录内容是仲裁秘书写错了。好荒谬的谎言！如果真是所谓仲裁秘书笔误，那为什么不在庭后签笔录时予以修改或者补充？？？要求修改笔录内容以与自己所述内容一致，既是代理人法定权利，也是对当事人权益负责的法定义务。作为一名执业律师，不可能不知道开庭笔录的法律效力。

何况就在同一页笔录中，永丰公司代理人对其认为的遗漏之处手写进行了补充，证明其认真阅读了开庭笔录，绝不是埋头就签。

2.李高军质证意见亦表明永丰公司提交质证的是黄斌签字之定案表

而针对永丰公司提交的证据，李高军质证意见为黄斌只是对食堂部分确认。

永丰公司现在询问时出示的结算确认书是对整个工程价款进行确认，并没有单列食堂部分价款，而且也没有黄斌签字。假设永丰公司实际提交质证的是结算确认书但仲裁秘书笔误写成了定案表，则李高军看到的就只能是结算确认书内容而不可能是定案表内容，那他又怎么可能提到结算确认书上根本就没有写的"黄斌"和"食堂部分"呢？

而且，如果李高军已经看到了结算确认书，仍反复要求永丰公司提供结算书，仲裁庭怎能容许？仲裁秘书又怎会记录？

所以，从李高军质证意见也可以看出永丰公司提交质证的就是黄斌签字之定案表，根本不是其代理人一再声称的结算确认书。

3. 裁决书亦明确载明永丰公司提交质证的是黄斌签字之定案表

裁决书中明确载明永丰公司提交的第三组第 8 项证据为 2014.3.31日竣工结算审核汇总表、竣工结算复审定案表，第 9 项证据为 2014.3.31日建设工程竣工结算复审定案表，根本没有所谓的结算确认书。

综上，无论是开庭笔录中永丰公司自己举证抑或李高军质证，还是最终的裁决书，都明确载明永丰公司在仲裁中提交质证的是黄斌签字之定案表，而最终仲裁裁决采信的也正是该定案表。

（二）永丰公司提交之定案表系伪造生成，已经触发不予执行仲裁裁决之法定条件

根据形式逻辑基本原则，名称一模一样内容却截然不同的两份文件，若有一真，必有一假，不可能两者均为真。就好比法院加盖公章的真实判决书内容为 A，但现在有人拿出内容为 B、没盖公章的判决书说这就是 A 判决书；这种情况下，虽然 B 判决书也是某人所制作完成，但毫无疑问构成对 A 判决书的伪造。

也许有人会说，本案涉及的两份定案表结算金额都是 4700 余万元，虽然真正的定案表保留了近 600 万元权利，而伪造的定案表没有该近600 万元权利保留，但保留的权利最终不一定能得到实现，所以与李高军关系不大，故仲裁裁决采信该伪造证据似乎也没有什么实质影响。

我们认为这种观点不正确。一方面，在建设工程领域，常常需要因地制宜变更施工方案或建筑材料，所以最终结算金额超出预算金额是大概率事件，这在建工领域有个专业术语叫变更索赔。案涉工程合同价4856 万余元，有近 600 万元的变更索赔金额很正常，大概率会得到法律保护。

另一方面，假定仲裁庭是公正且专业的，在看到有近 600 万元权利

保留的定案表后，至少应当中止审理，待该近 600 万元权利最终能否实现尘埃落定之后再恢复仲裁程序，否则将对李高军极不公平。

永丰公司代理人在 2019 年 4 月 11 日受询时辩称，虽然 2014 年 3 月定案表上保留了近 600 万元权利，但当年 9 月时永丰公司已通过签署结算书方式放弃了该近 600 万元权利，实际只收取工程款 4700 余万元，所以成都仲裁委采信永丰公司提交的伪造定案表无关紧要。

既然永丰公司自己都认可李高军才是德阳五中二标段工程实际承包人，竣工结算就应该以李高军意见为准。在未经李高军同意情况下，永丰公司凭什么放弃理当属于李高军的近 600 万元权利？永丰公司既然擅自放弃约 600 万元权利，就应当自行承担后果。

永丰公司已收取的 4700 余万元工程款如果再加上这被放弃的 600 万元计 5300 余万元，业已大于成都仲裁委认定的永丰公司支付给李高军的工程款 5047 万元（该金额计入了本不应计入的永丰公司擅自支付给案外人王良俊的约 300 万元款项，此处暂且不论）。所以，如果成都仲裁委看到了保留了近 600 万元权利的真实定案表，正常情况下就不可能裁决李高军向永丰公司支付款项，如前所述其至少会中止审理。

试问，李高军在仲裁中反复要求永丰公司出示各方确认盖章的结算定案表，但永丰公司坚决不出示，所为者何？所谓事出反常必有妖。永丰公司持有四方盖章的定案表不出示，却出示伪造的一份定案表，其处心积虑，用心良苦，无非是欺骗仲裁庭作出利己裁决，不幸成都仲裁委果然中招。

针对本案中的两份定案表，永丰公司员工李建辉在德阳中院询问时也明确承认，黄斌签字之定案表系公司内部结算的过程性文件，只有四方盖章之定案表才能证明工程结算情况。与真实定案表对比不难看出，永丰公司提交的伪造定案表少了四枚公章，甚至连永丰公司自己的公章都没有（说明永丰公司自身都不认可），根本无法证明工程结算情况。但永丰公司以内部过程性文件冒充最终定案表欺骗仲裁庭认可其主张的工程结算金额，应属伪造证据且该伪证实质性、颠覆性影响了仲裁结果。

不仅如此，永丰公司代理人在本次不予执行询问程序中受询时声称提交该伪造定案表只是用来证明李高军实际参与了项目工程，不是用来证明工程结算价，这一点与仲裁庭审笔录记载完全相左，显示其为达目的篡改事实。

笔录系开庭时生成的书证，永丰公司代理人嘴皮一翻就想否认早就形成的书证，明显违背诚信原则。

综上，成都仲裁委采信永丰公司提交之伪证作出错误裁决，已经触发《民事诉讼法》第 237 条第 2 款第 4 项规定之不予执行条件。如图 20-1 所示：

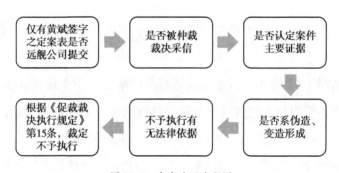

图 20-1　本案论证流程图

二、本案确系履行劳动合同产生的劳动争议，成都仲裁委违反法定管辖原则，其裁决应不予执行

无论是成都中院判决还是永丰公司当庭自认，都证明李高军与永丰公司签订劳动合同建立了劳动关系，而劳动合同第 1 条第 1 款第 3 项约定，劳动合同期限自 2010 年 7 月 1 日起至德阳五中灾后重建项目二标段完成时止。

据此可以看出，李高军的工作任务就是完成德阳五中灾后重建二标段项目。而内部承包责任书正是对劳动合同的进一步细化，其中明确约定了为保障李高军完成工作任务而享有的职务、权限等内容。

如果永丰公司认为李高军在工程中给公司造成了经济损失，可以依据劳动法、劳动合同法等法律法规要求李高军赔偿损失，由此产生的争议就是履行劳动合同产生的劳动争议，依法就只能由劳动争议仲裁委员会处理，成都仲裁委无权裁决。

至于李高军在仲裁中主张不构成劳动关系实属对客观事实的尊重而不是如永丰公司一般翻云覆雨。但既然现在生效判决确认劳动关系存在，则依法只能按照劳动争议处理。

综上，针对本项情事，根据《民事诉讼法》第 237 条第 2 款第 2 项，案涉仲裁裁决应不予执行。

三、李高军在获悉真实定案表后 15 天内申请不予执行符合法律规定

李高军于 2019 年 3 月 6 日获悉真实定案表，于 3 月 20 日即向德阳中院申请不予执行，符合《仲裁裁决执行规定》第 8 条之规定。

同时，《仲裁裁决执行规定》第 11 条第 2 款规定：被执行人对仲裁裁决申请不予执行的，人民法院应当进行询问；被执行人在询问终结前提出其他不予执行事由的，应当一并审查。据此，李高军提出的永丰公司伪造证据、隐瞒证据、无权仲裁、枉法裁决等四项理由，均具法律依据。

综上，成都仲裁委不仅违反法定管辖原则越权仲裁，而且采信伪造证据作出错误裁决，已经触发不予执行仲裁裁决之相关规定，恳请合议庭本着为无辜者伸张正义的原则，贯彻中央重要指示，发挥司法审查监督功能，尽快裁定不予执行仲裁裁决。

德阳中院驳回不执申请

德阳中院审查认为，本案争议焦点为：第一，李高军提起不予执行仲裁裁决是否符合期限规定；第二，本案所涉争议成都仲裁委是否有权仲裁；第三，仲裁裁决所依据的证据是否存在伪造情形；第四，仲裁程序中永丰公司是否向仲裁机构隐瞒了足以影响公正裁决的证据；第五，本案仲裁程序中是否存在枉法裁判情形。

就五个争议焦点，德阳中院分别评述如下：

一、李高军提起不予执行仲裁裁决符合期限规定

《仲裁裁决执行规定》第 8 条规定："被执行人向人民法院申请不予执行仲裁裁决的，应当在执行通知书送达之日起十五日内提出书面申请；在民事诉讼法第 237 条第 2 款第 4、6 项规定情形且执行程序尚未终结的，应当自知道或者应当知道有关事实或者案件之日起十五日内提出书面申请。"

本案中，执行程序尚未终结，李高军向本院提交由德阳市审计局农业和外资审计科盖章确认的《建设工程竣工结算复审定案表》，德阳市审计局工作人员明确李高军于 2019 年 3 月 6 日在该局查询并复印该表格，可以证明李高军知晓永丰公司在仲裁过程中提交的仅黄某签字确认的《建设工程竣工结算复审定案表》与审计局存档的《建设工程竣工结算复审定案表》不一致的事实始于 2019 年 3 月 6 日。李高军于 2019 年 3 月 20 日向本院提起不予执行仲裁裁决，符合法律规定，应当进行审查。

二、本案所涉争议成都仲裁委有权仲裁

李高军认为本案所涉争议系劳动争议纠纷，是因履行劳动合同而产

生的争议，应当适用专门的劳动争议仲裁程序，成都仲裁委作为商事争议解决机构，无权对本案进行仲裁。

本院认为，李高军与永丰公司对双方签订的《劳动合同》及《工程施工内部承包管理责任书》的真实性均无异议。《工程施工内部承包管理责任书》载明，双方当事人本着平等、自愿、互利原则签订该责任书，李高军对内部承包的项目独立核算、自负盈亏、自行承担该项目部对外民事责任。

可见，虽李高军与永丰公司之间存在劳动关系，但本案所涉建设项目系李高军根据内部承包责任书从永丰公司处承包而来，其管理并组织建设该项目系履行《工程施工内部承包管理责任书》的行为，而非履行劳动合同的行为。故涉案纠纷为平等主体之间的建设工程施工合同纠纷。双方在《工程施工内部承包管理责任书》中约定，发生争议时，若协商不成，提请成都仲裁委仲裁。成都仲裁委根据永丰公司申请，受理并审理涉案纠纷，符合法律规定，李高军该项主张，依法不能成立。

三、仲裁裁决所依据的证据不存在伪造情形

《仲裁裁决执行规定》第15条规定："符合下列条件的，人民法院应当认定为民事诉讼法237条第2款第4项规定的'裁决所依据的证据是伪造的'情形：1.该证据已被仲裁裁决采信；2.该证据属于认定案件基本事实的主要证据；3.该证据经查明确属通过捏造、变造、提供虚假证明等非法方式形成或者获取，违反证据的客观性、关联性、合法性要求。"

本案中，李高军主张其在德阳市审计局调取的涉案项目《建设工程竣工结算复审定案表》与仲裁程序中永丰公司提交的《建设工程竣工结算复审定案表》不一致，能够证明永丰公司在仲裁过程中提交的《建设工程竣工结算复审定案表》系伪造的证据，且永丰公司也未提交最终的

竣工结算确认书等证据。

本院认为，《建设工程竣工结算复审定案表》系在结算过程中的阶段性核算，最终应以工程竣工结算确认书及确认表进行认定。而在仲裁过程中，永丰公司将涉案建设项目在仲裁过程中形成的《四川省工程竣工结算确认书》（川建（2014）价确〔43〕号）及《单项（单位）工程竣工结算确认表》提交仲裁庭，该确认书及确认表中核算的最终数据与两份《建设工程竣工结算复审定案表》中的数据一致。永丰公司对仲裁过程中提交的《建设工程竣工结算复审定案表》的形成进行了合理说明，该表系因李高军作为内部承包应当对其承包项目进行核算，之后由永丰公司作为总承包方与发包方进行核算。故该仲裁过程中提交的《建设工程竣工结算复审定案表》的形成及所载明的内容不属于通过捏造、变造、提供虚假证明等非法方式形成或者获取，也未违反证据的客观性、关联性、合法性，故李高军的该项主张，本院不予支持。

四、仲裁程序中永丰公司是否向仲裁机构隐瞒了足以影响公正裁决的证据

《仲裁裁决执行规定》第 16 条第 1 款规定："符合下列条件的，人民法院应当认定为民事诉讼法第 237 条第 2 款第 5 项规定的'对方当事人向仲裁机构隐瞒了足以影响公正裁决的证据的'情形：1. 该证据属于认定案件基本事实的主要证据；2. 该证据仅为对方当事人掌握，但未向仲裁庭提交；3. 仲裁过程中知悉存在该证据，且要求对方当事人出示或者请求仲裁庭责令提交，但对方当事人无正当理由未予出示或者提交。"

本案中，李高军认为永丰公司隐瞒了其在《建设工程竣工结算复审定案表》中保留对发包方追索人工费调整及索赔款项 590 万元的权利，影响公正裁决。本院认为，该备注保留主张 590 万元的《建设工程竣工结算复审定案表》存档于德阳市审计局，李高军是可以进行查询及复印

的，该证据并非仅有永丰公司掌握。

另，该《建设工程竣工结算复审定案表》系在建设工程结算过程中形成，而本案所涉建设工程项目最终的竣工结算确认书及确认表也由永丰公司在仲裁过程中提交，竣工结算确认书及竣工结算确认表所载明数据与两份《建设工程竣工结算复审定案表》的数据并无差异，本案裁决结果系仲裁庭综合案件证据作出，该附有保留主张590万元权利备注的《建设工程竣工结算复审定案表》是否提交并不影响仲裁庭公正裁决。因该备注仅系申请执行人永丰公司单方作出的权利声明，李高军未提交证据证明590万元权利已确定存在，且将来如果权利客观实现时，如李高军存在相应权利，也有相应法律途径进行解决。故李高军主张永丰公司在仲裁过程中隐瞒足以影响案件公正裁决的证据，本院不予支持。

五、本案仲裁程序中不存在枉法裁判情形

本案中，李高军并未提交有关机关出具的法律文书或者其他文书确认涉案仲裁员在仲裁过程中有存在枉法裁决行为，也未向人民法院提交其他证据证明其主张，故李高军的该项主张，本院不予支持。

申请抗诉

李高军不服德阳中院驳回裁定，向德阳市人民检察院（简称德阳市检）申请抗诉，其申请抗诉的主要理由有：

一、实体上，德阳中院裁驳理由不能成立

（一）德阳中院认为永丰公司伪造的证据未违反证据客观性合法性关联性，其论证逻辑不能成立

1.德阳中院认为仲裁中永丰公司提交了竣工结算确认书与确认表，

成都仲裁委根据结算确认书与确认表而非黄斌签字之定案表作出裁决,并无不当。但六次仲裁笔录证实,永丰公司根本未提交其所称之结算确认书与确认表。

李高军实在不懂,永丰公司并未提交任何证据证明其在仲裁程序中提交了结算确认书与确认表,仅仅嘴巴一说,德阳中院就敢在裁定书中白纸黑字地写。难道,打官司已经不需要打证据,只需要打口技或者打运气?

既然永丰公司压根没有提交所谓的确认书与确认表,则成都仲裁委只能是根据永丰公司提交之黄斌签字定案表作出裁决;而该定案表系伪造生成,故已经触发不予执行仲裁裁决之法定条件。

2. 德阳中院还认为,黄斌签字之定案表系过程性文件,并非永丰公司伪造而成,故不违反证据三性。

李高军认为,根据形式逻辑基本原则,名称一模一样内容却截然不同的两份文件,若有一真,必有一假,不可能两者均为真。就好比法院加盖公章的真实判决书内容为 A,但现在有人拿出内容为 B、没盖公章的判决书说这就是 A 判决书;这种情况下,虽然 B 判决书也是某真实存在的自然人所制作完成,但毫无疑问构成对 A 判决书的伪造。而且,四方盖章的真实定案表比仅有黄斌签字之定案表多了近 600 万元权利保留,但德阳中院居然说本案两份定案表数据一致,实在与实不符。

3. 德阳中院又认为,本案涉及的两份定案表① 结算金额都是 4700 余万元,虽然真实的定案表保留了近 600 万元权利,而伪造的定案表没有该近 600 万元权利保留,但保留的权利最终不一定能得到实现,故仲裁裁决采信该伪造证据不构成实质影响。

李高军认为这种观点大错。一方面,在建设工程领域,常常需要因

---

① 一份是远舰公司伪造的定案表,一份是四方盖章的真实定案表。

地制宜变更施工方案或建筑材料，所以最终结算金额超出预算金额是大概率事件，这在建工领域有个专业术语叫变更索赔。案涉工程合同价4856万余元，有近600万元的变更索赔金额很正常，大概率会得到法律保护。

另一方面，假定仲裁庭是公正且专业的，在看到有近600万元权利保留的定案表后，至少应当中止审理，待该近600万元权利最终能否实现尘埃落定之后再恢复仲裁程序，否则将对李高军极不公平。

4.德阳中院另认为，虽然2014年3月定案表上保留了近600万元权利，但当年9月永丰公司已通过签署结算确认书方式放弃了该近600万元权利，实际只收取工程款4700余万元，所以成都仲裁委采信永丰公司提交的伪造定案表无关紧要。

但，既然永丰公司自己都认可李高军才是德阳五中二标段实际承包人，竣工结算就应该以李高军意见为准。在未经李高军同意情况下，永丰公司无权放弃理当属于李高军的近600万元权利；永丰公司既然擅自放弃约600万元权利，就应当自行承担后果。

永丰公司已收取的4700余万元工程款如果再加上这被放弃的600万元计5300余万元，业已大于成都仲裁委认定的永丰公司支付给李高军的工程款5047万元（该金额计入了本不应计入的永丰公司擅自支付给案外人王良俊的约300万元款项，此处暂且不论）。所以，如果成都仲裁委看到了保留了近600万元权利的真实定案表，正常情况下就不可能裁决李高军向永丰公司支付款项，如前所述其至少会中止审理。

试问，李高军在仲裁中反复要求永丰公司出示各方确认盖章的结算定案表，但永丰公司坚决不出示，所为者何？所谓事出反常必有妖。永丰公司持有四方盖章的定案表不出示，却出示伪造的一份定案表，其处心积虑，用心良苦，无非是欺骗仲裁庭作出利己裁决，不幸成都仲裁委果然中招。

针对本案中的两份定案表,永丰公司员工李建辉亦明确承认:黄斌签字之定案表系公司内部结算的过程性文件,只有四方盖章之定案表才能证明工程结算情况。

与四方盖章之真实定案表对比不难看出,永丰公司提交的伪造定案表少了四枚公章,甚至连永丰公司自己的公章都没有,① 根本无法证明工程结算情况。永丰公司以内部过程性文件冒充最终定案表欺骗仲裁庭认可其主张的工程结算金额,显属伪造证据且该伪证实质性、颠覆性影响了仲裁结果。

不仅如此,永丰公司代理人在本次不予执行程序中受询时声称提交该伪造定案表只是用来证明李高军实际参与了项目工程,不是用来证明工程结算价,这一点与仲裁庭审笔录记载完全相左,显示其为达目的不择谎言。笔录系开庭时生成的书证,永丰公司代理人嘴皮一翻就想否认早就形成的书证,明显违背诚信原则,欺蒙哄骗责不可赦。

综上,成都仲裁委采信永丰公司提交之伪证作出错误裁决,已经触发民事诉讼法第 237 条第 2 款第 4 项规定之不予执行条件。

(二)永丰公司隐瞒关键证据反而获益,令人难以理解

四方盖章的定案表是本案关键证据,永丰公司在仲裁程序中即使面对李高军的强烈要求也一直拒不提交。仲裁程序之双方当事人中,只有永丰公司持有四方盖章的定案表,李高军并不持有该定案表;但德阳中院歪曲解读《仲裁裁决执行规定》第 16 条,认为既然德阳审计局存有四方盖章之定案表,该证据就不属仅为永丰公司掌握,故而不属于隐瞒证据。

《仲裁裁决执行规定》第 16 条规定的"仅为一方当事人掌握"指的是该证据在双方当事人间仅为一方当事人持有而另一方当事人不持有,

---

① 说明远舰公司自身都不认可。

并非指该证据独占性地为一方当事人持有且硕果仅存、别处再无。承办法官的文字理解实在让人不敢苟同。

而且，在 2019 年 3 月 6 日之前，李高军完全不知道德阳市审计局存有四方盖章的定案表。只是在向朋友诉说遭遇的枉法裁决时，偶然听说案涉工程项目既然是财政投资工程，很可能审计局存有结算档案，这才机缘巧合地了解到工程结算真相。

李高军只是一个普通人，并不是一个全知全能的神。2015 年仲裁时，李高军不可能未卜先知地知道德阳市审计局存有竣工结算定案表。德阳中院认为既然现在李高军可以到德阳市审计局调取该定案表，当年也应该拿得到该定案表，实属强人所难。

无论如何，永丰公司刻意隐瞒四方盖章之定案表并影响了公正裁决是板上钉钉的客观事实，在这种情况下德阳中院仍拒绝裁定不予执行，无疑是为让不诚信、隐瞒证据的永丰公司获益而有意扭曲法律。

更让人不解的是，德阳中院一方面认定永丰公司在未经实际施工人李高军同意情况下已擅自放弃对工程业主之近 600 万元权利主张，另方面却声称将来该近 600 万元权利客观实现时，李高军尚有相应法律途径解决。[①]李高军真不知道，德阳中院承办法官怎么会说出如此自相矛盾、左右互搏的话。

（三）根据生效判决，本案系履行劳动合同产生的劳动争议，德阳中院硬说不是劳动争议，逻辑不通

至于李高军在仲裁中主张不构成劳动关系实属对客观事实的尊重而不是如永丰公司一般翻云覆雨。但既然现在生效判决确认劳动关系存在，则依法只能按照劳动争议处理。

---

① 德阳中院在发给李高军的（2019）川 06 执异 25 号执行裁定书第 9 页第 1 段中，为李高军勾画了"未来可能"的约 600 万元"期权"；但其公布在中国裁判文书网的（2019）川 06 执异 25 号执行裁定书中，却对该约 600 万元"期权"只字未提。

综上，针对本项情事，根据《民事诉讼法》第 237 条第 2 款第 2 项，案涉仲裁裁决应不予执行。

（四）成都仲裁委枉法裁决有据可查，德阳中院不应视而不见

枉法裁决是指仲裁员在裁决案件时玩忽职守，偏袒一方当事人，颠倒是非，曲解法律甚至故意错误适用法律的行为。李高军已举证成都仲裁委将案外人王良俊自永丰公司处领取款项强加在李高军头上，实属枉法裁决；但德阳中院反说李高军未举证证明成都仲裁委之枉法情形，令人不服。

（五）*同样情况其他法院都裁定不予执行，德阳中院驳回不执申请实属逆法而行*

李高军查找了诸多案例并已制作《类案检索报告》提交德阳中院，与本案情况基本相同之不予执行仲裁裁决申请都得到了法院支持，但德阳中院对同类案例只字不提，类案类判坚决不干，其操作手法令人无法理解。

二、程序上，德阳中院未审先裁，不合规定

《民事诉讼法》第 237 条第 1 款规定："被申请人提出证据证明仲裁裁决有下列情形之一的，经人民法院组成合议庭审查核实，裁定不予执行……"

《仲裁裁决执行规定》第 11 条第 2 款规定："被执行人、案外人对仲裁裁决执行案件申请不予执行的，人民法院应当进行询问"。

但自始至终，德阳中院没有任何一位合议庭法官向李高军或其代理人进行询问，[①] 却悍然下达驳回申请之裁定，该合议庭藐视法律、规则之根性可见一斑。

---

① 仅有法官助理蔡亚淋询问了双方当事人。

德阳中院未经审理即下达裁定，违背程序正义和司法良知，其裁定不可能具备合法性。而且，根据《仲裁裁决执行规定》，不予执行仲裁裁决之审限为两个月。但本案自 2019 年 4 月 2 日立案，却直到 6 月 13 日李高军才领到裁定书，显见承办法官视规则为无物。

综上，德阳中院 25 号裁定程序严重违法，实体错误不堪，检察机关应予监督。

德阳市检不予监督

德阳市检审查认为，本案有两大争议焦点，其分别评述如下：

一、关于原审法院程序问题

（一）关于李高军称无合议庭法官向李高军或其代理人进行询问，德阳中院未经审理便作出裁定。

《仲裁裁决执行规定》第 11 条第 2 款规定："被执行人、案外人对仲裁裁决执行案件申请不予执行的，人民法院应当进行询问。"相关法律法规并未规定不予执行仲裁裁裁决案件必须开庭审理，本案中，法官助理询问了双方当事人，符合人民法院应当进行询问的规定，原审法院程序并无不当。

（二）关于李高军称本案 2019 年 4 月 2 日立案，其 6 月 13 日收到裁定书，法院办案超过法律规定的两个月审限。

《仲裁裁决执行规定》第 12 条规定："人民法院对不予执行仲裁裁决案件的审查，应当在立案之日起两个月内审查完毕并作出裁定；有特殊情况需要延长的，经本院院长批准，可以延长一个月。"本案 4 月 2 日立案，应在 6 月 2 日前作出裁定，已于 5 月 20 日作出裁定，未超过审查期限。

二、关于伪造证据问题

李高军主张其在德阳市审计局调取的涉案项目《建设工程竣工结算复审定案表》与仲裁程序中永丰公司提交的《建设工程竣工结算复审定案表》不一致,能够证明永丰公司在仲裁过程中提交的《建设工程竣工结算复审定案表》系伪造的证据,永丰公司也未提交最终的竣工结算确认书等证据。

本案《建设工程竣工结算复审定案表》系在结算过程中的阶段性核算,最终形成有工程竣工结算确认书及确认表。在仲裁过程中,永丰公司将案涉建设项目在仲裁过程中形成的《四川省工程竣工结算确认书》(川建(2014)价确[43]号)及《单项(单位)工程竣工结算确认表》提交仲裁庭,该确认书及确认表中核算的最终数据与两份《建设工程竣工结算复审定案表》中的数据一致。永丰公司对仲裁过程中提交的《建设工程竣工结算复审定案表》形成进行了合理说明,该表系因李高军作为内部承包应当对其承包项目进行核算,之后由永丰公司作为总承包方与发包方进行核算。故该仲裁过程中提交的《建设工程竣工结算复审定案表》的形成及所载明的内容不属于通过捏造、变造、提供虚假证明等非法方式形成或者获取,原审法院认为该证据未违反证据的客观性、关联性、合法性并无不当。

综上,德阳市检决定不支持李高军的监督申请。

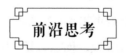

前沿思考

一、对不予执行仲裁裁决的申请,能否仅由法官助理进行询问

李高军认为,德阳中院未安排法官对其或其代理人进行询问便作出驳回裁定,违反法定程序。但有人认为,《仲裁裁决执行规定》第 11 条第 2 款"被执行人、案外人对仲裁裁决执行案件申请不予执行的,人民

法院应当进行询问"之规定，并未限定询问人员须为合议庭人员。因此，法官助理对李高军及其代理人进行询问，不构成程序违法。

但如果合议庭法官都不直接坐堂询问，仅凭法官助理询问后向合议庭汇报案情便据以作出裁判，合议庭听到的事实无疑有被编辑的风险，从而可能被有意无意地带偏。因此，虽然《仲裁裁决执行规定》第11条第2款并未明确须由合议庭成员询问当事人，但从立法目的考量，结合该条第1款"人民法院对不予执行仲裁裁决案件应当组成合议庭围绕被执行人申请的事由、案外人的申请进行审查"之规定，我们认为，合议庭或者至少承办人应亲自坐堂询问，否则很难保障裁判公正性。

事实上，囿于文字难以周延之固有缺陷，指望成文法将司法实践中包罗万象的情况事先一网打尽般一一罗列，是人类不可能完成之任务。以故，成文法模式下的司法公正，常常不得不依赖司法官对法律文件的善意解读和善良执行。从善良认知角度，我们认为，法律法规、司法解释中规定的人民法院应为之专业性工作，应当由适格司法官本人完成。

虽然，目前许多法院都声称案多人少，但是，案多人少不是减损司法公正性的正当理由。为增进司法公正，法官亲历性必不可少。

二、形式上的建设工程内部承包合同是否有效

据李高军称，其并非永丰公司内部员工，但永丰公司为规避建设工程施工合同不得转包之规定，临时和李高军签署了劳动合同。事实上，李高军与永丰公司之劳动合同约定，李高军之工作职责仅为德阳五中灾后重建工程二标段之项目管理。而且，除因案涉工程项目有资金往来外，永丰公司未向李高军支付任何劳动报酬，亦未为李高军购买社保。从这个角度上说，李高军与永丰公司的所谓劳动关系确系徒有其表。

如果李高军与永丰公司之间实质上不具备劳动关系，则其内部承包合同应系以合法形式掩盖非法目的，应依法认定无效。在仲裁程序

中，李高军曾据此主张内部承包合同无效。可惜，在另案永丰公司诉李高军确认劳动关系案中，成华法院、成都中院、四川高院，三级法院均未审查永丰公司与李高军间是否存在发放工资并购买社保这一劳动关系之核心表征，仅凭一纸劳动合同，均认定双方存在劳动关系，未免过于草率。

更重要的问题在于，如果仅凭一纸劳动合同就可以认定双方构成劳动关系，则建设工程之"合法转包"便变得轻而易举。承包人可先和意向次承包人签署劳动合同，然后再以内部承包名义，将建设工程轻轻松松地转包出去。

为保障建筑质量安全，维护建筑法律尊严，规范建筑市场秩序，本书认为，司法机关、仲裁机构在审查建设工程领域内部承包合同时，不仅要观其形，更要查其神。如果双方确早已建立真正劳动关系，则内部承包合同可为有效；但若双方仅临时签署劳动合同，意图鱼目混珠、规避法律，则不应认定内部承包合同有效。

刑 事 篇

第 21 章
两审判决语不周　受害财产可没收?

——唐庆南被控组织传销案 ①

刑案判决生效后,被害人财产是否可以不予返还,甚至法院有权没收? 有人说,这是一个可以真正验证法治成色的案件。

基本案情

江西精彩生活投资发展有限公司(简称精彩公司)在运营过程中,以渠道商保证金名义,收取了全国各地渠道商约 38 亿元保证金。收取保证金后,精彩公司陆续退还了约 13 亿保证金,但 2012 年 4 月,因精彩公司时任董事长唐庆南等公司高级管理人员被控组织、领导传销活动罪被羁押,公司运营戛然而止,退还保证金一事也就此搁置。

唐庆南等组织、领导传销活动一案,江西省南昌市中级人民法院(简称南昌中院)于 2013 年 8 月 26 日作出 (2012) 洪刑二初字第 33 号刑事判决,江西省高级人民法院(简称江西高院)于 2014 年 5 月 8

---

① 详细案情可参见南昌中院 (2012) 洪刑二初字第 33 号刑事判决书、江西高院 (2013) 赣刑二终字第 63 号刑事判决书。

日作出（2013）赣刑二终字第 63 号刑事判决。该案判决早在 2014 年即已生效，但侦查机关南昌市公安局冻结的约 11.5 亿元人民币涉案款项及查封的若干房产迄今未返还受害人，引发全国约 12 万群众持续反映。

南昌中院和江西高院在两审程序中均未对江西省南昌市公安局查封扣押冻结财产予以判决处理。① 面对群众持续反映，南昌中院于 2014 年 11 月 17 日作出（2012）洪刑二初字第 33—1 号刑事裁定书，裁定将案涉冻结款项约 11.5 亿元人民币划拨到南昌市公安局账户，由南昌市公安局处理，但并未指明南昌市公安局应如何处理。

南昌中院认为，根据 2012 年版《刑诉法解释》② 第 365 条"对查封、扣押、冻结的财物及其孳息，应当在判决书中写明名称、金额、数量、存放地点及其处理方式等。涉案财物较多，不宜在判决主文中详细列明的，可以附清单。涉案财物未随案移送的，应当在判决书中写明，并写明由查封、扣押、冻结机关负责处理"之规定，因涉案财物未随案移送，南昌中院（2012）洪刑二初字第 33—1 号刑事裁定书已写明由南昌市公安局负责处理，故法院职责已履行完毕，向具体受害人发还是警方职责，与法院无关。

但南昌市公安局认为，其只能按照法院具体处理方案进行处理，在法院未出具体方案情况下无法处理。

因此，人民群众交付给精彩公司的保证金基本上迄今未受返还，相当于侦查机关查扣财产已被全额没收。

---

① 判决中有一项内容为：追缴唐庆南等人违法所得及其孳息，予以没收；尚未追缴的继续予以追缴。但该判项能否理解为没收侦查机关查控财产，容后探讨。

② 《最高人民法院关于适用〈中华人民共和国刑事诉讼法〉的解释》之简称；2012 年版指法释〔2012〕21 号。

申请返还

部分在成都的精彩公司原渠道商希望司法机关依法返还财产。他们提交了返还财产申请书，主要内容如下：

一、申请人分别向精彩公司交付了数额不等的保证金

（一）吉雪兰：2011 年 6 月 24 日，汇款至精彩公司共计人民币 35 万元整。

（二）黄小艳：2011 年 7 月 31 日，汇款至精彩公司共计人民币 0.7 万元整。

（三）廖山近：2011 年 7 月 31 日、2013 年 8 月 2 日，两次汇款至精彩公司共计人民币 175 万元整。

（四）郑慷进：2011 年 8 月 2 日，汇款至精彩公司共计人民币 70 万元整。

（五）魏才军：2012 年 1 月 12 日，汇款至精彩公司共计人民币 0.7 万元整。

（六）杨永强：2012 年 1 月 12 日、2012 年 3 月 15 日，两次汇款至精彩公司共计人民币 7 万元整。

（七）熊洪梅：2012 年 1 月 10 日，通过成都杨氏鸭肠餐饮文化有限责任公司汇款至精彩公司人民币 70 万元整；2012 年 1 月 12 日，个人汇款至精彩公司人民币 70 万元整；共计人民币 140 万元整。

（八）周术丘：2012 年 2 月 24 日，汇款至精彩公司共计人民币 3.5 万元整。

（九）罗弘波：2012 年 2 月 24 日，汇款至精彩公司共计人民币 0.7 万元整。

证明上述申请人交付保证金的证据详见附件。

二、申请人交付的保证金均已被南昌市公安局先冻结后扣划

南昌市公安局在侦办精彩公司唐庆南等组织、领导传销活动案过程中，查封冻结了精彩公司银行账户，包括诸申请人交付保证金在内的精彩公司收取而尚未退还的保证金，悉数被南昌市公安局查封冻结。证明此事实的证据有：南昌市人民检察院（2012）洪检刑诉第136号起诉书、南昌中院（2012）洪刑二初字第22号刑事判决书、江西高院（2013）赣刑二终字第63号刑事判决书。

三、唐庆南等组织、领导传销活动案已结案良久，南昌市公安局无权继续查封冻结诸申请人所交付保证金

（一）唐庆南等组织、领导传销活动案早已结案

2014年5月8日，江西高院作出（2013）赣刑二终字第63号终审判决，宣告唐庆南等组织、领导传销活动案结案。

（二）南昌市公安局无权继续查封冻结诸申请人所交付保证金

《刑事诉讼法》第234条规定："公安机关、人民检察院和人民法院对查封、扣押、冻结的犯罪嫌疑人、被告人的财物及其孳息，应当妥善保管，以供核查，并制作清单，随案移送。任何单位和个人不得挪用或者自行处理。对被害人的合法财产，应当及时返还。"

本案诸申请人均系被害人，其财产亦属合法财产，依法应予及时返还。

之所以说诸申请人均系被害人，根本理由在于：唐庆南2012年4月被刑事拘留前，有多份公文书证显示精彩公司"BMC"① 运营模式不触犯法律规定，诸申请人正是基于对公权力机关的信赖才成为精彩公司渠道商，应当获得信赖保护。详述如下：

---

① BMC分别是企业、媒介、消费者三个英文单词的首字母。

2010 年 11 月 11 日，南昌市公安局南公撤字［2010］16 号《撤销案件决定书》认定唐庆南及精彩公司涉嫌传销案不构成犯罪。

2010 年 12 月 24 日，江西省商务厅在向中华人民共和国商务部上报的《关于推荐江西精彩生活投资发展有限公司为电子商务示范企业的报告》（赣商商贸字［2010］614 号文件）中指出：江西精彩生活投资发展有限公司是我省极力扶持的科技创意型企业，创立了电子商务新模式——BMC 商业模式。

2011 年 7 月 11 日，中共江西省委政法委在《关于协调有关部门对江西精彩生活投资发展有限公司有关问题进行研讨定性的请示》（赣公综［2011］9 号复函）中称：公检法意见一致，并无分歧，且经报请公安部经侦局同意，南昌市公安局撤销了该案。

2011 年 9 月 9 日，人力资源和社会保障部中国就业培训指导中心授予精彩生活公司为全国首家"BMC 电子商务师"培训考试机构。

2011 年 10 月，精彩公司荣获《2011CCTV 中国年度品牌》荣誉称号。该活动由国家发改委、商务部、国家工商总局、国家质检总局等 10 部委发起并指导。

至于以中央电视台、人民网等国家级媒体为首的媒体群对精彩公司的正面宣传性报道就更是不胜其数。

从时间节点上看，诸申请人都是在 2010 年 11 月 11 日南昌市公安局作出南公撤字［2010］16 号撤销案件决定书之后汇款至精彩公司。除吉雪兰外，诸申请人都是在中共江西省委政法委《关于协调有关部门对江西精彩生活投资发展有限公司有关问题进行研讨定性的请示》（赣公综［2011］9 号复函）发布后，汇款至精彩公司的。可见，诸申请人都是在公权力部门作出精彩公司是正规公司非传销组织的认定之后，才放心将自己辛苦劳动所得汇至精彩公司，可谓不折不扣的受害者。

四、南昌中院和南昌市公安局在返还诸申请人财产事宜上各有职责

（一）南昌中院应当在判决中对查封、扣押、冻结的财物及其孳息作出处理

2012年《刑事诉讼法》①第234条第3款规定："人民法院作出的判决，应当对查封、扣押、冻结的财物及其孳息作出处理"，第4款规定："人民法院作出的判决生效以后，有关机关应当根据判决对查封、扣押、冻结的财物及其孳息进行处理。对查封、扣押、冻结的赃款赃物及其孳息，除依法返还被害人的以外，一律上缴国库。"

2012年《刑诉法解释》②第240条规定：合议庭评议案件，应当根据已经查明的事实、证据和有关法律规定，在充分考虑控辩双方意见的基础上，确定查封、扣押、冻结的财物及其孳息如何处理，并依法作出判决、裁定。

第360条规定："对被害人的合法财产，权属明确的，应当依法及时返还，但须经拍照、鉴定、估价，并在案卷中注明返还的理由，将原物照片、清单和被害人的领取手续附卷备查；权属不明的，应当在人民法院判决、裁定生效后，按比例返还被害人，但已获退赔的部分应予扣除。"

第364条规定："法庭审理过程中，对查封、扣押、冻结的财物及其孳息，应当调查其权属情况，是否属于违法所得或者依法应当追缴的其他涉案财物。"

第365条规定："对查封、扣押、冻结的财物及其孳息，应当在判决书中写明名称、金额、数量、存放地点及其处理方式等。涉案财物较多，不宜在判决主文中详细列明的，可以附清单。涉案财物未随案

---

① 2012年3月14日发布，2013年1月1日施行。
② 2012年12月20日发布，2013年1月1日施行。

移送的，应当在判决书中写明，并写明由查封、扣押、冻结机关负责处理。"

第 366 条规定："查封、扣押、冻结的财物及其孳息，经审查，确属违法所得或者依法应当追缴的其他涉案财物的，应当判决返还被害人，或者没收上缴国库，但法律另有规定的除外。"

第 367 条规定："随案移送的或者人民法院查封、扣押的财物及其孳息，由第一审人民法院在判决生效后负责处理。涉案财物未随案移送的，人民法院应当在判决生效后十日内，将判决书、裁定书送达查封、扣押机关，并告知其在一个月内将执行回单送回。"

上述法律和司法解释规定可谓具体明确，只可惜南昌中院（2012）洪刑二初字第 22 号刑事判决书对冻结的保证金应作何处理只字未提，只笼而统之地判决将诸被告人违法所得及其孳息予以没收，至于判决没收的违法所得及其孳息数额多少、存放何处、如何执行等均未置一词。①

更可惜的是，江西高院（2013）赣刑二终字第 63 号刑事判决书没有纠正南昌中院这一疏漏。

（二）即使南昌市公安局未将查封扣押冻结财物随案移送，南昌中院也应当在判决书中对涉案财物作出处理，然后将判决书交付南昌市公安局，由南昌市公安局按判决内容将涉案财物发还被害人

1. 根据前引《刑诉法解释》第 367 条规定，无论涉案财物是否随案移送，法院均应在判决书中写明名称、金额、数量、存放地点及其处理方式。涉案财物若随案移送，则由一审法院负责按判决内容执行；涉案财物若未随案移送，则由查扣机关负责按判决内容执行。此时，查扣机

---

① 我认为，无论诸申请人所交保证金是否系被告人之违法所得，该保证金首先是被害人（即本案诸申请人）合法财产，依法应予返还，法院无权判决没收。

关宛如法院内设的执行局，它只能严格按照法院判决内容执行；如果判决中没有涉案财物分配的具体内容，只是笼统地说由查扣机关处理，则查扣机关将无处着力、无从下手，直如巧妇难为无米之炊。

2. 再说直白一点，南昌中院（2012）洪刑二初字第33—1号刑事裁定书仅写明由南昌市公安局负责处理，但如何处理却只字未提，此种情况下南昌市公安局实际无法处理；但若南昌中院明确写明应退还张三多少钱、李四多少钱、王五多少钱，则南昌市公安局按令行事即可，警、法双方不可能像现在这样无休无止地相互推诿扯皮。

综上，按现行法律和司法解释，南昌中院应当明确写明这些款项及财物是否退还、向谁退还、退还多少，而第33—1号刑事裁定书并未写明，导致受害群众持续反映。

（三）南昌市公安局职责

《公安机关涉案财物管理若干规定（公通字〔2015〕21号）》第20条第3款规定："人民法院作出有罪判决，涉案财物由公安机关管理的，公安机关应当根据人民法院的生效判决，对涉案财物作出处理。人民法院的判决没有明确涉案财物如何处理的，公安机关应当征求人民法院意见。"据此，南昌市公安局应当发挥主观能动性，就保证金返还等涉案财物处理事宜主动征求法院意见。

五、司法机关应为守法楷模

关于申请人保证金返还事宜，不是没有法律规定，而是法律规定没有得到执行。申请人希望，无论南昌市公安局还是南昌中院，都能够以民生为念，视民瘼如己瘼，叹民殇如己殇，切实遵守法律，高效执行法律，通力配合，携手循法，早日返还诸申请人之全部保证金。

遗憾的是，诸申请人将上述《受害人财产返还申请书》分别提交至南昌中院、南昌市公安局等单位，但均被口头或电话告知不予返还。

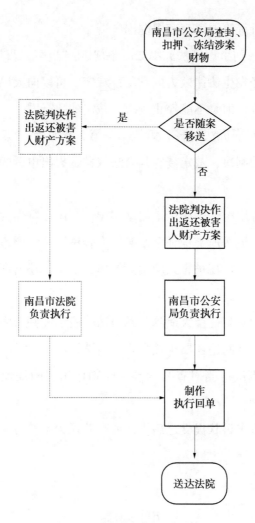

图 21-1　刑事涉案财产处理流程图

申请再审

因请求返还财产未果，诸申请人提交了案外人刑事申诉状，希望江西高院能再审本案，在判决书中明确涉案查扣财物之处理。其申诉主要理由如下：

一、廖山近等等渠道商有权提出申诉

2018 年版《刑事诉讼法》第 252 条规定:"当事人及其法定代理人、近亲属,对已经发生法律效力的判决、裁定,可以向人民法院或者人民检察院提出申诉,但是不能停止判决、裁定的执行。"

2021 年版《刑诉法解释》第 451 条第 2 款明确:"案外人认为已经发生法律效力的判决、裁定侵害其合法权益,提出申诉的,人民法院应当审查处理。"

在唐庆南等组织、领导传销活动案中,廖山近等作为被害人,系案件当事人,廖山近等所交保证金系被害人合法财产。原审法院未判决返还被害人合法财产,现被害人廖山近等申诉请求返还财产于法有据。

二、原审判决存在重大遗漏,两审法院应当在判决中对查扣的涉案财物作出处理,及时返还属于被害人的合法财产

关于原审判决应当对查扣的涉案财物作出明确处理,理由如前所述,此处不赘。

但是,刑事申诉状提交之后,江西高院认为不符合受理条件,决定不予受理。

申请国赔

后来,廖山近的律师偶然在中国裁判文书网发现,南昌中院曾于 2018 年 9 月 18 日作出(2015)洪中执字第 53 号执行裁定,将唐庆南刑案冻结案款 10.96 亿元全部没收。无奈之下,廖山近等渠道商又申请国家赔偿,其申请国家赔偿的主要理由为:

《国家赔偿法》第 18 条规定,行使侦查、检察、审判职权的机关违法对财产采取查封、扣押、冻结、追缴等措施的,受害人有取得赔偿的

权利。

《最高人民法院　最高人民检察院关于办理刑事赔偿案件适用法律若干问题的解释》第 3 条规定，对财产采取查封、扣押、冻结等措施后，对生效裁决[①]没有处理的财产，办案机关未依法解除查封、扣押、冻结等措施或者返还财产的，属于国家赔偿法第 18 条规定的侵犯财产权。

据此，廖山近等人交付之保证金被冻结后，南昌中院、江西高院均未对该保证金作出处理，南昌中院作为办案机关不仅未依法立即解除冻结返还财产，反以一纸执行裁定将本属于渠道商合法所有的财产予以没收，已严重侵犯渠道商们财产权利，依法应当承担赔偿责任。

但是，南昌中院和江西高院，均认为不符合国家赔偿立案条件。

前沿思考

一、国家赔偿法院拒不立案，检察机关是否有权监督

我认为有权监督。理由如下：

《宪法》第 134 条规定：人民检察院是国家法律监督机关。据此，凡立法、执法、司法等任何法律实施行为，检察院均有权依法监督；该监督既是职权，也是职责。

《人民检察院组织法》第 20 条规定：人民检察院行使下列职权：……5. 对诉讼活动实行法律监督；6. 对判决、裁定等生效法律文书的执行工作实行法律监督……

《检察官法》第 7 条规定：检察官的职责包括开展对刑事、民事、行政诉讼活动的监督工作。

---

① 原文如此；我认为，人民法院主要生产裁定和判决，仲裁机构才生产裁决，故此处"裁决"宜为"裁判"。

前述两部法律均规定检察院、检察官有权依法监督诉讼活动，则无论依体系解释抑或目的解释，国家赔偿均属诉讼活动，只不过与普通诉讼活动有所不同。尤其本案之渠道商申请国家赔偿，显然属唐庆南等刑事诉讼之自然延伸。

2019年2月，最高人民检察院在《2018—2022年检察改革工作规划》中提出：健全以"精准化"为导向的诉讼监督机制，突出办理具有社会意义、有指导价值的典型案件，增强监督的精准性和监督效果。我认为，本案恰符合最高人民检察院之精准监督理念。

二、本案究竟是无法可依还是有法不依

2016年11月4日《中共中央、国务院关于完善产权保护制度依法保护产权的意见》指出："加强产权保护，根本之策是全面推进依法治国。要全面贯彻党的十八大和十八届三中、四中、五中、六中全会精神，深入学习贯彻习近平总书记系列重要讲话精神……严格规范涉案财产处置的法律程序。"

刑事涉案财产尤其涉众型案件之财产处置，一直是司法实务中颇受关注的问题。其之所以成为问题，既有法律供给侧方面原因，比如法律制度不够周延导致法律空白或法律抵牾；也有或者说更多原因在于，司法者出于种种动因未能严格按照法律规定办事，致使刑事涉案财产处置成为一个问题。

但就本案而言，《刑事诉讼法》及其解释对于查封扣押冻结的涉案财物之处理已有明确规定且流程完备、环环紧扣，目前看来问题主要出在法律执行不够给力，望相关司法机关重视并尽快解决。

第 22 章
政府违约不履行　商人自作三年刑？

——郑文华被控单位行贿案 ①

政府不按约履行合法有效的招商引资合同，企业实际控制人向政府主要负责人送款 140 万元，这种情况，该送款行为是否构成行贿类犯罪？

基础事实

2013 年，受中共四川省广安市委招商引资邀请，重向教育投资集团有限公司（简称重向集团）董事长郑文华带队赴广安考察，与广安市委等商议决定在广安枣山物流商贸园区（简称枣山园区）投资修建广安市教育文化创意园。

2013 年 8 月 13 日，时任广安市委书记侯晓春主持召开市委会议，会议决定对重向集团具体供地时教育用地无偿划拨、商住用地按品迭价格 63 万 / 亩依法依规按程序出让，相关部门具体负责抓好落实。当月，

① 详细案情可参见广安中院（2020）川 16 刑终 134 号刑事裁定书。该案裁判已于 2020 年 12 月 30 日左右生效，但不知为何，终审裁定书迄今在中国裁判文书网都找不到。

根据广安市委会议纪要，枣山园区与重向集团签订《广安市教育文化创意园项目投资协议》（简称招商引资协议），约定"其中项目教育用地约2000亩，以无偿划拨的方式供应土地；商住用地约1000亩，起拍价为63万元／亩"；并约定由园区做好土地拆迁，2013年底前完成项目一期供地500亩，其中教育用地300亩、商住用地200亩，交付土地标准为"七通"。

但枣山园区2013年并未按约供地，事实上当年寸地未供。2014年，重向集团董事长郑文华找到时任枣山园区书记杨世章，要求政府按协议完成供地，杨世章称因政府财政资金困难，导致拆迁速度慢，如果重向集团能借1000万元给他们用于拆迁，就能解决土地供应问题。重向集团遂出借1000万元给枣山园区，但枣山园区2014年仍未供应任何土地。

后来，枣山园区告知重向集团，教育用地只能采取先拍卖出让再全额返还拍卖款的方式，最终实现实质上的无偿划拨；商住用地则由园区将拍卖价款中超出63万元／亩的部分返还给重向集团，以执行品迭价格63万元／亩之合同约定。

根据枣山园区安排，2015年10月，重向集团控股子公司四川重向房地产开发有限公司（简称重向房产）以8608万元在枣山园区竞得78亩商住用地，均价约110万元／亩。2015年11月，重向集团控股子公司四川重向教育管理有限公司（简称重向教育）以4717.51万元在枣山园区竞得104余亩教育科研用地，均价约45万元／亩。

枣山园区供应的上述不足200亩土地不仅达不到合同约定的"七通"标准，甚至连拆迁都未完成。但园区又要求重向集团加快建设。重向集团遂投入大量资金用于项目调研、策划、规划、设计、商务、管理、施工筹备、前期施工等。

因枣山园区一直未按约供地，也未按约返还教育用地拍卖款及商住用地超额款，重向集团董事长郑文华万般无奈，向枣山园区时任党工委书记李代芹分两次共计送了140万元，请求政府履行合同。就是那140

万元, 为郑文华惹上牢狱之灾。

广安岳池法院一审判决郑文华构成单位行贿罪, 处有期徒刑三年。郑文华不服判决向广安中院上诉, 广安中院驳回上诉, 维持原判。

申请抗诉

郑文华之妻不服广安中院二审判决, 向广安市人民检察院申请抗诉。其抗诉申请书主要内容如下:

一、原审法院判决逻辑

原审法院认为, 首先, 依照相关法律和规章、政策, 不得以零地价获取土地, 也不能先征后返变相减少土地出让收入, 故土地溢价款不得返还。

其次, 郑文华明知土地溢价款依法不得返还, 但仍给李代芹送钱以图返还, 显属谋取不正当利益。

最后, 李代芹收取郑文华 140 万元后, 帮助郑文华控制的重向集团及其控股子公司重向教育获取不正当利益 5900 万元, 亦即重向集团及重向教育共计获取不正当利益 5900 万元, 故郑文华及重向集团构成单位行贿罪, 5900 万元应予追缴。

申诉人认为, 原审法院适用法律错误、认定事实错误、逻辑推理错误, 导致判决错误。根据在案证据和相关法律, 公诉机关指控罪名不能成立, 郑文华应获无罪宣告。

二、重向集团和重向教育有权零地价获取土地, 原审法院认定其不得以零地价获取土地属适用法律错误

众所周知, 在中华人民共和国境内, 通过一级市场取得土地使用

权有两种方式，一种叫出让，另一种叫划拨。所谓划拨，即属零地价拿地。

《土地管理法》第 2 条第 5 款明确规定："国家依法实行国有土地有偿使用制度。但是，国家在法律规定的范围内划拨国有土地使用权的除外。"

那么，哪些主体有权通过划拨方式取得国有土地使用权呢？《民办教育促进法》第 51 条规定："新建、扩建非营利性民办学校，人民政府应当按照与公办学校同等原则，以划拨等方式给予用地优惠。新建、扩建营利性民办学校，人民政府应当按照国家规定供给土地。"据此，重向集团和重向教育作为非营利性民办学校举办人，有权取得划拨用地；广安政府在向重向集团和重向教育供应教育用地时，应当以划拨等方式给予用地优惠。

故而，2013 年 8 月 13 日，时任广安市委书记侯晓春主持召开广安市委会议，决定广安市教育文化创意园项目（即本案所涉项目，简称创意园项目）在具体供地时，教育用地由政府依法征用后无偿划拨。

进而，2013 年 8 月 19 日，广安枣山园区管委会与重向集团签订招商引资协议，约定项目用地 3000 亩，其中教育用地 2000 亩，以无偿划拨形式供应。

至于一审判决书提及的四川省人民政府《关于进一步加强土地出让管理的规定》（川府发〔2014〕58 号，简称《出让规定》）、四川省人民政府办公厅《关于规范国有土地使用权出让收支管理的通知》（川办发〔2007〕48 号，简称《收支政策》），均系针对出让方式取得国有土地使用权的政策性规定，不适用于本案之划拨方式取得国有土地使用权情形。

可见，原审法院以射程之外的一部政府规章和一份连规章都算不上的规范性文件为据，作出任何主体均不得以零地价获取土地之错误论断，与法律规定严重背离，其认定郑文华构成单位行贿罪的逻辑前提已然断裂。

三、郑文华要求返还土地溢价款只是想拿回本不该交的钱，原审法院认为其要求返还土地溢价款系谋取不正当利益属适用法律错误

前已论证，无论根据法律规定还是合同约定，重向集团和重向教育均有权以零地价取得 2000 亩教育用地。但是，2015 年 11 月 19 日，枣山园区在向重向教育供应 GC2015—12 号地块约 104 亩土地时，仍强行要求重向教育交纳了土地出让金 4717.51 万元。

郑文华在侦查阶段供述称，其向李代芹送钱主要是希望枣山园区能够按招商引资协议继续供地，毕竟约定的教育用地 2000 亩，但自 2013 年至 2018 年，长达 5 年时间过去了，重向集团仅取得区区 104 亩；同时，也想顺带为重向集团拿回本来不该交的土地溢价款。

枣山园区党工委党群工作部部长兰为证实：重向集团拍得了教育用地，支付了土地出让金 4000 余万元，产生了土地溢价款。重向集团向枣山园区管委会提出返还其支付的土地出让金，枣山园区管委会就以解决教育产业扶持资金的形式向重向集团返还了土地出让金。

原审法院称，郑文华曾供述"我知道国家有相关规定，通过竞拍方式取得土地后不能返还土地溢价款"，故郑文华明知山有虎、偏向虎山行，实为谋取不正当利益。但因公诉机关未提交讯问同步录音录像，该笔录是否对郑文华供述原话记录未有曲解颇有可疑。即便郑文华真说过那样的话，也仅表明其知道出让用地的款项竞拍后不能溢价返还，不能表明郑文华知道划拨土地款项也不能返还。

综上，无论是为了继续供地，还是为了拿回本就属于自己、压根不该交出去的钱，均不属于谋取不正当利益。故，公诉机关指控郑文华构成单位行贿罪缺乏目的要件和客体要件，原审法院认定郑文华为谋取不正当利益向李代芹行贿属认定事实和适用法律错误。

四、没有证据证明郑文华给李代芹送钱，除了想拿回划拨土地不该支付的 4700 余万元之外，还想拿回商住土地的溢价款 1200 万元

无论业已生效的李代芹受贿案生效判决［广安岳池法院（2019）川 1621 刑初 292 号］，还是李代芹在本案所作证言，均证实郑文华向其送钱的核心目的是希望枣山园区切实履行招商引资协议。显然，希望枣山园区执行招商引资协议完全是民营企业的合法权利，不能被认定为郑文华谋取不正当利益。

也许有人会说，执行招商引资协议这一根目的又可细分为两个子目的，其一为希望枣山园区继续供地，其二为希望枣山园区返还土地溢价款。希望继续供地虽然不能认定为谋取不正当利益，但希望返还土地溢价款却违反政府规章和土地政策，构成谋取不正当利益。

但，本案查明的所谓"不正当利益"共计 5900 万元，其中 4700 余万元划拨土地款项，按前文论证，不可能构成不正当利益。故，本案顶多有约 1200 万元商住用地溢价款可能构成不正当利益（后续将论证，该 1200 万元亦不能成为犯罪构成要件意义上的不正当利益）。

假定该 1200 万元商住用地溢价款确属不正当利益，且有证据证明郑文华给李代芹送钱系谋取该 1200 万元商住用地溢价款，则判决郑文华构成犯罪似有理有据、合法合规（后续将论证，饶是如此仍缺乏主观要件）。但是，问题在于，本案并没有证据证明郑文华给李代芹送钱是为了谋取该 1200 万元商住用地溢价款。

行贿受贿皆属"私相授受"，当时两个人究竟说了些什么局外人往往无从知晓。虽无论李代芹证言，还是郑文华供述，均称送钱目的之一为返还土地溢价款，但该溢价款究竟是划拨土地之 4700 余万元溢价款，还是商住用地之溢价款，显然未予指明。

事实上，郑文华第一次给李代芹送钱是 2016 年 4 月 11 日，而枣山园区早在 2015 年 12 月 7 日，在李代芹没有参会情况下，由党工委副书

记刘永明主持召开了党工委第 45 次会议。经集体讨论，该次会议决定：本应划拨的土地所交土地出让金以教育扶持金形式予以全额返还；商住用地按招商引资协议约定，超额部分以教育资金形式予以扶持。

根据枣山园区第 45 次党工委会议决定，枣山园区社会事业局于 2016 年 3 月 30 日即完成了 2000 万元扶持资金的内部审批流程，并于当年 4 月 1 日支付了第一笔扶持资金 1000 万元，于当年 4 月 11 日支付了第二笔扶持资金 500 万元，于当年 4 月 18 日支付了第三笔扶持资金 500 万元。

可见，郑文华给李代芹第一次送钱之前，已确定可得到 2000 万元扶持资金且已实际到账 1500 万元。则李代芹所谓帮助重向集团和重向教育获取不正当利益，至多与郑文华第一次送钱之后重向集团和重向教育领取的教育扶持资金有关。而送钱之后领取的教育扶持资金合计 4400 万元，亦即郑文华之送钱行为顶多与该 4400 万元所谓"不正当利益"形成映射关系。一审判决认为李代芹收受贿赂后，帮助重向集团和重向教育获取不正当利益合计 5900 万元，实属混淆时序与因果，以致认定事实错误。

因郑文华送钱后取得的 4400 万元尚不足以覆盖重向集团和重向教育不该支付却已经支付的 4700 余万元划拨土地溢价款，故本案没有证据证明郑文华试图谋取划拨土地溢价款之外的不正当利益，其谋取划拨土地溢价款返还实属对合法利益之正当追求。

而且，虽然重向集团和重向教育为收回划拨土地溢价款，确曾按政府要求，向枣山园区管委会提交落实教育扶持资金的申请，但申请书基本都未载明请求金额，仅笼统请求落实扶持政策发放扶持资金，再度印证本案没有证据证明郑文华送钱目的是为谋取 4700 余万元划拨土地溢价款之外的款项。

固然，现在看来，枣山园区实际发放了 5900 万元教育扶持资金，比重向集团和重向教育应当拿回的 4700 余万元多了约 1200 万元，似乎构成超额返还；但非要认为超额返还，该超额返还亦不能归责于郑文华，只能归责于政府层面。

综上，因本案缺乏确实充分的证据证明郑文华给李代芹送钱是为了划拨土地款项之外的商住用地溢价款，故根据疑点利益归于被告人这一文明社会之基本法治原则，根据党中央、最人民法院、最高人民检察院保护民营企业、优化营商环境之殷殷指示，本案应对郑文华作出无罪宣告。

五、即使强行认定郑文华希望返还之土地溢价款包含商住用地溢价款，本案亦不能认定该商住用地溢价款系不正当利益

原审法院以川府发〔2014〕58 号《出让规定》及川办发〔2007〕48 号《收支政策》规定不得因招商引资采取先征后返等形式减免土地出让金为据，认定商住用地溢价款系不正当利益。但该认定既与国务院规定的国家政策背离，亦多次被最高司法机关及各地高院否定。

《国务院关于清理规范税收等优惠政策的通知》（国发〔2014〕62 号，2014 年 11 月 27 日印发）虽曾要求取消以"先征后返"等形式减免土地出让收入的优惠政策，但国务院在执行该文件时，于 2015 年 5 月 10 日又专门印发《国务院关于税收等优惠政策相关事项的通知》。在该 2015 年文件中，国务院明确要求："各地与企业已签订合同中的优惠政策，继续有效；对已兑现的部分，不溯及既往。"

最高人民法院在（2017）最高法民终 352 号案中明确："《框架协议》中关于竞拍底价和溢价处理条款，虽然具有控制金轮公司投资成本的意图，但属云龙管委会在其职权范围内提供政策优惠的承诺，并未违反法律禁止性规定。""因此，云龙管委会关于《框架协议》违反国有土地出让相关规定应属无效的上诉理由，缺乏相应的事实和法律依据。"

最高人民法院在（2017）最高法民申 3974 号裁定书中再度重申：

案涉土地拍卖成交后，政府不履行投资协议约定的返还土地出让金义务，而以损害国家利益和社会公共利益为由主张协议无效，不应予以支持。

江苏高院（2017）苏民终 316 号案、黑龙江高院（2016）黑民终 21 号案、重庆高院（2014）渝高法民初字第 00070 号案等，各高阶法院均与最高人民法院持相同司法立场。

据此，本案招商引资协议签署于 2013 年，广安市委关于重向集团和重向教育可以品迭价格 63 万元取得 1000 亩商住用地之会议纪要也形成于 2013 年，符合法律和当时政策，溢价款不属于不正当利益。司法属中央事权，地方法院不应在案件审理中将合乎法律与国家政策之利益视为不正当利益。

六、即使强行认定商住用地溢价款系不正当利益，因郑文华不知道该溢价款属不正当利益，指控其犯罪亦不成立

主客观相统一是中国刑法最重要的基础性原则之一，甚至被称为中国刑法理论的"阿基米德支点"。《刑法》第 16 条规定："行为在客观上虽然造成了损害结果，但是不是出于故意或者过失，而是由于不能抗拒或者不能预见的原因所引起的，不是犯罪。"一般认为，这是主客观相统一原则之法律表达。

具体到本案，根据主客观相统一原则，若要对郑文华入罪，则不仅须证明郑文华有用钱财收买国家工作人员以取得不正当利益之行为，还须证明郑文华主观上明知道该 5900 万元属不正当利益仍肆意谋取。

前已论证，案涉 5900 万元款项中，至少划拨土地所涉款项 4700 余万元不属不正当利益。现在论证，即使强行认定另外的约 1200 万元客观上属不正当利益，但本案亦无证据证明郑文华主观上知道该约 1200 万元属不正当利益。

也许有人会说，郑文华曾供述"因为我知道国家有相关规定，通过竞拍方式取得土地后，不能返还土地价款。在李代芹的帮助下，枣山园区才通过产业扶持金的名义给我返还了土地溢价款。"故而，在案证据足以证明郑文华至少知道所谋取的约 1200 万元系不正当利益。

但，即使郑文华真说过那样一段话，亦不能说明郑文华明知不正当利益而谋取。

一方面，即使郑文华确曾供述知道通过竞拍方式取得土地后，不能返还土地价款，亦只能说明他仅知道不能直接返还土地价款，但不能说明他还知道不能以其他形式比如教育扶持金形式返还。另一方面，如果非要认定郑文华应当知道土地出让金既不能直接返还，亦不能以教育扶持金等形式返还，则上至广安市委市府要员，下至枣山园区党政班子，更应该知道相关政策。从而，广安市区两级班子中，凡对以教育扶持金形式返还重向集团和重向教育土地溢价款投过赞成票的人都涉嫌滥用职权罪，至少都构成玩忽职守罪。但现在，除了李代芹因受贿被判处刑罚外，其他人没有受到刑事指控。依法治国却让郑文华独陷缧绁，这难道不是与法律人孜孜以求的公平正义背道而驰，对党中央三令五申的保护民营企业公然抗命？

平心而论，中国大地上，地方政府在招商引资过程中，以扶持资金、税款优惠等多种形式变相实现土地使用权出让金返还的现象可谓司空见惯、层出不穷，尤其在招引外地名优企业时更是如此。如果人民法院对这种行为不分青红皂白一概以谋取不正当利益论处，实属对营商环境的劣化而非优化，不仅违反中央政策，对当今时势维艰、生存维艰的民营企业更是雪上加霜。

以下，不妨再度简单回顾广安政府对重向集团的招商引资过程，以证成郑文华不可能明知商住用地溢价款属不正当利益。

2013 年 8 月 13 日，时任广安市委书记侯晓春主持召开广安市委会议，会议决定广安市教育文化创意园项目在具体供地时，教育用地由政府依法征用后无偿划拨;商住用地由政府依法征用后，按整个地块品迭价格 63 万元/亩依法依规按程序出让，此项工作由广安市人民政府副市长陈全禄、席世洪同志牵头，市级相关部门具体负责抓好落实。

该会议所谓商住用地品迭价格 63 万元/亩，即无论最后账面上出让价格为多少，与扶持返还资金抵消后，最终实际支付价格为 63 万元/亩。

2013 年 8 月 19 日，枣山园区管委会与重向集团签订招商引资协议，协议序言开宗明义地写明:根据广安市委 2013 年 8 月 13 日专题会议精神及广安市人民政府对枣山园区管委会的授权达成以下协议。说明招商引资协议是贯彻执行广安市委 813 决定的具体措施，必然要受813 决定约束，即枣山园区向重向集团出让商住用地时，仍为品迭价格63 万元/亩。

2015 年 12 月 11 日，枣山园区召开第 45 次党工委会议，会议指出，根据《民办教育促进法》第 46 条"县级以上各级人民政府可以采取购买服务、助学贷款、奖助学金和出租、转让闲置的国有资产等措施对民办学校予以扶持;对非营利性民办学校还可以采取政府补贴、基金奖励、捐资激励等扶持措施"之规定，结合招商引资协议，园区同意重向集团享受《民办教育促进法》规定的相关扶持政策。

在普通老百姓眼里，政府基本等同于法律，政府行为就是合法行为，也是正当行为。对于仅仅初中肄业的郑文华来说，如此理解更是顺理成章。对郑文华而言，他不应当知道，实际也不可能知道，堂堂广安政府引经据典、信誓旦旦、自觉自愿以教育扶持金形式返还的商住土地溢价款竟然属于不正当利益。法律不应强人所难，为何偏为难一位辛苦打拼、勉力行善的民营企业家?

既然郑文华主观上不知道谋取商住土地溢价款属于谋取不正当利

益，则根据传统刑法之主客观统一原则，本案证成犯罪尚缺主观要件；根据新近流行的犯罪构成三阶层理论，本案缺乏有责性即非难可能性。质言之，郑文华谋取的商住土地溢价款，即使非要认为是不正当利益，但因为有政府严正允诺在先，郑文华无法意识到其属不正当利益，则郑文华不具有主观罪过性，其谋取行为不应评价为犯罪行为。尤其在大力提倡刑法谦抑、积极优化营商环境的当下，对貌似触犯经济刑法的民营企业家处以刑罚，更应该慎之又慎。

至于原审法院称重向集团和重向教育不符合广安市教育扶持资金资助条件问题，一方面以教育扶持金形式返还商住土地溢价款，纯属枣山园区管委会、党工委为落实广安市党委政府承诺的品迭价格 63 万元／亩的招商优惠政策而单方面决定的方式方法，并非重向集团和重向教育要求的方式方法；另一方面，枣山园区对重向学校设立时间不符合教育扶持金领取条件心知肚明、了若指掌，重向集团和重向教育并未虚构事实或隐瞒真相骗取教育扶持金。因此，就该情事重向集团和重向教育亦不具备可责性。

实事求是地说，放眼全国，因类似郑文华行为被判决有罪的情形可谓相当难找。何以如此，望四川法律人深思。

七、无论根据中央政策还是司法政策，本案均宜作出罪处理

广安市及枣山区招商引资，重向集团应邀投资广安教育事业，初心滚烫，情怀满满，不承想天降祸端，被牢狱之灾，实在令人唏嘘。

2019 年 12 月 4 日印发的《中共中央　国务院关于营造更好发展环境支持民营企业改革发展的意见》指出，要"建立政府诚信履约机制。各级政府要认真履行在招商引资、政府与社会资本合作等活动中与民营企业依法签订的各类合同。"

2020 年 7 月 31 日，最高人民法院召开全国法院产权和企业家权益

司法保护工作推进会，最高人民法院党组书记、院长周强发表重要讲话。会议指出，各级人民法院"要严格落实罪刑法定、证据裁判、疑罪从无等原则，防止利用刑事手段干预经济纠纷，对事实不清、证据不足的，要依法宣告无罪。"

2020 年 9 月 16 日，全国民营经济统战工作会议在北京召开，会上传达了习近平总书记重要指示。习近平总书记指示，坚持"两个毫不动摇"，把民营经济人士团结在党的周围。

2020 年 9 月 22 日，最高人民检察院党组副书记、常务副检察长童建明在"企业刑事合规与司法环境优化"研讨会上指出："企业是经济活动的主要参与者、就业机会的主要提供者、技术进步的主要推动者，在经济发展中发挥着十分重要的作用。无论是做好"六稳"工作、落实"六保"任务，还是推动形成以国内大循环为主体、国内国际双循环相互促进的新发展格局，关键都在保企业。只有企业"活下来""留得住""经营好"，就业才能稳，社会才有稳的基础。习近平总书记深刻指出，法治是最好的营商环境。企业发展离不开良好的法治环境。检察机关作为国家的法律监督机关，要把服务保障企业发展作为义不容辞的政治责任和法律义务，通过不断更新理念、强化措施，充分履行检察职责，努力为企业发展营造良好的法治环境。

2020 年 10 月 30 日上午，第二届民营经济法治建设峰会在北京召开。最高人民检察院检察长张军在会上发表讲话时指出，检察机关服务民营企业发展，首先要依法保护民营企业家人身和财产安全。要充分考虑民营经济的特点，坚持法治思维和历史眼光，全面贯彻宽严相济刑事政策，努力实现办案政治效果、社会效果、法律效果有机统一。

就本案而言，一方面枣山园区管委会未按照招商引资协议履行供地义务，协议约定总供地 3000 亩，其中教育用地 2000 亩，2013 年底就需供应教育用地 300 亩，但直到 2015 年底才供应区区 104 亩左右；而且所交付土地也达不到"七通"条件，致使创意园项目举步维艰，被施工单位巨额索赔，最终导致重向集团全面停摆。另一方面，郑文华为自救，希望广安政府兑现承诺，执行协议，按约供地，却被以谋取不正当利益而绳之以"法"，实在让人感觉如此之法，让人害怕。本案如此强行给郑文华定罪，无异于政府挖坑在先，"法律"下石在后。若此案传开，恐令企感深寒、世感凉薄。

据悉，2016年底至2020年6月，全国法院通过审判监督程序甄别纠正涉产权刑事冤错案件190件237人，彰显党中央依法保护产权和企业家人身财产安全的坚定决心。

2020年10月21日，最高人民法院召开全国法院审判监督工作会议，对健全涉产权冤错案件有效防范和常态化纠错机制、加强产权司法保护、保护和激发市场主体活力、弘扬企业家精神作出了一系列部署。

如何让民营企业家"放心投资"，如何让招商引资不成为"招伤隐资"，既考验政府诚信，更考验司法担当，终验证法治成色。申诉人恳请四川司法，奉献智慧刚勇，作出无愧历史、无愧未来的专业操作，纠正错裁误判。

八、郑文华因受误导认罪认罚，不影响其申诉权利

2019年10月24日印发的《最高人民法院、最高人民检察院、公安部、国家安全部、司法部关于适用认罪认罚从宽制度的指导意见》(简称《认罪认罚指导意见》)第3条规定："办理认罪认罚案件，应当以事实为根据，以法律为准绳，严格按照证据裁判要求，全面收集、固定、审查和认定证据。坚持法定证明标准，侦查终结、提起公诉、作出有罪裁判应当做到犯罪事实清楚，证据确实、充分，防止因犯罪嫌疑人、被告人认罪而降低证据要求和证明标准。对犯罪嫌疑人、被告人认罪认罚，但证据不足，不能认定其有罪的，依法作出撤销案件、不起诉决定

或者宣告无罪。"

《认罪认罚指导意见》第53条规定:"案件审理过程中,被告人反悔不再认罪认罚的,人民法院应当根据审理查明的事实,依法作出裁判。"

据郑文华陈述,其在审查起诉阶段之所以签署认罪认罚具结书,是因为办案人员称若郑文华拒绝签署,将以行贿罪起诉郑文华;若其签署,则只以单位行贿罪起诉。考虑到单位行贿罪的处罚轻于行贿罪,郑文华为早日恢复人身自由,遂签署了认罪认罚具结书。但他没想到,如此委曲,却未能求全,自己仍被判处三年实刑。随着法律知识的增加,郑文华深感自己不知道是在谋取不正当利益,依法不构成犯罪,故申诉人代为提起申诉。

综上,原审法院判决郑文华构成单位行贿罪缺乏事实基础和法律依据,不利于营商环境之优化和法治信仰之养成,申诉人恳请检察机关依法抗诉,以彰中国泱泱法度。

2021年7月9日,广安市人民检察院决定时郑文华案申诉不予支持。

前沿思考

一、行贿犯罪是否应保留谋取不正当利益作为构成要件

《刑法》第389条规定的行贿罪、第393条规定的单位行贿罪,均以谋取不正当利益为犯罪构成要件之一。有人认为,向国家工作人员给予财物本身就具有可非难性,无论是否有谋取不正当利益为目的,均应予以处罚;而且,司法实践中正当利益和非正当利益常难以区分。因此,不如干脆取消行贿犯罪之谋取不正当利益要件,以便更好地打击犯罪。

　　我们认为，这种说法并非毫无道理；而且，这么多年，我国贿赂犯罪可谓野蛮生长、屡禁不绝，不排除与司法实践中重打击受贿、轻打击行贿有一定关系。但是，一方面，贿赂犯罪具有较强隐秘性，司法机关为收集证据有效打击犯罪，常常需要行贿者作为"污点证人"，如果过分强调对行贿人的打击，有可能使得收集受贿人犯罪证据变得更加困难。另一方面，取消谋取不正当利益之犯罪构成要件，将扩大对行贿人的打击面，不仅与目前流行的刑法谦抑论相左，而且是否有实效亦尚未可知。

　　当然，就郑文华案而言，既然现行刑法规定单位行贿罪以谋取不正当利益为要件，而在案证据不能证明其谋取不正当利益，则司法机关应当对其作出罪处理。

　　二、刑事案件是否应以开庭审理为常态不开庭审理为例外

　　《刑事诉讼法》第234条第1款第1项规定：第二审人民法院对于被告人、自诉人及其法定代理人对第一审认定的事实、证据提出异议，可能影响定罪量刑的上诉案件应当组成合议庭，开庭审理。据此，不少刑案被告人及其辩护人均要求二审开庭审理。但二审法院常以虽然被告人对事实、证据提出异议，但法院认为不影响定罪量刑为由，拒绝开庭审理，仅作书面审理，然后作出裁判。即如本案，郑文华一方多次请求广安中院开庭审理，但承办法官均以案多人少、忙不过来、没必要等理由予以拒绝。

　　我认为，虽然开庭审理不必然意味改判，不开庭审理不必然意味维持原判，但基于刑事诉讼涉及人的自由乃至生命，人民法院对被告人开庭审理的要求应当慎重对待。被告人亦有依法获得程序正义和实质正义的权利，倘其对一审认定事实和证据提出异议，且该异议涉及定罪量刑时，二审法院原则上应当开庭审理。如果无论被告人提出多少事实和证

据异议，二审法院均以自己认为不影响定罪量刑为由拒绝开庭审理，则
《刑事诉讼法》第234条第1款第1项规定很可能被架空成为具文。因此，
适用《刑事诉讼法》第234条第1款第1项规定时，宜贯彻被告人及其
辩护人视角，而不能局限于法院视角。

第 23 章
校长第一责任人　行政责任须用刑?

——冯双全案被控诈骗案 ①

在民办职业学校申报国家助学金行为普遍不尽规范情况下,司法机关应否选择个别学校的校长提起公诉,以追究其刑事责任?这个看起来很小的案件,2010 年司法机关便已立案,但不知为何,直到 2019 年才产生一审判决,2020 年方产生二审判决。

基础事实

2010 年 11 月 6 日,四川省绵阳市涪城区人民检察院(简称涪城区检)对四川绵阳外贸电子学校(简称外电校)校长冯双全以涉嫌滥用职权罪、贪污罪立案侦查。同年 11 月 11 日,涪城区检决定对冯双全取保候审。

时隔约八年之后,2018 年 8 月 1 日,四川省绵阳市涪城区公安分局根据涪城区检决定,以涉嫌诈骗罪将冯双全逮捕。同年 8 月 7 日,涪城区检将冯双全起诉至四川省绵阳市涪城区人民法院(简称涪城法院)。

---

① 详细案情可参见绵阳中院(2019)川 07 刑终 427 号刑事裁定书。

涪城法院审理认为，作为外电校校长，在申报助学金时冯双全清楚知道挖掘机班的学生属短期培训；在助学金下发后，以做假账形式将部分学生的助学金用于其他学生打架受伤的医药费，具有非法占有的主观故意。冯双全以非法占有为目的，采用虚假手段骗取国家助学金，既遂金额 89250 元，未遂金额 124950 元，数额巨大。故，2019 年 9 月 12 日，涪城法院一审判决冯双全犯诈骗罪，判处有期徒刑四年。冯双全不服，上诉至绵阳中院。2020 年 4 月 23 日，绵阳中院作出二审裁定，驳回上诉维持原判。

申请抗诉

冯双全家属不服生效判决，向四川省检申请抗诉。其撰写了刑事申诉书，分别针对二审裁定和一审判决提出申诉意见。

针对二审裁定，其提出如下申诉意见：

一、二审法院歪曲事实

（一）绵阳中院在（2019）川 07 刑终 427 号刑事裁定书（简称二审裁定书）第 14 页倒数第 1 段中称："本案在 2008 年 9 月签订组建挖掘机协议之初，就要求了联合办学的对方必须提供招收的短训学生信息提供给校方进行学籍注册"，试图以此证明冯双全有诈骗犯罪的故意。

但事实上，外电校与戎刚签署的《组建工程机械系协议》，通篇看不到任何短训或短期培训字样，二审法院所谓该协议显示外电校要求对方提供短训学生信息，系二审法院为给冯双全罗织罪名而臆想出来的"事实"。

（二）二审法院一方面在二审裁定书第 13 页第 2 段第 2—3 行载明外电校"有向学生发出助学金通知书及银行卡的行为"，另一方面却又在该裁定书第15页第1段第4—5行称冯双全"具有非法占有使用的故意",明显自相矛盾,强行构罪。即使非要认定外电校违规申报了国家助学金,但外电校把银行卡都寄给学生了,说明无论外电校还是冯双全,都没有非法占有之主观故意。

(三)二审法院在二审裁定书中称绵阳教体局工作人员出庭证言证实119名挖掘机班学员学籍、助学金等不符合法律规定,且该等证言与挖掘机班助学金申报表填写不实、被告人供述和证人证言等证据相互印证。但事实上,绵阳教体局工作人员出庭接受冯双全辩护人询问时,均称对2009年的学籍、助学金政策不清楚;申报表并非冯双全或外电校工作人员填写,而是挂靠外电校的高丰或其所属工作人员填写;被告人冯双全从未供述曾授意或指示外电校工作人员违规申报国家助学金,朱珍等证人证言也从未提及冯双全安排外电校工作人员违规申报。二审法院在裁定书中所述种种,均系其想象所得。

(四)二审法院在二审裁定书中认定冯双全实施了以下三个行为,故构成组织外电校骗取国家助学金:

1.以校设职能部门肆意将短训生注册为在籍在校;

2.在助学金申报上不予审核,放任多报虚报;

3.领取助学金后应当返还财政的部分而挪作他用。

但二审法院所谓上述三项"事实"均不成立。其一,所谓"以校设职能部门肆意将短训生注册为在籍在校",实属二审法院主观构想,在案证据没有会议记录、证人证言等任何证据证明冯双全授意、安排、指使校设职能部门肆意将短训生注册为在籍在校生。

其二,所谓"在助学金申报上不予审核,放任多报虚报",更是子虚乌有。事实上,外电校助学金申报系分管副校长邓建辉负责,冯双全主要负责外电校基础设施建设,未在助学金申报材料上签过字,放任之说毫无根据。而且,即使非要认定外电校有"单位诈骗"行为,根据全国人大常委会立法解释，只有组织者、策划者、实施者这三类积极行为人才需要承担刑事责任；冯双全真有放任行为，也属消极行为人，最多承担行政责任。

其三，所谓"领取助学金后应当返还财政的部分而挪作他用"，实属欲加之罪。事实上，冯双全作为校长，仅系按照财务流程在财务总监签字后签署意见，其完全不知晓、亦无从知晓该部分报销款项系"应当返还财政"的国家助学金，更不知晓该部分款项系"骗取"的国家助学金。

可见，二审法院以上述三行为认定"冯双全组织主导学校各部门进行全日制在籍在校申报"，显然证据不足。

二、二审法院歪曲法律

（一）财政部、教育部 2007 年 6 月 25 日印发的《中等职业学校国家助学金管理暂行办法》虽然规定"校长是第一责任人，对学校助学工作负主要责任"，但该规定作为部门规章，仅指行政责任，不是、也不可能是指冯双全作为校长，须对不知情、未参与的助学金"违规"申报行为承担刑事责任。

（二）即使非要认定挖掘机班 119 名学生不符合国家助学金申报条件，因冯双全并未将任何资金挪为个人所用，则所谓的"诈骗"行为亦属外电校单位"诈骗"。2014 年全国人大常委会出立法解释前，《刑法》并未规定单位诈骗犯罪；2014 年全国人大常委会的立法解释，针对单位诈骗犯罪，也仅追究组织者、策划者、实施者的刑事责任。本案外电校所谓"诈骗"行为发生在 2009 年，根据刑法从旧兼从轻精神，冯双全不应承担刑事责任。二审法院强行认定冯双全为组织者，缺乏证据支撑。

（三）《刑事诉讼法》第 11 条规定，人民法院审判案件，除该法另有规定的以外，一律公开进行。但本案二审历经 2020 年 3 月 13 日和 3 月 31 日两次庭审，二审法院均拒绝家属旁听，严重违反公开审判原则。

尤其第二次庭审时，隔壁法庭均允许公民自由旁听，二审法院却仍以所谓疫情、庭长指示等为由，不准家属旁听，严重违反《刑事诉讼法》规定。

三、二审法院明知一审审判组织不合法，所出判决应撤销，却仍维持一审判决

《人民陪审员法》第16条规定，人民法院审判可能判处十年以上有期徒刑的第一审案件，由人民陪审员和法官组成七人合议庭进行。但本案一审仅由审判长程湖辉、审判员张曦和人民陪审员李典林组成三人合议庭审理，明显违反法律规定。

法律不外天理人情，群众眼睛雪亮无比。如果是七人合议庭，相信他们能看出本案并无确实充分证据证明冯双全诈骗国家助学金，且不能仅凭内心推断裁判案件。因此，本案三人合议庭不仅违反法定程序，也实质性地导致了错误判决。

四、二审法院故意遗漏争议焦点和上诉请求

（一）2020年3月13日，本案二审第一次开庭时，二审法院总结了四个争议焦点，其中之一为冯双全是否构成自首。冯双全辩护人认为，冯双全本不构成犯罪；即使强行入罪，其行为亦构成自首，应减轻处罚。但二审法院一方面主动将是否自首归纳为争议焦点之一，另一方面却在裁定书中对是否自首不置一词，实在任性。

（二）冯双全辩护人在二审开庭时明确指出，《刑事诉讼法》第245条第3款规定：人民法院作出的判决，应当对查封、扣押、冻结的财物及其孳息作出处理；《刑诉法解释》①第240条规定：合议庭评议案件，应

---

① 本章所引《刑诉法解释》条文序号以2012版《刑诉法解释》为准，该版《刑诉法解释》文号为"法释〔2012〕21号"。

当根据已经查明的事实、证据和有关法律规定，在充分考虑控辩双方意见的基础上，确定查封、扣押、冻结的财物及其孳息如何处理，并依法作出判决、裁定。据此，一审判决遗漏了本案扣押财物之处理，二审法院应予纠正，但二审法院却置若罔闻、未予处理，导致冯双全家属提交的 100 余万元款项迄今仍被涪城区检扣押。

针对一审判决，申诉意见如下：

一、一审判决实体上无法逻辑自洽

一审判决认定冯双全构成诈骗罪之论证逻辑如下：

根据财政部、教育部 2007 年 6 月 21 日印发的《中等职业学校国家助学金管理暂行办法》[财教〔2007〕84 号，简称 84 号文件]，外电校机械系 119 人不具有全日制学籍，不符合国家助学金申报条件，但外电校以该 119 人骗取国家助学金 89250 元，故认定外电校校长冯双全犯诈骗罪。

本申诉状将以一审判决逻辑为标靶，逐层论证其逻辑前提之虚无与逻辑结构之断裂，最终证成冯双全之无罪。

二、机械系 119 人之国家助学金申报表系高丰安排填写后提交外电校，且该等申报符合当时国家政策，冯双全未实施诈欺行为，一审法院判决冯双全犯诈骗罪缺乏事实基础

（一）联合办学

2008 年 9 月 26 日，外电校与戎刚签署《组建工程机械系协议》，约定：

1. 由戎刚以外电校机械系名义对外招生，机械系独立核算，自负盈亏，自行聘用教职工；

2. 戎刚所招收学生必须在外电校注册学籍，戎刚按注册人数向外电校交纳中专注册管理费,外电校为符合中专毕业条件的学生颁发国家承认学历的毕业证书。

2009 年 1 月 4 日,戎刚与高丰签署协议,将外电校机械系交由高丰一人"独自管理、运作、自负盈亏"。

邓涛涛证言显示,其国家助学金申请表是其班主任李勇让他填的。李勇系高丰聘请,并非外电校聘请,与冯双全更是一毛钱关系没有。

可见,外电校仅系高丰管理的机械系申请国家助学金的一个通道而已;即使机械系学生不符合申报国家助学金条件,也应由高丰等承担法律责任,外电校最多承担管理不严的行政责任,冯双全作为校长也最多承担管理责任。

(二)当时政策

毋庸讳言,根据 84 号文件,机械系 119 人的确不符合国家助学金申报条件。但刻舟不可求剑,与时必当俱进。

84 号文件于 2007 年发布。时隔不久,历史车轮进入 2008 年。那一年,不仅有中国汶川 5·12 特大地震,还有席卷全球的金融危机。当时,很多农民工失业返乡。政府考虑到维持稳定,要求中职学校面向农民工大力开展职业教育。

2008 年 11 月 24 日,教育部办公厅下发《关于中等职业学校面向返乡农民工开展职业教育培训工作的紧急通知》。通知要求,为抵御金融危机对农民工就业可能产生的不利影响,地方教育主管部门要动员和组织中职学校面向返乡农民工开展职业教育培训。

2008 年 12 月 20 日,国务院办公厅发布《关于切实做好当前农民工工作的通知》,该通知第 2 条要求:"在中等职业学校开展面向返乡农民工的职业教育培训,根据返乡农民工的特点开设专业和课程,采取灵活多样的学习方式"。

2009 年 2 月 20 日,教育部发布《关于切实做好返乡农民工职业教育和培训等工作的通知》[教职成〔2009〕5 号，简称教育部 5 号文件]，该通知指出："要通过国家财政补贴等措施，把招收有学习愿望的返乡农民工接受中等职业学历教育作为扩招工作的重要任务……培训学习时间宜长则长，宜短则短。"

2009 年 4 月 7 日，教育部针对返乡农民工接受成人中职教育能否享受国家助学金问题答疑时明确：脱产连续在校学习的返乡农民工可以享受国家助学金，且无年龄限制。

2009 年 7 月 17 日，教育部与人社部等七部委共同印发《关于进一步做好中等职业学校招生工作的通知》[教职成〔2009〕12 号，简称教育部 12 号文件]，该通知要求各地采取措施，"配合中等职业教育国家助学金政策、免学费政策的实施，为中等职业学校招收社会适龄青年、农村青年、农民工、下岗失业人员、退役士兵和其他群体等接受中等职业教育提供必要的政策和资金支持。"

至此，从 2007 年 84 号文件演进到 2009 年 12 号文件，政策已经非常明朗，即：灵活学习的下岗失业人员及农民工等各类职教学员一样可享受国家助学金政策扶持。

四川省教育厅、绵阳市教育局根据教育部 12 号文件，多次开会、发文，动员各校利用一切教育资源扩大中职招生规模，为解决灾民转移和返乡农民工再就业作贡献。2009 年 7 月 22 日，绵阳市教育局、绵阳市高新区社会发展局召开会议，要求各校将招收农民工学员作为"淮海战役"来打，并向外电校下达 1000 人的招生任务，要求每十天上报一次招生进度表。

事实上，彼时不仅四川，全国都掀起了培训农民工的热潮。2009年 9 月 23 日《中国教育报》一版刊发《河北 10 万农民上中职学致富经》，文中提到当年河北省教育厅推出的一项工程。这项工程由骨干职业学校牵头，"教学地点设在村镇，招生面向全省初中毕业或具有同等学力、年龄在 45 周岁以下、有专业生产项目的农民。学生享受全日制中职学生待遇，实行学分制管理，边学习技术、管理、营销、政策法规及实用文化，边生产实践，用 2 ～ 5 年时间完成学习内容。"

而，外电校正是在教育部 5 号和 12 号文件发布后，在全国轰轰烈烈的农民工培训热潮中，响应党和政府号召，共培训了 119 名挖掘机学员，并依法依规为学员申报国家助学金。不曾想，播下龙种却收获跳蚤，一片赤诚却遭牢狱之灾。

民法领域有诚实信用原则。申诉人认为，该原则不应局限于私法领域，在公法领域一样大有用武之地。

按诚实信用原则，外电校响应政府要求，理应受到政府表彰；而今非但无有表彰，反而让人大吃牢饭，实在让人感受不到中国特色社会主义法治应有之公平正义，惟有朝令夕改、予取予夺之森森寒意。

综上，一审法院认定冯双全犯诈骗罪之逻辑前提——机械系 119 人不具备国家助学金申报资格——完全不能成立。

三、国家助学金申报政策再度调整后，外电校未再为农民工等学员申报国家助学金

涪城区检指称外电校于 2009 年 8、9 月和秋季向绵阳高新区财政局申报 119 名机械系学员之国家助学金，而彼时正是教育部 5 号文件和 12 号文件施行期间。根据前文论证，外电校之申报没有任何问题。

2010 年 7 月 8 日，绵阳市教育局发布《关于开展中职学生资助工作自查自纠的通知》，指出中职学校招收的农民工和下岗失业人员等大龄学生客观上达不到全日制学历教育要求，实际上是灵活学制学生，必须严格区分，本学期起一律停止申报和享受国家助学金和免除学费（文义理解，本学期以前可以申报和享受国家助学金）。

此后，外电校未为所培训农民工申报过国家助学金。可见，外电校

非但不是投机取巧之诈骗分子，反而是严格遵守法律和模范执行政策的民办良校。

四、外电校为 119 人申报国家助学金系单位行为，该行为无论如何评价也不应让冯双全承担刑事责任

（一）蓦然转身的起诉书

所谓皮之不存毛将焉附，前文已论证一审法院判决冯双全犯诈骗罪之逻辑前提纯属虚无，本文似已无再写下去之必要。但为了让申诉审查司法机关清楚了解一审判决之逻辑断裂，不妨继续论证。

涪城区检起诉书主要部分反反复复指称外电校"骗取"国家助学金，但到起诉书最末一段却笔锋一转（别人笔锋浓转淡，涪城笔锋淡转浓，锋之所及，伤人无形），称"被告人冯双全以非法占有为目的，采用虚假手段骗取国家助学金"。申诉人不禁想问，外电校作为机械系的一个通道申报国家助学金，助学金到账后因高丰无法联系故暂由外电校保管助学金，从头至尾都是一个单位行为，为什么受伤的却是冯双全？

（二）破坏预期的法解释

即使外电校被机械系高丰所利用，真的骗取了国家助学金 8 万余元，但该行为实施者和受益者均系单位，冯双全个人未占有哪怕一分钱，故行为主体系单位而非个人。

根据《刑法》第 3 条① 和第 30 条②，除非刑法分则或其他法律有明确规定，否则不可随意指控单位构成犯罪。

外电校系具有法人资格的民办学校，且系由多家法人和自然人集资

---

① 《刑法》第 3 条："法律明文规定为犯罪行为的，依照法律定罪处刑；法律没有明文规定为犯罪行为的，不得定罪处刑。"

② 《刑法》第 30 条："公司、企业、事业单位、机关、团体实施的危害社会的行为，法律规定为单位犯罪的，应当负刑事责任。"

投资成立，非冯双全一人所有。但遍览刑法典、单行刑法及有关诈骗罪之司法解释，没有任何法律条款规定单位能够成为诈骗罪之犯罪主体。据此，外电校不可能构成诈骗罪。如果外电校"骗取"国家助学金依法都不构成犯罪，外电校之法定代表人冯双全当然不应承担刑事责任。

虽然《全国人民代表大会常务委员会关于〈中华人民共和国刑法〉第30条的解释》（2014年4月24日发布施行）规定："单位实施刑法规定的危害社会行为，刑法分则和其他法律未规定追究单位刑事责任的，可以对组织、策划、实施该危害社会行为的人依法追究刑事责任。"但该解释不能规范其发布前的行为。理由如下：

1.《刑法》30条由全国人大通过，该解释由人大常委会作出，根据基本法治原理，常委会应当在不违反法律基本原则前提下解释。

2.《刑法》第3条明确规定罪刑法定，即：法律明文规定为犯罪行为的，依照法律定罪处刑；法律没有明文规定为犯罪行为的，不得定罪处刑。据此，该解释表面上属于立法解释，但实质上扩大了追究刑事责任的主体范围，属于超越权限的立法解释，学理上认为这种解释应当按刑法修正案对待，根据罪刑法定原则和保护人民合理预期之法治精神，不能规范解释发布前的行为。

3.根据现代基本法治原则，司法解释可以具有溯及力，对被告人不利的立法解释绝对不能有溯及力，否则必将损害社会成员的信赖利益，破坏人民群众对未来的稳定预期。因为人们原则上只可能遵守事先制定并公布的法律，很难遵守事后才制定公布的法律，尤其针对法定犯而言。检察院指控的所谓外电校诈骗助学金行为发生在2009年，彼时尚无前述立法解释，故法院不应适用该解释为冯双全入罪。

4.本案所谓的"诈骗"行为发生于2009年，涪城区检于2010年11月6日立案，于2011年3月25日移送审查起诉。法律规定审查起诉期限为一个半月，① 若涪城区检在法律规定期限作出起诉决定，则即使其将冯双全诉至法院也会因无法律依据而被判无罪；但涪城区检故意拖延至 2018 年 8 月 9 日才起诉，刻意在法律解释发布后起诉冯双全，违反疑点利益归于被告人之现代法治原则，人民法院应对其违法起诉予以否定评价。这就好比考生参加高考，最后一个题当时做不来，时间到了只能交卷；过了两年把那道题做出来了，但因考试时间已过，显然不能再算成绩。

（三）适用解释仍无罪

即使非要适用该解释，因该解释规定可以对犯罪行为的组织者、策划者和实施者追究刑事责任，而本案没有任何证据证明冯双全属于组织者、策划者或实施者，故冯双全仍属无罪。

所谓组织，按《现代汉语词典》解释，指安排分散的人使其具有一定系统性或整体性。假使非要认定外电校帮助高丰的机械系骗取了国家助学金，控方亦无证据证明冯双全安排分散的人一起来骗取国家助学金；相反，机械系申报国家助学金的始作俑者及最终获益者均是高丰，要说有人组织也是高丰组织。

所谓策划，在刑法里指犯意首倡者或积极建言献策者，但本案并无证据证明冯双全策划骗取国家助学金。

所谓实施，指具体行为者。从本案证据来看，冯双全显然不属所谓骗取行为的实施者。冯双全仅在何德仕报销单上签字，该签字一方面是在助学金到账后的资金使用行为，不属所谓"骗取"行为；另方面该签字仅系单位内部的财务流程，其看到财务总监王志励已签字，所以才放心签字，仅此而已。事实上，国家助学金申报涉及诸多环节，检察院未指控各环节行为人，偏偏指控未经手申报环节的冯双全，实在让人匪夷

---

① 后文将论证，无论如何退侦、补侦，审查起诉最长期限也仅六个半月。

所思。

综上，检察院指控冯双全构成诈骗罪实属错责无辜。

五、本案亦无任何证据证明冯双全有非法占有之主观故意

冯双全没有将外电校为机械系申报所得的国家助学金之一分一厘占为己有，也未将其用于任何私人支出，足见其压根没有非法占有之主观故意。

一审法院以外电校将部分学生助学金用作其他学生打架受伤的医药费为由认定冯双全具备"非法占有的主观故意"，让人不得不惊叹一审法院的"逻辑能力"。

实际情况是：2010年9月，外电校联办之创业学院学生龙明才被杀成重伤，学生亲友到校维权，公安局和教育局要求外电校平息事件维护稳定，外电校遂借出6.3万元作为医药费。当时，批准借款的是外电校财务负责人王志励，经手借款的是创业学院保卫科长刘明友，借钱目的是为了维护社会稳定，花钱与冯双全个人无关。

该笔钱由创业学院归还外电校后，外电校于2010年11月底分文不少上交绵阳市高新区财政局。整个过程完全是学校行为，看不出冯双全个人具有一丝一毫非法占有的主观故意。

将本该用于A项目的资金用在了B项目上（将学生的个人助学金借给创业学院作为龙明才的医药费），顶了天也就是可受行政责难的挪用款项行为，但涪城法院却认为是非法占有；如果这个逻辑推演下去，刑法上的挪用资金罪、挪用公款罪根本无存在必要，统统应改为非法占有罪（职务侵占罪）或贪污罪。如果法官们都是这个逻辑，不知道多少人要成为法槌下的冤魂。

事实上，一审法院自己都认可外电校向邓涛涛等寄了银行卡。一方面学生真实合规申报，一方面想方设法发给学生，外电校哪里有非法占有的蛛丝马迹? 冯双全又哪里有非法占有的丝丝故意?

六、行政机关认定外电校申报国家助学金并无违规行为,可见本案并无任何法益受到侵害,认定冯双全犯诈骗罪还缺乏犯罪构成必需之客体要件

2010 年 7 月 16 日,绵阳市教育局指派的安县检查组在对外电校助学金申报管理进行交叉检查后,结论为:"受助学生按照程序申报……学校按照程序进行资格审批、公示和资助金的发放。资料整理较为规范。财务档案基本完善,有账可查",说明外电校申报国家助学金并无违法违规行为。

绵阳市教育局作为行业主管机关,在国家助学金审批发放管理方面应更具专业度和发言权。在行业主管机关认定合法合规情况下,涪城区检却非要认定冯双全构成诈骗犯罪,一方面指控无据,另方面也属司法权对行政权的凌越,不符合法治原则。

七、类似外电校行为被追究刑事责任的全中国恐仅此一例,本案特立独行殊值反思

截至 2019 年 12 月 17 日,冯双全辩护人曾以"中等职业""国家助学金""诈骗罪"三个关键词在中国裁判文书网查询,共搜索到 18 个案例。

冯双全辩护人仔细研读了该 18 个案例之裁判文书,制作了《中职学校诈骗国家助学金类案检索报告》并提交法院。从类案检索报告来看,该等被判有罪之被告人确有相关诈骗行为。总括而言,该类诈骗行为要么虚构学生姓名等基础信息,要么以未报名、未就读、不知情的学生信息申报国家助学金,而本案邓涛涛等学生均真实存在、真实就读且对申报完全知情。

另外，冯双全辩护人也研读了当年轰动一时的四川德阳二马（马援勇、马元刚）国家助学金诈骗案。有报道称该案警方侦查时走访了上万名学生，筛选出289名未报名、未就读、不知情的学生，警方遂以被告人取得该289名学生名下助学金且将所得款项取现自用系诈骗为由移送检察院，检察院起诉后法院最终支持了对被告人诈骗该289名学生名下助学金之指控。

由此看来，本案与德阳二马案及其他诈骗国家助学金案例存在有无欺诈事实之根本性不同，一审判决缺乏事实基础。

八、涪城区检存在大量程序违法行为，法院应对其不法指控予以否定评价

我国正在努力建设社会主义法治国家，但我国不少司法机关和司法官员却有意无意重视所谓实体正义，忽略或无视程序正义之价值。殊不知，无程序正义，无真正法治。因为，正如博登海默所言："正义有着一张普洛透斯似的脸，变幻无常，随时可呈不同形状并具有极不相同的面貌"；或者，通俗地说，一千个人眼中有一千个哈姆雷特，面对同一个问题，不同的人可能作出不同判断。如果没有正当程序保障，人们往往无法对哪种裁判结果更加符合公平正义作出决断；或者，在没有正当程序保障情况下，即使有人作出了裁判，也不一定能得到人们的内心服从。因此，程序正义才有保障法治实现的独特价值。

实际上，美国、德国、日本等被世界公认为法治国家，很大程度上就是因其坚持程序优先，固守程序价值。如果允许以所谓实体正义而忽视程序或违反程序，则可能使每个人都会惴惴不安，因为谁也不知道下一个倒霉的人会是谁。

就本案而言，涪城区检至少存在四大程序违法行为，法院应对其予以明确的否定性评价。

（一）违法立案

冯双全辩护人在本案卷宗里没有看到有人举报或报案，也无人提出控告，不知道涪城区检是怎么发现冯双全之所谓"犯罪"事实，本案来源存疑。

涪城区检于 2010 年 11 月 6 日立案决定书载明冯双全涉嫌滥用职权罪和贪污罪，但根据《刑法》397 条，滥用职权罪的犯罪主体是国家机关工作人员，冯双全连国家工作人员都不是，遑论国家机关工作人员；根据《刑法》382 条，贪污罪的犯罪主体只能是国家工作人员，而冯双全乃民办学校校长，显然不可能构成贪污罪。

2010 年 11 月 5 日，即立案前一日，检方问冯双全：你除了创办绵阳外贸电子学校，是否还创办了其他学校？这句问话说明检察院应当知道冯双全不可能成为滥用职权罪和贪污罪之适格主体，但涪城区检知其不可而为之，不惧违法任我行，实在令人震惊。

（二）违法侦查

1. 假若本案真的存在所谓诈骗犯罪，则应由公安机关侦查，检察机关无权侦查

冯双全系民办学校法定代表人，不是国家工作人员，根据《刑事诉讼法》第 19 条之规定，若其涉嫌诈骗犯罪应由公安机关立案侦查，检察机关无权侦查。

2011 年 5 月 18 日涪城区检问冯双全："中等职业学校国家助学管理办法你们学校组织学习过没有？"说明检察院早就在关注助学金问题，而本案最终起诉也是以所谓助学金问题。但，助学金即使有问题也该移送警方侦查，检察院无权侦查。

2010 年至 2014 年期间沸沸扬扬的德阳二马案即系警方侦查后移交检察院审查起诉，然后检察院提起公诉，法院判决；但本案检察院对德阳二马案视而不见，坚持自侦自诉，宛如自斟自饮，违反基本法治

原则。

2. 即使检察机关非要侦查，也不应只收集对被告人不利证据而无视有利证据

《刑事诉讼法》第 2 条规定，《刑事诉讼法》的任务既包括惩罚犯罪分子，也包括尊重人权，保障无罪的人不受刑事追究。该法第 52 条规定，侦查机关既要收集证实被告人有罪的证据，也要收集被告人无罪的证据。

2011 年 6 月 2 日，证人朱珍针对侦查人员"短训班学员是否可以按全日制学员做学籍"时回答："但我记得当时好像有一个关于农民工培训方面的文件，按这个文件规定，短期培训的农民工也可以享受助学金。因为有这么一个规定我才按照学校的规定做的学籍。"朱珍明明白白提到当时有文件规定短训学员可以申报助学金，侦查机关本应进一步了解该文件的发文机关、发文时间、文号及主要内容，以搞清楚外电校究竟是合规申报还是违法申报国家助学金，可惜侦查机关打击"犯罪"心切，对无罪证据选择了无视。

（三）违法起诉

1. 据以起诉的证据不合法

根据《刑事诉讼法》第 109 条，立案是启动刑事案件的第一步。如果没有立案程序，无论检察院或警方径行侦查取得的证据均不具有合法性，法院不应采信。

涪城区检反渎职侵权侦查局于 2010 年 11 月以冯双全涉嫌贪污、滥用职权罪立案侦查，于 2011 年 3 月向该院公诉科移送审查起诉，于 2018 年以冯双全涉嫌诈骗罪向涪城法院提起公诉。

但本案案卷中没有诈骗罪的立案手续，侦查机关从未对冯双全涉嫌诈骗罪刑事立案，无疑剥夺了冯双全的自辩权，其所取得的证据不具有合法性，相关书证、证人证言等都不能作为定案依据。在不具备合法证

据情况下，无端将冯双全起诉到涪城法院，实属违法起诉。

河北省迁安市人民法院在 2019 年 7 月 8 日作出的（2017）冀 0283 刑初 396 号判决中即以侦查机关未立案取得的证据不具合法性为由判决该案两被告人无罪，显示了人民法院作为国家审判机关对法律的信仰和对人权的保护，值得本案借鉴。

2. 审查起诉的期限无比长

涪城区检自称本案于 2011 年 3 月 25 日即移送该院公诉科审查起诉。《刑事诉讼法》规定审查起诉期限一个月，最长六个半月，无论如何退侦、补侦、延期，都不可能审查 7 年之久才起诉，也即最迟应于 2011 年 10 月上旬作出是否起诉决定，但本案实际于 2018 年 8 月 9 日才起诉至涪城法院。迟来的正义非正义，迟到的起诉应驳回。

尤其令人错愕的是，据外电校财务负责人王志励称，2012 年 6 月，绵阳市教育局分管纪检的罗盛军副局长及时任绵阳市检分管负责人，召集冯双全等八人在绵阳市教育局会议室，专门针对冯双全滥用职权、贪污罪一案作了了结，说："全省、全市都是这样，你们安心办学⋯⋯"；王志励当即要求出具文书，该检察院领导说：没必要。

冯双全当时相信了政府部门和司法机关，又开始投入到其钟爱的职教事业中。可谁知浓眉大眼的人也会说话不算数，几年之后搞"秋后算账"。如果这都可以有，还有什么不能有？

上述三大程序违法，足以证成涪城区检取得之证据均属"毒树之果"，万不可食；食之有害，害人不浅。

九、程序上涪城法院无权管辖

《刑事诉讼法》第 25 条规定：刑事案件由犯罪地人民法院管辖。如果由被告人居住地人民法院审判更为适宜的，可以由被告人居住地人民法院管辖。

冯双全的工作单位及居住地址均在绵阳市高新区，户籍在绵阳市游仙区。假若有所谓"诈骗"行为，则行为发生地只可能在绵阳高新区或游仙区；假若有受害人，受害人也是高新区财政局。因此，无论是所谓"犯罪"之行为实施地、结果发生地，抑或被告人居住地，均与绵阳涪城法院无缘，不知道涪城法院凭什么管辖本案。

鲁迅说：世上本没有路，走着走着就有了路。但刑事管辖权是一项严肃的法律制度，绝不应该本来没有管辖权，管着管着就有了权。

既然涪城法院无管辖权，则其作出的判决显然不应产生法律效力。上级法院应当撤销该判决，避免其作为不法判决污染法治水源。

十、冯双全不应成为摇摆政策的牺牲品

2018 年 11 月 1 日，习近平总书记在民营企业座谈会讲话时指出："对一些民营企业历史上曾经有过的一些不规范行为，要以发展的眼光看问题，按照罪刑法定、疑罪从无的原则处理，让企业家卸下思想包袱，轻装前进。"

2018 年 11 月 5 日，最高人民法院党组召开会议学习贯彻习近平总书记重要讲话，院长周强在会议上强调："依法平等保护企业家合法权益，切实维护企业家人身和财产安全……依法慎用强制措施……最大限度减少司法活动对涉案民营企业正常生产经营活动的不利影响。"

2018 年 11 月 16 日，四川省委省政府公布《中共四川省委　四川省政府关于促进民营经济健康发展的意见》，强调"在刑事诉讼活动中，严格执行有关法律和司法解释，依法慎用拘留、逮捕等强制措施和查封、扣押、冻结等侦查措施，进一步严格规范涉案财物处置程序"。

2019 年 3 月 12 日，最高人民法院副院长江必新在部长通道接受记者提问时表示：要坚持疑罪从无的原则，凡属于证据不足、事实不清的

案件，一律做无罪处理。

2019 年 10 月 18 日，最高人民检察院张军检察长在北京大学作"中国特色社会主义司法制度的优越性"专题讲座时明确指出司法政策应有调节功能："可捕可不捕的，不捕；可诉可不诉的，不诉；可判实刑可判缓刑的，判个缓刑好不好啊？我们认为是非常需要。因为民营企业把它捕了把它诉了，这个企业马上就会垮台，几十个人几百个人的就业就没了。"

2019 年 12 月 3 日，张军检察长在参加最高人民检察院开放日活动时再次表示："最高人民检察院高度重视平等保护民营企业合法权益，明确提出对涉嫌犯罪的民营企业负责人能不捕的不捕，能不诉的不诉，能判缓刑的就提出判缓刑的建议。"

新近，最高人民法院改判了张文中案、顾雏军案，显示出最高司法机关公正司法的决心。河北高院更是接连将两起一审判处死缓但证据不足的杀人案件在二审中直接改判无罪，也显示了司法机关的专业和担当。

最高人民法院在再审张文中诈骗案［(2018) 最高法刑再 3 号］时认为："物美集团在申报国债技改贴息项目时，国债技改贴息政策已有所调整，民营企业具有申报资格，且物美集团所申报的物流项目和信息化项目均属于国债技改贴息重点支持对象，符合国家当时的经济发展形势和产业政策。原审被告人张文中、张兵春在物美集团申报项目过程中，虽然存在违规行为，但未实施虚构事实、隐瞒真相以骗取国债技改贴息资金的诈骗行为，并无非法占有 3190 万元国债技改贴息资金的主观故意，不符合诈骗罪的构成要件。故原判认定张文中、张兵春的行为构成诈骗罪，属于认定事实和适用法律错误，应当依法予以纠正。"

本案所涉 119 人国家助学金事宜，合乎申报当时国家政策，冯双全个人无一丝一毫侵占私吞，国家财政无任何损失，无论根据中央精神、法律规定、司法政策，还是典型案例，均应当作无罪处理。

十一、司法官宜谨慎办案，善待人生

曾经，一位检察官写的文章《你办的其实不是案子，而是别人的人生》刷屏法律人的朋友圈。文章呼吁法律人要葆有一颗永远柔软的内心，细心倾听当事人发出的声音，不要冷漠、机械、粗暴地拒绝被告人合理的辩解。

2019年2月26日，四川高院院长王树江在2019年四川省刑事审判方向员额法官第一期培训班上以《敬畏生命　尊重自由：谈如何防止冤假错案》为题讲课时谆谆告诫学员：我们办的不是案子，是他人的人生。

冯双全作为退伍军人、中共党员，多年来一直遵纪守法，为地方职业教育作出较大贡献，其创办的外电校被评为依法办学优秀单位，学校和冯双全本人还多次受到教育部门奖励。

本来，冯双全可以在职业教育道路上继续为国家、社会发光发热，但天有不测，2010年11月突被调查，羁押数天后取保候审。七年多自由时光，2018年又遭羁押。64岁生日前夕，拿到冰冷有罪判决。可怜昔日硬汉，曾被粗暴办案，落下多种疾病，如今铁窗彻寒。

人类社会之所以要追求法治，因为每个人内心都有对公平正义本能渴求；之所以对公平正义有本能渴求，因为每个人都希望被温柔善待。所谓爱出者爱返，福往者福来，善待别人的人生，就是善待自己的人生。申诉人恳请本案司法官，遵循内心正义，善待双全人生。

综上，无论从犯罪构成之客观要件（诈取行为）、客体要件（法益受损）、主体要件（单位行为，而单位不可能成立诈骗犯罪）、主观要件（非法占有目的），还是从三阶层理论之要件符合性、违法阻却性、责任阻却性等方面考量，指控冯双全犯诈骗罪均不能成立，申诉人恳请司法机关依法启动再审，改判冯双全无罪。

申抗未果

四川省检审查认为，依据相关法律及司法解释规定，人民检察院对立案侦查时认为属于直接立案侦查，但审查起诉阶段发现不属于人民检察院管辖的案件，直接起诉具有合法性；被告人未被羁押的，审查起诉期限内未办结的，可继续办理。

绵阳涪城法院办理本案系经上级人民法院指定管辖，本案二审不存在严重影响司法公正的程序违法。且，绵阳涪城区检已积极联系相关部门处置涉案财物。

故，申诉人反映的程序问题均不成立。

同时，冯双全作为绵阳外电校实际负责人，明知政府相关政策并未作出新规定改变全日制在籍在校学生国家助学金申领条件，但其积极推动绵阳外电校联合办班、办学，安排近亲属经管相关财务、学员学籍申报、国家助学金申领等事宜，却未对相关学员是否符合国家助学金申领条件进行实质审查并有将取得的国家助学金用作学校滚动资金的言行。可见，冯双全对相关学员实际上不符合国家助学金申领条件的情况应当明知，并对该骗取行为起到主要推动作用。此外，骗取国家助学金为绵阳外电校占有，系侵犯财产罪中为利益相关第三人占有情形，仍系非法占有。冯双全到案后未能如实供述主要犯罪事实，不符合法律对自首的规定。

故，申诉人反映的实体问题亦不成立。

综上，四川省检认为本案不符合立案复查条件，决定审查结案、不予抗诉。

前沿思考

一、主管部门此前默许的不规范行为，司法机关事后选择性追究刑责，是否符合法治原则

事实上，因叠加汶川地震灾后重建与全球金融危机因素，为吸纳农民工、退伍士兵、下岗工人，2010 年以前，职业学校申报国家助学金普遍不太规范，不独外电校一家。

而且，针对"参加返乡农民工成人中等职业学历教育的人员能否享受国家 1500 元助学金及其年龄范围"的问题，2009 年 4 月 7 日，教育部官网政策咨询板块明确回复：根据 6 号文件精神，中等职业学校面向返乡农民工实施学历教育，返乡农民工学生可以按照规定学制，实行脱产连续在校学习，也可以实行工学交替分阶段完成学业。实行脱产连续在校学习的，可以和其他农村中等职业学校学生一样，享受国家 1500 元助学金；实行工学交替分阶段完成学业的，是否享受国家助学金政策没有具体规定，由各地根据实际情况确定。可见，国家层面并未一刀切地禁止非脱产连续学习人员享受国家助学金。

2010 年 6 月 8 日，四川省教育厅发出《四川省教育厅关于全面清查中职学生资助情况的通知》（川教函〔2010〕346 号），指出："中职学校招收农民工等大龄学生给与国家助学金等资助，这些学生达不到全日制学历教育要求，实际上实行的是灵活学制，不应享受国家助学金及免学费政策的资助"。该《通知》要求："对非全日制学生，本学期开始一律停止发放国家助学金"。该《通知》再度说明，此前为农民工学员申报国家助学金是广泛存在的现象，且被教育部门所允许（至少默许）。

这种情况下，针对外电校发生于该《通知》之前 ① 的国家助学金申

---

① 案涉"诈骗"行为发生于 2009 年。

领行为，即使确有不太规范的地方，但是否必须采用刑事手段追究责任，殊值探讨。如果能按照谦抑原则，尽可能用行政或民事手段追究责任、追缴国家资金，应更有利于我国可欲法治目标的实现。当然，如果相对人对行政手段或民事手段采取不配合甚至对抗态度，彼时刑事手段似有介入必要。

此外，就本案而言，据冯双全家属声称，当地其他有类似行为的学校，退回相应国家助学金后均未被追究刑事责任，独外电校退回助学金后，冯双全仍被追究刑事责任，他们深感不解。我认为，如果确如冯双全家属所称，则此种选择性司法，确不合法治原则。

二、类案为何不能类判

我认为，本案与最高人民法院再审改判的张文中案有诸多相似点，如表 23-1 所示。但颇为遗憾的是，最高人民法院改判了张文中案，但迄今没有法院改判冯双全案。

三、刑事诉讼中能否运用经验法则

所谓经验法则，指依靠经验即某种一般性知识判定案件事实的法律规则，也指可以作为事实认定依据的各种一般性知识。[①] 经验法则与证据印证，是司法机关认定事实的两个基本方法。所谓证据印证，包括直接证据的相互印证，也包括间接证据的指向一致，[②] 指司法机关须以证据认定相关事实，无证据支撑则不能认定事实。

---

① 参见龙宗智：《经验法则运用的原理与误区》，2021 年 5 月 22 日第一届"证据法学论坛"报告。
② 参见龙宗智：《经验法则运用的原理与误区》，2021 年 5 月 22 日第一届"证据法学论坛"报告。

表 23-1　张文中案与冯双全案无罪对比表

		张文中案	冯双全案
原审认为		物美作为民营企业不属于国债技改贴息资金支持范围的情况，张文中与张伟春商量后以诚通公司下属企业的名义进行申报；申报获批后，物美集团以信息化项目为名，与关联公司签订虚假设备采购合同和开具虚假发票为手段，获取1.3亿贷款，用于公司日常经营，未实施信息化项目；物流项目因未实施，未申请到贷款；2003年，获取物流项目和信息化项目的国债技改贴息资金共计3190万，用于归还公司其他贷款。	在申报助学金时冯双全清楚知道挖掘机班学生属短期培训，在助学金下发后，以做假账的形式将部分学生的助学金用于其他学生打架受伤的医药费，具有非法占有的主观故意，采用虚假手段骗取国家助学金。
不构成诈骗罪			
未参与、未指示		张文中未参与项目申报材料，未指示张伟春等人以虚假资料编制申请材料。	申报时，冯双全并不知悉挖掘机班情况，更未指示任何人未挖掘机班学生申报国家助学金。 冯双全仅在何德仕报销单上签字，该签字一方面是在助学金到账后的资金使用行为，不属所谓"骗取"行为；另一方面该签字仅系单位内部的财务流程，其看到财务总监王志励已签字，所以才放心签字，仅此而已。
未适主管部门产生错误认识	符合当时形势和政策	2001年，我国正式加入世贸组织；2002年物美集团申报国债技改项目时，国家对民营企业的政策已发生变化，国债技改贴息的债技的低调整，物美集团积极申报，符合当时的形势和产业政策要求。	2008年，四川地震，金融危机。2009年，各级教育主管部门要求加大对农民工开展职业教育培训。从2007年84号文件演进到2009年12号文件，政策已经非常明朗，即：灵活学习的下岗失业人员及农民工等各类职教学员一样可享受国家助学金政策扶持。

续表

		张文中案	冯双全案
未适主管部门产生错误认识	曾有同样情况的企业拿到专项资金	2002 年，在改造国债贴心项目中，确实有民营企业得到支持并拿到贴息。	2009 年至 2010 年，未农民工、下岗失业人员、灵活学制学员申报国家助学金的情况普遍存在。
	未隐瞒	申报时，没有隐瞒民营企业性质	申报时，外电校如实告知主管部门受助学生系农民工的情况
项目非虚构		1. 物流项目非虚构，因客观原因未按计划实施，已异地实施；部分材料又不实之处，但不足以否定项目的真实性。 2. 认定虚报信息化项目，证据不足，以采用签订虚假合同等手段申请贷款、虽然违规，但并非为骗取贴息资金而实施的诈骗行为。	机械系 119 人之国家助学金申报表系高峰安排填写后提交外电校，外电校仅系高峰管理的机械系申请国家助学金的一个通道而已
无非法占有主观故意		张文中未实施诈骗行为，无非法占有国债技改贴息资金的主观故意。	一方面学生真是在读，另一方面通过向邓涛涛等学生寄银行卡等方式想方设法发给学生，可见外电校及冯双全均没有非法占有国家助学金的主观故意。
违规使用资金不属于诈骗		物美集团违规使用国债专线资金，属于违规行为，但不应认定为非法占有贴息资金的诈骗行为。	外电校未治疗受伤学生，违规使用国家助学金，属于违规行为，但不应认定为非法占有国家助学金的诈骗行为。

　　从刑法教义学角度，司法机关应当坚持证据裁判方法，不能在刑事诉讼中运用经验法则。但如果过分坚持证据印证，确实可能造成放纵罪犯。

　　比如，湖南人莫卫奇因运输毒品，在云南省德宏州被提起公诉。德宏州中级人民法院（简称德宏中院）第一次判处莫卫奇死刑立即执行，莫卫奇上诉，云南省高级人民法院（简称云南高院）发回重审。德宏中院重审后，仍判处莫卫奇死刑立即执行，莫卫奇又上诉。这一次，云南高院直接改判莫卫奇无罪，不仅无罪释放还获得国家赔偿。案件对德宏州公检法以及整个刑事司法体系震动很大。

造成两级法院判决截然相反的根源在于，莫卫奇对运输毒品是否明知。云南高院认为，在明知问题上印证不足。因为莫卫奇否认明知，而他的上线曾经说莫卫奇不知道，但后来又改变口供说莫卫奇应当知道。也就是说两个主要证据只有半个证据对证明明知有利。总体情况看，印证不足，疑罪从无。

德宏中院则认为，可以经验法则推断莫卫奇明知。第一，莫卫奇多次以同一路线同一方式运输毒品，应当知晓真实情况。第二，也是更为重要的，莫卫奇舍近求远，从瑞丽到芒市，绕走盈江，多走三分之二的路；而且为了避开瑞丽江桥检查站，前面还有一个人带路，该行为完全符合毒品会议纪要所要求的明知的认定标准。第三点，最后一次运输的时候，莫卫奇改写了自己的名字，将自己名字的后两个字作了同音不同字的修改，就是为了避免多次运输乘飞机时引起警方注意。因此，根据经验法则，足以认定莫卫奇明知毒品而运输。①

我认为，囿于我国刑事侦查技术尚未尽发达，在特定案件中，运用经验法则推认事实以打击犯罪，确有必要；但一则应严格限缩经验法则之适用范围，另则在运用经验法则时，须已知事实能高度盖然地推认犯罪事实，方可定罪量刑。

就冯双全案而言，冯双全任命其妻负责外电校财务工作，其妻姐负责国家助学金申报工作，但全案并无冯双全以签发文件、召开会议等方式组织骗取国家助学金的证据，单靠经验法则推断冯双全应当知道其下

---

① 关于莫卫奇案情，参见龙宗智：《经验法则运用的原理与误区》，2021 年 5 月 22 日第一届"证据法学论坛"报告。

属在骗取国家助学金，颇为牵强。

反观莫卫奇案，莫卫奇以绕路、改名等方式逃避检查、侦查，较大可能其知道自己正在实施不法行为。

第 24 章
民企投资疑被骗　高度怀疑可定案?

——吴大苹被控组织卖淫案 ①

一个四川江油的女性民营企业家,到省会城市投资,不想遭遇人生滑铁卢。其在四川成都高新区开设足浴店,委托店长全权负责具体经营,并要求经营事务必须合法合规。但是,店长擅自在足浴店组织卖淫活动,被查获后却一股脑推卸到投资人身上。

基础案情

成都高新法院一审认定:成都高新区玫瑰庄浴足店登记成立时间 2016 年 8 月 26 日,登记经营者李九林;实际开始营业时间为 2016 年 5 月 20 日,实际控制人为吴大苹。为获取非法利益,吴大苹决定在该玫瑰庄浴足店开展组织卖淫活动,并指派李九林具体经营,纠集数名卖淫女从事卖淫活动,并对卖淫活动制定规章制度。

在开展卖淫嫖娼活动过程中,吴大苹负责店内事务决策,是玫瑰庄

---

① 详细案情可参见成都中院(2019)川 01 刑终 681 号刑事裁定书、(2019)川 01 刑申 65 号刑事通知书及四川高院(2020)川刑申 71 号刑事通知书。

浴足店的实际经营者、控制人；李九林负责管理店内日常经营事务；吴大群负责店内日常营业支出及账目管理；贺滔负责培训所有技师及卖淫女；彭清平负责协助管理卖淫活动、为卖淫服务提供便利，并指使保安陈雄望风；罗高芸、汪书乾、王力、温润芳负责接待嫖客，介绍服务项目、内容。

经查，2017 年 5 月 26 日至 2018 年 1 月 8 日期间，玫瑰庄浴足店涉及以发生性关系为目的卖淫活动收入共 2291236 元，涉及"口交"的卖淫活动收入共 773354 元。

据此，成都高新法院一审判决吴大苹构成组织卖淫罪，判处有期徒刑 11 年。吴大苹不服一审判决，向成都中院上诉，以自己不构成犯罪为由，请求二审法院改判无罪。成都中院审理后裁定驳回上诉，维持原判。

持续申诉

因吴大苹丈夫何法恒不服生效判决，向司法机关持续申诉。其申诉状主要内容如下：

一、审判组织不合法，所出判决应撤销

《刑事诉讼法》第 253 条第 4 项及《刑诉法解释》① 第 375 条第 2 款第 8 项均规定，违反法律规定的诉讼程序，可能影响公正裁判的，应当立案再审。

本案一审审判组织不合法，严重违反法定程序，且已严重影响裁判公正性，故本案应再审改判。

---

① 　法释〔2021〕1 号。

《人民陪审员法》第16条规定，人民法院审判可能判处十年以上有期徒刑的第一审案件，由人民陪审员和法官组成七人合议庭进行。但本案仅由审判员李黎与人民陪审员莫吉贤、朱灵锋组成三人合议庭审理，违反法律规定。

法律不外天理人情，群众眼睛雪亮无比。《慎子》云：法者，非从天下，非从地出，发乎人间，合乎人心而已。如果是七人合议庭，相信他们能看出本案并无确实充分证据证明吴大苹组织卖淫，且不能仅凭内心推断裁判案件。因此，本案三人合议庭不仅违反法定程序，也实质性地导致了错误判决。

此外，本案一审时，人民陪审员曾有更换，最后署名的人民陪审员莫吉贤、朱灵锋仅在最后一次庭审时才参加，违反直接言词原则；而且更换合议庭成员时一审法院也未按法律规定提前通知，仅庭审时告知，减损了被告人法定权利。

二、李九林等被告人在庭审时推翻庭前供述，明确供称吴大苹未授意其组织卖淫；原审法院认定被告人庭前供述与庭审供述基本一致实属扭曲事实，违背基本司法操守，本案应根据《刑事诉讼法》第253条再审

李九林在庭前供述中，多次称吴大苹指使其组织卖淫。

但，本案一审于2018年12月13日第一次开庭时，吴大苹辩护人当庭询问李九林：吴大苹是否授意他在玫瑰庄浴足店组织卖淫？李九林回答：没有。吴大苹辩护人还问李九林：是否向吴大苹汇报过玫瑰庄浴足店之卖淫行为？李九林回答：没有。

同日，吴大苹辩护人也就吴大苹是否授意在玫瑰庄浴足店开展卖淫活动当庭询问贺滔、彭清平，该两人均回答：没有。而且，该两人明确，他们向李九林汇报工作，对李九林负责；与吴大苹不发生工作联系。

可见，事实上，李九林等被告人庭前供述与庭审供述可谓截然不同。但一二审法院均对庭审时李九林等被告人对吴大苹之有利供述视而不见，裁判文书也不置一词，实在让申诉人感受不到司法机关的公平正义。

三、李九林等人关于吴大苹之不利供述在多个关键细节上存在重大矛盾，原审法院强行采信该不利供述内容违背法律规定和司法规程，根据《刑事诉讼法》第 55 条、第 253 条第 2 项等法律规定，本案应予重新审判

中华人民共和国公安部《公安机关讯问犯罪嫌疑人录音录像工作规定》[公通字〔2014〕33 号] 第 5 条规定："在办理刑事案件过程中，在看守所讯问或者通过网络视频等方式远程讯问犯罪嫌疑人的，应当对讯问过程进行录音录像。"第 6 条规定，犯罪嫌疑人作无罪辩解的，应当对讯问过程进行录音录像。

公诉人提交的侦查机关对李九林、贺滔、彭清平等主要被告人的讯问笔录都是在看守所讯问时取得，根据公安部规定应当对讯问过程进行录音录像，但公诉机关未提交同步录音录像印证讯问笔录之真实性与合法性；吴大苹自始至终作无罪辩解，按规定也应录音录像，但公诉机关亦未提交同步录音录像印证讯问笔录之真实性与合法性。

据此，侦查机关讯问过程违反公安部强制性规定，相应讯问笔录无同步录音录像印证不具有合法性，应予排除。

《刑事诉讼法》第 55 条规定，证据确实充分才能对被告人定罪。而本案即使非要采信讯问笔录，各方供述之间在多个关键细节上存在重大矛盾，其中对吴大苹之不利指认也不应采信。

趋利避害、诿责自保是多数人之本能。下将论及，就当庭供述来看，李九林无异于谎言生成器。本部分将论证，李九林等在侦查机关讯

问笔录之供述内容中对吴大苹不利部分应属其推卸责任之不实之词，不能作为证据采信。

（一）吴大苹是否召集管理人员开会

1.李九林于2018年1月22日供称：吴大苹"每个月给管理人员开一到两次会"；1月23日供称：吴大苹每个月会跟所有管理人员开一两次会，参会人员有李九林、贺滔、彭清平、谌飞燕。

2.但贺滔于2018年1月23日供称：我从来没有和老板吴大苹沟通交流过。

3.且，彭清平在2018年1月22日供称："我们会所一般只开月会，会议由李九林主持"；1月23日在回答管理层开会问题时供称："我记得有七八次会议，由店长李九林主持的，开会的内容我不知道了，大老板和小吴总从来不会来"。

彭清平前述供述表明，李九林关于吴大苹每个月给管理人员开一两次会之供述纯属谎言；也说明贺滔关于吴大苹在给管理层开会时提出打"擦边球"之供述不是事实。

4.罗高芸、王力、温润芳三人供述再度表明李九林关于吴大苹定期召集管理人员开会不属实

（1）罗高芸供述

罗高芸在2018年3月8日供称：大吴总平时没有怎么管，都是交给李九林在管。

4月4日再次供称：大吴总平时没有怎么管，都是交给李九林在管。

4月27日在回答玫瑰庄会所老板是谁时供称：老板就是吴大苹和吴大群，吴大苹基本上不来。

（2）王力供述

王力在2018年1月25日回答会所老板是谁时供称：大吴总经常都不在、会员分级是李九林决定的。

（3）温润芳供述

温润芳在 2018 年 1 月 25 日回答会所老板是谁时供称：大吴总经常都不在，偶尔过来洗脚。

（二）卖淫项目由谁提出

1. 李九林于 2018 年 1 月 13 日供称：2017 年 3 月的 1 天，吴大苹将会所的管理人员组织开会，提出推出一些"擦边球"业务……2017 年 5、6 月份，吴大苹召集会所管理人员谌飞燕、贺滔、彭清平开会，吴大苹提出要增加"全套"项目。1 月 14 日供称：后来吴大苹就召集管理人员开会，准备推出新淫秽项目。

1 月 23 日供称：大概 2017 年 3 月份的时候，吴大苹让我把贺滔、彭清平找来在玫瑰庄会所三楼一起商量怎么上手推项目；同日又供称：2017 年 6 月，吴大苹找我跟贺滔提了好几次想上全套项目。

2. 但，贺滔在回答具体谁提出色情服务项目时说：2016 年底，在管理层开会的时候店长李九林决定推出手推服务……2017 年 8、9 月的时候，在管理层开会时李九林又决定推出卖淫服务，并且制定了色情服务的价格、色情服务的代号和服务流程。

贺滔又于 2018 年 1 月 23 日供称："所有的规章制度都是店长李九林通知传达的……"

贺滔还供述，提出卖淫服务是吴大苹给李九林和另外几个管理人员通知的；可见，贺滔从未直接从吴大苹嘴里听到过任何组织卖淫之指令，贺滔关于吴大苹"所有色情服务都是在吴大苹授意下开展，她一直知道这些事"之供述纯属主观臆测，并与其当庭供述完全矛盾。

3. 且，彭清平于 2018 年 1 月 29 日供称：大概是 2017 年 3 月份左右推出手推项目，当时是李九林召集我们管理人员开会，参会人员有我、贺滔、谌飞燕和史蕾……大概 2017 年 5、6 月份，有一次李九林把我们所有管理人员有我、贺滔、谌飞燕、史蕾叫到一起开会，商量上新项目。

彭清平虽曾供称会所增加项目是董事会通过后李九林具体安排，但他强调那仅是他的"理解"。事实上，玫瑰庄浴足店仅仅是一家个体工商户，根本不存在所谓董事会，一审法院断章取义地抓取彭清平供述中对吴大苹不利之内容，实属不当。

4. 再，王力于 2018 年 1 月 25 日供述：开始经营全套项目……是李九林开会给我们说的，当时有彭清平、贺滔、谌飞燕、陈小敏等管理人员和会所除了保洁以外的其他工作人员都在……李九林说大吴总（吴大苹）意思是会所生意一直不好，最近要上半套和全套涉黄的服务项目。

王力供述表明：是李九林而非吴大苹开会时提出开展卖淫活动；李九林刻意在员工面前宣称吴大苹授意其组织卖淫，显示其有恶意规避法律意识。

5. 另，吴科、唐崧诚供述证实吴大苹对卖淫活动不知情

（1）吴科在 2018 年 1 月 24 日回答场所里有哪些工作人员知道提供色情服务时供称：店长李九林、四个经理（彭清平、谌飞燕、史蕾、贺滔）、四个迎宾（王力、温润芳、汪书乾、罗超）、两个督导（薛雷、吴坤）和所有的服务员。

（2）唐崧诚在 2018 年 1 月 24 日回答场所里有哪些工作人员知道提供色情服务时供称：店长李九林、四个经理（彭清平、谌飞燕、史蕾、贺滔）、四个迎宾（王力、温润芳、汪书乾、罗超）、两个督导（薛雷、吴坤）和所有的服务员。

（三）谁是卖淫行为操盘手

1. 贺滔供述证明李九林是全权操盘手

贺滔 2018 年 1 月 14 日供述称"我的上级李九林，他是会所的总负责人"。

1 月 22 日再次供称"2016 年底……店长李九林决定推出手推服务……又决定推出卖淫服务"，同时称"管理层不定时开会，由李九林

组织，管理层人员参加"。

2. 彭清平供述亦证明李九林是全权操盘手

彭清平 2018 年 1 月 23 日供称"我记得有七八次会议，由店长李九林主持的，开会的内容我不知道了，大老板和小吴总从来不会来"。

1 月 29 日再次供称"大概 2017 年 5、6 月份的有一次李九林把我们所有管理人员……叫到一起开会，李九林说……准备上'口爆'项目，已经让贺滔出去考察过了……最后商量的定价 868 元，项目名称是 H"。

3. 罗高芸供述亦证明李九林是全权操盘手

罗高芸 2018 年 3 月 8 日供称："大吴总平时没有怎么管，都是交给李九林在管"。

4 月 4 日，罗高芸再次供称："大吴总平时没有怎么管，都是交给李九林在管"。

4. 陈小敏供述亦证明李九林才是全权操盘手

陈小敏 2018 年 3 月 7 日供述称发到微信群的销售表格是"李九林设计的，他叫我发的"。

由此，贺滔、彭清平、罗高芸、陈小敏四人供述互相印证，可以证明吴大苹虽身为公司股东，但其很少到会所来，均交由李九林负责会所全面管理，李九林才是全权操盘手。

（四）李九林对吴大苹之不利供述自相矛盾

李九林在 2018 年 1 月 13 日归案时供称"吴大苹很少到会所来，她久不久过来转一下"。

但其在 22 日供称"老板吴大苹每周都要过来给我开一次会"。

而到了 23 日改口又称"除了周末她（指吴大苹）每周都会在公司待三到五天"。

其供述反复修改前后矛盾，充分显示其为了逃避法律制裁试图将责任推卸给吴大苹。

（五）李九林对自己职责之供述其后矛盾

李九林 2018 年 1 月 13 日供称"我的工作主要是前期会所的筹备，后来吴大群到会所上班公司也走上正轨，我又在一家餐饮店任职，我就很少到会所上班，久不久去会所看一下"。

但其在 1 月 23 日又供称自己全面负责会所的经营管理："各部门负责人的人事变动由我说了算，招聘管理人员也是我管，部门负责人要请假必须要我同意"，充分说明李九林才是实际管理者。

（六）李九林、贺滔、彭清平于同一天（2018 年 1 月 30 日）对吴大苹之不利供述应属诱供所得之非法证据，应予排除

那也是唯一一次三人一致对吴大苹作出不利指认。

1. 封锁电梯

2018 年 1 月 30 日，彭清平供述："……她（吴大苹）还说有必要的话把 4 楼电梯封锁了这样可以防止做完项目的客户跑单。"但同日贺滔供称："我们玫瑰庄浴足店开业的时候，我听李久林①说吴大苹说要把电梯内 4 楼按键用胶布封起。"

2019 年 3 月 11 日第二次开庭时，公诉人举证时专门提请法庭注意称"贺滔、彭清平都讲到吴大苹让把 4 楼电梯封锁的信息。"

但贺滔、彭清平均当庭否认讯问笔录之真实性。彭清平当庭称："这个封锁的信息在群里发的，具体是谁发的我不知道。"贺滔当庭称："在录口供的时候，办案单位说彭清平都说这个电梯门封了是某某说的，问我清楚不，我说好像听说，但我没确定。"

关于电梯门是谁让封的这一情况，彭清平和贺滔的庭上表述与讯问笔录记载大相径庭。因没有同步录音录像佐证，难以排除诱供可能，严重影响讯问笔录证明力。但一审法院无视辩护意见，径直采信无同步录

---

① 侦查机关讯问笔录原文如此，应为李九林之笔误。

像印证的讯问笔录，实属不公。

2. 从 4 楼到 5 楼

2018 年 1 月 30 日 15：43—16：45，李九林在接受龙泉驿公安分局治安大队讯问时称：玫瑰庄会所全套项目刚推出不久，吴大苹把李九林、贺滔、彭清平召集在一起开会，说在 4 楼做全套项目太危险，以后转到 5 楼做。在 5 楼经营一段时间后，吴大苹又给李九林提出，以后让客人和技师用身份证开房，一旦警察查到，就说是客人和技师自愿开房。

同日 17：01—17：32，贺滔在接受龙泉驿公安分局治安大队讯问时做出与上述李九林供述基本相同的不利于吴大苹之供述。

同日 17：09—17：50，彭清平在接受龙泉驿公安分局治安大队讯问时做出与上述李九林供述基本相同的不利于吴大苹之供述，但参会人员增加了谌飞燕、史蕾、吴坤三个人。

同一时间段内容一致地作出对吴大苹之不利供述，颇为可疑；贺滔、彭清平此处对吴大苹之不利供述与两人此前对吴大苹之有利供述明显自相矛盾；而且，吴坤不是管理层人员，不可能参加管理层会议，足见彭清平该供述不是事实，亦印证李九林、贺滔相应供述不真实，故无法排除侦查机关诱供嫌疑。

四、原审法院以有罪推定心态认定微信记录证实吴大苹组织和管理卖淫活动，违反《刑事诉讼法》第 55 条 "排除合理怀疑" 之规定

（一）"骚动的青年" "核心团队" 微信群之聊天记录作为客观证据显示李九林才是组织卖淫操盘手

李九林在警方讯问时供称，为便于管理，其组建了一个微信群，名 "骚动的青年"，会所工作人员有解决不了的问题都在该群向其汇报。

彭清平也供称，关于卖淫行为的相关管理工作均在 "骚动的青年" 群里进行。

电子证据"成公高（网安）勘〔2018〕155/FJ-01"光盘-文件2018-155玫瑰庄会所组织卖淫案_20180917161609_html中P474—P497显示，在"核心团队"微信群中，紫荆店、玫瑰庄店、郫县店每日向李九林、何伟汇报各店色情服务营业情况，同时交换卖淫女招聘情况。

申诉人恳请法官们注意：玫瑰庄店与紫荆店、郫县店分属不同的投资人，为何要在同一个群（群成员没有吴大苹，却有案外人何伟）向李九林等汇报营业情况？

根据李九林、彭清平、吴大苹等供述，吴大苹并未在"骚动的青年""核心团队"群，且紫荆店、郫县店与吴大苹无一分钱关系，均系李九林在经营管理。以上充分说明，李九林实施组织卖淫行为系其自己决定的自主行为，与吴大苹没有任何关系。

颇为诧异的是，一审第一次开庭时，本来举出"骚动的青年""核心团队"群聊天记录内容，就可以看出李九林才是卖淫活动的决策者和管理者，但公诉人居然当庭放弃举示该两群聊天记录。

（二）李九林在玫瑰庄全体员工参加的"玫瑰庄正能量"群不停呼吁员工要遵纪守法，他是演戏给吴大苹看以便蒙蔽吴大苹

李九林自己明明白白在干着不法行为，却不停要求员工们遵纪守法，他演戏给谁看？

显然是他的老板吴大苹。因为吴大苹反复要求李九林务必遵纪守法，不得作奸犯科，不得触碰法律红线。为蒙蔽吴大苹以便吴可以继续放心地把玫瑰庄浴足店交给他经营，李九林不得不违心地一遍遍呼吁员工们遵守法律底线。

（三）公诉人所列举之微信内容不能证明吴大苹决定组织卖淫活动

1.公诉人举示吴大苹在微信上告知李九林"干这一行随时都要提高警惕"试图说明吴大苹知道玫瑰庄在组织卖淫

申诉人认为，洗浴、酒店均属警方严管的特种行业，容易滋生违法

犯罪现象,譬如北京和颐酒店就曾被发小卡片的误伤;玫瑰庄会所位于天府二街,属涉黄高危地段,也不排除管理人员私自打"擦边球"、浴足技师擅自"超范围经营"、酗酒客户闹事等情况发生;之前因在玫瑰庄酒店看到地上散落小卡片,吴大苹还为此去派出所报警。因此,吴大苹要求李九林提高警惕没有问题。

2. 公诉人举示陈小敏将有代号 K 的营业收入发到玫瑰庄管理群试图说明吴大苹在组织卖淫

申诉人认为,没有客观证据证明吴大苹知道这些字母代号指向不同的卖淫项目。

并且,假若陈小敏的汇报证明吴大苹知悉卖淫项目存在,则陈小敏构成协助组织卖淫罪;但检方并未对陈小敏提出协组指控,故亦不能就此推断吴大苹组织卖淫或知道有人在组织卖淫。

3. 公诉人举示吴大苹在"玫瑰庄管理"群里发言批评员工浪费粮食,提议圣诞节给员工发苹果,并发"玫瑰庄是个集体,也是一个家……"等鼓励话语,试图说明吴大苹对卖淫活动实施管理

申诉人认为,吴大苹投资玫瑰庄,批评员工浪费公司粮食属吴大苹行使投资人之终极管理权,不是对组织卖淫行使日常管理。事实上,李九林对组织卖淫进行管理是在"骚动的青年""核心团队"微信群,该两群聊天记录属客观证据,检方本已收集在案,庭上却拒绝提交。

4. 公诉人举示谌飞燕将其与赵文明关于会员卡的聊天记录发给吴大苹,吴大苹回复"没问题",试图说明吴大苹在组织卖淫

申诉人认为,赵文明系办理贷款的工作人员,吴大苹为了与其友好合作,赠送其充值会员卡。谌飞燕就会员卡的真实性向吴大苹求证,吴大苹称没问题,意思是赵文明拿这张卡消费没问题。没有证据证明谌飞燕是就卖淫项目向吴大苹请示;而且,若需对组织卖淫之日常管理事务向吴大苹请示,就绝不可能只有这一次。

五、控方用以证明营业收入之电子数据缺乏合法性不应采信，原审法院强行采信该违法证据违反《刑事诉讼法》第56条、第58条、第60条等法律规定

原审认定营业收入合计300余万元（其中涉及口交收入77万余元；根据现行法律规定，口交不是卖淫），该数据主要来源于文件名为 bill_list 之 Excel 表格。从证据分类上，该表格属电子数据。本部分将论证，试图证明300余万元数据之证据不具合法性、真实性，不能作为定案证据。

（一）不具合法性

1.电子数据存储介质未依法封存

《最高人民法院、最高人民检察院、公安部关于办理刑事案件收集提取和审查判断电子数据若干问题的规定》（法发〔2016〕22号，简称《电子数据规定》）第5条规定："对作为证据使用的电子数据，应当采取以下一种或者几种方法保护电子数据的完整性：1.扣押、封存电子数据原始存储介质；2.计算电子数据完整性校验值……"；第8条第1款规定"收集、提取电子数据，能够扣押电子数据原始存储介质的，应当扣押、封存原始存储介质，并制作笔录，记录原始存储介质的封存状态。"

公诉人提交的证据——龙公（网安）勘〔2018〕59号《电子证物检查笔录》显示，2018年3月3日龙泉驿区公安分局网安大队（下称龙泉网安大队）检查组装台式电脑硬盘，硬盘状态为"未封存"。

公诉人提交的证据——龙公（网安）勘〔2018〕78号《电子证物检查笔录》显示，2018年4月2日龙泉网安大队检查联想电脑硬盘，硬盘状态亦为"未封存"。

电脑硬盘易拆卸，可移动，作为电子数据存储介质便于封存，公安机关却未依法封存。且龙泉网安大队于2018年1月31日就接到对联想电脑硬盘检查的通知，但迟至2018年4月2日才对该硬盘进行检查，在此期间电脑硬盘为未封存状态，无法排除硬盘数据被篡改嫌疑。

2.侦查机关未对电子数据拆封、收集、提取过程进行录像

《电子数据规定》第16条第2款规定:"电子数据检查,应当对电子数据存储介质拆封过程进行录像,并将电子数据存储介质通过写保护设备接入到检查设备进行检查;有条件的,应当制作电子数据备份,对备份进行检查;无法使用写保护设备且无法制作备份的,应当注明原因,并对相关活动进行录像。"

公诉人提交的证据显示,龙泉网安大队检查电脑硬盘仅有零星照片,没有录像,无法证明电子数据提取过程的连续性,无法证明该硬盘就是从联想电脑上拆除下来的,不排除被调换或者篡改数据可能。

3.侦查机关收集、提取电子数据时没有见证人也没有相关录像

《电子数据规定》第15条规定:"收集、提取电子数据,应当根据刑事诉讼法的规定,由符合条件的人员担任见证人。由于客观原因无法由符合条件的人员担任见证人的,应当在笔录中注明情况,并对相关活动进行录像。"

4.《电子证物检查笔录》未依法记录收集、提取电子数据的地点以及完整性校验值,并且没有电子数据持有人的签名或相关记录

《电子数据规定》第14条规定:"收集、提取电子数据,应当制作笔录,记录案由、对象、内容、收集、提取电子数据的时间、地点、方法、过程,并附电子数据清单,注明类别、文件格式、完整性校验值等,由侦查人员、电子数据持有人(提供人)签名或者盖章;电子数据持有人(提供人)无法签名或者拒绝签名的,应当在笔录中注明,由见证人签名或者盖章。有条件的,应当对相关活动进行录像。"

5.电脑硬盘未依法以封存状态随案移送

《电子数据规定》第18条规定:"收集、提取的原始存储介质或者电子数据,应当以封存状态随案移送,并制作电子数据的备份一并移送。"

综上,根据《电子数据规定》第22条、第23条、第28条等之规定,公诉人提交的电子数据收集和提取过程严重不合法，电子数据完整性无法验证，真实性无法保证，客观上无法补正，依法也不可补正，故不得作为定案根据。

（二）真实性存疑

1. 电子数据提取过程疑点重重，无法保证电子数据的真实性

（1）成都市公安局龙泉驿区分局北干道派出所2018年4月10日工作说明显示，2018年3月，公安机关和与本案无关的外来人员已先后进入该电脑，并进行一系列操作，却未依法制作检查笔录和其他记录。根据《电子数据规定》等规定，联想电脑硬盘电子数据提取过程严重违法，已无法保证电子数据真实性，不得作为定案根据。

（2）2018年4月2日龙泉网安大队在对联想电脑硬盘检查时记录：进入电脑系统，将数据库表格数据导出；但在同年4月10日，工作说明明确记载"无法与数据库连接，未能提取相关电子数据"。那么，2018年4月2日提取的电子数据从哪里来的呢？其真实性相当可疑。

（3）控方自己证据显示，侦查机关对黑色组装台式电脑硬盘检查是在2018年3月3日，但公诉人提交的电子证据"玫瑰庄电子"光盘中相关检查照片产生的原始时间却是2018年3月5日。

2. bill_list表格系包含赠送金额的消费项目记录而非财务账簿，不能将该表格中记录金额全部计为营业收入

公诉人提交的证据显示，玫瑰庄向充值会员赠送300元、2000元、7000元等不同价值的金额，同时根据不同金额附加赠送不同的消费项目。玫瑰庄充卡1万元返7000元，也就是说持卡消费1.7万元，玫瑰庄实际收入只有1万元。

结合结算单、会员卡交易记录等证据可知，收银系统中记录的消费金额为刷卡金额，而卡内金额包含赠送金额，并非实际收入。

综上，公诉人指控玫瑰庄因卖淫活动产生营业收入300余万元不真实。

要计算玫瑰庄非法收入，必须减去全部赠送金额以及赠送项目所包含金额。

（三）段滟露证言依法不可采信

1. 段滟露证言不具备合法性

《刑事诉讼法》第 61 条规定："证人证言必须在法庭上经过公诉人、被害人和被告人、辩护人双方质证并且查实以后，才能作为定案的根据。"段滟露未出庭，其证言不可采信。

2. 段滟露所称 K 项目消费金额与 bill_list 表格记录金额不一致

段滟露称皇冠（黑葡萄）、皇冠（紫葡萄）是为了凑齐 K 项目本身的价格，K 项目的价格为会员价 1299 元或非会员 1500、1599 元。但仔细分析表格数据发现，并不是泰囧理健 K+ 皇冠（黑葡萄）+ 皇冠（紫葡萄）总费用为上述价格。不排除皇冠（黑葡萄）+ 皇冠（紫葡萄）包含其他消费费用的可能。因此，一审法院将所有泰囧理健 K+ 皇冠（黑葡萄）+ 皇冠（紫葡萄）的金额作为营业收入是不可采信的。

综上，试图证明营业收入的证据不具有合法性、真实性，不能排除合理怀疑，不可采信。

六、原审违反《刑事诉讼法》第 234 条及相关司法解释规定，存在应开庭却未开庭等诸多重大程序问题；根据《刑事诉讼法》第 253 条第 4 项，本案应予再审

（一）二审应开庭却未开而判

根据《刑事诉讼法》第 234 条第 1 款第 1 项，因吴大苹对一审法院认定的事实和证据均有异议，本案本应开庭审理，但原审法院未予开庭即行下判，严重违反法律规定。

（二）证据应排非却未排而判

《人民法院办理刑事案件排除非法证据规程（试行）》第 29 条规定：被告人上诉，对第一审人民法院有关证据收集合法性的审查、调查结论

提出异议的，第二审人民法院应当审查。第 30 条规定："被告人及其辩护人在第一审程序中未提出排除非法证据的申请，在第二审程序中提出申请，有下列情形之一的，第二审人民法院应当审查：……被告人及其辩护人在第一审庭审后发现涉嫌非法取证的相关线索或者材料的。"

本案一审时，吴大苹辩护人多次要求查阅讯问同步录音录像，一审法院一直称检察院还在查找。但直到一审宣判，吴大苹及其辩护人仍未看到讯问同步录音录像。根据上引规定，吴大苹及其辩护人有权在二审时申请排非。

2019 年 7 月 4 日，吴大苹辩护人向原审承办人提交《非法证据排除申请书》，申请法院依法排除警方无同步录音录像印证的讯问笔录及非依法定程序和方式取得的电子数据。原审承办人收下了辩护人提交的材料未予回应，却于 7 月 10 日向辩护人送达二审裁定书，严重违反办案规程。

（三）控方证据应举不举

公诉人向法院移交的案卷材料中有"成公高（网安）勘〔2018〕155/FJ-01"光盘一张，内容为彭清平 OPPO 手机中的 QQ、微信聊天等电子数据。这些电子数据中有"核心团队""骚动的青年"等群聊天记录及彭清平分别与贺滔、丁艳、应聘女等人的聊天记录。这些证据与本案密切相关，但当吴大苹辩护人提出这些电子数据不仅能证明吴大苹未参与组织卖淫而且能证明李九林背着吴大苹用玫瑰庄平台组织卖淫时，公诉人却称这个证据不举了。

《刑事诉讼法》第 52 条规定："审判人员、检察人员、侦查人员必须依照法定程序，收集能够证实犯罪嫌疑人、被告人有罪或者无罪、犯罪情节轻重的各种证据。"公诉人片面举证，一审法院片面采证，申诉人委实不服。

2019 年 1 月 31 日一审法院以检察院补充侦查为由决定延期审理，

但嗣后检察院无任何补侦证据；且延期审理决定书引用早已于 2013 年 1 月 1 日作废的《最高人民法院关于执行〈中华人民共和国刑事诉讼法〉若干问题的解释》第 157 条，实属不当。

2019 年 4 月 1 日—4 月 3 日，检察院没申请补侦，但嗣后却提交新证据。

一审法院违反法律规定主动片面调取对被告人不利证据（段滟露询问笔录）且全部采信，说明其缺乏中立立场。

七、玫瑰庄浴足店存在卖淫行为不等于投资人即犯罪人，原审法院主观归罪违反《刑事诉讼法》第 6 条司法机关进行刑事诉讼必须以事实为根据以法律为准绳之根本法律原则

被成都市高新区招商引资活动感召，吴大苹在高新区创办成都玫瑰庄酒店管理有限责任公司并开设了玫瑰庄浴足店，此事不假。

但吴大苹系江油市知名女企业家，以商贸、文旅为主营业务，大部分时间都在江油经管其他公司，偶尔到成都。

一方面没时间，一方面不懂业务（不懂浴足行业），吴大苹遂委托李九林为店长全权管理玫瑰庄浴足店（所有权与经营权两权分离，符合现代企业潮流），而吴大苹本人仅负责玫瑰庄酒店房屋租赁、买卖等相关资产类业务。

事实上，公诉人所举证据中有一系列成都玫瑰庄管理文件，如《玫瑰庄试营业期间项目价格》《玫瑰庄基层管理定岗定位及薪资待遇》《玫瑰庄风情酒店提成方案》《通知》《玫瑰庄高新形象店积分提成方案》《玫瑰庄技术老师提成方案》《玫瑰庄高新形象店 7 月项目及提成方案》《业前试营业充值方案》《迎宾本月提成第二方案》《玫瑰庄邀约机制》，文件凡十卷，卷卷有伯（京）名。

可见，李九林是玫瑰庄浴足店名实合一、如假包换的实际经营者。

既然玫瑰庄浴足店实际经营者是李九林，则该浴足店发生的违法犯

罪行为原则上只能由李九林承担责任，除非他的犯罪意志和／或犯罪行为尚有其他人的犯罪意志和／或犯罪行为在操控、伙同或协同。

当然，多数人会想当然地认为，既然吴大苹是投资人，玫瑰庄之卖淫活动应该是吴大苹授意的。所以，就连负责后勤采购和工资初算的陈小敏在回答警方关于玫瑰庄卖淫项目由谁提出谁拍板的问题时都回答：会所的项目增加是由董事会通过，店长李九林来具体安排。但她又解释说："我理解的董事会就是两位吴姓的老板。"

一方面，陈小敏作为证人并未出庭接受质询，依法其证言不能作为定案证据；另一方面，陈小敏明明白白说的是她理解的董事会亦即她猜测董事会就是两位吴姓老板构成，但一审法院却把陈小敏证言确定地解读为"会所的增加项目是两位老板通过，李九林具体安排"，殊为不当。申诉人不禁要问，陈小敏凭什么说卖淫项目是两位老板通过李九林具体安排？她旁听了玫瑰庄的董事会还是列席了浴足店的管理层会议？事实上，根据李九林、贺滔、彭清平等供述及若干证人证言，陈小敏根本就是玫瑰庄浴足店一个普通员工，除了猜想和臆测，她无从知晓玫瑰庄项目之决策过程。

八、庭审实况表明，李九林才是案涉卖淫行为之总操盘手，原审法院认定吴大苹犯组织卖淫罪违反《刑事诉讼法》第 2 条司法机关应准确查明事实正确适用法律之原则要求

本案没有任何客观证据证实吴大苹犯组织卖淫罪，连主观性言词证据也只剩下李九林当庭自相矛盾的一句话：因为原负责组织卖淫的苏红吃钱，所以吴大苹辞退苏红，提出自己搞（组织卖淫行为）。

虽然孤证本不足信，但下文仍将分析，李九林当庭对吴大苹之不利陈述实属推诿卸责之谎言。

（一）关于苏红

2016 年 12 月份，确曾有一个名叫苏红（音，下同）的人找到吴大

苹，自称有关系有资源可以运作会所提高营业收入。言谈间了解到苏红和吴大苹不幸遇害的女儿竟是同学，吴大苹遂在不明真相的情况下让苏红管理了几天会所（前后总计不足 5 天时间）。但后来听吴大群说该人貌似有组织卖淫行为，吴大苹立即毫不犹豫地终止合作令其走人。如果吴大苹确有组织卖淫的犯罪意图，不可能辞退苏红而让一无背景二无资源的李九林来组织卖淫活动。

吴大苹作为企业经营者，眼里揉不得沙子，绝不允许自己的店里有违法犯罪勾当，所以开除苏红才如此果断决绝。

（二）李九林：谎言生产器

【谎言一】

2017 年 5 月后离开玫瑰庄到紫荆店，只管紫荆店不再管理玫瑰庄；玫瑰庄交给吴大群打理，员工向吴大群汇报。

【拆穿】

1. 贺滔当庭供述：2017 年 6 月后，玫瑰庄的情况依然向李九林请示汇报。

2. 彭清平当庭供述：紫荆店开业后，玫瑰庄的情况仍然通过微信给李九林请示汇报。

3. "骚动的青年""核心团队"微信群聊天记录，证明李九林仍在管理玫瑰庄色情服务。

【谎言二】

吴大苹把色情服务包给苏红，苏红待了一个月后，吴大苹认为苏红在里面吃钱，辞退苏红后提出自己搞，玫瑰庄会所组织卖淫系沿用苏红制定的留存制度。

【拆穿】

公诉人提交证据证实，玫瑰庄会所迄今沿用的管理制度文件无一例外均系李九林亲笔签发，没有任何文件系苏红签发。李九林称玫瑰庄沿用苏红留下的一整套组织卖淫管理制度，实属梦中呓语。

【谎言三】

"核心团队"群没有讲过卖淫项目；他不在"骚动的青年"群里。

【拆穿】

公诉人提交证据之微信聊天记录属客观证据，李九林在"骚动的青年群"，而且"核心团队""骚动的青年"两个群都是李九林实施组织卖淫行为的得力工具。

【谎言四】

关于卖淫项目贺滔向吴大苹汇报。

【拆穿】

贺滔当庭供述：没有和老板交谈过，吴大苹没有给我开过会。

【谎言五】

卖淫项目的会是吴大苹开的。

【拆穿】

1. 贺滔当庭供述：2016 年底，李九林说推出卖淫项目。

2. 彭清平当庭供述：卖淫项目逐步增加，是李九林给管理层开会的时候说的。

【谎言六】

紫荆店没有卖淫，是正规项目。

【拆穿】

公诉人提交证据之"核心团队""骚动的青年"微信群聊天记录属客观证据，该聊天记录显示，紫荆店仍由李九林实施组织卖淫行为。

（三）谎言背后：真相

真相其实很简单：李九林利欲熏心，以吴大苹为幌子，大肆组织卖淫活动，而吴大苹根本不知道玫瑰庄有卖淫活动。

李九林组织卖淫行为主要通过"核心团队""骚动的青年"这两个

微信群进行，而这两个微信群吴大苹不仅不在里面，而且她压根不知道这两个微信群的存在。

吴大苹参与的与玫瑰庄浴足店有关的微信群有两个，一个是全体员工参与的大群"玫瑰庄正能量"，一个是管理人员参与的"玫瑰庄管理群"。但这两个群中，吴大苹未向任何人授意实施组织卖淫行为，也无任何人向吴大苹汇报组织卖淫行为。

吴大苹虽在自己参与的微信群在节假日给员工发过红包，但也仅此而已。她绝对没有想到李九林会打着她的幌子，挂羊头卖狗肉，修栈道度陈仓，一面用三楼的正规浴足迷惑吴大苹，一面背着吴大苹在五楼从事违法犯罪行为。

事实上，包括购房装修、人员工资在内，吴大苹在玫瑰庄酒店及会所投资了数千万元。截至其被警方羁押，酒店会所均未实现盈亏平衡，毫无利润可言。在此情况下，吴大苹已经着手规划转型开设整形美容医院。可见，吴大苹对李九林以其为幌子组织卖淫行为确不知情。李九林明面上在给吴大苹打工，实际上却自己组建掌管着色情服务团队，在玫瑰庄外开设了紫荆、郫县两家店。吴大苹正正规规地委托李九林管理酒店与会所，李九林却超越授权大肆从事色情服务，法律责任当然应该由行为人李九林自己承担。

九、吴大苹作为江油市知名女企业家，没有任何理由和动机实施组织卖淫犯罪，原审法院认定吴大苹组织卖淫违背习近平总书记"努力让人民群众在每一个案件中感受到公平正义"之指示精神

（一）吴大苹无动机

吴大苹系江油市知名女企业家，以商贸、文旅为主营业务，向来遵规守法，没有任何犯罪意图和动机。吴大苹曾作为优秀女企业家代表参加在人民大会堂举行的第三届中国企业家论坛，曾获"中国优秀企业

家""绵阳市十大商业经济领袖人物"等表彰。

而且，2008 年，吴大苹女儿 18 岁正值花样年华，在澳大利亚留学期间被不法分子残忍凌辱杀害。性犯罪给吴大苹带来人世间最大最深的伤痛，比起普通人，她更加渴望并珍惜人人守法、互助友爱的生活。作为母亲，吴大苹绝不可能组织卖淫；作为一级警督的家属，吴大苹也绝不可能行违法犯罪之事。

（二）李九林有动机

1. 犯罪动机

有一个细节颇有意思。吴大苹承诺李九林为首的管理层若实现每月销售收入 120 万元以上，则李九林每月工资增加 4000 元并额外发放千分之三奖励。

彭清平也证实管理层奖金为千分之三。

但李九林却供称管理层提成是千分之二。虽然只有一个千分点之差，但充分说明为伪装自己无犯罪动机，李九林可谓字斟句酌、煞费苦心。

事实上，2017 年 4 月 13 日，李九林曾向吴大苹发微信，表态自己到紫荆店工作不会影响玫瑰庄工作，原文部分内容摘录如下：

"吴姐：……酒店足浴低于 120 扣除绩效，低于 100 万，我当月所有工资提成绩效，一分不要，就当白白工作一月，连续两个月低于 100 万，我自动离职一分工资不要。"

可见，李九林为保住其在玫瑰庄之经营管理权，自己向吴大苹承诺一定的营业额，所以他完全有动机铤而走险、以身试法。

2. 推责动机

贺滔 2018 年 1 月 14 日供述称"反正李九林给我说的是吴大苹叫这么做的"。

2018 年 1 月 29 日供述称"李九林又召集我们管理人员开会……就

跟我们说公司董事会决定推出胸推和口爆两个新项目"，同时称"2017
年 7 月份的时候李九林召集……说公司决定上全套项目"。

贺滔上述供述说明，李九林为万一东窗事发好推卸责任，在平时行
为中可能刻意让员工觉得组织卖淫行为系公司行为。

综上，申诉人认为，本案并无证据证明吴大苹参与组织卖淫活动，
在案证据显示李九林才是实际组织者，恳请司法机关查清事实，依法再
审改判宣告吴大苹无罪。

申诉无果

吴大苹家属先向成都中院、成都市检申诉，均被驳回。后向四川高
院和四川省检申诉，亦被驳回。

四川高院认为：

1. 李九林、贺滔、彭清平等人在原审当庭所作有罪供述内容与在侦
查阶段有罪供述内容基本一致，以及吴大苹与涉案人员的微信聊天记录
等证据，上述证据相互印证，证实吴大苹明知并雇佣本案涉案人员从事
卖淫活动，并起到组织和管理作用。

2. 虽然公安机关在封存、提取扣押的电脑硬盘电子数据时，程序上
存在瑕疵，但该数据的保管人对该数据无异议，同时根据本案协助组织
卖淫人员的供述、卖淫人员的证言，结合本案组织卖淫的时间等情节，
能够反映出本案组织卖淫获利的情况，且能与上述电子数据相互印证，
同时本案现无证据证实涉案的电子证据有被篡改的痕迹，因此，本案涉
案电子数据应予采信。

3.《人民陪审员法》第 16 条第 1 项规定，人民法院审判可能判处十
年以上有期徒刑、无期徒刑、死刑，社会影响重大的刑事案件由人民陪
审员和法官组成七人合议庭进行。本案不属于社会影响重大的刑事案

件，因此，一审法院的审判组织合法。

4.根据我国刑事诉讼法规定，人民法院审理第二审案件，可以采用开庭审理和不开庭审理两种方式。二审人民法院经过阅卷、讯问被告人，听取辩护人意见，经合议庭审查，认为原审事实清楚的，可以不开庭以书面形式进行审理。因此，二审法院审判程序并未违反相关法律规定。

5.综上，吴大苹案申诉理由不能成立。

四川省检认为：

1.吴大苹作为玫瑰庄浴足店的投资人、实际控制人，为了获取非法利益，决定开展卖淫活动，并对组织卖淫活动进行决策，其行为构成组织卖淫罪。吴大苹组织卖淫的犯罪事实，有经一审当庭举证、质证的扣押笔录、扣押清单及照片，涉案台式机电脑硬盘中提取的相关电子证据，微信聊天记录截图，证人证言，被告人供述等证据证明。以上证据相互印证，证实吴大苹明知并雇用本案涉案人员从事卖淫活动，并在卖淫活动中起组织和管理作用。公安机关在侦查取证中存在不规范之处，但与在案证据能够相互印证，不影响证据采信。二审法院未开庭审理符合刑事诉讼法规定。

2.综上，原判决和裁定认定事实清楚，证据确实、充分，适用法律正确，量刑适当，审判程序合法。申诉人的申诉理由不能成立，本案不符合抗诉条件，现予审查结案。

吴大苹家属又向最高人民法院和最高人民检察院院申诉，最高人民法院拒绝受理，要求吴大苹家属息诉罢访。最高人民检察院于2021年2月26日驳回申诉。

最高人民检察院认为，吴大苹上诉和向上级人民法院、人民检察院申诉过程中，申诉人提出的申诉理由均得到了合理合法的释法说理和解释，特别是四川高院针对其申诉理由逐一进行了有针对性的说明，本次申诉中申诉人何法恒亦未提出新的事实和证据。因此，申诉人提出的申诉理由不能成立，现予审查结案。

前沿思考

一、内心确信能否定罪

作为原审辩护人和申诉代理人，我有时也会疑惑，吴大苹难道真的对玫瑰庄浴足店的卖淫活动毫不知情？尤其，她亲妹妹吴大群还每天在玫瑰庄浴足店上班。

但是，作为专业法律人，我不得不反复提醒自己，所谓世界之大，无奇不有，如果没有确实充分的证据，就给被告人定罪量刑，这样的裁判，难免失之于轻率，也容易给法治带来危险。

所谓证据确实充分，即在案证据只能导出唯一结论，足以排除其他一切合理怀疑。但就本案而言，李九林庭前供述与庭审供述可谓一百八十度转变；而且，李九林在经营玫瑰庄浴足店之外，另经营有紫荆店和郫都店；尤其，李九林用于经营管理三店的工作微信群"骚动的青年""核心团队"，吴大苹既不知情，亦未参与。这种情况下，不排除李九林受经济利益驱使，明修栈道暗度陈仓，背着吴大苹组织卖淫活动的可能，但却生生让吴大苹背锅。

再退一步说，就算吴大苹妹妹长期在玫瑰庄浴足店上班，从而认定吴大苹本人对玫瑰庄浴足店的卖淫活动应当知情，但因没有充足证据证明吴大苹系组织者，其最多也就应当承担容留卖淫活动的法律责任。

二、刑事程序性法律后果应由谁承担

所谓刑事程序性法律后果，指对职权机关实施的违反刑事诉讼程序法律规范的行为从程序法意义上予以否定并因此导致的相应刑事程序法

后果。作为现代刑事程序法特有的法律后果，它是保障程序法具有不可违反的尊严与独立价值的重要基础。① 就本案而言，四川高院、四川省检均认可侦查机关取证程序确有瑕疵，但却以"现无证据证实涉案的电子证据有被篡改的痕迹"为由，认定"本案涉案电子数据应予采信"，无异于将刑事程序性法律后果加之于被告人。

从现代刑事诉讼基本法理上说，既然因侦查机关原因造成取证程序确有瑕疵，则证明电子证据未被篡改的证明责任应在侦查机关，而非被告人；从取证能力上说，被告人处于羁押状态，基本不可能有证明证据被篡改的能力。

此外，四川高院和四川省检均认为取证程序虽有瑕疵，但结合"协助组织卖淫人员的供述、卖淫人员的证言，结合本案组织卖淫的时间等"，可以认定电子证据真实性。但事实上，如果没有电子数据，仅凭协助组织卖淫人员的供述、卖淫人员的证言及组织卖淫时间，原审法院不可能计算出所谓吴大苹组织卖淫获利金额。所谓相互印证之说，实际名不副实。

① 参见王敏远：《刑事程序性法律后果新论》，载《法商研究》2021年第3期。

第 25 章
劳动争议两胜诉　功勋员工监狱住？

——胡一见被控职务侵占案 ①

可以说，这是一个劳动争议引发的刑事案件。劳动者从单位离职后，以单位为相对方提起劳动争议，要求发放经济补偿金、年度绩效金等。该劳动争议案历经一审、二审，劳动者均胜诉；单位提起再审申请也被驳回。单位遂另行以劳动者为相对方提起劳动争议，称劳动者在职期间违反公司规章制度，利用职权以虚假计价方式套取公司款项 419 万元，应向公司缴纳罚金近 10 万元。但该劳动争议案一审、二审，亦均被法院驳回。

单位遂转变思路，以劳动者套取公司款项属贪污公款为由，向监察机关提起控告，从而引发本案。

重审一审

2020 年 11 月 30 日，四川省成都市金堂县人民检察院（简称金堂检察院）向四川省成都市金堂县人民法院（简称金堂法院）提起公诉，指控胡一见在担任中铁二十三局集团第四工程有限公司（简称四公司）

---

① 详情可参见成都中院（2021）川 01 刑终 429 号刑事判决书。

青春塔煤矿铁路专用线铺架项目部（简称青春塔项目部或项目部）项目经理期间，于 2014 年 1 月安排青春塔项目部工作人员制作好虚增的工程量计价和财务报账资料，套取工程款人民币 46.7624 万元，并全部转入项目部杨某军名下农业银行卡中，由胡一见实际控制和使用。

起诉书称，2020 年 4 月 9 日，胡一见经四川省成都市金堂县监察委员会（简称金堂监委）通知到案，并如实供述自己的主要犯罪事实。2020 年 11 月 26 日，胡一见退缴违法所得人民币 18 万元，并自愿认罪认罚，签署认罪认罚具结书。公诉机关认为，胡一见行为已构成职务侵占罪，建议法院适用简易程序审理，并以职务侵占罪判处胡一见有期徒刑一年，宣告缓刑一年。

2020 年 12 月 21 日，金堂法院公开开庭审理本案。金堂检察院称，胡一见虽主动到金堂监委接受调查，但在法庭上对侵占金额拒不认罪，不能认定为自首；退缴的违法所得人民币 18 万元不足以挽回被害单位经济损失，故公诉机关撤回对其判处有期徒刑一年，宣告缓刑一年的量刑建议，当庭建议对胡一见判处有期徒刑一年二个月。

2020 年 12 月 25 日，金堂法院一审判决胡一见犯职务侵占罪，处有期徒刑一年二个月。

胡一见不服一审判决，以不构成犯罪为由向成都中院上诉。2021 年 2 月 1 日，成都中院认为一审判决认定事实不清、证据不足，遂裁定撤销原判发回重审。

金堂法院重审一审查明，胡一见在担任四公司青春塔项目部项目经理期间，因项目部需要前期经营费和前期花费、预计花费的费用（不能正常报销）需报销，在其上级领导安排下，于 2014 年 1 月安排项目部工作人员通过制作虚增土石方工程第二、三次工程量计价和财物①报账

---

① 判决书原文如此，但本书认为应系"财务"而非"财物"。

资料，共计套取工程款 419.0206 万元，并将其中 46.7524 万元（私自虚报套取截留）转入项目部杨某军名下农业银行卡中，该卡交由项目部财务部门保管。

截至胡一见从项目部离任前，其多次动用该卡中资金，并在 2014 年 2 月 24 日将该卡中 2 万元转至自己银行卡中用于购买期货。在 2014 年 7 月 13 日胡一见离任项目经理后，将该卡带走并将卡内剩余资金 58181 元耗用。

金堂法院另查明，四公司为有限责任公司（非自然人投资或控股的法人独资）。2010 年 5 月 1 日，胡一见与四公司签订无固定期限劳动合同，从事管理／技术岗位工作。青春塔项目部于 2013 年 4 月 27 日成立，胡一见担任项目经理一职。2020 年 11 月 26 日，被告人胡一见的亲属代其退赔赃款人民币 18 万元至金堂县财政局。

金堂法院认为，胡一见身为公司项目管理人员，在担任项目经理期间，利用职务上的便利，将本单位财物 78181 元非法占为己有，数额较大，其行为已构成职务侵占罪。胡一见虽在侦查机关通知下主动到案，但其当庭否认犯罪事实，不应认定为自首。胡一见退出了赃款，可在量刑时酌情从轻处罚。胡一见拒不认罪，不具有悔罪表现，不宜适用缓刑。故，金堂法院于 2021 年 3 月 31 日，再度判决胡一见犯职务侵占罪，处拘役三个月，并处罚金 5000 元。

检方抗诉

金堂检察院认为一审判决认定事实确有错误，导致量刑畸轻。遂向成都中院提出抗诉。主要抗诉理由如下：

一、一审判决所认定的犯罪金额与在案有效证据所证明的事实不一致

其一，在本案一审庭审法庭调查中，公诉人向法庭出示了本案全部

证据，既有证实胡一见通过虚增工程量套取工程款的大量书证，也有证人杨某军、杨某、高某、林某、崔某、武某光、屈某涛的证言，还有胡一见在监察机关调查期间的多次供述与辩解，以及胡一见亲笔书写的供述材料。这些证据均是监察机关严格按照法定程序调查收集的，经过庭审质证，胡一见及其辩护人均未举出证据否定在案证据的客观性、关联性、合法性，一审判决亦明确予以采信，确认其具有刑事诉讼证据的证明力，应当作为认定本案事实的依据。

其二，根据一审判决采信的上述证据，足以证明如下案件事实：胡一见在担任四公司青春塔项目部项目经理期间，利用职务便利，采取虚增土石方工程量的方法，套取工程款 46.7624 万元转入杨某军个人开设的农业银行卡中，并由胡一见个人支配使用。

其三，根据《刑法》第 271 条规定，职务侵占罪系侵犯财产罪，该罪侵害的法益是单位的财产所有权，即单位对自有财产所享有的占有、使用、收益和处分的权利。一旦行为人以非法占有为目的采取窃取、骗取、侵吞等非法手段使本属于单位所有的财产脱离单位实际占有管控，就已经造成对单位财产所有权的实际侵害。因此，认定职务侵占罪的犯罪金额，应当以行为人给单位造成的实际损失金额为依据，即使行为人将单位财产骗取出来后在自己占有控制期间又发生被骗、被窃或者不慎遗失等情形，而自已并未实际使用，也不能减少其行为给单位财产造成的损失，不应减少其犯罪金额的认定。

本案中，胡一见违反公司财务管理制度，私自决定以虚增土石方工程量方式将 46.7624 万元单位资金从公司财务账上套出置于自己的管控之下，按照自己个人意志支配使用该资金，其行为给公司造成了 46.7624 万元财产损失，故依法应当认定其职务侵占犯罪金额为 46.7624 万元。一审判决认定胡一见犯罪金额仅为 78181 元，明显与在案证据所证明事实不符。

二、胡一见关于其所套取的工程款全部用于了项目部经营活动开支的辩解无证据支持且与查明事实不符,一审判决将其辩解用于项目部开支的金额未认定为其犯罪金额系认定事实错误

其一,现有证据足以证实胡一见将其所套取的单位资金中的 18 万余元用于了打牌、请客吃饭、送礼、购买期货等个人开支,而非用于项目部经营活动。在监察机关调查期间,胡一见多次稳定供述其将所套取的单位资金中的 18 万余元用于了打牌、请客吃饭、送礼、购买期货等个人开支,并且还自书了相关供述材料,其供述内容与在案的银行卡交易记录反映的 2014 年春节期间的取款时间、金额及 2014 年 6 月底被告人胡一见从项目部离任后的交易余额、转款到其期货账户的转账金额等均相互印证,足以证明其供述的客观真实性。

胡一见在本案初次庭审过程中及发回重审后的一审庭审中,均未否定其在监察机关供述的客观性。胡一见在一审中翻供称该 18 万余元也是用于了项目部开支,但未举出任何证据证明这 18 万余元资金开支的具体用处,也未对其在监察机关供述内容与翻供内容不一致作出合理解释,故对其辩解理由不应采信。

其二,胡一见辩称其将所套取的单位资金中的 20 万元送给了杨某拿去给业主方拜年送礼,但证人杨某并未证实此事实,仅猜测胡一见可能将这 20 万元送给了业主单位。并且证人杨某和胡一见均证实,在这之前已经按照工程款 1.5% 的比例给了业主单位返点款 330 万元,故胡一见辩解还额外给业主单位 20 万元拜年既无证据支持也不合常理。

其三,胡一见辩称其将所套取的单位资金中的 2 万元用于 2014 年 6 月 29 日到天津出差参加方案变更会议期间开支。经调查,与其一同出差的证人王某某证实其与胡一见一起到天津出差期间吃饭、住宿开支仅 3000 余元,且二人往返机票是回公司足额报销了的,未发生其他不能报销的开支,故胡一见此辩解理由不成立。

其四，胡一见辩称将其所套取的单位资金中的 32334 元用于了 2014 年 7 月去项目部交接工作开支。经调查，证人林某、崔某、王某某、张某某均证实，胡一见在离任项目部经理时与下任项目经理张某某交接过程中未产生任何未报销费用，且有报销凭证等书证证实胡一见从成都到内蒙古办理工作交接的费用均已在公司足额报销，胡一见无任何证据证明该 3 万余元开支的实际用处及与项目交接工作的关联性，对其辩解理由不应采信。

其五，在案证据证实胡一见从项目部离任时与继任项目经理办理交接的时间是 2014 年 7 月 6 日至 7 日，而涉案银行卡交易记录显示截至 2014 年 7 月 7 日该卡余额为 83441.85 元，胡一见并未将该卡交与继任项目经理，而是自己带走后将卡中余款全部取出耗用。仅此笔胡一见职务侵占的单位资金金额也不只一审判决所认定的 78181 元，故一审判决所认定的犯罪金额确有错误。

综上，金堂检察院特提出抗诉，请成都中院依法判处。

再度上诉

胡一见不服重审一审判决，再度提出上诉。上诉理由主要有：

一、一审认定胡一见侵占 7 万余元，证据不足，且与二审新证据抵牾

根据《刑法》第 271 条、《最高人民法院、最高人民检察院关于办理贪污贿赂刑事案件适用法律若干问题的解释》（法释〔2016〕9 号，简称《贪污贿赂司法解释》）第 11 条第 1 款、第 1 条第 1 款，职务侵占金额须达 6 万元以上方构成职务侵占罪；侵占金额不足 6 万元则不构成犯罪，仅可能构成民事侵权。

一审法院认为，胡一见于 2014 年 2 月 24 日将案涉银行卡中 2 万元

转至自己银行卡中用于购买期货，在2014年7月13日离任项目经理后将银行卡带走并将卡内剩余资金58181元耗用。故胡一见"职务侵占"7.8万余元，已达定罪标准。

但，二审新证据显示，前述之5.8万余元实系为项目部公务耗用，并非胡一见个人耗用；前述之2万元亦系胡一见报销后所得之自有资金，胡一见将其用于购买期货系对自有资金之合法使用，未触犯国法。

（一）胡一见从青春塔铺架项目部离任后，仍在四公司工作，且仍在负责推进项目设计工作，卡内余额已因设计工作耗用

四公司《关于张守振同志任职的通知》（公司任字〔2014〕129号）显示，张守振自2014年7月1日起兼任青春塔铺架项目部项目经理，接替胡一见负责青春塔铺架项目部主要工作。

2021年4月9日，胡一见与张守振通电话。通话过程中，张守振明确：其并未从胡一见手中接手设计工作，对接中铁二院、中铁三院的工作仍由胡一见负责；张守振接任项目经理后，曾有人找他催讨设计费，因设计工作仍系胡一见负责，故张守振让那人找胡一见要设计费。

一方面，张守振证实有人找胡一见索要设计费，胡一见也陈述向中铁二院李雄、卢春莉、郭蕾、王海龙及中铁三院宿志平分别给付了数额不等的设计费，合计3万元；另一方面，中铁三院远在天津，胡一见自成都至天津，往返之间难免会花掉一些差旅费。因此，区区5.8万余元的卡内余额，非说胡一见职务侵占，实在与实不符、于理不通。

事实上，胡一见未向张守振交接设计工作并非有什么非法占有企图，而是设计工作与项目的优化变更方案深度相关，而优化变更方案又是胡一见为最大化四公司经济效益，自己千辛万苦、绞尽脑汁想出来的。因接任项目经理张守振不熟悉优化变更方案，且设计工作本身较为专业、复杂，故张守振无法接手设计工作；胡一见虽离开青春塔项目部，但仍担任四公司人力资源部部长，属公司核心骨干人员，当然对继

续推进项目部设计工作责无旁贷。

四公司对胡一见之《离任审计报告》载明:"特别是在项目进场以来,项目部在人员极度不足的情况下积极进行方案优化,并多方协调业主、设计院及相邻路线的关系,最终顺利在原合同价不变的情况下完成了场地的变更,为公司争取了最佳效益"。该审计报告亦说明,业主、设计院及相邻路线的关系均系胡一见在协调。该审计报告虽仅对应截至2014年6月30日项目部之生产经营情况,但足以印证胡一见自项目部离任后仍负责协调关系并对接设计工作之必要性、合理性与客观性。

综上,一审法院之胡一见自项目部离任便不可能再为项目部开支之认定,既与证据证明的事实不符,也与经济实践脱节,胡一见恳请二审法院依法纠正。

(二)胡一见用于购买期货之2万元系个人报销所得之合法自有资金,并非侵占所得

一审法院称,2014年2月24日,胡一见将案涉银行卡中2万元转至自己银行卡中用于购买期货。但事实上,该2万元系由青春塔项目部财务转入胡一见银行卡中,并非胡一见本人将该2万元转入自己银行卡。

曾任青春塔铺架项目部财务部长的林茜,在2020年4月28日接受金堂监委询问时称:"胡一见说有4万元开销要解决,我就按照胡一见的要求,安排崔萌转款4万元(分2笔,每笔2万元)给胡一见和张宇(项目部的临聘司机)的银行账户。"胡一见收到该笔2万元后,将其用于购买期货,一审法院遂认为该2万元属胡一见职务侵占。

但是,一方面,员工因采购、餐饮接待等先行垫资,嗣后再找财务报销,这种情况在任何公司都属稀松平常;另一方面,林茜也明确,胡一见说有开销要解决,所以才给胡一见转款2万元。亦即,胡一见已经因项目部公务垫资2万元,财务才向其转款2万元。因胡一见以自有资

金垫资在先，故财务向其转的 2 万元便系胡一见报账所得之自有资金，依法胡一见对该 2 万元有完全支配权，买期货、买股票等均是其得自由行使之合法权利。

也许有人会说，林茜称胡一见说有 4 万元开销要解决，也可以理解为胡一见有 4 万元的开销计划，不能表明胡一见已经开销了。在这种情况下，胡一见收到 2 万元后就必须用于项目部公务，否则就是职务侵占。

但是，综合多种情况来看，林茜关于胡一见有 4 万元开销要解决之说法，解释为胡一见已经开销了然后找林茜报账，更加具备合理性。

首先，如果是胡一见仅有 4 万元的开销计划但尚未开销，则财务应将该 4 万元一并转给胡一见，无需只转 2 万元给胡一见，而另转 2 万元给张宇。

其次，项目部财务人员虽然是项目经理下属，但财务人员有独立的记账、审查、核算职责。假若财务转款给胡一见时胡一见仅有 4 万元的开销计划但并未实际开销，则不可能自 2014 年 2 月转款后财务一直对该笔款项不闻不问。何况 2014 年 7 月 13 日胡一见已离开项目部，2015 年 3 月 29 日更是与四公司解除了劳动合同。

最后，尤其值得注意的是，2014 年 7 月 24 日至 7 月 27 日，四公司对胡一见 2013 年 8 月 1 日至 2014 年 6 月 30 日担任青春塔铺架项目经理期间的经济责任履行情况进行了离任审计，审计报告载明：任期内……盈利 707.84 万元；任期内确认收入为 1689.38 万元，任期内实际成本为 922.97 万元；项目综合盈利 440.64 万元。

显而易见，四公司对胡一见之离任审计必定会以青春塔项目部自身之财务会计账簿作为审计依据；2014 年 2 月项目部财务转款 2 万元至胡一见账上，当年 7 月底审计时应当已经按财务准则平账，因为财务不可能允许胡一见一直挂账。事实上，时至今日，我们也没看到检察院举出四公司所属青春塔项目部之财务账簿，以证实胡一见在项目部一直挂有2万元待报账款，从而坐实胡一见职务侵占。

综上，将林茜关于曾转款2万元至胡一见账户之证词理解为胡一见先有垫款，然后依规报销，更合事理、情理。至少，检察院有能力自四公司调取提交项目部财务账簿以查清究竟该2万元是报销款还是占用款，但其未能有效举证，故该2万元职务侵占之指控依法不能成立。

二、本案之发生缘起

从前文论证可见，本案根本没有确实充分证据证明胡一见构成职务侵占罪。但蹊跷的是，本案却历经监委调查、检院起诉，金堂法院两次判决胡一见罪名成立。

那么，本案为何发生？

2014年7月，胡一见回到四公司本部任职。2014年11月，四公司与中铁二十三局集团有限公司第八工程有限公司（简称八公司）合并重组为新的四公司（即现四公司）。四公司原领导班子大换血。新领导班子走马上任后，胡一见不想忍受不公正待遇，也不忍眼看自己工作十来年的单位每况愈下，遂于2015年3月从四公司离职。离职后，胡一见根据劳动合同和四公司规章制度，依法向四公司提出经济补偿金、年度绩效奖、二次经营奖等权利主张。该劳动争议案历经劳动仲裁、成都青羊法院一审、成都中院二审、四川高院再审审查，最终成都中院生效判决判令四公司向胡一见支付经济补偿金、年度绩效奖、二次经营奖等款项。

眼看民事案件将要败诉，四公司不甘其果，居然以胡一见违规套取419万元工程款并予侵占为由，向成都青羊法院提起两宗民事诉讼，其中一案诉请胡一见赔偿所谓套取侵占款项419万元，另一案诉请胡一见缴纳经济处罚金约10万元。好在青羊法院颇为公正，对四公司该两宗民事诉讼均依法驳回。但四公司仍不甘心，便有了本起刑事案。

试想，胡一见于2014年多套取了46万元用于项目部公务支出，不仅时任公司领导杨军等知情同意，而且项目部财务部林茜、崔萌、计划部高彤、工程部李鑫等均知晓此事。2019年6月19日，高彤在接受金堂监委询问时更明确指出：后来公司审计部门对胡一见进行离任审计，我推测这张虚增工程量的表应该提供给了审计部门，因为审计报告将虚增的工程款列入了经营管理费。可见，四公司对胡一见套取46万元之事知情同意在先，秋后算账无疑。

只见新人笑，哪管旧人哭。重组后的新四公司主要领导，置事实于不顾，非想将曾为青春塔项目部创造利润高达约700万元的功勋员工关入监狱，实在令人无比寒心。

了解本案发生源起后，再看以下两个问题：

（一）胡一见并非适格监察对象，金堂监委对胡一见立案调查缺乏法律依据，其所取得证据不具备合法性

《监察法》第15条规定了监察对象，可能和胡一见挂得上边的只有该条第3项，即监察机关有权对国有企业管理人员进行监察。

《企业国有资产交易监督管理办法》（2016年国资委令、财政部令第32号发布，简称《企业国资监管办法》）第4条第1项明确规定：国有企业，指政府部门、机构、事业单位出资设立的国有独资企业（公司），以及上述单位、企业直接或间接合计持股为100%的国有全资企业。即使穿透各层股东，国有资本在四公司亦仅有51.13%，显然达不到100%控股，故四公司依法不属国有公司或国有企业。

即使按照中华人民共和国国家监察委员会（简称国家监委）官网对《监察法》第15条之释义，胡一见亦不属监察对象。该释义指出，作为监察对象的国有企业管理人员，主要有四类，即：1.国有独资企业（含国有独资金融企业）管理人员；2.国有控股企业（含国有控股金融企业）

管理人员；3.国有参股企业（含国有参股金融企业）管理人员；4.国有企业下属事业单位领导人员。

即或国家监委有权对《监察法》规定之"国有企业"做扩大解释，胡一见亦显然不属该解释之第1类、第3类和第4类人员。唯一需要论证的是，胡一见是否属第2类人员，即胡一见是否属国有控股企业管理人员。

晃眼一看，胡一见作为项目经理，貌似属于国有控股企业管理人员。但，根据《公司法》第216条第2项、第3项以及《企业国资监管办法》第4条之规定，所谓国有控股企业，须该企业由国有资本直接持有控股股权；国有资本未直接持有控股股权时，该企业只能称为国有实控企业，不能叫国有控股企业。

所谓国有实控企业，指虽然国有资本未直接持有该企业股权，但国有资本可直接或间接控制该企业。比如，就四公司而言，其全资股东为中铁二十三局集团有限公司（简称二十三局），二十三局全资股东为中国铁建股份有限公司（简称铁建股份），铁建股份之控股股东为中国铁道建筑集团有限公司（简称中国铁建）。前述企业中，中国铁建可谓百分之百纯国有企业，铁建股份可谓国有控股企业，但二十三局便只能称为国有实控企业。二十三局下属之四公司，当然更只能是国有实控企业，不可能是国有控股企业。因为，在四公司之工商登记中，国有资本并未直接持有任何股权。

《最高人民法院　最高人民检察院关于办理国家出资企业中职务犯罪案件具体应用法律若干问题的意见》（法发〔2010〕49号）第7条规定：国家出资企业包括国家出资的国有独资公司、国有独资企业，以及国有资本控股公司、国有资本参股公司；是否属于国家出资企业不清楚的，主要看工商注册。该条规定与前述《公司法》《企业国资监管办法》相关规定内容一致，再次证成四公司并非国有控股公司，亦证成四公司不属国家出资企业。

假若，四公司之工商登记中，任何一级国资委甚或任何一个国有企业直接持有控股股权，成为登记在册股东，则四公司毫无疑问属于国有控股企业。但四公司之唯一股东为二十三局，而二十三局显然既非政府部门，亦非国有企业或国有控股企业，仅系作为国有控股公司的铁建股份之全资子公司，故四公司更非国有控股企业。因此，胡一见亦不属国家监委释义中之第 2 类人员。

国有控股企业与国有实控企业，虽仅一字之差，但涉及出罪入罪，专业法律人不可不慎。我们相信，作为宪法规定之审判机关，人民法院更会模范遵守法律，不会人云亦云地构人以罪。

综上，四公司既非国有企业，亦非国有控股企业，更非国有参股企业，故胡一见虽为四公司管理人员，但其依法不属监察机关监察对象。因金堂监委无权依《监察法》对胡一见立案调查，故其取得的所谓"证据材料"均欠缺合法性，不能作为定案证据。

（二）金堂法院没有管辖权，其判决不具备合法性

《刑事诉讼法》第 25 条规定"刑事案件由犯罪地的人民法院管辖。如果由被告人居住地的人民法院审判更为适宜的，可以由被告人居住地的人民法院管辖。"

四公司注册地址及实际运营均在成都市青羊区，青春塔铺架工程项目远在内蒙，胡一见户籍所在地及经常居住地均在成都市金牛区。成都市金堂县既非犯罪行为地或结果地，亦非被告人住所地或居住地，故金堂法院对本案没有管辖权。

也许有人会说，因为本案由金堂监委调查，故金堂检察院有公诉权，金堂法院有管辖权。但，即使金堂监委根据四川监委、成都监委层层指定调查了本案，金堂法检要取得本案管辖权，仍须其上级法检单位依照法律规定出具对金堂法检之指定管辖决定书。

根据《刑事诉讼法》第 27 条"上级人民法院可以指定下级人民法院审判管辖不明的案件，也可以指定下级人民法院将案件移送其他人民法院审判"之规定，上级法院指定管辖，仅适用于两类情况：

一类是案件起诉前，在管辖不明或存在争议情况下，由上级法院行使"指定"管辖权，以确定案件管辖法院；另一类是案件起诉后，因受案法院不适宜行使管辖权，由上级法院指定移送其他法院管辖。

管辖权明确、无争议案件，法律并未授予上级法院在案件起诉前对该类案件享有"指定权"。针对管辖权明确、无争议案件，上级法院在起诉前指定异地管辖的，于法无据，属程序违法。

就本案而言，显然不属案件起诉前存在管辖不明或管辖争议，亦不属案件起诉后受案法院不宜行使管辖权。故，金堂法检之上级单位亦无权指定管辖。

此外，本案还让人疑惑的一个问题是，胡一见作为四公司一个小小中层干部，如果监察机关真有调查权，完全可由四公司住所地之成都市青羊区监委调查，为什么非要舍近求远由八竿子打不着的金堂监委调查？

三、依据最新刑法修正案，本案已过追诉期限，应当裁定终止审理

前文已充分论证，本案无证据证实胡一见构成犯罪。胡一见恳请二审法院依法宣告其无罪。即使因种种现实因素阻碍难以宣告无罪，本案亦应依法终止审理。

（一）本案的追诉期限应为 5 年

《刑法》第 87 条规定，法定最高刑为不满 5 年有期徒刑的，追诉期为 5 年。

《刑法》第 271 条规定，职务侵占犯罪数额较大的，处 3 年以下有期徒刑或者拘役，并处罚金；数额巨大的，处 3 年以上 10 年以下有期

徒刑，并处罚金；数额特别巨大的，处 10 年以上有期徒刑或者无期徒刑，并处罚金。

根据《贪污贿赂司法解释》第 11 条第 1 款等之规定，职务侵占数额在 6 万以上不满 100 万的为数额较大。

综上，本案胡一见被控金额 46 万余元，属数额较大，法定最高刑为 3 年，追诉时限为 5 年。

（二）金堂检察院指控的套取行为发生于 2014 年 1 月，距其 2020 年 11 月 17 日立案已近七年

金堂检察院指控，胡一见在担任青春塔铺架项目部经理期间，于 2014 年 1 月安排工作人员以虚增工程量方式套取工程款 46 万余元。金堂检察院认为，胡一见套取 46 万元行为完成之日即为犯罪既遂，其后胡一见即使将款项用于公司公务，亦系胡一见职务侵占完成之后对款项的自主使用，不影响定罪量刑。

《刑法》第 89 条规定，追诉期限从犯罪之日起计算。亦即，假若胡一见套取行为构成犯罪，则对该"犯罪"行为之追诉期限应自 2014 年 1 月起算。因该"犯罪"行为追诉期限只有 5 年，若 2019 年 1 月之前司法机关未对胡一见立案，则其后该"犯罪"行为不应再被追诉。

在案证据显示，金堂检察院于 2020 年 11 月 17 日方对胡一见司法立案，其时追诉期限早已届满。即使按照一审法院认为，胡一见共职务侵占两笔款项，其中侵占第二笔 5.8 万元款项之行为发生于 2014 年 7 月 13 日，至 2020 年 11 月 17 日金堂检察院司法立案，亦早已超过追诉期限。故，本案胡一见不应被追诉。

（三）本案无延长追诉期限之法定情形

也许，有人会说，根据《刑法》第 88 条第 2 款"被害人在追诉期限内提出控告，人民法院、人民检察院、公安机关应当立案而不予立案的，不受追诉期限的限制"之规定，假若四公司已在追诉期限内向监察

机关提出控告，则本案追诉期限已依法中断。

但，一方面，本案没有任何证据证明四公司在 2019 年 1 月之前曾就胡一见所谓职务侵占行为向司法机关提出控告。另一方面，《刑法》第 88 条第 2 款仅规定，被害人向作为司法机关的公检法之一提出控告，方产生追诉期限中断之效力，并未规定被害人向监察机关控告亦产生追诉期限中断效力。

也许，有人会说，当年制定《刑法》时我国尚无《监察法》，故《刑法》规定难免挂一漏万。现在有了《监察法》，被害人向监察机关控告应类推适用《刑法》第 88 条第 2 款，追诉期限可以中断。

但是，我国《刑法》早已明文废止类推制度。而且，民商领域可以类推参照，刑事领域不可类推适用，已然成为法律人心中不证自明的公理。其背后的深层法理在于，必须让人民群众有免于遭受不测恐惧的自由。

我们不得不承认，《监察法》2018 年 3 月发布施行后，《刑法》第 88 条本该因应监察机关对犯罪行为的调查权而作出相应修改。但遗憾的是，刑法第十一修正案尚未顾及第 88 条之法律漏洞。

法律有漏洞时，相关利益归属于犯罪嫌疑人／被告人，这是我们追逐法治必须付出的代价。我们认为，真正的法治，值得追逐；这样的代价，值得付出。

因此，四公司向监察机关之控告，绝不可视为向公检法之控告，不能产生追诉期限中断之法律效力。

（四）本案应当终止审理

《刑事诉讼法》第 16 条规定，犯罪已过追诉时效期限的，不追究刑事责任，已经追究的，应当撤销案件，或者不起诉，或者终止审理，或者宣告无罪。

2021 年最新《刑诉法解释》第 295 条第 8 项规定：对第一审公诉案

件，犯罪已过追诉期限且不是必须追诉的，应当裁定终止审理。

综上，因胡一见"侵占"行为发生于 2014 年 1 月，该行为追诉期于 2019 年 1 月即已届满，本案应终止审理。

四、以审判为中心之刑事司法制度，仰赖每位法官一砖一瓦之专业构建，法官们切不可拱手让渡审判权

如果没有真正确实充分的证据，如果不能毫无疑问地证成犯罪，绝不能轻易给被告人定罪量刑。因为，法律人只在一念之间，被告人却是一生一世。

司法官讲政治，就是模范遵守法律规定，让当事人在案件中切实感受到公平正义。因此，恳请二审法院，切实掌握审判主导权，严格执行法律，深思熟虑后作出无愧于历史、无愧于职业的公正判决。

综上，一方面本案已过追诉时效；另一方面，一审法院认定的 7.8 万元"侵占"金额中，有 2 万元系胡一见自有资金，另 5.8 万元系为项目部开支，且胡一见在项目部工作时亦为四公司创造约 700 万元利润。故，胡一见衷心恳请二审法院查清事实，早日作出专业公正判决。

2021 年 11 月 5 日，成都中院终审判决胡一见犯职务侵占罪，判处有期入刑八个月。

前沿思考

一、国家工作人员概念辨析

金堂监委认为胡一见系国家工作人员，涉嫌构成贪污罪，故金堂监委系以贪污罪对胡一见立案调查。案件到金堂检察院审查起诉后，胡一见一方的辩护意见主要内容如下：

《刑法》第 93 条规定："本法所称国家工作人员，是指国家机关中

从事公务的人员。国有公司、企业、事业单位、人民团体中从事公务的人员和国家机关、国有公司、企业、事业单位委派到非国有公司、企业、事业单位、社会团体从事公务的人员，以及其他依照法律从事公务的人员，以国家工作人员论。"

据此，国家工作人员有且仅有四类，即：1.机关公务人员；2.国企公务人员；3.委派公务人员；4.法定公务人员。下文将逐一分析，胡一见不能归入前述任何一类。

首先，胡一见作为四公司一名员工，显然不属机关公务人员。

其次，四公司既非国有公司，亦非国有企业，故亦不属国企公务人员。

可能有人会说，四公司属二十三局全资子公司，二十三局属上市公司铁建股份（证券代码 601186）全资子公司，铁建股份由中国铁建控股 51.13%，中国铁建由国务院国资委全资持股（四公司股东关系穿透图如图 25-1 所示）。因此，四公司当然属于国有公司。

但事实上，认为四公司属国有公司或国有企业只是想当然的一种误解，并非严谨法律论证之结果。

众所周知，国有企业指全部资产属国家所有的企业，国有公司指

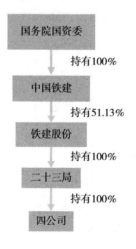

图 25-1　四公司股东关系穿透图

国有资本持有 100% 股权的公司。比如，《国家统计局国家工商行政管理总局关于划分企业登记注册类型的规定调整的通知》（国统字〔2011〕86 号）之附件《关于划分企业登记注册类型的规定》第 3 条明确规定：国有企业是指企业全部资产归国家所有的经济组织。

《企业国资监管办法》第 4 条第 1 项亦明确规定：国有企业，指政府部门、机构、事业单位出资设立的国有独资企业（公司），以及上述单位、企业直接或间接合计持股为 100% 的国有全资企业。

即使穿透各层股东，国有资本在四公司亦仅有 51.13%，显然达不到 100% 控股，故四公司依法不属国有公司或国有企业。

为避免司法实践中少数司法机关将国有公司、国有企业与国有控股公司、国有控股企业混为一谈，早在 2005 年，《最高人民法院关于如何认定国有控股、参股股份有限公司中的国有公司、企业人员的解释》（法释〔2005〕10 号）即规定："国有公司、企业委派到国有控股、参股公司从事公务的人员，以国有公司、企业人员论。"该司法解释将国有公司与国有控股公司、国有参股公司作出明确区分，再次说明国有公司指100% 国有资本的公司，国有企业指 100% 国有资本的企业。该司法解释迄今有效，司法机关应予遵循。

复次，本案亦无任何证据证明胡一见系受任何一家国家机关、国有公司、国有企业、事业单位委派到四公司从事公务，故胡一见亦不属委派公务人员。

最后，显而易见，没有任何一部法律规定胡一见系从事公务的人员，故胡一见不属法定公务人员。

综上，胡一见并非国家工作人员。

金堂检察院最终认可此项辩护意见，将胡一见涉嫌罪名由贪污罪变更为职务侵占罪。

二、林少钦案答复精神是否适用于本案

2016 年，福建省高级人民法院曾就林少钦案向最高人民法院致送《关于立案追诉后因法律司法解释修改导致追诉时效发生变化的案件法律适用问题的请示》①。最高人民法院经研究，于 2017 年 2 月 13 日答复如下："追诉时效是依照法律规定对犯罪分子追究刑事责任的期限，在追诉时效期限内，司法机关应当依法追究犯罪分子刑事责任。对于法院正在审理的贪污贿赂案件，应当依据司法机关立案侦查时的法律规定认定追诉时效。依据立案侦查时的法律规定未过时效，且已经进入诉讼程序的案件，在新的法律规定生效后应当继续审理。"②

有人认为，金堂监委于 2020 年 9 月 27 日对胡一见涉嫌职务犯罪立案侦查，按当时《刑法》第 271 条规定，胡一见涉案金额法定最高刑为 5 年，故追诉期限为 10 年，而胡一见犯罪行为发生于 2014 年，因此，司法机关在 2024 年前追诉都没有问题。虽然目前《刑法》第 271 条已经修改，③ 胡一见涉案金额的法定最高刑已减为 3 年，故追诉期限应为 5 年，但根据最高人民法院林少钦案答复精神，胡一见案应当继续审理。

我认为，最高人民法院林少钦案答复精神不适用于胡一见案，理由如下：

1. 首先，该文件只是个案答复，不属于司法解释，不具有普遍适用效力；

2. 最高人民法院明确该答复适用于贪污贿赂案件，但胡一见案属职务侵占案件，不是贪污贿赂案件。

3. 最高人民法院答复称依据司法机关立案侦查时的法律规定认定追

---

① 文号：闽高法〔2016〕250 号。
② 详见《最高人民法院关于被告人林少钦受贿请示一案的答复》，文号：〔2016〕最高法刑他 5934 号。
③ 《刑法第十一修正案》于 2021 年 3 月 1 日起施行。

诉时效，但胡一见案没有司法机关立案侦查，仅有监察机关的调查。而众所周知，我国监察机关不是司法机关，是政治机关。

综上，胡一见案不适用林少钦案最高人民法院答复。

三、审委会讨论的案件，发回重审后是否应全院回避

金堂法院于 2020 年 12 月 25 日作出原一审判决，认定胡一见犯罪金额为 46 万余元，判处胡一见犯职务侵占罪。宣判后，胡一见被告知案件系经该院审委会讨论决定。而后，成都中院以原判认定事实不清、证据不足为由发回重审。

《最高人民法院关于审判人员在诉讼活动中执行回避制度若干问题的规定》（简称《回避规定》）第 3 条规定，凡在一个审判程序中参与过本案审判工作的审判人员，不得再参与该案其他程序的审判。

《回避规定》第 13 条第 1 款规定："本规定所称审判人员，包括各级人民法院院长、副院长、审判委员会委员、庭长、副庭长、审判员和助理审判员。"

《最高人民法院关于健全完善人民法院审判委员会工作机制的意见》（简称《审委会工作机制意见》）第 16 条规定："审判委员会召开全体会议和专业委员会会议，应当有其组成人员的过半数出席。"

如果金堂法院继续审理本案，原合议庭成员以及参与讨论决定的审委会成员均应当自行回避，不能再参与本案审理。

根据《审委会工作机制意见》第 8、9 条等之规定，合议庭此后大概率应会再将本案提交审委会讨论。因原一审参与审委会讨论的至少半数以上成员需依法回避，则金堂法院将无法召开过半数成员的新审委会会议讨论本案，故金堂法院已不适宜继续审理本案。

遗憾的是，本案发回重审后仍由金堂法院作出新的一审判决。该判决的产生，是否存在程序逆法，值得探讨。

后 记

　　这是我的第二本独著。第一本独著《行走的法律》成书于2015年，那时因工作繁忙，时间紧张，并未将书稿细细打磨便匆匆出版。虽然出版后也有律界初学击节赞叹，但我自己觉得其实书稿质量还有很大提升空间。

　　本书的出版多少弥补了我对少作的遗憾。尤其令我欣慰的是，本书付梓之际又得到二个好消息。其一，本书曾在第10章提出，当事人向生效裁判同级人民检察院申请监督，若同级人民检察院不支持监督申请，应当允许当事人向上级人民检察院申请复查。最高人民检察院《人民检察院民事诉讼监督规则》于2021年8月1日正式施行，该规则第126条明确规定："当事人认为人民检察院对同级人民法院已经发生法律效力的民事判决、裁定、调解书作出的不支持监督申请决定存在明显错误的，可以在不支持监督申请决定作出之日起一年内向上一级人民检察院申请复查一次。"不敢说英雄所见略同，但能和最高人民检察院意见一致，也算小小幸事。

　　其二，湖北高院近日发布《关于充分发挥律师作用　加强审判权力制约监督　确保司法公正的意见（试行）》。该《意见》第4条规定："承办法官故意隐瞒或者因重大过失遗漏律师的主要辩护、代理意见及主要证据，致使合议庭或者审判委员会作出错误决定的，应依照相关规定追究其审判责任"；第 8 条规定："法官对律师提出的相关证据是否采信，辩护、代理意见是否采纳，应当在裁判文书中说明理由，不予采纳、采信的，不能未经分析论证而直接使用'没有事实及法律依据，本院不予采纳'之类的表述作为结论性论断"。如果该等规定最终能一鞭一痕地令行禁止，无疑是良法善司中善司方向的巨大进步。

文章千古事，得失寸心知，圣贤皆寂寞，著者留其名。看到自己的作品即将出版，多日殚精竭虑的忧思之苦似乎一扫而空。

感谢人民出版社同意出版本书，感谢编辑老师对本书付出的辛劳。

谨以本书献给我深爱的妻子龙亭伊女士。

李君临

2021 年 8 月 6 日星期五

责任编辑：江小夏

封面设计：胡欣欣

图书在版编目（CIP）数据

再审抗诉前沿与实务 / 李君临 著 . —北京：人民出版社，2021.11

ISBN 978 - 7 - 01 - 024246 - 0

I. ①再… II. ①李… III. ①再审 - 抗诉 - 中国 IV. ① D925.018.2

中国版本图书馆 CIP 数据核字（2021）第 238895 号

再审抗诉前沿与实务

ZAISHEN KANGSU QIANYAN YU SHIWU

李君临 著

人民出版社 出版发行

（100706 北京市东城区隆福寺街 99 号）

北京九州迅驰传媒文化有限公司印刷 新华书店经销

2021 年 11 月第 1 版 2021 年 11 月北京第 1 次印刷

开本：710 毫米 ×1000 毫米 1/16 印张：30

字数：387 千字

ISBN 978 - 7 - 01 - 024246 - 0 定价：99.00 元

邮购地址 100706 北京市东城区隆福寺街 99 号

人民东方图书销售中心 电话（010）65250042 65289539